普通高等院校"十二五"规划重点教材

国际贸易系列

国际货物运输与保险

李朝民／主编

易慧 姜磊 杜静静／副主编

李万军 秦素霞／编委

图书在版编目(CIP)数据

国际货物运输与保险 / 李朝民主编. —上海：立信会计出版社，2012. 1

高等院校"十二五"规划重点教材. 国际贸易系列

ISBN 978 - 7 - 5429 - 3277 - 8

Ⅰ. ①国… Ⅱ. ①李… Ⅲ. ①国际货运-高等学校-教材②国际货运-交通运输保险-高等学校-教材 Ⅳ. ①F511. 41②F840. 63

中国版本图书馆 CIP 数据核字(2011)第 009352 号

策划编辑 赵新民
责任编辑 陈 旻
封面设计 周崇文

国际货物运输与保险

出版发行 立信会计出版社
地　　址 上海市中山西路 2230 号　　邮政编码 200235
电　　话 (021)64411389　　传　　真 (021)64411325
网　　址 www. lixinaph. com　　电子邮箱 lxaph@sh163. net
网上书店 www. shlx. net　　电　　话 (021)64411071
经　　销 各地新华书店

印　　刷 上海天地海设计印刷有限公司
开　　本 787 毫米×1092 毫米　1/16
印　　张 20
字　　数 457 千字
版　　次 2012 年 1 月第 1 版
印　　次 2016 年 5 月第 4 次
印　　数 8301—11400
书　　号 ISBN 978 - 7 - 5429 - 3277 - 8/F
定　　价 36. 00 元

如有印订差错，请与本社联系调换

高等院校“十二五”规划重点教材·国际贸易系列

总　主　编

李朝民

专家指导委员会

主　任：陈金贤　李小建　郭爱民　司林胜
　　　　张占东　史自力　冯宗宪　毛天羽

委　员：江光林　师求恩　王怀民　赵　楠
　　　　杨　华　孙　涛　方润生　赵予新
　　　　李翔迅　董新宇　黎　洁　郭根龙
　　　　李志学　吕卓清　刘五一　华远鹏
　　　　马国领　赵为民　商建伟　焦　军
　　　　吴向新　李　冉　方　琼　高丽慧

总　序

改革开放以来，尤其是加入WTO之后，中国的对外贸易得到了快速发展，为国民经济的健康发展做出了巨大贡献。要保持国际贸易持续快速增长，培养高素质的外贸从业人员是十分重要的。高素质的外贸从业人员，需要掌握系统的相关理论、知识和技能，这套国际贸易系列教材就是为这一目的而编写的。

本套教材共十三本，分别是《国际营销学》、《中国对外贸易概论》、《国际贸易》、《国际贸易实务》、《国际金融》、《国际贸易法》、《外贸英语函电》、《国际商务英语》、《国际贸易结算》、《国际服务贸易》、《国际贸易单证实务》、《国际货物运输与保险》、《国家商务谈判》，其中前八本属于商务部外销员考试的内容。这八本教材以商务部2010年外销员考试大纲为指导，在涵盖大纲全部内容的基础上，适当进行了扩充，使其既可满足外贸从业人员参加外销员考试复习之用，亦可满足高等院校国际贸易及相关专业的学生学习使用。

本套教材最大特点，在于注重理论性、知识性和趣味性的同时，更加注重实用性和可操作性。如《国际贸易实务》介绍了如何选择进出口商品和寻找贸易商的各种有效途径，还有如何办理出口外汇核销和出口退税手续的相关内容；《外贸英语函电》的案例几乎全部来源于外贸公司的真实案例；《国际贸易单证实务》的各种单证全部来源于外贸公司和外贸运输公司的真实单证，以便读者学以致用，提高实际业务操作技能，毕业后能快速适应外贸工作。全套教材都适时增加了"知识拓展"和"案例分析"，便于理解、掌握相关理论和知识。

本套教材的另一特点，是内容的前沿性和新颖性。最新相关理论、惯例、政策、规章制度以及所涉及的相关最新知识、信息等纳入教材中，紧跟时代步伐。

本套教材的编者，有长期从事国际贸易相关专业的教学和科研工作的专家、学者，还有长期从事国际贸易实务、管理及相关工作的专业人士，既确保了理论知识的深度、广度和系统性，又确保了应用知识的真实性和实用性。

本套教材的广泛使用，将有助于改变长期以来教材与国际贸易实践脱节的现状，有利于培养理论知识系统、全面、扎实，操作技能强的综合性外贸专门人才。

李朝民

前　　言

改革开放以来，尤其是加入世界贸易组织以来，我国的国际贸易，尤其是国际货物贸易得到了快速发展，与之相关的产业也发展迅速。国际货物贸易中，买卖双方在不同的国家或地区，货物由卖方交给买方需要有国际货物运输部门的介入；国际货物运输距离远，风险大，为了规避此类风险，需要对每笔国际货物运输进行投保，保险业要介入其中。国际货物运输与保险是服务于国际货物贸易的关系密切的两大产业。

国际货物运输与保险作为独立完整的学科，所涉及的范围十分广泛，内容也相当复杂。但作为国际贸易的组成部分和环节，本着为国际贸易服务的原则，本书从国际贸易的实际需要出发，结合业务流程，以海洋运输和运输货物保险为重点，系统论述国际货物运输与保险的基本理论和原则，重点介绍国际货物运输与保险的基本技能和操作规程。同时结合相关的国际惯例与规则，对与国际贸易密切相关的运输与保险问题进行完整的阐述。

本书分为上下两篇：国际货物运输与国际货物运输保险。第一章到第七章为国际货物运输部分，主要介绍国际货物运输的相关知识和技能技巧，涉及国际货物运输各种方式的基本理论与实务，并以具有代表性的国际海、陆、空运输为重点。第八章到第十四章为国际货物运输保险部分，主要介绍保险的概念、国际货运保险的保障范围、保险条款和实务操作。在保险条款部分，重点介绍中国保险条款和国际上广泛采用的伦敦保险人协会的保险条款。在本书的编写过程中，作者力求做到理论与实践相结合，循序渐进，深入浅出。

本书可作为高等院校保险专业、物流管理专业、国际贸易专业、国际运输专业学生的教材，也可供对国际货物运输和保险有兴趣的在职人员使用。

本书主编李朝民，副主编易慧、姜磊、杜静静，编委李万军、秦素霞。由于作者水平所限，书中难免存在错误和疏漏之处，敬请专家、读者批评、指正，待本书再版时进行修正。

编　者

目　录

第一章　国际货物运输概念

学习目标

掌握国际货物运输的定义和特点、国际货物运输的三方当事人及组织机构、国际货物运输代理的种类、“国际货物代理协会联合会”与“中国国际货运代理协会”的内容和合理运输的概念和方法。了解国际货物运输的任务和要求、代理人和委托人的责任与义务以及合理运输的意义和组织合理运输的措施。

第一节　国际货物运输的性质

一、国际货物运输的定义

（一）国际货物运输的概念

就运送对象来说，运输分为货物运输和旅客运输，而货物运输又可按地域划分为国内货物运输和国际货物运输（International Freight Transport）两大类。国际货物运输是指使用车、船、机乃至管道、邮政（火车、轮船、飞机、汽车）等交通运输手段和方式，对货物进行的跨越国界的运送活动。其又可分为国际贸易物资运输和非贸易物资（如展览品、个人行李、办公用品、援外物资等）运输两种。由于国际货物运输主要是贸易物资的运输，所以国际货物运输通常也被称为国际贸易运输。对一国来说，就是对外贸易运输，简称外贸运输。

（二）国际贸易运输的性质

在国际贸易中，商品的价格包含运价，并且比重比较大，一般占 10%；在某些商品中，甚至要占到 30%—40%。商品的运价和商品的生产价格一样，随着市场供求关系变化而围绕价值上下波动，商品运价的变化直接影响国际贸易商品价格的变化，而国际货物运输的主要对象又称国际贸易商品，所以国际货物运输也是一种国际贸易，一种无形的国际贸易。它用于交换的不是物质形态的商品，而是一种特殊的商品，即货物的位移。

（三）国际货物运输在国际贸易中的作用

国际贸易的发展与运输业的发展密切相关，一国对外贸易的发展要与运输业的规模相适应，而运输业的发展又有力地促进了国际贸易的发展。

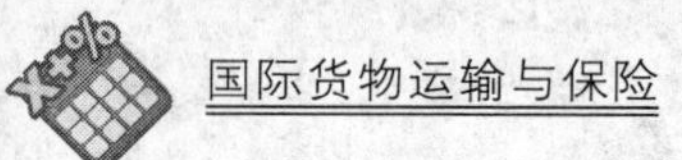

1. 国际货物运输在国际贸易中是不可或缺的重要环节

当今世界,国际贸易迅猛发展,而国与国之间要进行贸易的交流,必须经过运输的环节,否则,进出口商品也就不可能产生价值和使用价值。在签订贸易合同之后,只有经过运输,商品才能交付给买方,贸易的全过程才能完成。

2. 国际货物运输能够促进国际贸易的发展

随着世界贸易额的巨大增长,运输行业也不断对运输工具进行改进,并且进一步完善了运输体系中的经营管理工作,使对外贸易中的运输质量不断提高,这样不但大大节省了贸易中的成本,而且对加强国际间的经济联系、深化国际分工、促进国际贸易的发展,都起了重要的作用。

3. 国际贸易运输是平衡国家外汇收入的重要手段

国际贸易运输是一种无形的国际贸易,运输部门提供的是一种特殊的商品——运输服务。对于一个国家而言,提供的运输服务越多,效益就越高,也就能获得更多的外汇收入,进而增加本国的外汇储备。

二、国际货物运输的特点

国际贸易作为国与国之间的商品交换,买卖双方远隔两地,需要进行国际货物运输。与国内货物运输相比,国际货物运输具有以下几个方面的特殊性。

(一) 国际货物运输政策性强

国际货物运输是国际贸易的一个组成部分,在组织货物运输的过程中,不仅会同国外发生广泛的经济上的联系,也常常会涉及国际间的政治问题,是一项政策性很强的涉外活动。因此,国际货物运输既是一项经济活动,也是一项重要的外事活动,这就要求国际货物运输从业人员不仅要懂得经济规律,而且要有国家的政策观念,按照我国的对外政策的要求从事国际运输业务。

(二) 国际货物运输距离长,环节多

国际货物运输是国家与国家、国家与地区之间跨越国界的运输,因此在运输过程中,往往需要使用多种运输工具,变换不同的运输方式,经过不同的国家和地区,有时中途还要经过多次装卸、搬运才能完成。中间环节很多,其中任何一个环节发生问题,都会影响整个运输工作的进程。这就要求我们的运输工作要做得扎实、细致,环环相扣,以免给整个工作带来损失。

(三) 国际货物运输涉及面广,情况复杂多变

国际货物运输涉及国内外许多部门,需要与不同国家和地区的货主、交通运输、商检机构、保险公司、银行或其他金融机构、海关、港口以及各种中间代理商等打交道。同时,由于各个国家和地区的法律、政策、金融货币制度不一,贸易、运输习惯和经营方法不同,加之经济和自然条件的限制和影响,可变因素很多,处理不好就可能影响整个对外贸易工作的顺利开展。

(四) 国际货物运输的时间性强

按时装运进出口货物,及时将货物运至目的地,对履行进出口贸易合同、满足商品竞争市场的需求、提高市场竞争能力,都有着重大意义。特别是一些鲜活商品、季节性商品,更要求迅速运输,按时运送到目的地,才有利于提高出口商品的竞争能力,有利于巩固和扩大销售市场。因此,货物的装运期、交货期被列为贸易合同的重要条款,能否按时装运直接关系到重合同、守信用的问题,对贸易、运输的发展产生极为重要的影响。

(五) 国际货物运输的风险大

由于在国际货物运输中环节多、距离长、涉及面广、时间性强,加之国际形势变化、社会动乱、自然灾害和意外事故,以及战乱、封锁、禁运或海盗活动等因素,都可能直接或间接地影响国际货物运输,甚至有可能带来严重后果,因此,国际货物运输的风险较大。为了转嫁运输过程中发生的风险损失,进出口货物和运输工具都需要办理运输保险。

三、国际货物运输的任务和要求

(一) 国际货物运输的任务

随着加入世界贸易组织及经济贸易的不断发展,我国进出口货物运输工作显得更为重要。合理利用运输方式和工具,安全、快捷、高效地完成运输业务,提高运输效益,发展对外经贸,为我国外交活动及经济建设服务,是我国对外贸易运输的基本任务。具体来讲包括以下几个方面的内容。

1. 认真贯彻国家对外政策

国际货物运输是我国涉外活动的一个重要组成部分,因此,我们应当在平等互利的原则上,密切配合外交活动,在实际工作中,认真切实贯彻我国的各项对外政策。

2. 按时、保质、保量地完成进出口货物运输

国际贸易合同签订后,只有通过运输,及时将进口货物运进来,将出口货物运出去,交到约定地点,商品的流通才能实现,贸易合同才能履行。“按时”就是根据贸易合同的装运期和交货期条款的规定履行合同;“保质”就是按照贸易合同质量条款的要求履行合同;“保量”就是尽可能地减少货损货差,保证贸易合同中货物数量条款的履行。如果违反了上述合同条款,就构成了违约,有可能导致赔偿、罚款等严重的法律后果。因此,国际货物运输部门必须重合同、守信用,按时、保质、保量地完成国际货物运输任务。

3. 节省运杂费用,为国家积累建设资金

由于国际货物运输是国际贸易的重要组成部分,而且运输距离长、环节多,各项运杂费用开支较大,节省运杂费用的潜力比较大,途径也较多。因此,从事国际货物运输的企业应该不断地改善经营管理,提高企业的经济效益和社会效益,为国家积累更多的建设资金。

4. 为国家节约外汇支出,增加外汇收入

国际货物运输是一种无形的国际贸易,是国家外汇收入的重要来源之一。国际货物运

输企业为了国家利益，要依靠国内运输企业的运力和我国的方便旗船，考虑我国的租船、中外合资船公司和侨资班轮的运力，充分调动和利用各方面的运力，使货主企业同运输企业有机地衔接，争取为国家节约外汇支出，增加外汇收入。

（二）国际货物运输的要求

为了切实做好国际货物运输服务工作，必须体现下列两个方面的要求。

1. 树立系统观念，加强与有关部门配合协作，努力实现系统效益和社会效益

在国际货物运输的过程中，要切实加强货主、运输企业、商检、海关、金融、港口、船务代理和货运代理等部门之间的联系，相互配合、密切协作，充分调动各方面的积极性，形成全局观念，共同完成国际货物运输任务。特别是货运代理企业，需要综合运用各方面的运力，从综合运输系统和国际贸易整体系统利益出发，除了努力争取本企业的经济利益之外，还要考虑系统效益和社会效益，在完善企业自身的同时考虑企业的社会责任。

2. 树立为货主服务的观念，贯彻“安全、迅速、准确、节省、方便”的方针

“安全、迅速、准确、节省、方便”是国际货物运输工作的十字方针。树立为货主服务的观念，主要体现在十字方针上。

“安全、迅速、准确、节省、方便”是相互制约、相辅相成的一个有机整体，可以根据市场供求的缓急、商品特性以及运输路线与运力的不同情况，全面考察，适当安排，必要时可以有所侧重。

知识拓展

根据国际货物运输的性质和特点，针对国际货物运输的任务，经过多年的实践，中国对外贸易运输总公司（以下简称“中国外运集团”）提出的国际货物运输要贯彻的“安全、迅速、准确、节省、方便”的“十字方针”，已被广大货运代理企业和有关部门所认可。

第二节　国际货物运输组织与运输方式

一、国际货物运输组织

（一）国际货物运输的三方当事人

对外贸易运输的组织机构主要由三个方面构成，即承运人（Carrier）、进出口商（Cargo Owner）和货运代理人（Freight Forwarder）。三方当事人的业务构成对外贸易运输工作的主体，在业务上联系紧密。

1. 承运人

承运人是指专门从事水上、陆地、空中等货物运输的交通运输部门，如轮船公司、铁路或

公路运输公司、航空公司等，这些企业一般都拥有大量的运输工具，为社会提供专门的运输服务。

2. 货主

货主是专门经营进出口商品业务的对外经贸部门或进出口商，是货物运输工作中的托运人或收货人。他们专门经营进出口商品业务，统称货主。为履行外贸合同，货主必须办理进出口商品的运输，向交通运输部门托运货物。

3. 货运代理人

货运代理人是指根据委托人的要求，代办货物运输的机构。他们有的代理承运人向货主揽取货物，有的代理货主向承运人办理托运，有的兼营两方面的代理业务。他们都属于运输中间人的性质，在承运人和托运人之间起着桥梁或媒介作用。

除了以上三个方面的当事人之外，国际货物运输还与海关、商检、保险、银行以及包装、仓储等部门有着极为密切的联系。

（二）我国国际货物运输的组织机构

我国办理国际货物运输的组织机构，基本也是由承运人、货主和货运代理人构成的。

1. 承运人

(1) 海运部门。海运部门主要包括中国远洋运输公司、中国经贸船务公司、地方轮船公司、长江航运公司、珠江航运公司，以及中外合资、合营、外商独资轮船公司等。

(2) 铁路运输。铁道部主要从事铁路运输，包括铁路管理总局和各地分局。

(3) 航空运输。民航部门主要从事航空运输，包括中国民航公司及其分公司、地方民航公司、中外合资、合营的航空公司。

(4) 公路运输。公路局和各运输公司承担公路运输。

(5) 邮政运输。邮政部门主要从事数量不大的邮政包裹的运输，包括国家邮政局、各地方邮政管理局以及中国邮政集团公司、各地方邮政公司。

2. 货主

(1) 对外经贸部门所属的各专业外贸总公司及地方外贸专业公司。

(2) 国家各部委所属的工业品、农产品贸易公司。

(3) 集体性质的企业、公司和生产厂家。

(4) 中外合资经营、中外合作经营以及外商独资经营的企业。

3. 货运代理人

(1) 中国外运集团及各地分公司。

(2) 中国租船公司。

(3) 交通部所属中国外轮代理公司及各港口分公司。

(4) 中外合资经营、中外合作经营以及外商独资经营的货运代理公司。

(5) 其他种类的货运代理公司。

综上所述，我国国际货物运输的组织机构，如图 1-1 所示。

- 货主（托运人，收货人）
  - 商务部所属各专业总公司
  - 地方外贸专业公司
  - 从事外经贸业务的其他企业
- 货运代理人
  - 商务部所属中国对外贸易运输（集团）总公司及其分支机构
  - 商务部批准的其他货运代理公司
- 承运人
  - 水上运输：中国远洋物流有限公司、中国经贸船务公司、地方轮船公司、长江航运公司、珠江航运公司及中外合资、合营轮船公司
  - 铁路运输：铁路局和各基层站段
  - 公路运输：公路局和运输公司
  - 航空运输：中国民航管理局所属各类型航空公司
  - 邮电运输：国家邮政局、各地方邮政管理局以及中国邮政集团公司、各地方邮政公司

图 1-1　我国国际货物运输的组织机构

（三）国际货物运输方式

根据使用的工具不同，国际货物运输的方式，如图 1-2 所示。

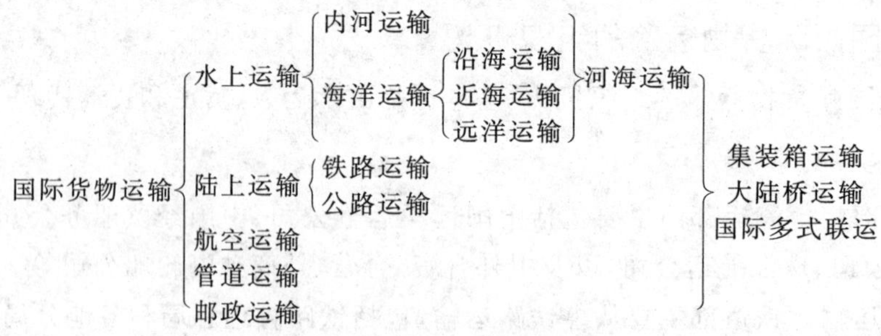

图 1-2　国际货物运输的方式

目前，国际货物运输总量的 2/3 是由海洋运输完成的。我国的进出口货物，80%左右也是通过海运完成的。因此，海运是我国国际货物运输中最主要的方式。近年来，虽然航空运输的货运量增长迅猛，但是国际货物运输市场以海运为主的格局并未动摇。

各种运输方式都有各自的特点，在国际贸易中，应该根据进出口货物的性质、运量的大小、运输距离的远近、货物需要的缓急、运输费用的高低、装卸地的条件、法律法规与惯例、气候与自然条件以及国际政治形势的变化等因素，慎重地选择运输方式，这对完成国际货物运输任务而言具有重要意义。

第三节　国际货物运输代理

一、国际货物运输代理的概念

国际货运代理（International Freight Agency）是国际货物运输市场发展到一定阶段，从国际货物运输领域分离出来的一个专门行业。国际货物运输是在不同国家之间从事货物的运输业务，由于牵涉到不同国家的广大地区，因此，头绪繁多、情况复杂。在这种情况下，任何一个货主或承运人都不可能亲自处理好每一个环节的具体业务，不少工作都需要委托代理人代为办理。相应地，在运输领域里就产生了很多从事代理业务的代理行或代理人。货

运代理在承运人和交通运输部门之间起着桥梁和媒介作用。货运代理的主要职责是为委托人降低成本、简化手续，把进出口货物安全、迅速、准确、节省、方便地运往目的地。他们接受货主(又称委托人)的委托，代办各种运输业务，并按提供的劳务收取一定的报酬，即代理费、佣金或手续费。

国际货运代理一般多年从事国际货物运输业务，经验比较丰富，熟悉各种运输手续和规章制度，与交通运输、贸易、银行、保险、海关等部门有着广泛的联系和密切的关系。有时，委托货运代理去完成一项运输业务，比货主亲自去处理更为有利，如订舱、洽谈运费，由货运代理办理在时间和费用上等方面往往会更趋合理。另外，货运代理是货主的顾问，能对运费、包装以及进出口业务必要的单证、海关、领事要求、金融等方面提供咨询，还能对商品国际市场销售的可行性提出建议。

二、代理人和委托人的责任与义务

(一) 代理关系

1. 代理关系的建立

代理关系是由委托人和代理人双方共同建立的，必须是一方提出书面或口头的委托，经另一方用书面或口头表示接受才能成立。代理关系确立以后，委托人与代理人之间是一种委托和被委托的关系，双方的权利与义务由代理协议或合同明确约定。在实际的代理业务中，代理人作为委托人的代表，对委托人负责，并且必须在委托人授权范围内行事，否则由此产生的一切后果由代理人自己承担。

2. 代理关系的种类

代理人在办理货运代理业务时，有时自己直接办理，有时转交其他委托人办理，也有时以中间人的身份为委托人与第三方促成交易，签订合同，这种代理人称为经纪人，租船代理人即属于这类代理。一般认为，一个代理协议(合同)可能会产生以下三种关系：

(1) 委托人和代理人的关系，这是代理协议(合同)的主体。

(2) 委托人和第三方的关系，如通过租船代理，由委托人与船东签订租船合同。

(3) 代理人和第三方的关系。

第一种，代理人不但公开自己代表委托人，而且公开其委托人的姓名。在与第三者签订的合同上，他在自己的签字前加注“经×××(委托人姓名)电传授权”，并在签字后加注“仅作为代表”字样，这种情况下，他代表的是显名的委托人。

第二种，代理人公开自己的身份是代理，但不公开其委托人姓名。在与第三者签订的合同上，他在自己的签字后面加注“仅作为代表”字样。这种情况下，他代表的是隐名的委托人。

第三种，代理人不公开委托人，而是以自己的名义与第三者签订合同，在这种情况下，代理人代表的是未公开的委托人。

在上述第一、第二种情况下，如果以后出现纠纷，第三方只能对委托人起诉，代理人不负个人责任，不过如果代理人鉴于某种原因不愿公开委托人的姓名，第三方也可以向代理人起诉。

在上述第三种情况下，第三方只能向代理人起诉。

（二）代理人的责任与义务

1. 按照代理协议（合同）规定和委托人的指示负责办理委托事项

代理人必须努力履行代理职责，在委托人授权范围内行事。如果违反这些准则而造成损失，代理人必须向委托人负责。

2. 负保密义务

代理人在代理协议有效时间，不得把代理过程中所得到的保密情报和重要资料向第三方泄露。

3. 如实汇报一切重要事宜

在办理代理工作中，代理人向委托人提供的情况和资料必须真实。如果有任何隐瞒或提供的材料不实而造成损失，委托人有权向代理人追索并撤销代理协议（合同）。

4. 如实向委托人收账

代理人有义务向委托人提供代理业务产生的一切费用账目并向其收账，个别特殊费用的开支应事先征得委托人的同意。

（三）委托人的责任与义务

1. 及时给予代理人明确具体指示

除按照代理协议（合同）规定办理外，委托人要求代理人应做的工作，必须及时给予明确具体的指示，以便代理人凭以执行。

2. 支付代理佣金

委托人必须按事先约定支付代理人佣金，作为对代理人所提供服务的报酬。

3. 支付费用和补偿

委托人必须支付代理人由于办理工作而产生的有关费用。

三、国际货物运输代理的种类

按照代理业务的性质和范围的不同，可将国际货运代理分为租船代理、船务代理、货运代理、咨询代理、订舱揽货代理五大类。

（一）租船代理

租船代理人又称租船经纪人（Ship Broker），是以船舶为商业活动对象而进行船舶租赁业务的代理人，其主要业务活动是在市场上为租船人（Charter）寻找合适运输船舶或为船东（Ship Owner）寻找货运对象，他以中间人的身份使船租双方达成租赁交易，从中赚取佣金。此外，根据租船代理所代表的委托人身份的不同又分为两种。

（1）船东代理人，为船东寻找运输对象。

（2）租船代理人，按照委托人的指示，为其提供最合适的对象和最有利的条件并促成租赁交易的成交。此外，还包括根据双方洽谈确认的条件制成租船合同（Charter Contract），并按委托人的授权代签合同；向委托人提供航运市场行情、国际航运动态以及有关资料信息等;为当事人双方斡旋调解纠纷,取得公平合理的解决。

租船代理佣金按照惯例是由运费或租金收入方支付的,即由船东支付,佣金一般均按照租金的1%—2.5%在租船租约中加以规定。

(二) 船务代理

船务代理人(Shipping Agent)是指接受承运人的委托,代办与船舶有关的一切业务的人。其业务范围很广,主要包括以下几个方面:

(1) 船舶进出港业务,包括拖轮、靠泊、报关、船舶检验、修理、洗舱、熏舱等。

(2) 货运业务,包括安排组织货物装卸、检验、储存、转运、订舱等。

(3) 船舶供应工作,代办船用燃料、淡水、物料、食品等的供应。

(4) 其他服务工作业务,包括办理船员登岸、出境手续,安排船员医疗、住宿、交通、参观等。

根据委托方式不同,船务代理一般分为以下两种。

1. 航次代理

航次代理(Agent on Trip Basis)是指委托人的委托和代理人的接受均以每船一次为限。船东在船舶到港前一定时间用书信或电报或E-mail提出委托,当船务代理复电同意接受代理后,航次代理关系即告成立。在船务代理按照委托人指示办妥该船在港一切业务并在该船驶离该港时,航次代理关系即告终止。该船在该港的费用和代理费均由船务代理以航次结算单与委托人一次结清。

2. 长期代理

长期代理(Agent on Long-term Basis)是指船东和船务代理之间签订长期的代理协议,一般是1—5年或更长时间。有的长期代理不签订协议,而是根据长期业务合作关系形成的。例如,我国港口的船坞代理工作主要是由中国外轮代理公司(即船务代理)负责,凡出入我国港口的本国远洋船和外国籍船舶的港口代理业务,均由中国外轮代理公司设在各港口的分公司办理并按照规定的收费规则收取一切费用。它与大多数外国轮船公司的长期代理关系一般都不签订代理协议。多数班轮公司在船舶经常挂靠的港口都采用长期代理方式。

(三) 货运代理

货运代理人(Freight Forwarder)是指接受货主的委托,代表货主进行有关货物报关、交接、仓储、调拨、检验、包装、转运、订舱等业务的代理人。他与货主是委托和被委托的关系,在办理代理业务的过程中,他是以货主代理人的身份对货主负责并按代理的业务项目和提供的劳务向货主收取代理费。

(四) 咨询代理

咨询代理人(Consulting Agent)是指专门从事咨询工作,按委托人的需要,提供有关咨询情况、情报、资料、数据和信息服务并收取一定报酬的代理人。这类代理一般都拥有自己的研究人员和机构,而且与世界各贸易运输研究中心有广泛的联系,消息十分灵通。这些机构可以根据委托,设计经营方案,选择合理的运输方式和路线,核算运输成本,设计运输方案,调查有关企业的财务信誉等。

(五)订舱揽货代理

这类代理与国内外货主和海陆空运输企业有广泛的联系,或代表货主向承运人办理订舱,或代表承运人向货主揽货。订舱揽货代理是承运人和托运人之间构成承运和托运关系的媒介。

四、国际货运代理行业的发展

从公元10世纪起,货运代理就开始出现,随着海上贸易的扩大,货运代理业逐渐发展起来。到了16世纪,已有相当数量的货运代理公司签发自己的提单。18世纪以后,货运代理逐步变成了现在我们所熟悉的中间性质的独立行业。在长期的业务发展过程中,各国货运代理业的经营者都意识到了加强彼此合作的重要性。早在1880年,第一次国际货运代理代表大会就在德国莱比锡召开,进入20世纪后,行业内的国际合作有了更大的发展。

1926年5月31日,国际货运代理协会联合会(International Federation of Freight Forwarders Association,FIATA,缩写来自法文 Fédération Internationale des Associations de Transitaires et Assimilés)简称菲亚塔,在奥地利维也纳成立,总部设在瑞士苏黎世,负责研究、指导、协调和解决国际货运代理业务中所发生的问题。菲亚塔是国际货运代理行业在世界范围内最具权威性的组织,也是世界贸易运输领域内最大的非政府和非营利性组织,现有130多个国家和地区的35 000多家国际货运代理企业加入。我国最大的权威性的货运代理公司——中国对外贸易运输集团公司(China National Foreign Trade Transportation Group)也于1985年加入FIATA,并且成为正式会员。

中国国际货运代理协会是经国家主管部门批准从事货运代理业务,在中华人民共和国境内注册的国际货运代理企业,以及从事与国际货运代理业务有关的单位、团体、个人自愿结成的非营利性的具有法人资格的全国性行业组织,是国际货运代理行业的全国性中介组织,于2000年9月6日在北京成立。该协会于2001年年初代表中国国际货运代理行业加入了国际货运代理协会联合会(FIATA)。截至2011年8月(数据信息来自中国国际货运代理协会 http://www.cifa.org.cn/index.asp),中国国际货运代理协会共有会员单位632家,其中,副会长单位9家,常务理事单位30家,理事单位42家。

中国国际货运代理协会与国际货运代理协会联合会联系密切。其宗旨是,维护我国国际货运代理行业的利益,保护会员企业的正当权益,促进我国货运代理行业健康发展,更好地为我国对外经济贸易事业服务。它的业务范围是协助政府主管部门依法规范国际货运代理企业经营行为,整顿行业秩序;开展行业市场调研,编制行业统计;组织行业培训及行业发展研究;为会员企业提供信息咨询服务;代表全行业加入国际货运代理协会联合会,开展同业国际交流。

中国租船公司是我国对外贸易公司的总代理人,是我国最大的租船代理。该公司根据货主的委托,统一通过我国最大的租船代理向国际租船市场洽谈租用所需船位。在对外租船订舱工作中,中国租船公司是以代理身份出现的。

案例 1-1

国际货运代理纠纷案例

案情介绍

2007 年年底，原告浙江某国际货运公司（下称货运公司）与被告黑龙江某轻工业品进出口公司（下称轻工公司）口头达成货运代理协议，由货运公司代为轻工公司将草席从宁波港经中国香港转船运至西班牙港口，费用由货运公司垫付。2008 年 1 月 20 日，货运公司依轻工公司的按证发货通知单，将 1 540 包计 221.93 立方米草席，用 4 只 40 尺集装箱，从宁波港经中国香港转运至西班牙巴塞罗那及维伦西亚港，每只集装箱全程运费 5 150 美元，共计 20 600 美元。同年 4 月 23 日和 5 月 13 日，货运公司按轻工公司的按证发货通知单的委托，分别将 750 包计 86.94 立方米和 1 360 包计 166.05 立方米草席散货交由北安轮从宁波经中国香港运至西班牙，中国远洋总公司浙江省分公司签发了全程提单给轻工公司。该提单背面第 12 条规定："承运人拥有合理的权利来决定运输方式、线路、处理和储存及转船承运货物。"货抵中国香港转船时，因特殊情况，西班牙港口不接受散货，二程承运人经货运公司同意，遂改用 40 尺集装箱转运至西班牙的目的港。从宁波至中国香港散货运费分别为 1 608.39 美元和 3 071.94 美元，从中国香港至西班牙维伦西亚港集装箱运费为 11 442.6 美元，从中国香港至西班牙巴塞罗那港集装箱运费为 15 808.52 美元。货运公司将此情况告知了轻工公司，轻工公司当时并无异议。同年 5 月 17 日，货运公司按轻工公司的按证发货通知单，将 450 包计 52.16 立方米草席用 1 只 40 尺集装箱从宁波经中国香港运抵西班牙阿耳黑西拉斯港，全程运费 4 628 美元。同年 10 月 15 日，轻工公司向货运公司如数支付第一批运费 20 600 美元。11 月 17 日，货运公司向轻工公司托收另外几笔运费时，轻工公司以"第二批货物应装 40 尺、20 尺集装箱各 1 只，所有集装箱运费太高，应以 5 月 17 日从宁波经中国香港至西班牙阿耳黑西拉斯港该批货每只 40 尺集装箱运费 4 628 美元计算"为理由，拒付第二批货物运费 5 991.63 美元，第三批货物运费4 895.13 美元，扣下已结清的第一批货物运费 2 088 美元。另外，第一批货物 4 只 40 尺集装箱从余姚至宁波的公路运费 3 056 元，轻工公司也未支付给货运公司。

2009 年 8 月 20 日，货运公司向宁波海事法院提起诉讼，要求轻工公司偿付所欠 12 974.76 美元运费、3 056 元国内货运包干费及利息。轻工公司辩称，货运公司集装箱运费超过约定，第二、第三批货物未经同意，擅自改变二程运输方式，因之增加的运费应由货运公司承担；并辩称 3 056 元国内货运包干费用途不明。

分析

本案是一起典型的货运代理纠纷案件。货运代理是指货运代理人受货主的委托，以货主的名义办理货物运输及有关手续的一种民事法律行为。货运代理人是连接货主和承运人的一个专业性机构，利用其丰富的专业知识和灵通的信息，为货主办理运输提供专业性服务，对方便货主托运或收受货物，保证货物高效、快捷的运输，提高社会经济效益等方面都有积极的作用。宁波海事法院在处理这起纠纷过程中较好地解决了以下几个问题：

1. 本案的案由。本案原告货运公司的诉讼请求是运费及利息，乍一看似应定为货物运输合同运费纠纷。但从货运公司提供的营业执照看，它只代理货物托运，并不承运货物，因而其只是代理人，而不是承运人。另外，从轻工公司的答辩来看，也仅认为是委托货运公司代理货运，而且认为其超越了约定的代理权限。因此，本案定为货运代理纠纷是妥当的。

2. 在第二、第三批货物委托运输过程中，货运公司在没有轻工公司明确委托的情况下同意改变二程运输方式，是否超越代理权限的问题。从该两批货物运输情况看，当时目的港所在国西班牙鉴于客观实际，港口不接受散货，二程承运人根据提单条款的规定，提出改用集装箱运输，是符合货主的利益的；货运公司对此同意，也不损害货主利益，而且事后货运公司告知了轻工公司，轻工公司并无异议。由此可见，此种为被代理人利益的代理行为是合理的，不能认为是超越了代理权限。

第四节　对外贸易的合理运输

一、合理运输的概念和意义

（一）合理运输的概念

合理运输（Rational Transport）旨在建立运输要素的最佳组合，从而取得最大的运输经济效益。运输主要包括以下五个要素。

1. 通道（Ways）

通道包括水上航线、陆上的公路和铁路、航空线路、管道等。它是划分运输方式的标志，也是运输借以活动的导体。

2. 动力（Motives）

运输动力是指促使运输的对象发生空间位移的力量，包括畜拉人扛、蒸汽机车、电力机车等。

3. 工具（Vehicles）

工具是指运输对象的载体，如陆运中的卡车、火车，水运中的驳船、轮船等。工具因运输对象，尤其是运输方式的不同而有差异。

4. 运输对象（Subject）

运输对象包括货物和旅客。货物按外部形态分干货和混货，按有无包装分为包装货和散货。

5. 通讯（Communication）

通讯是现代运输中不可缺少的手段，包括信件、电话、电报、电传、传真。通讯使运输的各个关系方以及运输的各个环节相互沟通，对减少货运中的延滞和法律讼争具有重大意义。

合理运输就是要使上述五个方面的因素达到最佳组合，从而以最少的运输里程、最节俭的运输环节、最节省的费用以及最少的运力把货物运到最终目的地。

（二）合理运输的意义

运输作为商品经济的一个重要环节，是实现商品由价值到价格转换的桥梁。运输业是

一个特殊的物质生产部门，它虽然不通过改变产品的形式以增加商品的内涵，但却通过产品的位移，为商品提供了地域效用(Place Utility)和时间效用(Time Utility)。

运输成本是商品最终作价的有机组成部分。据有关资料统计，在社会产品最终成本中运输费用占10%—30%，某些低值产品甚至大大超过这一比例。由此可见，开展合理运输，减少运输耗费，对降低社会产品的最终成本，从而使其在市场上更具竞争能力起着直接的作用。

二、不合理运输的类型

外贸进出口物资包括货物、生产加工原料和包装物料，由于流通环节较多、运距较长、起运站点分散，为了满足贸易上的特殊需要或者受到现有运输条件的限制，在运输过程中难免存在一些不合理的运输现象。但是，由于经营管理水平低、经济核算意识淡漠而造成的不合理运输也并不少见。不合理运输主要有下列几种情况。

(1) 生产、加工、包装、仓储选点布局不合理，造成迂回运输、过远运输。

(2) 在收购和集运货物时，按照行政区划，经县、地区、省(自治区)层层中转，增加不必要的储运环节，造成迂回运输、往返运输和重复运输。

(3) 各种运料和物料管理不统一，自管自拨，分配无计划而增加储运环节，造成迂回运输、对流运输和过远运输。

(4) 对外签订的进口合同或信用证规定的运输条款不合理，如选择港口不当而造成运输路线不合理或派船不当造成的不合理运输。

(5) 按照出口商品的经营分工，将货物调到经营口岸所在港口出口，舍近求远造成的迂回运输。

(6) 出口货物在产地的检验不严，盲目发运或单证不齐，货到海运港口或陆运口岸后不能出口，以致压车、压船、压库，结果只能就地处理或原货退回所造成的无效运输、往返运输。

(7) 选择的运输方式和运输工具不当，如弃水走陆，长途汽车运输，没有充分利用直达船、快运列车、集装箱、航空运输等。

(8) 计划调度不当，增加了不必要的中转环节，造成迂回运输。

(9) 由于车船调配不当，一方面有货无车(船)而另一方面有车(船)无货，造成货等车船或车船等货，使车船的非生产时间增加，其运力效能不能高效地发挥。

(10) 出口商品包装不合理、装运时配载不当而造成的车船吨位和容积的浪费。

上述各种类型的不合理运输，不仅存在于国际货物运输中，在国内运输中也时有发生。这不仅增加了不必要的运输路程和中转环节，延长了在途时间，浪费了运输能力，影响了商品的质量，增加了经营成本，甚至影响了出口商品的对外成交、合同履行和商品及时供应市场，是发展国际贸易的障碍。

三、组织合理运输的措施

组织合理运输需要生产、交通运输和流通等各个部门共同协作组织实施。从国际货物运输的角度出发，可从以下几个方面去努力。

（一）合理选择运输方式和工具

各种运输方式有着各自的适用范围和不同的技术经济特征，选择时必须进行比较和综合分析。首先要考虑运输成本的高低和运输速度的快慢，此外，还要考虑商品的性质、数量的大小、运输距离的远近、市场需要的缓急、风险的程度和国际政治经济形势的变化等。

在选择运输工具时，统一运输方式（如铁路、公路运输）可根据不同商品选择不同的车辆，海运可选班轮或不定期租船，内河运输可选轮船、机帆船等。发展多式联运和充分利用运输工具、回空运输货物也是组织合理运输的有效措施。

（二）正确选择运输路线和装卸中转港口

运输路线的选择，通常应安排直达运输，以减少装卸、转运环节，缩短运输时间，节省运输费用。出口商品就地加工、就地包装、就地检验、直接出口的“三就一直”工作法，供港澳地区的“三趟快车”，以及各条海运直达航线的开辟，都是组织合理运输的重要措施。必须中转的进出口货物，也应选择适当的中转港、中转站。

进出口货物的装卸港，一般应选择班轮航线经常挂靠、自然条件好、装卸设备好、费用较低的港口。进口货物的卸货港还应根据货物流向和大宗货物用货部门所在地情况综合考虑。出口货物的装港则应考虑靠近物产地或供应地的原则，以减少国内运输里程，节约运力。

（三）提高包装质量，改进包装办法

货物包装可分为销售包装与运输包装两种类型。销售包装旨在满足消费者的购买心理，要求精美别致，是促销手段的一部分；而运输包装的作用则在于保证货物在运途中的安全，并且为大规模装卸提供条件。由此可见，运输包装要求牢固、经济、科学和标准化。

进出口货物运输线路长，装卸操作次数多，必须根据不同的运输方式、运输距离和商品的属性，合理地选择包装物，以保证商品安全。

在大力发展集装箱运输的今天，对于包装标准化提出了更高的要求。包装方法也有很大改进，如轻泡货物用机器打包较用人力打包可缩小体积；石油改桶装为大型油轮散装，可提高自动化水平；其他许多货物包装的改进，也都对减少货损、降低运费、提高商品价格取得了明显的效果。这些都是组织合理运输的必要措施。

（四）提高装载技术

(1) 采用零担货物拼整车发运的办法，减少运输费用、节约运力，主要有零担货物拼整车直达运输、零担货物拼整车接力直达以及中转分运、整车分卸、整车零担等具体做法。

(2) 一方面最大限度地利用车船载重吨位，另一方面充分使用车船载重容积，以提高装载量，充分利用运力，降低费用。主要做法有三种：一是组织轻、重配载，即把实重货物和轻泡货物组装在一起；二是实行解体运输，即对一些体大笨重、不易装卸又容易碰撞致损的货物，将其拆卸装车，分别包装；三是改进堆码的方法，即根据车船的货位情况和不同货物的包装形状，采取各种有效的堆码方法，如平装、补装、顺装、立装、叠装、套装、扣装、架装等。

组织合理运输的效益必须立足于全局，要考虑客观条件的可行性。最优的运输方案也有一定的相对性，只在一定条件下、一定时间段和一定范围内适用，随着时间、地点、范围和

其他条件的变化，合理的程度也会随之发生变化。所以，必须不断研究新情况，采用新措施，以达到持续、有效地开展合理运输的目的。

本章小结

1. 国际货物运输就是指使用车、船、机乃至管道、邮政（火车、轮船、飞机、汽车）等交通运输手段和方式，对货物进行跨越国界的运送活动。国际货物运输又可分为国际贸易物资运输和非贸易物资（如展览品、个人行李、办公用品、援外物资等）运输两种。由于国际货物运输主要是贸易物资的运输，所以国际货物运输也通常被称为国际贸易运输。对一国来说，就是对外贸易运输，简称外贸运输。

2. 国际贸易作为国与国之间的商品交换，买卖双方远隔两地，需要进行国际货物运输。与国内货物运输相比，具有政策性强、运输距离长，环节多、涉及面广，情况复杂多变、时间性强和风险大等特点。

3. 国际贸易运输的组织机构由交通运输部门、外贸部门或进出口商和货运代理人构成。

4. 国际货运代理是国际货物运输市场发展到一定阶段，从国际货物运输领域分离出来的一个专门行业，在承运人和交通运输部门之间起着桥梁和媒介作用，主要职责是为委托人降低成本、简化手续，把进出口货物安全、迅速、准确、节省、方便地运往目的地。

5. 按照代理业务的性质和范围的不同，可将国际货运代理分为租船代理、船务代理、货运代理和咨询代理四大类。

6. 对外贸易的合理运输是指通道、动力、工具、运输对象、通讯等运输要素达到最佳组合，从而以最少的运输里程、最节俭的运输环节、最节省的费用以及最少的运力把货物运到最终目的地。

7. 组织合理运输的措施包括合理选择运输方式和工具；正确选择运输路线和装卸中转港口；提高包装质量；改进包装办法；提高装载技术。

思考与练习

一、简答题

1. 国际货物运输具有哪些特点？
2. 国际货物运输的“十字方针”是什么？应如何贯彻？
3. 什么是运输代理人？它的性质和作用是什么？
4. 国际货运代理有哪几种？选择代理的条件是什么？
5. 试述合理运输的重要性和内容。

二、案例分析题

保税区倍超国际贸易有限公司海上货运代理合同纠纷案

2006 年 3 月 2 日至 3 月 11 日，倍超公司委托庄英晖办理两票货物的出口货运事项。庄英晖受托后，以天津远洋货运公司上海分公司宁波办事处（下称天远货运甬办，该办于 2006

年3月18日成立，庄英晖被委任为负责人，经营范围为天津远洋货运公司上海分公司委托代办有关事项，同年12月，该办停业清理）名义，委托远达公司办理该两票货物的出口货运代理事项。托单载明：托运人为倍超公司，运费预付等。远达公司依约办妥出口货运事项，并向承运人垫付海运费39 200美元。同年3月23日，远达公司开具该两票货物海运费发票交给庄英晖并向其催要运费。此后，倍超公司依庄英晖指令将运费支付给与本案无关的宁波保税区亿豪国际贸易有限公司（下称亿豪公司）。催款未果，远达公司遂向宁波海事法院起诉庄英晖、倍超公司，要求判令支付其垫付运费。

原告远达公司诉称：原告接受庄英晖以天远货运甬办名义的委托，依约办妥两票货物的出口货运事项，并垫付海运费39 200美元。庄英晖未支付运费，倍超公司接受错误指令支付运费，均应承担责任。请求判令两被告连带支付原告垫付的海运费39 200美元，折合人民币350 260元。被告庄英晖辩称：其行为非个人行为。倍超公司支付的运费系付给亿豪公司，非由其个人占有，请求判令驳回对其本人的起诉。被告倍超公司辩称：倍超公司与天远货运甬办存在委托关系，但与原告没有直接委托关系，故其不是本案适格被告。且倍超公司已支付运费，请求判令驳回对倍超公司的起诉。

问题：根据本章有关内容对本案例进行分析。

第二章　国际海洋货物运输

学习目标

掌握国际海洋货物的含义、班轮运费的计算及班轮货运程序、海运提单的正面内容及背面条款和我国对外贸易的主要海运航线。了解海洋运输的特点及其在国际贸易中的特点、租船合同的主要条款和船舶的性质、特征、规范及种类。熟悉租船运输的经营方式及租船程序、海运进出口业务流程、海运提单的作用、海运分类和海运提单业务。

第一节　国际海洋货物运输概述

一、海洋运输的含义及发展

海洋运输(Ocean Transport)又称"国际海洋货物运输",是国际物流中最主要的运输方式。它是指利用海洋通道,使用船舶在国内和国外港口之间,通过一定的航区或航线运输货物的一种方式。以船舶为工具,在国际货物运输中使用最广泛。目前,国际贸易总运量中的2/3以上、中国进出口货运总量的约90%都是利用海洋运输的。

随着中国经济影响力的不断扩大,中国海运业已经进入世界海运竞争舞台的前列。目前,全球有19%的大宗海运货物运往中国,有20%的集装箱运输来自中国;而新增的大宗货物海洋运输中,有60%—70%是运往中国的。中国的港口货物吞吐量和集装箱吞吐量均已居世界第一位;世界集装箱吞吐量前五大港口中,中国占了3个。

随着国民经济的快速发展,中国已经成为世界上最重要的海运大国。随着国民经济和对外贸易的发展,我国海洋运输发生了根本的变化,运输体制也发生了相应的变革。1955年8月,中国对外贸易运输总公司(China National Foreign Trade Transportation Corporation)成立,作为经营国际贸易运输的专业公司,同时仍然保留中国租船公司(China National Chartering Corporation),以满足对外开展租船业务的需要。为了发展我国的远洋运输事业,1961年我国又成立了中国远洋运输公司(China Ocean Shipping Company),并开始组建我国自己的远洋船队,担负一部分进出口货物的运输任务。改革开放以后,为了适应新形势的发展,1993年又成立了中国远洋运输集团总公司。自开始组建远洋船队至今,我国远洋船队由小到大、发展迅速。目前中远集团拥有各种远洋船舶600多艘,1 700多万载重吨位,其中干散货船有200多艘,1 100多万载重吨位,居世界首位。

二、海洋运输的特点与作用

（一）海洋运输的特点

海洋运输是国际间商品交换中最重要的运输方式之一，货物运输量占全部国际货物运输量的80%以上，海洋运输具有以下特点。

1. 天然航道

海洋运输借助天然航道进行，不受道路和轨道的限制，通过能力更强。随着政治、经贸环境以及自然条件的变化，可随时调整和改变航线完成运输任务。

2. 运输量大

世界石油运输中已出现50万—70万吨的巨型油轮，最大的散装船已达16万—17万吨。

3. 运费低廉

海上货物运价相当于铁路运价的1/5，公路运价的1/10，航空运价的1/30。

4. 对货物的适应性强

船舶由于运量大，基本上适合各种货物的运输，其他运载工具无法装运的，轮船一般都可以装运。

5. 速度较慢

民用船舶体积大，水流阻力高，加之其他各种因素影响，所以速度较慢。

6. 风险较大

海洋运输易受自然气候影响，航期不易准确，遇险的可能性也较大。全世界每年遇险沉没的船舶在300艘左右。

（二）海洋运输的作用

1. 海洋运输是国际货物运输的主要方式

海洋运输虽然存在速度较低、风险较大的不足，但是由于它的通过能力大、运量大、运费低以及对货物适应性强等长处，加上全球特有的地理条件，使它成为国际贸易中主要的运输方式，我国进出口货物运输总量的80%—90%是通过海洋运输进行的。由于集装箱运输的兴起和发展，不仅使货物运输向集合化、合理化方向发展，而且节省了货物包装用料和运杂费，减少了货损货差，保证了运输质量，缩短了运输时间，从而降低了运输成本。

2. 海洋运输是国家节省外汇支付、增加外汇收入的重要渠道之一

在我国，运费支出一般占外贸进出口总额10%左右，大宗货物的运费占的比重更大。如果在对外贸易中能充分利用国际贸易术语，争取我方多派船，不但节省了外汇的支付，而且还可以争取更多的外汇收入。特别是把我国的运力投入到国际航运市场，积极开展第三国的运输，可以为国家创造更多的外汇收入。目前，世界各国，特别是沿海的发展中国家都十分重视建立自己的远洋船队，注重发展海洋货物运输。一些航运发达的国家，运费的收入成为国民经济的重要支柱。

3. 发展海洋运输业有利于改善国家的产业结构和国际贸易出口商品的结构

海洋运输是依靠航海活动的实践来实现的,航海活动的基础是造船业、航海技术和掌握技术的海员。造船工业是一项综合性的产业,它的发展又可带动钢铁工业、船舶设备工业、电子仪器仪表工业的发展,促进整个国家产业结构的改善。近几年,我国由原来的船舶进口国,逐渐变成了船舶出口国,而且正在迈向船舶出口大国的行列。由于我国航海技术的不断发展,船员外派劳务已引起了世界各国的重视。随着海洋运输业的发展,我国的远洋运输船队已进入世界十强之列,为今后大规模的拆船业提供了条件,不仅为我国的钢铁工业提供了廉价的原料,而且能节约能源和进口矿石的消耗,还可以出口外销废钢。由此可见,海洋运输业的发展,不仅能改善国家产业结构,而且会改善国际贸易中出口商品的结构。

4. 海洋运输船队是国防的重要后备力量

海洋运输船队历来在战时都被用作后勤运输工具。美、英等国把商船队称为“除陆、海、空之外的第四军种”,前苏联的商船队也被西方国家称之为“影子舰队”。可见,海洋运输船队对战争的胜负所起的作用。正因为海洋运输占有如此重要的地位,世界各国都很重视海洋航运事业,通过立法加以保护,从资金上加以扶植和补助,在货载方面给予优惠。

第二节　海运经营方式

按照经营方式的不同,海洋运输可分为班轮运输(Liner Transport)和租船运输(Shipping by Chartering)。

一、班轮运输

目前,传统的杂货班轮运输已经在很大程度上被集装箱运输所替代,然而班轮运输这种船舶营运方式却是在杂货班轮运输的基础上形成的。虽然杂货班轮运输的经营方式和货运程序有所改变,但是仍然保持了其原有的优势和特征,仍在国际航运市场上发挥其独特的作用。

(一) 班轮运输概述

1. 班轮运输的定义

班轮运输又称定期船运输(Regular Shipping Liner),简称班轮(Liner),是指船舶按固定的航线、港口以及事先公布的船期表航行,以从事客货运输业务并按事先公布的费率收取运费。班轮运输比较适合于一般杂货和小批量货物的运输。

目前在我国营运的班轮主要有三类:一是自营班轮,如中国远洋运输公司、中国对外贸易运输总公司和中海集团公司等国内船公司经营的班轮;第二种是合营班轮,即我国与外国合资经营的班轮;第三种是外国班轮,如 MARSK LINE,DSR LINE 等。

2. 班轮运输的特点

班轮运输是在不定期船运输的基础上发展起来的,是船舶运输的主要经营方式之一,这种运输经营方式具有以下特点:

(1) 具有“四固定”的特点。“四固定”是指固定航线、固定挂靠港、固定船期和相对固定的费率，这是班轮运输最基本的特征。班轮运输是按照事先公布的船期表来营运的。从事班轮运输的船舶又是在固定的航线运行的，有既定的挂靠港及挂靠顺序。班轮运价是用运价本(或运价表)的形式公布出来的，在一定期限内不会变动，具有相对稳定性。

(2) 班轮运价中包括装卸费用。在班轮运输中，承运人负责配载、装卸货物和理舱，所有装卸费用和理舱费用都已经包括在运费中，不再另行收取。承托双方也不需要规定装卸时间，不存在滞期费和速遣费，仅约定托运人或收货人必须按照船舶的装卸计划交付或提取货物。

(3) 承运人的责任期间从货物装上船起，到货物卸下船止。承运人的责任期间是指承运人对货物的运输承担责任的开始和终止时间段。对于非集装箱货物，大多数国际公约或国家法律规定承运人对货物的责任从装货港货物吊起开始至卸货港货物脱离吊具时结束，即“钩至钩”原则。通常，承运人对货物装船前或卸船后不承担责任。

(4) 提单是双方运输合同成立的证明。在班轮运输中，承运人和托运人通常并不签订书面的运输合同，而是在货物装船以后，由承运人或其授权的代理人签发提单给托运人，承托双方的权利义务和责任豁免以签发的提单为依据，并受统一的国际公约的制约。

(5) 班轮运输的运输对象是杂货。班轮运输所承运的货物是种类繁多、批量小、包装千差万别，并分属众多不同货主的杂货。因此，在积载、装卸和保管中都有不同的要求，对于运输服务质量的要求较高。

3. 班轮运输的作用

(1) 班轮运输特别有利于一般杂货和小额贸易货物的运输。只要班轮的舱位许可，班轮公司也愿意接受承运零星成交的散货。

(2) 在一定程度上促进了国际贸易的发展。由于班轮运输成本事先可以确定，而且运输时间有保障，这样便于国际贸易双方洽谈装运期、交货期等贸易条件，有利于贸易的成交和开展。

(3) 能够给托运人提供优质的运输服务。进行班轮运输的班轮公司一般都是长期在固定航线上运行，要想吸引货载就必须保证船期，提高自己的服务。因此，班轮公司派出的在班轮航线上运行的船舶一般都是技术性能好、设备齐全、质量较好的船舶。相应地，托运人当然也就能享受到较好的运输服务。

(4) 手续简便，大大方便了货主。班轮承运人一般都采取码头仓库交接货物的做法，并且在运输途中负责装卸和理舱，为货主提供了很大的方便。

(二) 班轮货运业务

由于班轮运输所承运货物的批量小、货主多、挂靠港口多、装卸作业频繁、出现货损和货差的情况比较复杂，为使货物能安全、顺利地装卸和交接，防止或减少差错，在实践中逐渐形成了一套与这种运输相适应的货运程序。

1. 货运安排

班轮运输的货运程序从货运安排开始，货运安排包括揽货订舱和确定航次货运任务。

(1) 揽货。揽货又称揽载(Canvassion)，是指从事班轮运输经营的船公司为使自己经营

的班轮运输船舶能在载重量和舱容两方面均得到充分利用，会通过各种途径从货主处争取货源，揽集货载，力争做到“满舱满载”，以期获得最好的经营效益。

通常的做法包括在所经营的班轮航线的各挂靠港口及货源腹地通过自己的营业机构或代理机构与货主建立长期的业务关系；通过相关报纸、杂志(如我国的《中国远洋航务公报》、《中国航运周刊》等)刊登船期表，以邀请货主前来托运货物，办理订舱手续；通过与货主、货运代理人或无船承运人等签订货物运输服务合同，或者揽货协议来争取货源。

揽货的实际业绩如何，直接影响班轮公司的经营效益及其在航运市场上的竞争能力。所以，任何班轮公司都特别注重揽货业务的开展。

(2) 订舱。订舱(Booking Shipping Space)是指托运人或其代理人向班轮公司及其营业所或代理机构等申请货物运输，承运人对这种申请给予承诺的行为。

船公司在揽货和确认订舱时，应充分注意各种货物的性质、包装、数量等情况；考虑其对运输、积载和保管的不同要求，进行合理的配载，使舱位得到充分合理的利用；还应了解航线上各个国家的法律规定或港口当局的规章制度。

(3) 确定航次货运任务就是确定某一船舶在某一航次所装货物的种类和数量。班轮公司在承载货物时，必须要考虑各单货物的性质、包装和每件货物的重量及尺码等因素。班轮公司预先对船舶舱位在各装货港间进行适当的分配，定出限额，并根据各个港口情况的变化及时进行调整，使船舶的舱位得到充分和合理地利用。

2. 装船出运

装船(Loading)是指托运人应将其托运的货物运至码头承运人指定交付的地点进行交接，然后承运人将货物装到船上。

一般来说，装船分为直接装船和集中装船两种方式。

(1) 直接装船。直接装船又称现装，是指托运人将其托运的货物直接运至码头承运船舶的船边，并进行交接，然后将货物装到船上。如果船舶是在锚地或浮筒作业，托运人还应负责使用自己的或租用的驳船将货物驳运至船边，办理交接后装船。

由于班轮运输中的货物种类繁多，包装形式各异，如果每一个托运人都在船边与承运人进行货物交接，就会使装船现场发生混乱，无法按照装船计划合理操作，影响装船效率，也容易引起货损货差事故。所以，对于特殊货物，如危险品货物、冷藏货物、活的动物等，才采用直接装船的形式，而普通货物的交接装船一般采用“仓库收货，集中装船”的形式。

(2) 集中装船。所谓集中装船，是指由船公司在各装货港指定装船代理人，在指定地点接受托运人送来的货物，办理交接手续后，将货物集中，并按货物的卸港次序进行适当分类后再装船。

为了提高装船效率，减少船舶在港停泊时间，不致延误船期，大多数货物都采用集中装船的方式。在这种装船形式下，托运人将货物交付给船公司指定的装船代理人后，责任并没有转移到承运人，承运人的责任仍然是从装船开始。

3. 卸船交货

(1) 卸船。卸货(Discharging)是指将船舶所承运的货物在提单上载明的卸货港从船上卸下，并在船边交给收货人或其代理人，办理货物的交接手续。

卸货分为直接卸货和集中卸货两种方式：① 直接卸货是指承运人将船舶承运的货物在卸货港从船上卸下，并在船边交给收货人或其代理人，办理货物的交接手续。② 集中卸货是指由船公司指定的港口装卸公司作为卸货代理人，先将货物卸至指定地点（通常是码头仓库），进行分类后再向收货人交付，办理交接手续。

与装船时一样，为了使分属众多收货人的各种不同的货物能在船舶有限的停泊时间内迅速卸完，通常采用集中卸货的办法，即“集中卸船，仓库交货”的形式。

(2) 交付货物。交付货物是班轮运输中不可缺少的程序。在班轮运输中，货物装船后，船公司或其代理人向托运人签发提单。因此，船公司在交付货物给收货人时，必须收回提单。

在实际业务中，收货人将注明已经接受了船公司交付的货物并签章的正本提单交给船公司或其代理人，经审核无误后，后者签发提货单给收货人，收货人再凭提货单到码头仓库办理交接手续，提取货物。

根据运输过程中出现的具体情况，交付货物的方式有以下几种：第一，仓库交付货物(Delivery Ex-Warehouse)，又称仓库交货，是指先将从船上集中卸下来的货物搬至指定码头仓库，进行分类后，再由卸货代理人按票向收货人交付，办理交接手续的方式。这是班轮运输中最基本的交付货物的方式。

第二，船边交货(Along Side Delivery)，是指收货人以提单在卸货港的船公司或其代理处办好提货手续，换取提货单后，持提货单到码头船边直接提取货物，办理交接手续的方式。对于一些特殊货物，如贵重货物、危险货物、冷藏货物和鲜活货物等，在收货人的要求下，通常采用船边交付货物。

第三，选择卸货港交付货物(Optional Delivery)，是指由于贸易的原因，货物在托运时，托运人尚不能确定具体的卸货港，要求在预先指定的两个或两个以上的卸货港中进行选择，待船开后再选定。这种交付方式会使货物的积载难度增加，甚至会造成舱容的浪费。货主采用这种交接方式时，必须在办理货物托运时提出申请，而且还必须在船舶开航后，抵达第一个选卸港前的一定时间以前，通常为 24 小时或 48 小时，确定最终的卸货港，并通知船公司。否则，船长有权在任何一个备选港口将货物卸下，并认为已履行了运输责任。

第四，变更卸货港交付货物(Alternation of Destination Delivery)，是指由于贸易的原因，货物无法在提单上记载的卸货港卸货，而要求卸在航线上的其他基本港。变更卸货港的申请必须在船舶抵达原定卸货港之前或到达变更后的卸货港之前一定时间内提出，并且所变更的卸货港必须是该船舶停靠的基本港。

船公司接到货主提出的变更卸货港的申请后，必须根据船舶的积载情况、考虑变更的可行性、因变更而增加的额外费用等因素，决定是否同意收货人的变更申请。船公司一旦接受了变更申请，因这种变更而产生的翻舱、捣舱费、装卸费、运费差额和有关手续费，均应由货主承担。

第五，凭保证书交付货物，是指在班轮运输中，收货人要取得提取货物的权利，必须交付提单给承运人或其代理人。在实际中，由于提单邮寄或流转的延误，收货人无法及时取得提单，也就不能及时地凭提单换取提货单来提取货物。按照一般的航运习惯，收货人开具由银行签署的保证书，以保证书交换提货单，然后持提货单提取货物。

船公司同意凭保证书交付货物（Delivery Against Letter of Guarantee，L/G）是为了能尽快地完成货物的交接，而且根据保证书，船公司可以将因此而发生的损失和责任转移给收货人或开具保证书的银行。但这种做法违反了运输合同的义务，船公司对正当的提单持有人仍负有赔偿一切损失责任的风险。因此，船公司应及时要求收货人尽快取得提单后交换保证书，以恢复正常的交付货物的条件。

（三）班轮运价与运费

1. 班轮运价和班轮运价表

班轮运费（Liner Freight）是班轮公司为运输货物而规定的运输价格，并按这种价格向货方收取运费。它包括货物的装卸费和货物从装运港至目的港的运输费用和附加费用。计算运费的单价或费率就称为班轮运价。班轮运价表又称班轮费率表，是班轮公司收取运费、货方支付运费的计算依据。班轮运价是按照班轮运价表的规定计算的。

不同的班轮公司或不同的轮船公司开列有不同的班轮运价表。班轮运价表可以分为等级费率运价表（Class Rate Freight Tariff）和单项费率运价表（Commodity Rate Freight Tariff）两种。等级费率运价表由“货物等级表”和“航线费率表”两部分组成，先按航线将货物分为若干等级，每一个等级代表一个费率并有相应的计算标准，然后再参照航线等级表，就可查出基本费率。运价表都将货物划分为20级，同样航程下，1级商品的运价最低，商品级数越高，运价越高。单项费率运价表是指将每项商品及其基本费率都逐个列出，每个商品都有各自的费率。这种运价表计费较合理，也便于查找。

班轮运价表包含的内容主要有以下几个方面：

（1）货物分级表。表中列明各种货物所属的运价和计费标准。

（2）说明、规定和港口规定条款。说明和规定部分规定运价表适用范围、运费的计算方法和支付方法、计价币制、单位、船货双方责任、权利和义务、各种货类运输的特殊规定等。

（3）商品列名和商品附录。商品列名部分给出了各种货物的名称和运费计算标准，商品附录部分是商品列名的补充。

（4）航线等级费率表。表中列明不同等级货物的基本运费率。

（5）附加费率表。表中列明各种附加费按基本运费的一定百分比或按每运费吨若干元计收，如货币贬值附加费、直航附加费、燃油附加费、港口附加费等。

（6）冷藏货费率表及活牲畜费率表。

（7）说明及有关规定。主要是该运价表的适用范围、计价货币、计价单位以及其他有关规定。

（8）港口规定及条款。主要是将一些国家或地区的港口规定列入运价表。

我国目前使用的运价表主要有以下几种：

（1）中远公司的六号运价表，它属于等级运价表，该表把所有的货物分成20个等级，由交通部印发。

（2）中国租船公司二号运价表，适用于国外轮船公司或我国租船承运的货物。

（3）华夏公司三号、四号运价表，适用于班轮公司承运或运往美国的货物。

另外，如果使用中波轮船公司、日本东方轮船公司、德国瑞克麦斯公司班轮或进出口货物，那么必须分别使用这些公司自己制定的费率表。

2. 班轮运费的计算标准

班轮运费的基本运费包括货物在装运港的装货费用、在目的港的卸货费用以及从装运港到目的港的运输费用。其计算标准主要有以下几种。

(1) 按货物的毛重计收，在运价表中以“W”字母表示，一般以公吨为计费单位，也有按长吨或短吨计费的，称为重量吨(Weight Ton)。

(2) 按货物的体积计收，在运价表中以“M”字母表示，一般以1立方米为计费单位，也有按40立方英尺计费的，称为尺码吨(Measurement Ton)。尺码吨与重量吨统称运费吨(Freight Ton)。

(3) 按货物的毛重或体积从高计收，在运价表中以“W/M”字母表示。即运费按照一单货物的重量乘以重量吨费率或体积乘以尺码吨费率高者收取。凡1重量吨货物的体积超过1立方米或40立方英尺者按体积计收；不足1立方米或40立方英尺者按其毛重计收。运价表上还有注明“W/M or A. V”及“W/M plus A. V”字母的，前者表示运费按照货物重量或体积或从价三者中较高的一种计收；后者表示先按货物毛重或体积从高计收后，再加一定百分率的从价运费。

(4) 按货物的价格计收，又称从价运费。在运价表中以“A. V”或“Ad Valorem”表示，一般按FOB货价的一定百分率收费，主要针对像黄金、白银、名贵皮毛、精密仪器等这样的货物。

(5) 按货物的件数计收。例如，汽车、火车头按“辆”，活牲畜按“头”计收。

(6) 临时议定(Open Rate)。该计费标准适用于粮食、豆类、煤炭、矿砂等运量较大、货价较低、装卸速度快的农副产品及矿产品，订舱时由货主与船公司临时洽商议定。

(7) 起码费率(Minimum Rate)。即按每一提单上所列的重量或体积计算的运费。如果未达到运价表中规定的最低运费金额，按最低运费计收，大多数班轮公司都以其等级费率的第一级费率为起码运费。

应当注意的是，如果不同的商品混装在同一个包装内(集装箱除外)，则全部货物都须按其中收费最高的商品计收运费。同一种货物如果包装不同，其计费标准、等级或费率也不同，托运人应当按不同包装分列毛重及体积，才能分别计收运费，否则全部货物均按较高者收取运费。同一提单内有两种以上不同计价标准的货物，托运人应按货物不同的名称分别提供毛重和体积，否则按计费高的货物的费率计收。这是在包装和托运时应该注意的。此外，对无商业价值的样品，凡体积不超过0.2立方米，重量不超过50千克，可要求船方免费运送。

3. 班轮运费的计算

班轮运费包括基本运费和附加费两部分。基本运费是指班轮航线内基本港之间对每种货物规定的必须收取的运费。附加费是为弥补运输方在运输途中对一些需要特殊出口的货物或由于客观情况的变化而支出的特殊费用，而额外加收的费用。附加费的种类很多，并且可以比较灵活地对各种外部不测因素的变化作出反应，随着客观情况的变化而变动，是班轮运价的重要组成部分。以下是几种常见的附加费：

（1）燃油附加费（Burner Surcharge or Bunker Adjustment Factor）。由于油价经常波动，船公司向托运人收取运价一定百分比的燃油附加费。

（2）转船附加费（Transshipment Surcharge）。即凡运往基本港的货物，需转船运往目的港时，船方收取的附加费，包括转船费和二程运费。但有的船公司不收此项附加费，而是分别收转船和二程运费。这种收取一、二程运费加转船费的做法，即通常所称的"三道价"。

（3）货币贬值附加费（Devaluation Surcharge or Currency Adjustment Factor）。即在货币贬值时，船方为保持实际收入不减少，随着货币贬值的幅度按基本费率的一定百分比收取的附加费用。

（4）直航附加费（Direct Additional）。即当运往基本港的货物达到一定的货量时，船公司可安排直航该港而不转船时所加收的附加费。一般来说，直航附加费较转船附加费低。

（5）超长附加费（Long Length Additional）。

（6）超重附加费（Heavy Lift Additional）。

（7）港口附加费（Port Additional or Surcharge）。有些港口由于设备条件差或装卸交叉率低及其他原因，船公司加收的附加费，一般按基本运价的一定百分比收取。

（8）港口拥挤附加费（Port Congestion Surcharge）。即有些港口由于拥挤导致船舶停泊时间增加而加收的附加费。这种附加费随港口条件的改善或恶化而变化，一般按基本运价的一定百分比计收。

（9）选港附加费（Optional Surcharge）。即货运托运时不能确定具体卸货港，要求在两个或两个以上港口中选择一港卸货，船方加收的附加费。所选港口限定为该船次规定的转港，并所选港中收费最高者计收运费及各种附加费。货主必须在船舶到达第一卸港前的规定时间内通知船方最后选定的卸货港，一般规定为 24 小时或 48 小时前。

（10）变更卸货港附加费（Additional for Alteration of Destination）。在船舶驶离装货港后，提单持有人提出要求，班轮公司同意后可以变更卸货港。但要向货方收取变更卸货港附加费，按货物的运费吨计收。

（11）绕航附加费（Deviation Surcharge）。苏伊士运河 1967 年因战争关闭，欧亚间往来船舶均需绕道好望角，当时班轮运价规定加收 10％的绕航附加费，1975 年 6 月 5 日运河重新开放时，该附加费取消。由于正常航道受阻不能通行，船舶必须绕道才能将货物运至目的港时，加收附加费。

除以上 11 种附加费外，还有一些需船货双方临时议定的附加费、洗船费、熏蒸费、破冰费、加温费等。各种附加费是对基本运价的调节、补充。

班轮运费的基本计算公式为：

运费＝运输吨（重量或尺码吨）×等级运输费×（1＋附加费率）

即

$$F = F_b + \sum S$$

式中，F 为运费总额；F_b为基本运费；S 为某一项附加费。

【例 2－1】 由上海运往肯尼亚的蒙巴萨港口"门锁"（小五金）一批计 100 箱。每箱体积为 20 厘米×30 厘米×40 厘米，每箱重量为 25 千克。当时燃油附加费为 40%，蒙巴萨港口拥挤附加费为 10%。求该批货物运费。

解：

(1) 查阅货物分级表。门锁属于小五金类，其计收标准为 W/M，等级为 10 级。

(2) 计算货物的体积和重量。

100 箱的体积 =（20 厘米 × 30 厘米 × 40 厘米）× 100 箱 = 2.4（立方米）

100 箱的重量为：　　25 × 100 箱 = 2.5（公吨）

由于 2.4 立方米小于 2.5 公吨，因此计收标准为重量。

(3) 查阅“中国×东非航线等级费率表”，10 级费率为 443 港元，则

基本运费 = 443 × 2.5 = 1 107.5（港元）

(4) 附加运费 = 1 107.5 ×（40% + 10%）= 553.75（港元）

(5) 上海运往肯尼亚蒙巴萨港 100 箱门锁，

应付运费 = 1 107.50 + 553.75 = 1 661.25（港元）

【例 2-2】 以 CFR 价格条件出口加拿大温哥华罐头水果汁一批，重量为 8 公吨，体积为 10 立方米，求该批货物总运价。

解：

(1) 先确认水果汁的英文为“Fruit Juice”。

(2) 从有关运价本的“货物分级表”中查找相应的货名。再从相应运价本中查到该货运价等级为 8 级，计算标准为 M，即按尺码吨计算运费。

(3) 再查中国—加拿大航线等级费率表，得 8 级货物相应之基本费率为每吨 219.00 元。

(4) 另查得燃油附加费 20%。

(5) 计算：

$$F = F_b + \sum S = (219.00 + 219.00 \times 20\%) \times 10$$
$$= 262.8 \times 10 = 2\,628.00（元）$$

二、租船运输

18 世纪末至 19 世纪初，由于欧洲实现了工业革命，商品生产得到了极大的发展，贸易不断扩大，同时，船舶技术设备和航海技术也达到了一个新的水平，于是海上运输逐渐从航海贸易中分离出来，成为独立的经济部门，这时的海上运输以租船运输为主。

(一) 租船运输概述

1. 租船运输的定义

租船运输又称不定期船运输（Tramp Shipping），是一种既没有固定的船舶班期，也没有固定的航线和挂靠港，是按照货源的要求和货主对货物运输的要求，安排船舶航行计划，组织货物运输的船舶营运方式。

在租船运输过程中，首先，承租人通过某些方式将运输需求公开。之后，船舶所有人，即船东与承租人就租船业务涉及的运输条件及相应的条款进行商定。许多情况下，这种业务谈判是通过租船经纪人，并参考某一个标准的租船合同范本进行的。当双方就相关的问题洽商一致时，船舶所有人与承租人之间通常要签订包括船期、挂靠港、租金以及双方的责任与义务在内的租约，即租船合同。船舶所有人与承租人所签订的租船合同，具有民事法律所规定的约束效力，是双方处理合同执行过程中所出现问题的依据。

2. 租船运输的特点

与班轮运输相比，租船运输具有以下特点：

(1) 航线、挂靠港、船期和费率具有不固定性。租船运输没有固定的船舶班期，也没有固定的航线和挂靠港，而是按照货源的要求和货主对货物运输的要求，安排船舶航行计划，组织货物运输的。

(2) 租船运输根据租船合同组织运输。船舶所有人与承租人之间要签订租船合同，对航线、船期、挂靠港、租金等进行约定，并明确双方的责任、义务和权利。租船合同是解决双方在履行合同中发生争议的依据。

(3) 租船运输中的提单不是一个独立的文件。对于承租人和船舶所有人而言，租船提单仅相当于货物收据，这种提单要受租船合同的约束，银行一般不愿意接受这种提单，除非信用证另有规定。当承租人将提单转让给第三人时，提单起着物权凭证的作用。

(4) 租船运输适合于大宗散货的运输。散货的特点是批量大、价值低、无包装，如谷物、矿石、化肥、石油及油类产品，它们一般都是整船装运的。

(5) 船舶营运中有关费用的支出依据不同的租船方式，由于租约约定运输中的运费或租金水平受航运市场行情波动的影响，相对班轮运输而言，费率较低。

3. 租船市场

租船业务是通过租船市场(Chartering Market)进行的。

1) 租船市场的含义

租船市场又称海运交易市场，是指需要船舶的承租人与提供船舶运力的船舶所有人洽谈租船业务、协商租船合同内容并签订合同的场所。

租船市场为船舶所有人和承租人提供开展各种租船业务的交易机会。租船市场是船租双方进行集中交易的场所，双方都可以根据自己的需求选择洽租人，以取得较高的经济效益，满足各自不同的需要。

租船市场拥有分布在世界各地的船舶所有人、承租人、租船经纪人，组成了庞大的业务网络，加强了信息沟通，为承租人和船舶所有人积累、搜集、整理了大量的租船市场信息，掌握着市场的行情动态和发展趋势。由于分布在世界各地的运力与需求并不平衡，租船市场为实现整个世界航运市场的平衡发挥着调节作用。

2) 租船经纪人

在租船市场上，大宗交易通常是通过船舶经纪人(Chartering Broker)进行的，他们拥有广泛的业务联系，具有租船业务的专业知识和谈判技能，能够全面、及时地掌握租船市场信息，将这些信息提供给船租双方，促使双方达成交易。根据其从事的业务，船舶经纪人可分

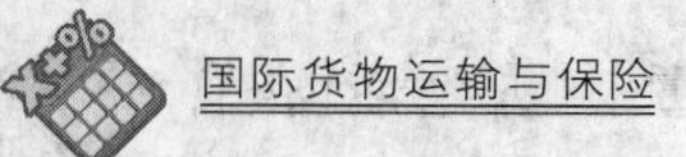

为以下几种类型：

(1) 船东经纪人(Owner's Broker)，是指根据船舶所有人的授权和指示，代表船舶所有人利益在租船市场从事船舶出租或承揽货源的人。

(2) 承租人经纪人(Charterer's Broker)，是指根据承租人的授权和指示，代表承租人利益在租船市场为承租人洽租合适船舶的人。

(3) 双方当事人经纪人(Both Parties' Broker)，是指以中间人身份尽力促成船舶所有人和承租人达成船舶租赁交易，从中赚取佣金的人。

租船经纪人进行租船业务洽谈的方式有以下三种情况：

(1) 由船舶所有人和承租人各自指定一个租船经纪人，由其代表各自委托人利益进行洽谈。

(2) 船舶所有人和承租人共同指定一个租船经纪人进行洽谈。这时，租船经纪人就是中间人。

(3) 船舶所有人或承租人的一方与他方指定的租船经纪人进行租船业务洽谈。

在通过租船经纪人成功地签订了租船合同后，“本人”应向租船经纪人支付“经纪人佣金”。佣金的多少在国际上没有统一的标准，一般是运费或租金的1%—4%，最常见的是1.25%—2.5%。在签订租船合同后的执行过程中，合同发生变化时，按照租船合同中的佣金条款来支付佣金。如果合同规定佣金在签订合同时支付，则租船经纪人无论合同的执行情况如何，均可获得佣金；如果合同规定佣金在货物装运时支付，则当合同于货物装卸前被解除时，租船经纪人不能获得佣金；如果合同规定佣金在收取运费时支付，则租船经纪人只能在租船合同得以履行、且船舶所有人获得运费后，方可获得佣金。

3) 主要国际租船市场

目前，世界上主要租船市场有以下几个：

(1) 英国伦敦租船市场。英国伦敦的波罗的海商业航运交易所(The Baltic Mercantile and Shipping Exchange)是公认的世界上历史最悠久、租船业务最多的散杂货租船市场。它有一个固定的集中场所，供船舶所有人、租船经纪人和租船代理人聚集、面谈租船业务，其成交量占世界租船总成交量的30%以上，是世界上其他租船市场关注和参考的对象。

由于希腊是世界上最大的经营不定期船的国家，因此，在伦敦市场供应的船舶最多，给该市场供应的船舶主要是希腊船舶所有人的船舶或受其控制的方便旗船，还有美国船舶所有人控制的方便旗船。该市场租船行情的变化对世界上其他地区的租船市场有着决定性的影响。因此，这里的交易动态受到世界各地的船舶所有人和承租人的密切注意。

(2) 美国纽约租船市场。纽约租船市场在第二次世界大战前只是一个地区性交易市场。战后，美国的经济发展较快，进出口货物增多，美国作为重要的货主国家，对租船及航运市场产生了重要的影响，现已发展成为仅次于伦敦租船市场的世界第二大租船市场。其主要地点虽设在纽约，并命名为航运交易所，但是，它没有专门的场所，而是通过电话、电传、传真、计算机通信等方式进行租船业务洽谈。这个交易所采用会员制度，以船舶所有人、货主、租船经纪人和各种有关人员为会员。

(3) 北欧租船市场。北欧租船市场包括挪威的奥斯陆、瑞典的斯德哥尔摩、德国的汉堡、荷兰的鹿特丹等专业化的船舶租船市场，均属于地区性租船市场。该市场以租赁特殊用

途的高技术船舶为主，如冷藏船、液化石油气船、滚装船和吊装船等。在租船方式上，船舶所有人以长期的定期租船为主。

(4) 亚洲租船市场。亚洲租船市场包括日本东京，中国香港、上海和东南亚的新加坡等租船市场，也属于地区性租船市场。该租船市场上成交的主要是短期近洋运输船舶的租赁。随着亚洲经济的发展和区域性贸易的繁荣，以及亚洲航运业的日益壮大，这些租船市场发展较快，规模不断扩大。

(二) 租船运输的经营方式

如前所述，租船运输是根据承租人对运输的要求而安排船舶的营运方式。根据承租人对运输的不同营运要求，租船运输的经营方式可以分为定程租船、定期租船、光船租船和包运租船四种。其中，最基本的租船运输的经营方式是具有运输承揽性质的定程租船。

1. 定程租船方式

1) 定程租船的概念

定程租船(Voyage Charter)又称"航次租船"，是指以航次为基础的租船方式，由船舶所有人向承租人提供船舶，在指定的港口之间进行一个航次或几个航次的指定货物运输的租船运输方式。对租船人来讲，这种租船方式简单易行，不必操心船舶的调度和管理，也容易根据运费估算每吨货物的运输费用。

定程租船是租船市场上最活跃、最为普遍的一种租船方式，对运费水平的波动最为敏感。在国际现货市场上成交的绝大多数货物通常是通过定程租船方式运输的。

2) 定程租船的形式

在定程租船中，根据承租人对货物运输的需求，采取不同的航次数来约定定程租船合同。定程租船方式有下列四种形式：

(1) 单航次租船(Single Trip Charter)，是指租赁一艘船舶只装运一个航次，船舶所有人负责提供船舶，将指定的货物由一个港口运往另一个港口，货物运到目的港卸货完毕后，租船合同即告中止。运价按租船市场行情由双方议定。

(2) 往返航次租船(Return Trip Charter)，是指船舶所有人与承租人双方约定，提供船舶完成一个往返航次的租船方式。但是，返航航次的出发港及到达港并不一定与往航航次相同，即同一船舶在完成一个单航次后，会根据货物运输需要在原卸货港或其附近港口装货，返回原装货港或其附近港口。卸货后，往返航次租船结束，船舶所有人的合同义务完成。

(3) 连续航次租船(Consecutive Voyage Charter)，是指船舶所有人与承租人约定，提供船舶连续完成几个单航次或几个往返航次的租船运输方式。被租船舶在相同两港之间连续完成两个以上的单航次或两个以上往返航次运输后，航次租船合同结束，船舶所有人的合同义务完成。

(4) 包运租船(Contract of Affreightment)。这是20世纪70年代新发展起来的一种租船方式，是指船舶所有人将租船人的一大批货物，在事先约定的期限内，按照相同的租船条件，由甲地包运至乙地，其他则不加限定。在这种方式下，船舶所有人可以较方便地调度和安排船舶，船方所得到的运费是按船舶实际装运的货物数量计收。

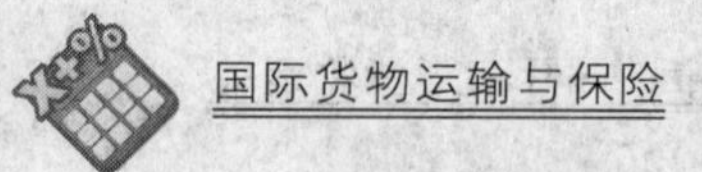

3）定程租船的特点

定程租船的特点主要表现在以下几个方面：

(1) 以航次为基础，规定一定的航线或装卸港口以及装运的货物种类、名称、数量等。

(2) 船舶所有人配备和管理船员，负责船舶的营运调度。

(3) 船舶所有人负责船舶营运所需支付的费用。这些费用包括船舶资本费用，如船舶成本、船舶资本借贷偿还、资本金利息；固定营运费用，如船员工资和伙食费、船舶物料、船舶保养费用、船舶保险费用、润滑油费、企业事务费用等；可变营运费用，如燃料费、港口使用费、引水费、合同规定的装卸费、其他费用等。

(4) 定程租船的租金通常称为运费，按实际装船的货物数量或整船舱位包干计收运费。

(5) 在定程租船合同中需要订明货物的装船费和卸货费是由船舶所有人还是由承租人负担。

(6) 船、租双方的权利义务和责任豁免，以定程租船合同为依据。

2. 定期租船(Time Charter)

1）定期租船的概念

定期租船简称期租，是指以租赁期限为基础的租船方式，由船舶所有人将特定的船舶按照租船合同的约定，在约定的期限内租给承租人使用，在租期内，租船人按约定支付租金，同时负责船舶的调度和经营管理。租期的长短由双方约定，少则几个月，多达几年，或更长时间。

租船市场上货源、货流比较稳定的货物，一般通过定期租船方式进行运输。除一部分缺乏运力的船公司需要以定期租船方式租进船舶外，租船人往往是一些大的综合性的企业或实力较强的贸易公司。由于这些企业或贸易公司通常掌握着或控制着市场上一定比例的货源，因此对租金进行讨价还价的实力很强。

2）定期租船的特点

(1) 不具体规定航线和港口。定期租船一般不规定航线和装卸港口，只规定航行的区域范围，租船人可以根据货运需要选择航线、挂靠港口；而航次租船中都会规定航线和装卸港口。

(2) 承租人拥有船员指挥权。船舶所有人负责配备船员，并负担其工资和伙食；而承租人在租期内拥有包括船长在内的船员指挥权，否则有权要求船舶所有人予以撤换。

(3) 承租人负责船舶的营运和调度。船舶所有人负责船舶营运的固定费用，包括船舶船用物料费、润滑油费、船舶保险费等；承租人负责船舶的营运调度，并负担船舶营运中的可变费用，包括燃料费、港口使用费、货物装卸费、运河使用费等。

(4) 租金按租期计算。船舶租赁以整船出租，租金一般按每载重吨每月或每日计算。由于租船价格在租期内一般较稳定，船舶所有人为避免租期内部分费用上涨而使其盈利减少，有时会在长期的租船合同中加入“自动递增条款”，规定在费用上涨时，按合同约定的比例相应提高租金。

(5) 租期是以一定时间为租船条件，租赁期间的船期损失，除特殊原因外，均归租船人负担，故不规定滞期速遣条款。

3. 光船租船(Demise or Bareboat Charter)

1) 光船租船的概念

光船租船又称船壳租船,在租期内,船舶所有人提供一艘空船给承租人使用,船舶的配备船员、营运管理、供应及一切费用都由承租人承担,船舶所有人在租期内除收取租金外,对船舶和经营不再承担任何责任和费用。由于这种方式对于租船人而言,需要雇佣、管理船员等,工作十分复杂,而且船东一般也不放心把船交给承运人所雇佣的船员来使用,因此,这样的租船方式在租船市场上现在很少采用。

2) 光船租船有以下特点:

(1) 船长和全部船员由租船人指派并听从租船人的指挥。

(2) 船舶所有人不负责船舶的运输,租船人以承运人的身份经营船舶。

(3) 以整船出租并按船舶的载重吨和租期计算租金。

(4) 船舶的一切时间损失风险完全由租船人承担,即使在船舶修理期间,租金仍连续计算。

(5) 从船舶实际交给租船人使用时起,船舶的占有权从船舶所有人转给租船人。

(三) 一般的租船程序

租船业务主要是在国际租船市场上通过船东、租船经纪人、租船人来进行的。租船程序和国际贸易中的程序一样,也要经过询盘、报盘、还盘、接受和签订租船合同这些环节。在租船市场上,由需求船舶的租船人和提供船舶动力的船东通过租船经纪人互通情况、讨价还价,最后成交并签订合同。

1. 询盘(Inquiry)

询盘又称询租,是报价之前双方将各自的需要进行交流的过程,是报盘的前奏。询盘的目的和作用是让对方知道发盘人的意向和需要的大致情况,因此,内容一般只包括让对方知道的必要项目即可,应简明扼要。

询盘可由租船人发出,也可由船东发出。承租人询盘的主要项目有:承租人的情况、货物的情况、装卸港口、装卸费用条件、受载期和解约期、租船方式及期限、船舶类型、交船和还船地点等内容。船舶所有人询盘的主要内容包括出租船舶的情况、船舶的各种包装状态下的积载容积、受载日期和适载货物的情况等。

2. 报盘(Offer)

报盘又称发盘或报价。承租人或船舶所有人围绕询盘中的内容,就租船涉及的主要条件答复询盘方即为"报盘"。在租船过程中,通常是船方首先报盘。由于租船合同项目很多,不可能在发盘中开列很多条款,因此在实践中,租船业务中的一方会事先拟好一个租船合同样本,把特定的可变项目,如船东名称、船名、货物名称、装卸港口等空着,留待洽租时具体商定。每次洽租时,首先洽谈主要条件,待主要条件达成一致后再商议次要条件。

报盘有实盘和虚盘的区别。实盘(Firm Offer)是指主要条款明确、肯定、完整而无保留的发盘,在这类发盘中,一般会给出一定的时限,对方必须在规定的时限内接受,实盘双方合同才告成立。虚盘(Offer without Engagement)又称条件发盘,是指发盘方在发盘中对其内容附带某些“保留条件”，所列各项条件仅供双方进行协商，即使另一方表示接受这个发盘，双方合同仍无法成立。

3. 还盘(Counter Offer)

还盘是指接受发盘的一方对发盘中的一些条件提出修改，或提出自己的新条件并向发盘人提出的环节。还盘的目的是要求对方更改那些对自己不利的条款，所以需要仔细审查对方发盘的内容。还盘也有实盘和虚盘之分，还实盘时，对方一经接受，合同即告成立。还虚盘时，必有附带条件，这时还盘反复多次，直到双方达成协议或终止洽谈。

4. 接受(Acceptance)

接受是指经过报盘、还盘的讨价还价之后，最后一次还实盘的内容双方都接受之后，租船业务就最终成交，实盘中的各项条款对双方都具有法律约束力。有效的接受必须在发盘或还盘规定的时限内，而且不能有保留条件，若时限已过，则欲接受的一方必须要求另一方再次确认才能生效。

当发盘方放弃“保留条件”而要求对方受盘时，受盘方应确认收到的是一项不附带任何保留条件的实盘；而在发盘方要求对方先予以受盘，然后再取消保留条件的情况下，受盘方为保护自己的利益，避免不必要的法律纠纷，必须规定发盘方在接受受盘后取消保留条件的时间限制。如果发盘方没有在该时间限制内正式放弃保留条件，受盘方的受盘仍不具备任何约束力。

5. 签订租船合同(Conclusion of Charter Party)

正式的租船合同一般都是合同条款被双方接受后开始拟制的。接受以后，按照国际惯例，双方应签署租船合同。签订合同有两种形式：一种是船东与租船人签约，另一种是授权租船代理人签约，租船合同通常缮制正本两份，签署后由当事人双方各持一份。

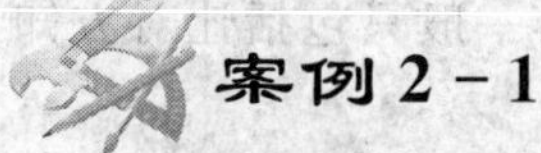

案例 2-1

期租合同下租期和租金如何界定

案情介绍

2009 年 2 月 10 日，A 船公司与 B 贸易公司签订了一份船舶期租合同。合同约定，“租赁船舶 Y 轮，租期为 2009 年 1 月 11 日至 2009 年 3 月 4 日，交、还船地点均为上海港”；又约定，“最后一个月的费用在租期满一个月的前五天支付。如果 B 贸易公司未履行支付租金，A 船公司有权撤船”。与此同时，B 贸易公司将涉案船舶转租给了 C 海洋石油工程公司。2009 年 1 月 31 日，B 贸易公司支付了第一个月的租金。2009 年 2 月 21 日，由于最后一期租金支付上的纠纷，A 船公司发出“撤船通知”，待 C 海洋石油工程公司出具保函后，A 船公司始同意继续履行合同。2009 年 3 月 4 日，Y 轮完成航次任务返回上海港。之后 A 船公司向法院提起诉讼，要求 B 贸易公司支付所欠 2009 年 2 月 11 日至 3 月 4 日的最后一期租金人民币 79.2 万元及利息。

分析

本案争议的焦点在于 A 船公司交船的时间和最后一期租金支付的时间。法院认为，本

案为期租合同下的租金支付纠纷。实际交船的时间为C海洋石油工程公司接管船舶之日（2009年1月16日），因而租期从2009年1月16日起至2009年3月4日止，进而推算出计入最后一期租金的时间是2009年2月16日至3月4日，共17天。关于“最后一期的费用在租期满一个月的前五天支付”的理解，法院将之解释成最后一期的费用自起租日起，租满1个月的前5天支付，即2009年2月11日为最后一期租金的支付日。法院最终判决：被告B贸易公司向原告A船公司支付所欠租金人民币61.2万元及其自2009年2月11日起至实际支付之日止年利率为6%的利息。

第三节 海运进出口业务

一、国际货物海运出口操作规程

海运出口货物运输业务是根据贸易合同有关运输条件，把出口货物加以组织和安排，通过海运方式运到国外目的港的一种业务。

根据不同的贸易条件，凡以CIF、CFR条件成交的出口货物，要由卖方安排运输，由以FOB条件成交的出口货物，则由买房派船运输。如果采用信用证结汇时，卖方则须等收到信用证后才可安排装运。

1. 合理签订运输条款

运输条款是出口贸易合同的组成部分。如果在签订贸易合同时忽略了运输条款，使运输条款订得不恰当或责任不明确，甚至脱离运输的实际情况，不但会在履行贸易合同时使运输工作处于被动局面，造成损失和引起纠纷，严重的还会直接影响贸易合同的履行，使出口贸易无法完成。因此，在签订出口贸易合同时，应充分考虑运输条件，把运输条款尽可能订得完整、明确和切实可行，以保证出口贸易顺利完成。

2. 审核信用证中的装运条款

若使用信用证方式支付货款，卖方在收到信用证后，要对其进行严格审查。如果发现信用证中的有关条款与国际贸易合同条款不符，应及时要求买方修改信用证。

审核信用证中的转运条款，要重点审核装运期、装运港、目的港、结汇日期、转船和分批装运等，要根据货物出运前的实际情况，决定对信用证中的有关运输条款是否接受、修改。

3. 备货、报验

卖方收到信用证后，要按信用证上规定的交货期及时备好出口货物，并按合同即信用证的要求对货物进行包装、刷唛。做好申请报验和领证工作。

对需要检验检疫的出口货物，在货物备齐后，应申请检验检疫，取得合格证书。

4. 租船、订舱

以CIF和CFR条件成交的出口贸易合同，卖方要按照合同或信用证规定的交货期，办理租船、订舱手续。对出口数量多、需要整船装运的大宗货物，可恰租适当的船舶装运；对成交批量不大的件杂货，则应洽订班轮舱位。租整船运输出口货物，一般是委托租船经纪人在

国际租船市场上洽租所需船舶。在我国，一般委托中国对外贸易运输总公司所属的中国租船公司来办理租船业务。洽订班轮舱位，则向船公司或其代理人提出订舱委托单，经船公司同意后，向托运人签发装货联单，运输合同即告成立。

5. 出口货物集中港区

船舶或舱位洽商结束后，货方或其代理人应在规定的时间内将符合装船条件的出口货物发运到港区内指定的仓库或货场，以便利装船作业。

向港区集中时，应按照卸货港的先后和货物积载顺序发货。对出口大宗货物可联系港区提前发货。有船边现装条件的货物，也可按照装船时间将货物直接送到船边现装。对危险品、重大件、冷冻货或鲜活商品、散油等需要使用特殊运输工具、起重设备和舱位的，应事先联系安排好调运、接卸、装船作业。

发货前要按票核对货物品名、数量、标记、配载船名、装货单号等各项内容，做到单、货相符。同时还要注意发货质量，如发现货物外包装有破损现象，发货人要负责修理或调换。

6. 出口报关装船

海关放行后，发货人凭海关加盖放行章的装货单与港务部门和理货人员联系，查看现场货物并做好装船准备。理货人员负责清点货物，逐票装船；港口装卸作业区负责装货，并按照安全积载要求，做好货物在舱内的堆码、隔垫和加固等工作。

在装船过程中，发货人要派人进行监装，随时掌握和处理工作中所发生的问题。对舱容紧、配货多的船只，应联系港方和船方配合，合理装载以充分利用舱容，防止货物被退关。如舱位确实不足，应安排快到期的急运货物优先装船；如发生退关的货物，应及时联系有关单位设法处理。

7. 转船通知和投保

发货人应及时发出装船通知。如果因为发货人延迟或没有发出装船通知，致使收货人不能及时或没有投保而造成损失，发货人应承担责任。如由发货人负责投保，一般应在船舶配妥之后即予投保。保险金额通常是以发票的 CIF 价加成投保，加成数根据买卖双方约定，如未约定，则一般加 10%投保。

8. 支付运费

对需要预付运费的出口货物，船公司或其代理人必须在收取运费后签给托运人运费预付的提单；如属到付运费货物，则在提单上注明运费到付，其运费由船公司卸港代理人在收货人提货前向收货人收取。

二、国际货物海运进口操作规程

海运进口货物运输业务是根据贸易合同有关运输条件，将进口货物通过海运方式运进国内的一种业务。这种业务必须取决于买货条件。如果是 CIF 或 CFR 条件，则由国外卖方办理租船订舱手续；如果是 FOB 条件，要由买方办理租船订舱手续，派船前往国外港口接货。由于经营外贸业务的公司或有外贸经营权的企业一般本身不掌握运输工具，运输业务要依靠国内、国外的有关运输部门来完成，因此这是一项复杂的运输组织工作。外贸部门或

其运输代理要根据贸易合同规定，妥善组织安排运输，使船货相互适应和密切配合，按时、按质、按量完成进口运输任务。

海运货物进口业务运输的程序包括从签订运输条款、租船订舱、跟踪船舶动态到卸货交接，直至送交收货人的全过程。在以 FOB 成交、买方负责运输的条件下，基本工作程序如下所述。

1. 签订运输条款

运输条款在进口合同中占有重要地位。进口合同中的运输条款订得是否合理直接关系到合同能否顺利履行，关系到进口任务能否顺利完成以及我方的经济利益能否得到保证。因此，进口合同中的运输条款应引起充分重视。

2. 租船订舱

以 FOB 成交的进口合同，租船订舱由买方负责。在合同规定交货前一定时期内，卖方应将预计装运日期通知买方。买方接到通知后，应及时书面委托有关货运代理或直接委托船公司办理租船订舱手续。大宗货物需要整船装运的，洽租适当船舶承运；小批量的杂货，大多向班轮公司订舱。货运代理人在订妥舱位后，应及时将船名和船期通知委托方，同时还要督促装货港船务代理及时与卖方联系，使其能按时备妥货物运至装货港，以便船货衔接。

委托订舱时，应将进口货名、重量、尺码、合同号、包装种类、装卸港口、交货期、成交条件、发货人名称、地址、电传号、电话传真号等尽可能详细地通知委托人，必要时要附上合同副本。

3. 掌握船舶动态

为了正确掌握到货时间，要经常收集船舶动态资料。船舶动态资料包括船名、船籍、船舶性质、装卸港顺序、预抵港日期、船舶吃水、所载货物名称及数量等。进口货物的转船信息至关重要，尤其是应掌握二程船信息。通常情况下，转船货只确定转船港，而未确定二程船。因此，收货人及其代理所收到的一程船提单上只有“在××港转船”(with transshipment at ××)字样，没有二程船名，但货运代理可以从到港船舶的货物舱单上去寻找。因为凡属转船货，在舱单上均注明二程船名、提单号、装运港及装船日期等。这样，只要舱单上列有转船货的船就是我们要找的二程船。另外，还可以向一程船公司或其代理查询，以免到货后发生滞报、漏报、压港，甚至被海关超期没收而遭受损失。

4. 收集整理单证

各项进口单证，是进口货物在卸船报关、报险交接港各环节中必不可少的，因此必须及时收集整理备用。这些单证包括商务单证和船务单证两大类。商务单证有合同副本、发票、提单、装期单、品质证明书等，船务单证有舱单、货物积载图和船合同或提单副本、重大件货物清单和危险货物清单等。单证来源于银行、国外发货人、装货港代理、港口船务代理公司，也可以随进口船舶携带。单证收到后，要进行审核、归类或复制，以便货物进口时使用。

5. 报关、报验

进口货物到港后，首先要填制进口货物报关单、提单、发票、装箱单或重量单，有的还要提供品质检验证书、原产地证明书、进口许可证、危险品说明书等有关单证，向海关报关，经海关查验无误，方准予放行。

根据我国现行规定，进口货物应在联合检验后14天内申报，开出税单后7天内纳税。超过规定日期申报或迟交税款，要按进口货CIF价的0.5‰交滞报金或按税款的1‰交滞纳金。

根据我国《进出口商品检验法》规定，凡必须经商检机构检验的进口商品，需向检验机构办理进口商品登记。凡列入“进出境检验检疫机构实施检验检疫的进出境商品目录”的进口商品，海关凭商检机构在报关单上加盖的印章验放。收货人应在商检机构规定的地点和期限内，向商检机构报验。凡国家法律、行政法规规定的须经商检机构检验的进口商品，也必须同样办理。

6. 卸船和交接

船舶到港卸货前，按我国港口规定，由船方申请理货公司代表船方与港方交接货物。港口外运公司作为进口方的货运代理，派员在现场监卸。监卸人员与理货人员密切配合，把好货物数量与质量关。卸货过程中，港方一般应按票卸货，严禁不正常操作和混卸，并分清原残与工残，对危险货物等，应联系收货人直接提走；对进库待提货物，应按提单、标记分别堆放。货卸完后，由船方合同理货组长向港方办理交接手续。有关货物残损溢短，要由船方签证。凡进港区仓库货物，货主应凭海关放行提单到船公司或其代理处换取提货单，凭以向港区提货。提货时要认真校对货物的包装、唛头、件数等，如有不符，要取得港方的有效证明。一旦货物离港，港方的责任即告终止。

7. 进口代运

对港口没有转运机构的单位的进口到货，港口外运公司接受委托，可代表收货人办理交接，并安排运力，将货物转运到收货人指定地点。委托人可临时也可长期与港口外运公司签订“海运进口国内接交代运协议书”。

为使代运工作顺利进行，委托人应按外运公司要求的时间，提供齐全的商务单证、进口许可证或批文，外运公司在船货联检后，3日内填制“海运进口货物到货通知”寄委托人。发货时另以“提货通知”通知委托人提货。

三、索赔与理赔

(一) 索赔与理赔的依据

在海上货物运输中，货损、货差是经常出现的，这就产生了索赔与国际货物运输与保险理赔的工作。这是一项政策性强、涉及面广的工作，做好这项工作对维护国家信誉和企业的经济利益具有重大意义。

处理索赔与理赔的主要依据是租船合同和提单。在班轮运输中，虽然各船公司的提单形式不尽相同，条款不一，但一般均参照国际上通用的《海牙规则》拟定。租船运输中，原则上是按租船合同条款处理索赔与理赔，但一般仍不脱离《海牙规则》的基本精神，因此，《海牙规则》在处理索赔与理赔工作中，起到了关键性作用。

(二) 索赔的原则与单证

1. 在处理索赔案件时应遵循的原则

(1) 实事求是。应根据事故的实际情况，分析造成的原因，确定损失的程度或准确数

量，该索赔的要坚决索赔，以维护我方的正当利益。

(2) 有根有据。对索赔案件要进行深入细致的调查研究，切实掌握真实、确凿的证据。根据运输契约的规定，尊重有关的国际惯例，做到有根有据，这是处理货物索赔的根本。

(3) 合情合理。应从复杂的案件中，根据造成损失的各种因素，合理地确定承运人应承担的责任，从有利于案件及时解决的角度出发，必要时可做些让步。

(4) 区别对待。根据我国对外贸易的国别政策，船东的政治态度和业务上与我合作情况，掌握有理、有利、有节的原则，对不同的对象采取不同的处理方式。

(5) 讲求实效。在货物索赔中要考虑实际效果。这种效果是多方面的，既有经济利益方面的，又有政治利益方面的；既要看眼前利益，又要顾及长远利益；既力求做到最大程度地挽回或减少经济损失，又有利于对外经济往来的发展。

2. 处理索赔必备的索赔单证

(1) 索赔函。

(2) 索赔清单。

(3) 货物残、短签证。

(4) 提单正本或影印本。

(5) 商业发票。

(6) 费用单证。

(7) 其他。

3. 程序和手续

处理索赔案件的程序和手续，须视承运货物船舶的经营性质而定。

采用班轮或定程租船方式运输发生货损货差时，凡出口货物，由国外收货人直接向承运人办理索赔。凡进口货物，一般情况下由货运代理人代表有关进出口公司以货方名义向保险人或承运人办理索赔。

由外运公司期租船运输的货物，不论出口或进口，均由外运公司办理索赔。

租轮所运货物货损货差的索赔，一般情况下，利用租船合同比利用提单有利。如果有货物保险人存在时，通常先向保险人索赔，保险人理赔后，将依据代位权向有责任的承运人索赔。

第四节　海运提单与租船合同

一、提单概述

(一) 提单的定义

提单(Bill of Lading)是国际海上运输中的重要单证之一，也是信用证交易形式下银行结汇、买方提取货物的关键票据，在国际贸易中发挥着重要的作用。我国《海商法》第七十一条规定，提单是指用以证明海上货物运输合同和货物已经有承运人接受或者装船，以及承运人保证据以交付货物的单据。在实际业务中，提单所涉及的主要有承运人、托运人、收货人、提单持有人等。其中，承运人通常是与托运人签订运输合同，承担运输任务的航运公司；托运人是与承运人签订运输合同，送交所运送货物的人；收货人是有权提货的人，常常是对外贸易中的买方。以上各方之间的权利、义务关系就构成了提单关系的主要内容。

（二）提单的性质和作用

在海上货物运输中的班轮运输和大多数航次租船运输中，承运人都会应托运人的要求签发海运提单。因此，了解提单的性质、作用对明确承运人和托运人、收货人之间的权利、义务，对更好地理解贸易、运输合同各方的关系，保护自身利益具有重要的意义。

1. 提单是承运人收到其承运的货物后签发给托运人的一张货物收据

在航运业发展的初期，贸易商往往就是船东自己，因此，也并没有划分承运人和托运人关系的提单。随着科技、贸易的快速发展，出现了专门从事贸易的贸易商和专门从事航运的承运人，为解决他们之间的货物交接问题，分清货物损失的责任，出现了最早的提单。因此，货物收据的功能也是提单最早所具有的一项职能。

提单的签发，意味着承运人已按提单上所列内容收到托运的货物。现在，各国法律一般认为，提单是由船长、承运人或其代理人签发的证明其已收到或接管货物的证明。其中，已装船提单则表明承运人不仅已收到货物，而且已将货物装船完毕准备付运。此外，根据我国《海商法》和被世界上许多国家接受的《海牙—维斯比规则》，提单正面通常记载的货物标志、包装、件数、重量或外表状况等的描述构成承运人按此接收货物的初步证据，即一旦货物运抵目的港后被发现与所描述的状况不同，承运人就要承担相应的赔偿责任。

2. 提单是承运人据以交货的凭证

提单提货凭证的职能构成现代国际贸易的基础。作为运输合同的一方，承运人有义务在目的港将货物交给有权提取货物的人，但因为提货权已经随提单同时转让，正本提单的合法持有者就应当拥有货物的请求权。因此，承运人就有义务在提单持有人请求时交付货物，至于他是否是买卖合同中的买方并不重要，即使是真正的收货人，如果不能递交正本提单，承运人可以拒绝对其放行货物，有人将其称为“认单不认人”。若承运人对持有提单前来提货的收货人身份有怀疑，可要求他出具证明或提供银行担保。

3. 提单是承运人与托运人之间所订货物运输合同的证明

海上货物运输合同包括“提单所证明的运输合同”。在班轮货物运输中，提单只是运输合同存在的一种证明，而不是运输合同。其理由是，构成运输合同主要项目诸如船名、开航日期、航线、靠港及其他有关货运条件都是事先公布，而且是众所周知的；至于运价和运输条件也是承运人预先规定的，提单条款仅是承运人单方面制定的，而且，在提单上只有承运人单方的签字。因此，从合同法的基本原理来看，它不具备合同成立的基本条件。另外，提单的签发是合同成立之后，它只是在履行运输合同的过程中出现的一种证据，而合同实际上是在托运人向承运人或其代理人订舱、办理托运手续时就已成立。确切地说，承运人或其代理在托运人填制的托运单上盖章时，承、托之间的合同就已成立。

（三）提单的种类

1. 按货物是否已装船分类

(1) 已装船提单(on Board B/L，Shipped B/L)，是指整票的货物全部装船后，应托运人

的要求，由承运人或其代理向托运人签发的货物已经装船的提单。该提单上除了载明通常事项外，还须注明装运货物的船舶名称和货物实际装船完毕的日期。在国际贸易上按照惯例，出口人向银行议付货款所提交的提单，必须是已装船提单。

（2）收货待运提单或称备运提单（Received for Shipment B/L），是指承运人虽已收到货物但尚未装船，应托运人要求而向其签发的提单。由于该种提单上没有明确的装船日期，而且往往又不注明装运船的船名，因此，在跟单信用证的支付方式下，银行一般都不接受这种提单，货物装船后，承运人在备运提单上加注装运船名和装船日期并签字后，备运提单即可成为已装船提单。

2. 按提单中收货人栏的填写方式不同分类

（1）记名提单（named B/L or Straight B/L），是指在提单"收货人"一栏内具体填上特定的收货人名称的提单。记名提单只能由提单上所指定的收货人提取货物。

（2）指示提单（Order B/L），是指在提单上"收货人"一栏内只填写"凭指示"（To Order）或"凭某人指示"（To the Order of ×××）字样的一种提单。前者一般应视为托运人的指示，只有当托运人作出背书后才可转让与其他人；后者按照发出指示的人不同可分为托运人指示（To the Order of the Shipper）、收货人指示（To the Order of the Consignee）和银行指示（To the Order of the Bank）等情况。

指示提单可以是不记名指示，也可以是记名指示。指示人可以是托运人、收货人或者是银行。指示提单是一种可转让的商业票据，提单持有人以通过背书的方式将指示提单转让给第三者。

（3）不记名提单（Bearer B/L），是指记明应向提单持有人交付货物的提单。托运人在"收货人"一栏只填写"交与持有人"（To Bearer）。这样，谁持有提单，谁就有权提货，不需要任何背书手续即可转让。

（4）空白提单（Blank B/L）又称空白抬头提单。"收货人"一栏是空白，什么都不填。性质类似于不记名提单。

提单背书有"空白背书"和"记名背书"两种。空白背书是指仅有背书人，即提单转让人在提单的背面签字盖章，而不注名被背书人，即提单受让人的名称；记名背书是指背书人除在提单上的背面签字盖章外，还列明被背书人的名称。经空白背书后的指示提单又称"空白抬头，空白背书"的提单。

3. 按对货物外表状况有无批注分类

（1）清洁提单（Clean B/L），是指没有任何有关货物残损、包装不良或其他有碍于结汇批注的提单。若承运人或其代理人在签发提单时未加任何批注，则表明承运人确认货物装船时外表状况良好的这一事实，承运人必须在目的港将接受装船时外表状况良好的同样货物交付给收货人。银行办理结汇时，都规定必须交付清洁提单。

（2）不清洁提单（Unclean B/L or Foul B/L），是指承运人在提单上记有货物及包装状况不良或存在缺陷等批注的提单，诸如水湿、油渍、污损、锈蚀等等。承运人通过批注，声明货物是在外表状况不良的情况下装船的，在目的港交付货物时，若发现货物损坏可归因于这些批注的范围，从而减轻或免除自己的赔偿责任，不清洁提单是不能结汇的。

实际业务中，因为不清洁提单对托运人十分不利，有时托运人会向承运人出具保函以将不清洁提单换取清洁提单，方便银行结汇。由于这种做法掩盖了提单签发时的真实情况，因此，承运人会面临承担由此而产生的风险责任。如承运人不能以保函对抗善意的第三方，承运人要赔偿收货人的损失，然后根据保函向托运人追偿赔偿；如承运人接受了具有欺骗性质的保函后，不但要承担赔偿责任，而且还会丧失责任限制的权利。各国法律对保函效力的态度不一，为了解决问题，承运人接受保函，应视为承、托双方的一项保证赔偿协议。这种保函是在善意的条件下接受的，虽然对收货人没有约束力，但对承、托双方有效，可以得到我国法律的认可。但是，托运人会以承运人在运输途中没有履行其应当适当、谨慎地保管和照料货物的责任为由，因此，承运人要向托运人追偿也是很困难的。

4. 按不同的运输方式分类

(1) 直达提单(Direct B/L)，是指货物从装货港装船后，中途不转船而直接抵目的港卸货的提单。

(2) 转船提单或联运提单(Transhipment B/L or Through B/L)，是指在装货港装货的船舶不直接驶达货物的目的港，而要在中途港换装其他船舶运抵目的港，由承运人为这种货物运输签发的提单，即称为转船提单或联运提单。

(3) 多式联运提单(Combined Transport B/L)，是指货物由海路、内河、铁路、公路和航空等两种以上不同运输工具共同完成全程运输时由承运人所签发的提单，这种提单主要用于集装箱运输。多式联运提单一般由承担海运区段运输的船公司签发的。但是，若经买卖双方同意，并通过信用证明确规定，也可由其他承运人，甚至只经营集装箱货运揽货、装箱、拆箱、内陆运输和经营中转站或内陆站业务，而不经营船舶的所谓“无船公共承运人”(Non-vessel Operations Common Carrier，NVOCC)签发。

5. 按船舶营运方式不同分类

(1) 班轮提单(Liner B/L)，是指货物采用班轮运输，班轮公司所签发的提单。

(2) 租船提单(Charter Party B/L)，是指货物采用租船运输，由承运人根据租船合同签发的提单。这种提单上有“根据××租船合同出立”的批注，是一种受租船合同约束的提单。除非信用证另有规定，否则银行不接受这种提单。

6. 根据提单的格式不同分类

(1) 全式提单(Long Form B/L)，是指既有正面记载的事项，又有背面的有关承运人和托运人之间权利、义务详细条款的提单。

(2) 简式提单(Short Form B/L)，又称略式提单，是指只有正面必须记载的事项而无背面条款的提单。这种提单一般均加列“各项条款及例外条款以本公司正式的全式提单内所印就的条款为准”。按惯例，银行不得拒收简式提单。

7. 按提单的有效性分类

(1) 正本提单(Original B/L)，是指上面有承运人、船长或其代理人签字盖章，并表明“正本”(Original)字样的提单。这种提单在法律上、商业上都是公认有效的单据。收货人在目的港提货必须使用正本提单。

(2) 副本提单(Copy B/L),是指没有承运人、船长或其代理人签字盖章的提单。副本提单上一般标注“Copy”和“Nonnegotiable”(不可转让)字样。凡未表明正本字样的提单即为副本提单。

8. 按签发提单的时间分类

(1) 预借提单(Advanced B/L),是指由于信用证规定的装运期和交单结汇期已到,货主因未能及时备妥货物或尚未装船完毕时,应托运人要求而由承运人或其代理人提前签发的已装船提单。

承运人签发预借提单要冒极大风险。许多国家法律的规定和判例法表明,一旦货物引起损坏,承运人不但要负责赔偿,而且还要丧失责任限制和援用免责条款的权利。

(2) 倒签提单(Anti-dated B/L),是指由于货物实际装船完毕日期迟于信用证规定的装运日期,若仍按实际装船日期签发提单,肯定影响结汇,为了使签发提单日期与信用证规定的装运日期相吻合,以便结汇,承运人应托运人的要求,在提单上仍按信用证规定的装运日期签发,以早于该票货物实际装船完毕的日期作为签发日期而签发的提单。承运人签发这种提单风险很大,要承担因此而可能产生的风险。但是,由于航运惯例和贸易的需要,在一定条件下,比如在所签的日期是船舶已抵港并已开始装货后(虽然就签单的这一票货物而言,尚未装船或尚未装完)的某一天;或签单的货物是零星杂货而不是数量很大的大宗货;或倒签的时间与实际装完的时间间隔不太长等情况下,取得了托运人的保函后,还是可以签发的。

9. 其他种类的提单

(1) 过期提单(Stale B/L),有两种情形：一种是由于航线较短或银行单据流转速度较慢,以至于提单晚于货物到达目的港,使收货人提货受阻;另一种则是由于出口商在取得提单后未能及时到银行议付形成过期提单。《UCP500》第四十三条规定,凡要求提交运输单据的信用证,如未规定交单的特定期限,银行将不予接受迟于装运日期后 21 天提单的单据。

(2) 舱面货提单(On Deck B/L),又称甲板提单,是指货物装运于甲板上时,承运人签发的提单。这种提单上批注了“已装舱面”或“将装舱面”的字样。由于货物装在甲板上风险较大,承运人对货物的损失、灭失又不负赔偿责任,所以,除非另有规定,银行有权拒收舱面提单。

(3) 甲板货提单(on deck B/L),此类提单通常注有“货装甲板”字样。货物装在甲板上,除易受日晒雨淋影响外,还可能因海上风浪过大被冲入海中,而且因其他原因导致货物灭失或损坏的可能性也更大。因而《海牙规则》规定,运输契约中载明装于甲板上且已照装的货物不包括在承运人所负责的“货物”范围之内,对其在海上运输中出现的任何灭失或损坏,承运人不承担责任(承运人故意行为除外)。

(4) 集装箱提单(Container B/L),是指以集装箱装运货物时,承运人签发的提单。这种提单有两种：一种是在普通提单上加注“用集装箱装运”(Containerized)字样;另一种是使用多式联运提单(Combined Transport B/L),但增加了集装箱号码和封号等内容。

(四) 提单的内容及缮制

提单是由各船公司自行制定的具有法律效力的单据。在班轮运输中,它是确定承运人和托运人(或收货人、提单持有人)双方的权利和义务、责任和豁免的依据。国际公约和各国国际立法均对提单需要记载的内容做了规定,以保证提单的效力。国际货物运输与保险各个轮船公司所制定的提单格式大体相同,都分为正面条款和背面条款两部分。

1. 提单正面条款内容

在提单正面,大多记载与货物和货物运输有关的事项,这些项目有的是法定必须记载的,也有的是承运人出于自身业务需要而记载的。提单的正面一般要记载如下事项:

(1) 承运人的名称(Name of the Carrier)。在提单记载承运人名称的目的主要是便于收货人明确提单的承运人。一般提单上已印有船东的名称和地址。

(2) 托运人名称(Name of the Shipper)。

(3) 收货人名称(Name of the Receiver)。有关收货人名称的记载方法因提单种类的不同而不同,如记名提单直接载明收货人名称;指示提单只载明指示人名称,也可只记"指示"字样,即由托运人指示。

(4) 通知人名称(Notify Party)。几乎所有提单上都有通知人这一项,但在记名提单上没有必要再添上通知人名称,因为记名提单上已经写明收货人名称。如果在指示提单上没有写明具体收货人的名称,船公司在卸货港的代理人无法与收货人联系。因此,为了使船公司在卸货港的代理人能及时与收货人取得联系,处理有关交付货物的各项工作和使收货人尽快提货,栏目中应写明通知人名称、地址和公司名称。

(5) 货物名称、标志、包装、件数、毛重和体积等。

(6) 船名(Name of the Vessel)。若是已装船提单须注明船名,若是收妥待运提单,待货物实际装船完毕后记载船名。

(7) 装货港、卸货港和转运港(Port of Loading, Port of Discharge, Port of Transhipment)。提单上有关船名、托运人、收货人、港口、货物名称等一般应由托运人提供并填写全称,不能简写或缩写。有关货物的标志、包装、件数、重量、尺码等在填写前要认真地与实装货物核对,不得有误述和虚报,且货物件数应按实际包装名称填写,货物总数必须大写。

(8) 运费的支付(Payment of Freight)。提单中所写明的运费支付方式应符合承运人要求。在预付运费的情况下,提单上仅注明"预付运费"(freight prepaid)即可,一般可不加注运费额。但在到付运费的情况下,在正、副本提单上均须加注"到付运费"(freight payable at destination)和运费额。如在第三地支付,应列明付款人名称及详细地址,以保证收费安全。若货主拒绝支付运费和其他有关费用,根据提单条款规定,承运人对货物享有留置权。

(9) 提单的签发日期、地点和份数。提单的签发日期应该是提单上所列货物实际装船完毕的日期,应该与收货单上大副所签的日期是一致的。若违反这一原则,无论是提前或迟到,常常会产生外贸合同中买卖双方、运输合同中承运人与货方的法律纠纷问题。

提单签发的地点原则上应是装货地,一般是在装货港或货物集中地签发。

提单签发的份数,按航运惯例通常是正本提单一式两至三份,每份具有同等效力。收货人凭其中一份提取货物后,其他各份自动失去其效力。但副本提单的份数可视托运人的需要而定。副本提单不能作为物权凭证或背书转让,只能供有关作业参考。

(10) 承运人或船长,或由其授权的人签字或盖章。提单必须经过签署手续后才能生效。有权签署提单的人应是承运人或船长,或由他们授权的代理人。

当今国际航运中,尤其是班轮货物运输中,大多由船公司的代理人签发提单,但代理人必须经由船公司授权方能行使提单签发权,经授权的代理人签署提单与承运人签署的提单一样有效。根据一般法律规定,承运人对代理人的行为要承担法律责任。

2. 提单背面条款的内容

提单背面的条款,主要规定了承运人和货方之间的权利、义务和责任豁免。这些规定在双方出现争议时将成为重要的法律依据。多数航运公司提单的背面都包括两类:一类属于强制性条款,其内容不能违背有关国家的海商法规、国际公约或港口惯例的规定,违反或不符合这些规定的条款是无效的;另一类是任意性条款,即上述法规、公约和惯例没有明确规定,允许承运人自行拟定的条款。所有这些条款都是标明承运人与托运人以及其他关系人之间承运货物的权利、义务、责任与免责的条款,是解决他们之间争议的依据。主要的条款内容如下:

(1) 定义条款(Defination)。在各船公司的提单中,一般都订有定义条款,对作为运输合同当事人一方的"货方"的含义和范围作出规定,将"货方"定义为"包括托运人、收货人、提单持有人和货物所有人"。

(2) 首要条款(paramount clause)。说明提单所适用的法律依据,即如果发生纠纷时,应按哪一国家的法律和法庭裁决。这一条款一般印刷在提单条款的上方,通常列为第一条。

(3) 承运人责任条款(carrier's responsibility clause)。说明签发本提单的承运人对货物运输应承担的责任和义务。由于提单的首要条款都规定了提单所适用的法规,而不论有关提单的国际公约或各国的海商法都规定了承运人的责任,凡是列有首要条款或类似首要条款的提单都不再以明示条款将承运人的责任列记于提单条款中。

(4) 承运人责任期间条款。责任期间条款是指承运人对货物运输承担责任的起止时间的条款,各承运人的提单条款中都列有该条款。

按照《海牙规则》和《维斯比规则》的规定,承运人的责任期间是"在货物装上船舶开始至卸离船舶为止的一段时间"。而《汉堡规则》将承运人的责任期间扩展到"包括在装货港、在运输途中以及在卸货港、货物在承运人掌管下的全部期间",即从接管货物时开始至交付货物时为止。这无疑是延长了承运人的责任期间,加重了承运人的责任。

(5) 承运人赔偿责任限制条款。承运人赔偿责任限制是指已明确承运人对货物的灭失和损坏负有赔偿责任,应支付赔偿金时,承运人对每件或每单位货物支付赔偿金的最高限额。

各国立法和国际公约都对承运人赔偿责任限制作出了相关规定,一方面,是为了减轻承运人的责任,避免承运人承担过大的损失;另一方面,也是为了禁止承运人任意减轻应承担的赔偿责任。例如,《海牙规则》规定每件或每单位 100 英镑;《维斯比规则》规定每件或每单位 66.67 个特别提款权或毛重每千克 2 个特别提款权,并按照其中高者计算;而《汉堡规则》规定是每件或每单位 835 个特别提款权或毛重每千克 2.5 个特别提款权,以两者中较高的数额为准。

(6) 承运人免责条款。由于海上运输的风险性较大，为了减轻承运人因发生事故而产生的损失，有关提单的国家法律或国际公约都规定了承运人可享受的免责权利。

《海牙规则》规定了承运人可享有的17项免责事项，我国《海商法》参照《海牙规则》的规定，将17项免责事项合并、归纳为4类，共12项免责事项。具体内容如下：

第一，因除外危险而免责。除外危险是指法律规定的对于所造成的货物灭失和损坏，承运人可以免除责任的危险。其中包括火灾(承运人不负举证责任)、天灾、海上危险或意外事故、战争或武装冲突、政府或主管部门的行为、检疫限制或司法扣押、罢工、停工或劳动受限制。

第二，因除外责任而免责。因除外责任而免责是指承运人对某些因承运人或其雇佣人、代理人的过失所造成的货物灭失或损坏也可以免除责任。属于除外责任的免责事项包括驾驶船舶或管理船舶中的过失、经谨慎处理仍无法发现的船舶潜在缺陷、海上救助，或者救助人命或财产。

第三，因托运人过失而免责。由于托运人、货物所有人或其代理人的行为，或者是货物包装不良或标志欠缺不清所造成的货物灭失或损坏，承运人可以豁免责任。

托运人在货物运输中也应该承担相应的责任，如妥善包装货物，保证提供的货物的品名、标志、包装和件数、重量或体积的正确性等。一般情况下，货物包装不良，标志欠缺或不清都属于托运人过失，承运人对由此而造成货物灭失或损坏不承担责任。但如果承运人凭托运人的保证书签发了清洁提单，就不能以这一免责事项向包括收货人在内的第三方抗辩。

第四，因货物本身性质而免责。货物的自然特性或固有缺陷也是承运人的免责事项。

由于货物固有缺陷造成的损失，包括造成的容积或重量的损耗，或其他损失。容积或重量的损耗是指正常损耗。在装运散装货物时，一般订有货物的正常损耗标准。如果实际损耗数量不超过这种正常损耗，承运人就可以免除责任。

(五) 提单的签发和转让

1. 提单的签发

提单作为货物收据，是划分承运人与托运人责任界限的重要证据。提单必须根据货物装船后大副签字的收货单，经过签署手续才能生效。签发提单是承运人的重要业务内容之一。提单的签发日期应该是提单上所列货物实际装船完毕日期，并且必须与收货单的日期相一致。这是因为，在国际贸易中，买卖双方对货物的装运期限事先都有约定，并且都把签发提单的日期看作是货物装船的日期，如果提单签发日期与货物实际装船日期不符，将会导致买方提出索赔，甚至按合同约定撤销信用证或解除贸易合同。因此，承运人应该恪尽职守，对提单所记载的各项内容进行认真仔细的核对、审查。

2. 提单的转让

提单是货物所有权的证明，提单的转让就意味着货物所有权由原提单持有人转移到提单的受让人手中，这一过程通常通过背书实现。

所谓背书，是指提单所有人在提单背面写明由某人提取货物或者凭某人的指示提取货物，并签字盖章的书面声明。其中，作出背书行为的原提单持有人成为背书人；提单受让人称为被背书人。与汇票等其他可转让的商业票据相似，提单的背书转让不必经过提单签发

人，即承运人的同意。但不同的是在转让后，后手的权利不优于前手，所以，提单只能称之为准流通票据。

(六) 提单的更正与补发

1. 提单的更正

实际业务中，由于信用证要求的条件发生变化，或货物的实际装载情况与订舱托运时的内容不相符，或托运人订舱申报的内容有错误，需要对提单相关内容进行更正。

在货物装船后，提单签发前，承运人一般都会同意托运人提出的更正提单的合理要求，重新缮制提单。

如果货物已经装船，而且提单已经签发后，托运人才提出更正提单的要求，承运人或其代理人就要考虑各方面的关系后，才能决定是否同意更改。如果更改内容不影响其他提单关系人的利益，可以同意更改；如果更改的内容涉及其他提单关系人的利益，或影响承运人的交货条件，就需要征得有关方的同意，才能更改并收回原签提单。因提单更正所产生的费用和损失，应由提出提单更正要求的一方来负担。

2. 提单的补发

对提单的补发应视不同情况给予不同的处理。

(1) 如果正本提单结汇后遗失，无须另行补发提单，只要依照一定的法定程序将提单声明作废，收货人在卸货港凭副本提单和具有信誉的保证人出具的保证书就可以提取货物。

(2) 如果提单在结汇前遗失，应由托运人提供书面担保，经承运人同意后补签新提单并另行编号。同时，依照一定的法定程序声明之前签的提单作废，并通知承运人在卸货港的分公司或代理人。

(七) 有关提单的国际公约

提单作为国际航运界普遍采用的运输单证，其发展经历了漫长的历史。在提单最初出现的时候，并没有专门针对提单的法律，只是根据普通法的基本精神由承运人对所运送的货物负绝对责任，仅仅由于天灾、战争、货物内在属性或托运人过失所造成的损失承运人可以请求免责。此时，虽然货主的利益较有保障，但由于承运人的责任负担过重，加上当时的技术条件的限制，海上航行风险较大，所以对航运业的发展，甚至对国际贸易的发展都极为不利。后来，受“契约自由”精神的影响，承运人借助自身谈判的优越地位，在提单中加列各种免责条款。19 世纪末，这种情形愈演愈烈，一时间似乎承运人除了收取运费外不需承担任何责任，致使货方的利益失去保障，降低了提单的物权凭证的作用。为了缓解船、货双方的矛盾并照顾到船、货双方的利益，国际上为了统一提单条款的内容，曾先后签署了有关提单的国际公约，其中主要包括以下几方面。

1.《关于统一提单的若干法律规定的国际公约》

1924 年 8 月 25 日，国际法协会在比利时的布鲁塞尔签订了关于提单的国际公约，并正式定名为《统一提单的若干法律规定的国际公约》(International Convention for the Unification of Certain Rules of Law Relating to Bill of Lading)，简称《海牙规则》(The Hague Rules)。该公约于 1931 年 6 月 2 日起生效。《海牙规则》规定了承运人和托运人双

方的权利和义务，使提单的式样、内容和名词解释等逐渐趋向一致。

2.《布鲁塞尔议定书》

《海牙规则》是20世纪20年代国际政治、经济力量对比的产物。半个世纪以来，国际形势发生了很大的变化，50年前制定的《海牙规则》已不能适应国际航运事业发展的需求，特别是规则中过于偏袒船方利益和货运风险不合理地归由货方负担这两个关键问题，一直遭到货方强烈反对。因此，对《海牙规则》进行修改势在必行。1963年国际海事委员会的小组委员会在瑞典的斯德哥尔摩会议上草拟了一个修改海牙规则议定书草案，并将这个议定书提交给1967年5月和1968年2月在布鲁塞尔召开的海法外交会议审议，最后于1968年2月23日在布鲁塞尔召开的海法外交会议上通过了《1968年布鲁塞尔议定书》(The 1968 Brussels Protocol)，简称《维斯比规则》(The Visby Rules)这一公约于1977年生效。

3.《联合国海上货物运输公约》

由于《维斯比规则》对于《海牙规则》只是做了部分修改，实际上并没有解决应在承运人和货主之间公平地分担海上货物运输的风险问题。所以，广大发展中国家认为《海牙规则》是发展中国家发展经济的障碍，一直主张对《海牙规则》进行一次实质性的修改。于是，在发展中国家竭力推动下，联合国贸易和发展会议决定修改《海牙规则》，并在联合国支持下重新制定一个新的公约。

1978年3月，在联合国贸易和发展会议国际航运立法工作组的支持下，终于在西德汉堡通过了一个对《海牙规则》进行全面修改的国际公约，正式定名为《1978年联合国海上货物运输公约》(United Nations Convention of the Carriage of Goods by Sea，1978)，简称《汉堡规则》(The Hamburg Rules)。批准和加入《汉堡规则》的国家现有20多个，已超过规定的20国的生效条件。《汉堡规则》已于1992年11月生效，但海运大国均未加入该规则，目前缔约国拥有的船队总吨位尚不足2%，尚缺乏国际普遍接受性。

《汉堡规则》从根本上修改了《海牙规则》，在船货双方走向均衡地承担风险方面跨出了一大步，是在国际航运领域内建立新的国际经济秩序的一项成就。

上述3规则的主要区别有：

(1)《海牙规则》和《维斯比规则》规定，承运人的责任时间是从装船到卸船，即钩到钩；而《汉堡规则》扩大为自接受货物时起到交付货物时为止，包括从港区到港区、堆场到堆场、货运站到货运站。

(2)《海牙规则》规定，活动物和甲板货不属于货物范围，这些货物如被海水冲走，承运人不负责任；而《汉堡规则》将活动物和甲板货列入货物范围。

(3)《海牙规则》规定，收货人对货物不明显损害应在连续3天内提出书面通知；而《汉堡规则》延长为15天。

(4)《海牙规则》规定，承运人有17项免责条款，而《汉堡规则》取消了这些免责条款，保护了货方的利益。

(5)《海牙规则》规定，承运人对每件或每单位货物的灭失或损坏赔偿金额不超过100英镑或相当于100英镑的其他货币；《维斯比规则》规定，把每单位赔偿金额改为不超过10 000金法郎或每千克30金法郎，两者中以较高的数额为准；《汉堡规则》规定为835特别

提款权(SDRs)或每千克 2.5 SDRs,两者中也是以较高的数额为准。

(6)《海牙规则》对延迟交货未作规定;而《汉堡规则》规定了承运人若延迟交货则要负 3 项责任:行市损失、利息损失、停工停产损失。

(7)《海牙规则》只适用于缔约国所签发的提单;而《汉堡规则》规定,凡装卸港在缔约国的提单均适用。

(8)《海牙规则》规定,诉讼时效为 1 年;《维斯比规则》虽也规定为 1 年,但经船、货双方协议可以延长,在 1 年期满后如果在受理该案的法院允许的期限内,承运人至少仍有 3 个月的期限向第三者提出赔偿诉讼;而《汉堡规则》将诉讼时效延长为 2 年,包括托运人向承运人起诉或承运人向托运人起诉。

由于上述 3 项公约签署的历史背景不同,内容不一,各国对这些公约的态度也不相同,因此,各国船公司签发的提单背面条款也就互有差异。

案例 2-2

国际海洋运输合同无正本提单放货纠纷案

案情介绍

原告西安市××轻工业品进出口公司诉被告天津××国际货运代理有限公司、被告××海运有限公司海上货物运输合同无正本提单放货纠纷一案。

原告诉称:原告于 2008 年 11 月 24 日与德国某贸易公司签订了一份买卖合同(售货确认书),由原告向该公司出售 500 箱(5 000 打)牛二层皮劳保手套。原告将该合同项下的货物委托被告天津××国际货运代理有限公司。12 月 31 日,该国际货运代理有限公司向原告签发了一套三份清洁已装船指示提单,提单号 HJSCHUAE10622801,装港黄埔,卸港德国不莱梅,托运人为原告。该货物的实际承运人为××海运有限公司,该公司于 12 月 29 日签发了一套三份清洁已装船指示提单,该套提单经上述货运代理有限公司交给原告,提单记载货物内容与该公司签发的提单内容一致。其后,在该公司的安排下,原告在提单上背书,又将这套三份正本提单全部返还,只留该公司签发的全套三份正本提单,并将这些提单连同其他货物单据通过银行办理托收。

然而货物到达卸货港后,承运人在没有收到正本提单的情况下,于 2009 年 2 月 23 日将货物交给了德国某贸易公司,致使全套货物单据滞留在银行,无人付款赎单。海运公司的卸港代理在其给货运代理公司的传真中对无单放货一事予以承认。原告至今未能收回货款,托收银行将全套单据返还给原告。由于承运人无正本提单放货而给原告造成损失,原告请求判令被告赔偿原告货款损失 29 500 美元,并支付自 2009 年 2 月 23 日起的利息损失及承担有关诉讼费用。

分析

本案中,天津国际货运代理公司西安办事处以西安联运的名义对外承揽货物,具体业务经办人员××同时具有西安联运和天津国际货运代理公司西安办事处人员的双重身份,天津国际货运代理公司根据委托书以承运人美国国际货运代理公司的代理身份签发了提单,因此,天津国际货运代理公司是承运人的签单代理而非本次货物运输的承运人。海运有限公司作为实际承运人承运了货物。

本案所涉货物运输的提单是“凭指示”提单，作为本案被告的承运人，本应将货物交付给出示正本提单的收货人。原告作为托运人，在货物交付前，指示承运人将货物立即交付给特定的收货人某公司，该项指示解除了承运人必须依提单交付货物的责任。原告主张的放货指示中没讲可无单放货就是必须凭正本提单放货的观点，与其要求立即将货物交付给某公司的指示相矛盾。因此，原告的该项主张不能成立。原告主张的海运有限公司函件中也要求 ALKOR 要在放货时收取提单，所以海运有限公司自己也知道凭正本提单放货的观点，因承运人已被解除凭正本提单放货责任，该海运公司对其代理的要求，不构成对原告的责任，原告的该项主张不能成立。关于承运人是否按照原告的指示正确地将货物放给了收货人某公司的问题，本案证据表明是收货公司提取了货物，而非德国某贸易公司取得了货物。收货公司直接提取了货物的事实，从其以收货人的名义直接向承运人主张货差的索赔的这一证据也得到证明。因此，法院认为，作为承运人的被告履行了正确交付货物的义务。

二、租船合同

租船合同又称租船租约(Charter Party, C/P)，是海洋运输合同的一种。它是船东和租船人两方当事人按照自愿的原则达成的协议。合同中规定船东提供船舶给租船人使用，租船人必须支付一定的运费或租金给船东，除此之外，合同中还会对当事人双方的有关权利、义务、责任和豁免等条款加以约定。

租船合同范本的种类很多，根据运载货物、航线的不同，有着各种不同的范本。同时，随着租船方式的不同，合同范本也不同。无论航次租船、定期租船或光船租船都有相应的租船合同范本。目前，在国际航运市场中被采用的比较有影响的标准租船合同格式主要有以下几种。

(一) 标准航次租船合同

1. 航次租船合同

航次租船合同又称“程租合同”，是指出租人就约定港口之间的航程提供船舶或部分舱位，承运约定的货物，而由承租人支代约定运费的合同。航次租船合同既可以是单航次合同，也可以是连续航次合同。目前，世界上最常用的标准航次租船合同主要有以下几种：

(1) 统一件杂货租船合同(Uniform General Charter Party)，简称金康(Gencon)，是波罗的海国际航运协会的前身“波罗的海白海航运协会”于 1922 年制定的，经英国航运公会采用，后来又几经修订，最近的一次修订是在 1994 年。1994 年修订时在合同条款上做了较大的修订，将原来的 17 项条款增为 19 项条款，于 1994 年 11 月颁布。统一杂货租船合同是一个不分货种和航线、适用范围比较广泛的航次租船合同。

(2) 威尔士煤炭租船合同(Chamber of Shipping Walsh Coal Charter Party)是波罗的海白海航运公会于 1896 年采用，1924 年经过修订，专用于煤炭运输的租船合同标准格式。

(3) 北美谷物航次租船合同(North American Grain Charter Party)简称为“NORGRAIN”，由北美粮食出口协会、波罗的海国际航运协会、英联合王国航运委员会等相关机构制定，专门用于从美国和加拿大出口谷物的海上航次租船的运输。

除此之外，还有澳大利亚谷物租船合同、油轮航次租船合同等标准航次租船合同。

2. 航次租船合同的主要内容

目前国际上没有制定有关航次租船合同的国际公约，各国国内法也没有对航次租船合同做强制性的法律规定，因而，船舶所有人和租船人完全可以按照“合同自由”的原则订立合同条款。航次租船合同主要有下列条款：

(1) 合同当事人。航次租船合同的当事人就是船舶所有人和租船人，在合同的开头部分就应将双方当事人的名称和地址明确载明。

(2) 船舶说明条款。主要包括船舶具体情况的描述，如船名、船籍、船级、船舶吨位、船舶动态等。

(3) 受载日和解约日。受载日(Laydays Date)是租船人可以接受船舶的最早装货日期。解约日(Cancelling Date)是租船人可以接受船舶的最晚装货日期。受载期(Laydays)就是合同规定的要求船舶到达约定装货港，做好装货准备的期限，从受载日到解约日的期间，一般是 7—20 天不等。

(4) 装卸条款。主要包括装卸港口、装卸费用方面的规定。

(5) 滞期与速遣条款。由于船期损失由船方自行承担，因此，船方通常会规定一定的装卸时间，并据此计算滞期费和速遣费。

(6) 货物。航次租船合同中对于承运货物的规定，可以是列名商品，就是具体规定承运货物的名称、货类、性质、包装等，如租船人所提供货物与合同不符，船东有权拒绝装货；也可以在合同中规定承运几种货物，称为选择商品，就是指规定几种商品，到时选择其中一种或几种承运，但这种运价较高。

在合同中对于货物的数量，一般都规定“伸缩条款”或“最多最少条款”，由船方根据情况在限度内接受货载，通常船长会在装货之前以“宣载通知书”的形式通知租船人具体的装货数量。如租船人提供货物的数量达不到宣载量，要向船东支付亏舱费(Dead Freight)，以弥补船东运费收入减少的损失。

(7) 运费(Freight)。对运费的规定主要有运费率和包[illegible]运费两种形式。当航次租船运费按装运货物的数量计收时，合同中一般都会规定运费率[illegible]te of Freight)，运费等于运费率与货物吨数的乘积。货物的运费吨也需要具体加以约定，如金康合同中就规定“按货物的卸货量(On the Delivery Quantity of Cargo)计算运费”。

采用包干运输时，按包干运费(Lump-Sum Freight)支付，就是按提供的船舶，订一笔整船运费，不论实际装货多少都予以照付。

(二) 标准定期租船合同

定期租船合同是以租船期限为基础，详细记载租船双方当事人的权利和义务等各项条件的运输契约。

1. 标准期租船合同

(1) 标准期租船合同(Uniform Time Charter Party)，简称“BALTIME”，是由波罗的海航运协会于 1909 年制定的，并由英国航运公会认可，后来该合同又经过几次修订，现行使用的是 1974 年修订版，该合同的条款侧重于保护船舶所有人的利益。

(2) 纽约土产交易所的定期租船合同(New York Produce Exchange Time Charter

Party)，简称“NYPE”，又称土产格式(NYPE Form)，是由纽约土产交易所制定，并由美国政府批准使用的定期租船合同的标准格式。这一标准格式得到波罗的海国际航运公会和船舶经纪人和代理人联合会推荐，现在流行使用的是1993年修订版，代码为“NYPE′93”。国际航运界一般认为这种格式更加公平一些，有利于维护承租人的利益，所以得到了广泛的应用。

(3) 中国租船公司期租船合同(China National Chartering Corporation Time Charter Party)，是中国租船公司根据多年租船工作的经验和实际需要，结合国际惯例，于1980年制定的，简称“SINO-TIME，1980”，当前中国租船公司对外定期租船均以此格式为依据。

2. 期租船合同的主要内容

(1) 租船合同当事人。在期租船合同的开头，要把合同当事人船东和租船人两方的名称和地址清楚地列明。

(2) 船舶状况的描述。对租船人来说，船舶是否性能良好，符合货运的需要是至关重要的，因此，要求船舶所有人对船舶进行准确描述。船舶状况包括船舶规范的内容，另外还包括对船舶船速及燃油消耗定额的陈述。在实践中，有时使用专门的“船舶规范、技术表”作为合同的附件。

(3) 航行范围和所装货物。合同中一般会规定航行区域，即地理上的界限，也有规定为世界范围的，但往往有条件限制，如不得驶往战争地区、冰冻港口和不安全港口等。对于所装货物，期租船合同往往不规定具体货名，租船人有权装运“法律许可的任何货物”，也就是除装卸港和沿途停靠港法律所禁止的货物外都可装运。

(4) 租期条款(Charter Period Clause)。租期就是租赁期限，即租船人使用船舶的时间，或者说是从交船时开始到还船时结束。定期租船合同中有许多关于租期的约定方法，大致可归纳为：

第一，租期为××个月，例如，12个月，24个月等。

第二，租期大约××个月，[illegible]规定伸缩期及其选择权。例如，about 1 year and 20 days moreor less at charter's optio[illegible]

第三，租期为××个月，或多或少××天，由承租人选择。例如，6个月，或多或少10天由承租人选择：6 months，10 days more or less at the charterers' option。

第四，租期不超过××个月，不低于××月。例如，不超过18个月，不低于12个月：not more than 18 months，not less than 12 months at the charterers' option。

第五，租期为××月到××月的必要时间以便完成航次。例如，租期为6月到12月的必要时间以便完成航次：The period necessary to perform the voyage such as 6 to 12 months。

(5) 交船。船舶所有人在合同约定的时间和地点，将合同中指定的船舶交给租船人使用的行为称为交船。在实际交船之前，船舶所有人应事先通知承租人预期交船日期及确切交船日期，以便让承租人做好接船准备和安排船舶货运任务。如果出租人未按照合同约定的日期到达交船港交付船舶，租船人有权解除合同。而且，交船时船舶应该具备一定的条件：船舶应适航，装货条件已准备就绪，货舱清扫干净适于装货等。

(6) 还船。还船是指租船人在合同约定的租期届满时，将船舶还给船舶所有人的行为。还船条款一般会规定还船日期和还船地点，原则上，承租人应在租期届满时还船。但是，合同中对租期通常只确定一个大约期限，因此，承租人可以在合同约定的租期届满前或后进行还船。这主要取决于租船人使用船舶进行最后一个航次(Final Voyage)的结束时间。实践中，很少有船舶最后航次的结束日恰好与租期届满之日相吻合的情况。因此，经常出现延迟还船或提前还船。另外还船也应该满足一定的条件：如船舶状况与交船时应具有相似的良好状况，抵达合同规定的还船港口或地点等。

(7) 租金支付(Payment of Hire)。租船人为使用船舶需要支付租金，期租船合同中一般是规定整船每天若干金额。通常租金预付半月或1月，租船人按时支付租金是它的一项绝对任务，在出现上次租金到期而应付租金还未付的情况，或租船人所付金额少于应付金额时，船东有权撤船。也就是说，如果租船人在租期内未能按合同的规定，按期准时支付租金，船舶所有人就可以在不给租船人任何警告的情况下，把船舶从租船人那里撤回。习惯上，称其为船舶所有人的“撤船选择权”。

(8) 撤船(withdrawal of vessel)。对租船人而言，其首要的义务是在整个租期内根据合同的规定按期、准时、预付租金，除非租船人事先提供银行担保或担保金。如果租船人未按期准时预付租金，船舶所有人可在事先不给租船人任何抗议的情况下，将船舶从租船人那里撤出，但这并不损害船舶所有人对租船人可能提出的任何其他索赔，这就是有利于船舶所有人的撤船选择权(Owner's Option of Withdrawal)。因此，船舶所有人一旦决定撤回船舶，就意味着船舶所有人因租船人没有履行准时支付租金的绝对义务而解除合同，从通知租船人撤船时起，合同即告终止。

(9) 停租(Off Hire)。停租是指在租期内，由于合同中约定的原因使租船人不能有效地使用船舶，因此，在这段停止使用期间，租船人可以停付租金。例如，NYPE93 中规定的停租事项主要有：船舶供应不足，船员不足或船员过失或罢工，火灾，船体、主机及设备的故障或损坏、搁浅等。如果租船人认为应该停租，必须要向船舶所有人发出停租声明(Off-Hire Statement)，由于租金大多数情况下都是提前预付的，此时停租期间的租金应从下次支付的租金中予以扣除。

(10) 船东责任与免责条款。在定期租船合同中，船东一般负有以下义务：提供一艘适航的船舶；不得进行不合理绕航和尽快速遣；提供合同项下应提供的事项。“NYPE46”对船东的免责事项作了如下规定：“因天灾、敌对行为、火灾、政府限制或规定，与水域、机器和航行中错误有关的海难产生的灭失或损害，双方互相免责……”

(11) 佣金条款。定期租船合同在很多情况下是通过租船经纪人进行的，所以，合同中规定佣金条款以明确经纪人应得到的报酬。

(12) 仲裁条款。“NYPE46”格式第17条规定，若出租人与承租人之间发生争议，争议事宜应提交纽约3名仲裁员仲裁，其中，当事方各指定1名仲裁员，第三名仲裁员由当事方指定的2名仲裁员指定。他们或其中两人所作的裁决是终局的。为执行裁决，按本协议当事方可申请法院做出裁定。仲裁员应为商人。

“BALTIME”格式第23条规定，本租船合同引起的任何争议应在伦敦(或第24栏约定的其他地点)提交仲裁。船舶所有人指定1名仲裁员，另一名仲裁员由承租人指定。如该2

名仲裁员不能达成一致意见，则以由其指定的裁判长的决定为准。仲裁员或者裁判长的裁决是终局的，对双方均有约束力。

除了上述条款，期租船合同中还有转租、留置权、共同海损、罢工、战争、冰冻等条款，规定在相关状况出现时双方的权利义务或相应的处理方法。

第五节　海运航线

一、航线的概念和分类

航线是指根据不同水域、港湾、潮流、风向、水深及地球面距离等自然条件以及社会、政治和经济因素，为达到最大的经济效益所选定的营运通路。从不同角度出发，海运航线有不同的分类方法。

(一) 按船舶营运方式划分

1. 定期航线

定期航线是指使用固定的船舶，按固定的船期和港口航行，并以相对固定的运价经营客货运输业务的航线。定期航线又称班轮航线，其经营以航线上各港口保有持续、稳定的往返客货为先决条件，主要装运杂货物。

定期航线具有下列特点：

(1) 定期航线所选用的船舶，一般性能较好，速度较快、设备比较齐全，并在同一条航线上配置多艘同型船舶以利调配，保证按期航行。

(2) 定期航线上的船公司具有公共承运人的性质，面向全社会服务，并以运输杂货为主，由船公司负责装卸货物。

(3) 定期航线的船期均公布于众，并印有船期表分送船公司代理和货主，以供选择。为保证船期，港口有专用码头和仓库以便托运人将货物先行入库，船到即可开始装运。

(4) 定期航线的运费按运价表规定收取，在一定时期内固定不变。运费中包括装卸费用，即货物的装卸和理货等工作由承运人负责。

(5) 定期航线上的船公司与托运人之间的权利义务和豁免，以提单为依据。

(6) 定期航线上的船公司一般为股份有限公司。因管理船舶、控制船期及承揽客货需要，一般在各港口设立分支机构或委托航运代理，长期办理营运业务。

2. 不定期航线

与定期航线相对而言，不定期航线是指临时根据货运的需要而选择的航线。船舶、船期、挂靠港口均不固定，是以经营大宗、低价货物运输业务为主的航线。

不定期航线具有下列特点：

(1) 不定期航线的船舶多数以租船方式经营，承托双方以签订租船合同来确定双方的权利与义务和有关费用的负担。

(2) 不定期航线的船公司可根据托运人的需要结合航线实际情况和法律规定，航行任何航线和港口。

(3) 不定期航线的船公司承运的货物主要是大宗低值的散货货物，如矿砂、粮食、煤炭等，而且运量较大，比较适合租船运输。

(4) 不定期航线的船公司与托运人之间的联系多数由经纪人来进行。由于经纪人熟悉业务，通晓法律，与双方都有密切联系，有利于承托双方达成交易。

(5) 不定期航线的运价受国际航运市场船货供求关系的影响而波动，货多船少运价就会上涨，货少船多则运价下跌。因此，其运价属竞争性运价。

(二) 按航程的远近划分

(1) 远洋航线(Ocean Going Shipping Line)，是指航程距离较远，船舶航行跨越大洋的运输航线，如远东至欧洲和美洲的航线。我国习惯上以亚丁港为界，把去往亚丁港以西，包括红海两岸和欧洲以及南北美洲广大地区的航线划为远洋航线。

(2) 近洋航线(Near-Sea Shipping Line)，是指本国各港口至邻近国家港口间的海上运输航线的统称。我国习惯上把航线在亚丁港以东地区的亚洲和大洋洲的航线称为近洋航线。

(3) 沿海航线(Coastal Shipping Line)，是指本国沿海各港之间的海上运输航线，如上海—广州、青岛—大连等。

(三) 按航行的范围划分

(1) 太平洋航线。该航线可细分为远东—北美西海岸航线，远东—加勒比海航线，北美东海岸航线，远东—南美西海岸航线，远东—东南亚航线，远东—澳大利亚、新西兰航线，澳大利亚、新西兰—北美东西海岸航线。

(2) 大西洋航线。该航线可分为西北欧—北美东海岸航线，西北欧、北美东海岸—加勒比海航线，西北欧、北美东海岸—地中海—远东航线，南美东海岸—好望角—远东航线，西北欧、地中海—南美东海岸—远东航线。

(3) 印度洋航线。该航线又可分为波斯湾—好望角—西欧、北美航线，波斯湾—东南亚—日本航线，波斯湾—苏伊士运河—地中海—西欧、北美航线。

(4) 环球航线。

(四) 按港口大小和货运量多少划分

(1) 干线(Trunk Line)，是指货运量大而集中的主干航线，如欧洲、地中海、澳大利亚及北美等航线，均为国际上的海运干线。

(2) 支线(Feeder Line)，又称补给线，是指小港与大港之间的集散航线。

二、世界主要海洋运输航线

(一) 太平洋航线

(1) 远东—北美西海岸航线。该航线包括从中国、韩国、日本等远东海港到加拿大、美国、墨西哥等北美西海岸港的贸易运输线。从我国的沿海各港出发，偏南的经大隅海峡出东海；偏北的经对马海峡穿日本海后，或经清津海峡进入太平洋，或经宗谷海峡，穿过鄂霍次克海进入北太平洋。

(2) 远东—加勒比、北美东海岸航线。该航线经夏威夷群岛南、北至巴拿马运河后到达。从我国北方沿海港口出发的船只,多半经大隅海峡或经琉球庵美大岛出东海。

(3) 远东—南美西海岸航线。从我国北方沿海各港出发的船只,多经琉球庵美大岛、硫磺列岛、威克岛、夏威夷群岛之南的莱恩群岛,穿越赤道进入南太平洋,至南美西海岸各港。

(4) 远东—东南亚航线。该航线是中国、韩国、日本货船去东南亚各港,以及经马六甲海峡去印度洋、大西洋沿岸各港的主要航线。东海、台湾海峡、巴士海峡、南海是该航线船只的必经之路,航运繁忙。

(5) 远东—澳大利亚、新西兰航线。远东至澳大利亚海岸分两条航线:中国北方沿海港口及韩国、日本到澳大利亚东海岸和新西兰港口的船只,需走琉球久米岛、加罗林群岛的雅浦岛进入所罗门海、珊瑚海,中澳之间的集装箱船在中国香港加载,或转船后经南海、苏拉威、西海、班达海、阿拉弗拉海,后经托雷斯海峡进入珊瑚海。中国、日本去澳大利亚西海岸航线去菲律宾的民都洛海峡、望加锡海峡以及龙目海峡进入印度洋。

(6) 澳大利亚、新西兰—北美东西海岸航线。由澳大利亚、新西兰至北美海岸多经苏瓦、火奴鲁鲁等太平洋上的重要航站到达。至北美东海岸则到达坐落在波利尼、西亚群岛上的最大岛屿—塔希提岛上的帕皮提市,过巴拿马运河而至。

(二) 大西洋航线

(1) 西北欧—北美东海岸航线。此航线是西欧、北美两个世界经济最发达地区之间能源原材料和产品交换的运输线,两岸拥有世界 2/5 的重要港口。运输极为繁忙,船舶大多走偏北大圆航线。该航区冬季风浪大,并有浓雾、冰山,对航行安全有威胁。

(2) 西北欧、北美东海岸—加勒比海航线。西北欧—加勒比海航线多半出英吉利海峡后横渡北大西洋。它同北美东海岸各港出发的船舶一起,一般都经莫纳、向风海峡进入加勒比海。除到加勒比海沿岸各港外,还可经巴拿马运河到达北美太平洋沿岸港口。

(3) 西北欧北美东海岸—地中海,苏伊士运河—亚太航线。该航线属世界最繁忙的航段,它是北美、西北欧与亚太、海湾地区间贸易往来的捷径。该航线一般途经亚速尔群岛、马德拉群岛上的航站。

(4) 西北欧、地中海—南美东海岸航线。此航线一般都经西非大西洋岛屿—加那利群岛、佛得角群岛上的航站。

(5) 北西欧、北美东海岸—好望角—远东航线。该航线一般是巨型油轮的油运线。佛得角群岛、加那利群岛是过往船只停靠的主要航站。

(6) 南美东海岸—好望角—远东航线。这是一条以石油、矿石为主的运输线。该航线处于西风漂流海域,风浪较大。一般西航偏北行,东航偏南行。

(三) 印度洋航线

印度洋航线以石油运输为主,此外有很多是大宗货物的过境运输。

(1) 波斯湾—好望角—西欧、北美航线。该航线主要由超级油轮经营,是世界上最主要的海上石油运输线。

(2) 波斯湾—东南亚—日本航线。该航线经马六甲海峡(20 万载重吨以下的船舶可通行)或龙目海峡、望加锡海峡(20 万载重吨以上的超级油轮可通行)至日本。

(3) 波斯湾—苏伊士运河—地中海—西欧、北美航线。该航线目前可通过载重30万吨级的超级油轮。

除了上述三条油轮运线之外，位于印度洋的其他航线还有远东—东南亚—东非航线；远东—东南亚—地中海—西、北欧航线；远东—东南亚—好望角—西非、南美航线；澳大利亚、新西兰—地中海—西北欧航线；印度洋北部地区—亚太航线；印度洋北部地区—欧洲航线。

(四) 世界集装箱海运干线

目前，世界海运集装箱航线主要有以下几条：

(1) 远东—北美航线。

(2) 北美—欧洲、地中海航线。

(3) 欧洲、地中海—远东航线。

(4) 远东—澳大利亚航线。

(5) 澳大利亚、新西兰—北美航线。

(6) 欧洲、地中海—西非、南非航线。

(五) 我国对外贸易海运航线

目前，我国已和世界上180多个国家和地区有贸易来往，中远集团和中国外运集团已开辟了通往全世界各地的几十条航线。这些航线，主要分为近洋和远洋两部分。以亚丁港为界，以东为近洋，以西为远洋。

1. 近洋航线

(1) 中国—朝鲜航线。该航线包括朝鲜的南浦、清津等港，韩国仁川、釜山等港。1983年4月，中、朝、日三国达成协议，利用清津港转运中日进出口货物。

(2) 中国—日本航线。该航线包括神户、横滨、大阪、名古屋、东京、门司、川崎、四日市等港。日本诸港每年6月为多雨期，8—10月为台风季节。

(3) 中国—越南航线。该航线包括海防、胡志明市等港。

(4) 中国内地—中国香港航线。

(5) 中国—俄罗斯航线。该航线包括纳霍德卡、东方、符拉迪沃斯托克(海参崴)等港。纳霍德卡和东方港是俄罗斯西伯利亚大陆桥海陆联运线的重要转口港之一。

(6) 中国—菲律宾航线。该航线包括马尼拉、宿务等港。

(7) 中国—新马航线。该航线是新加坡和马来西亚航线的简称，包括新加坡、巴生、马六甲、槟城等港。

(8) 中国—北加里曼丹航线。该航线包括文莱、诗巫、古晋等港。

(9) 中国—泰国湾航线。该航线包括曼谷、磅逊等港。

(10) 中国—印度尼西亚航线。该航线包括雅加达、泗水、三宝垄等港。

(11) 中国—孟加拉湾航线。该航线包括仰光、吉大、加尔各答、马德拉斯等港。

(12) 中国—斯里兰卡航线。该航线至科伦坡港。该港每年5月中旬至8月中旬、12月至次年2月的季风期，雨量多，货物易受潮。

(13) 中国—波斯湾航线。该航线包括波斯湾沿岸8国的港口以及巴基斯坦、印度西岸的港口，主要有孟买、卡拉奇、班达阿巴斯、科威特、霍拉姆萨赫尔、麦纳麦、多哈、迪拜、巴士拉等港。

(14) 中国—澳大利亚、新西兰航线。该航线包括澳大利亚东南岸的布里斯班、悉尼、墨尔本、阿德莱德等港,西岸的弗里曼特尔港,以及新西兰的奥克兰、惠灵顿港。

2. 远洋航线

(1) 中国—红海航线。中国—红海航线包括亚丁港、荷台达、亚喀巴、阿萨布、苏丹、吉达等港。亚丁港是北美、西欧至远东、澳大利亚、新加坡间船舶往来的中途要站。

吉达港所属国沙特阿拉伯是伊斯兰教国家,每年在开斋节、朝圣节、斋月等节日期间,吉达港除了油轮、装牲畜的船外,均不作业。因此,装船应避开上述时间,同时应注意阿拉伯年与公历的不一致性。

(2) 中国—西非航线。中国—西非包括直布罗陀以南的非洲西岸各港口,主要有马塔迪、黑角、拉各斯、塔科腊迪、阿比让、蒙罗维亚、弗里敦、科纳克里、达喀尔、奴瓦克肖特、达尔贝达(卡萨布兰卡)等港。塞内加尔的达喀尔港地处大西洋航线的交通要冲,是西非的主要门户,历来是欧洲至南美洲、南非至北美洲之间来往船舶的重要中转站。

(3) 中国—东非航线。中国—东非包括自索马里以南的非洲东岸,以及马达加斯加、毛里求斯各港口,主要有摩加迪沙、蒙巴萨、桑给巴尔、达累斯萨拉姆、路易港等。毛里求斯的路易港是印度洋上的重要航站,好望角航路的必经之地。

摩加迪沙港每年 6—9 月的季风季节里,风浪很大,影响装卸作业,交货时应避开这段时间。

(4) 中国—地中海航线。地中海航线可分为地中海南岸航线、地中海北岸航线及黑海航线。① 地中海北岸航线,该航线主要有巴塞罗那、马赛、热那亚、威尼斯、里耶卡、贝鲁特、拉塔基亚等港。② 地中海南岸航线,该航线包括亚历山大、的黎波里、阿尔及尔等港。③ 黑海航线,该航线主要港口有康斯坦察、敖德萨以及沿途靠泊的比雷埃夫斯、伊斯坦布尔等港。

(5) 中国—西欧航线。西欧航线是我国主要的对外贸易货物运输航线之一,主要港口有伦敦、利物浦、勒阿弗尔、敦刻尔克、鹿特丹、阿姆斯特丹、安特卫普、汉堡、不来梅等港。安特卫普港每年秋末春初之际雨量较多,并伴有强风。伦敦港冬季多雾。

(6) 中国—北欧、波罗的海航线。北欧、波罗的海航线由西欧航线延伸经北海或基尔运河入波罗的海沿岸北欧各国,主要靠泊的港口有哥本哈根、哥德堡、斯德哥尔摩、赫尔辛基、奥斯陆、卑尔根、格但斯克、格丁尼亚等。

北欧地处高纬,气候比较寒冷,北纬 63 度以北港口每年 11 月中旬至次年 5 月底为结冰期,有的港口封冻停航,有的则需依靠破冰船开航,以保持全年开放。

(7) 中国—北美航线。北美地区是中国的主要贸易地区之一,下面分北美东、西两岸分别介绍与我国通航的主要港口。

第一,北美东海岸航线。本航线包括美国、加拿大的大西洋及墨西哥湾沿岸港口,主要有蒙特利尔、魁北克、多伦多、哈利法克斯、圣约翰、波士顿、纽约、费城、巴尔的摩、诺福克、查尔斯顿、萨凡纳、新奥尔良、休斯敦等港口。

加拿大的蒙特利尔、多伦多、魁北克等圣劳伦斯河沿岸和五大湖沿岸港口因冬季封冻,港口停航,每年 1—3 月去加拿大东海岸的船只,大多停靠不冻港哈利法克斯和圣约翰。纽

约港每年9—11月为暴雨季节,海上多巨浪。新奥尔良港每年6—11月常受暴风雨袭击。

第二,北美西海岸航线。该航线包括温哥华、西雅图、波特兰、旧金山、洛杉矶、火奴鲁鲁。火奴鲁鲁又名檀香山,位于美国夏威夷州的瓦胡岛上,是太平洋航线上的重要中继站。

(8) 中国—中南美航线。中南美地区指美国以南的美洲地区,包括墨西哥、中美洲、西印度群岛、南美洲。本航线的港口主要有马萨特兰、巴尔博亚、克里斯托巴尔、哈瓦那、圣多斯、里约热内卢、蒙得维的亚、布宜诺斯艾利斯、卡亚俄、安托法加斯塔、瓦尔帕莱索等。

目前,我国已有40多条集装箱班轮航线,通往欧洲、美洲、澳大利亚、东南亚、波斯湾、地中海、日本等国家和地区。

知识拓展

2010年世界十大港口分别为:鹿特丹、上海、新加坡、中国香港、深圳、釜山、洛杉矶、迪拜、汉堡、高雄。

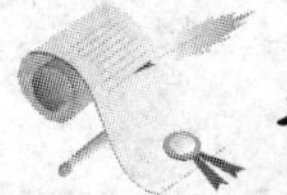

本章小结

1. 海洋运输又称"国际海洋货物运输",是国际物流中最主要的运输方式。它是指利用海洋通道,使用船舶在国内和国外港口之间,通过一定的航区或航线运货物的一种运输方式。以船舶为工具,在国际货物运输中使用最广泛。

2. 海洋运输是国际间商品交换中最重要的运输方式之一,具有天然航道、运输量大、运费低廉、对货物的适应性强、速度较慢和风险较大等特点。

3. 班轮运输又称定期船运输,简称班轮,是指船舶按固定的航线、港口以及事先公布的船期航行,以从事客货运输业务并按事先公布的费率收取运费。

4. 班轮运输具有固定航线、固定挂靠港、固定船期和相对固定的费率,班轮运价内包括装卸费;承运人的责任期间从货物装上船起,到货物卸下船止;提单是双方运输合同成立的证明;运输对象是杂货等特点。

5. 租船运输又称不定期船运输,是一种既没有固定的船舶班期,也没有固定的航线和挂靠港,按照货源的要求和货主对货物运输的要求,安排船舶航行计划,组织货物运输的船舶营运方式。

6. 租船运输的特点包括航线、挂靠港、船期和费率具有不固定性;租船运输根据租船合同组织运输;租船运输中的提单不是一个独立的文件;租船运输适合于大宗散货的运输;船舶营运中有关费用的支出依据不同的租船方式,由租约约定运输中的运费或租金水平受航运市场行情波动的影响,相对班轮运输而言,费率较低。

7. 进口业务主要包括合理签订运输条款、租船订舱、掌握船舶动态、收集整理单证、报关、报验、卸船和交接及进口代运。

8. 提单是指用以证明海上货物运输合同和货物已经有承运人接受或者装船,以及承运人保证据以交付货物的单据。提单是国际海上运输中的重要单证之一,也是信用证交易形式下银行结汇、买方提取货物的关键票据，在国际贸易中发挥着重要的作用。

9. 提单按照不同的依据可以划分为不同的种类，包括已装船提单和收货待运提单，记名提单、指示提单和不记名提单，清洁提单和不清洁提单，直达提单、转运提单和多式联运提单，班轮提单和租船提单等。

10. 有关提单的国际公约包括《海牙规则》、《维斯比规则》、《汉堡规则》。《汉堡规则》从根本上修改了《海牙规则》，在船货双方走向均衡地承担风险方面跨出了一大步，是在国际航运领域内建立新的国际经济秩序的一项成就。

思考与练习

一、思考题

1. 海运的特点是什么？

2. 什么是班轮运输？其主要特点有哪些？它与租船运输有何区别？

3. 班轮货运的装船和卸货各包括哪几种形式？

4. 简述航次租船和定期租船的区别。

5. 租船程序包括哪几个主要环节？

6. 提单的性质和作用是什么？

二、计算题

1. 某公司出口到澳大利亚悉尼港某商品100箱，每箱毛重30千克，体积0.035立方米，运费计算标准为W/M10级。查10级货直运悉尼港基本运费为200元人民币，加货币附加费35.8%，再加港油附加费28%，港口拥挤费25%。求运费。

2. 中国某港运往克罗地亚里耶港的货物，需在马赛或热那亚转船，除去一程运费要加收13%的燃油附加费以外，所加收的转船附加费(基本运价的50%)还要加上13%的燃油附加费。如果这批货重2公吨，尺码为4立方米，M8级，一程运价为213.50港元，求全程运费。

三、案例分析题

出口商直接与班轮公司签订运输合同纠纷案

英国某航运公司所属A轮在上海装载甲公司托运的10万袋白糖时，因发现有10%的脏包，便在收货单上作了批注，并按规定在提单上作同样批注。但甲公司为能迅速出口货物与及时结汇，请求船东接受其作出的担保，并签发清洁提单。考虑到甲公司一时难以换货，在甲公司提供保函承诺承担由此而产生的责任的情况下，A轮签发了清洁提单。当A轮抵达科伦坡卸货完毕后，收货人以脏包造成其损失为由，向斯里兰卡高等法院申请扣船并提起诉讼。A轮被迫向收货人赔偿了损失，并将上述情况及时告知甲公司，要求甲公司按保函所言赔偿A轮损失。甲公司拒绝赔偿A轮损失，A轮诉之上海海事法院。

请分析(1) 提单具有哪些法律作用？

(2) 甲公司向A轮出具的保函效力如何？

(3) 甲公司是否应赔偿A轮的损失？

第三章　国际铁路货物运输

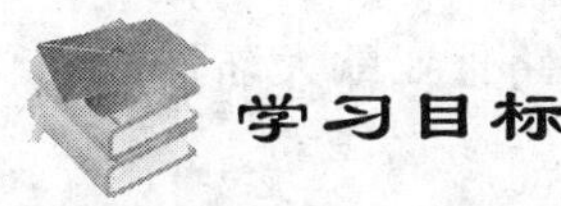

学习目标

掌握国际铁路货物联运的含义、特点以及国际铁路货物联运运单的制作。了解铁路的发展概况、国际铁路运输的有关规章及基本运送条件、进出口货物国际铁路联运程序、对中国香港地区铁路运输的一般程序、国际铁路货物运输的分布和我国通往邻国地区的铁路及国境口岸。

第一节　铁路货物运输概论

一、铁路货物运输概述

铁路货物运输(Railway Freight Traffic)是一种有效的陆上交通运输方式。铁路运输以其有别于其他运输的特点,从一开始就显示出明显的优势,因而在较短的时间内得到了极为迅速的发展。铁路货物运输是现代运输业的主要方式之一,在国际货物运输中,尤其是在内陆接壤的国家之间的贸易中,起着无可替代的作用。

1. 铁路货物运输的种类

铁路货物运输种类即铁路货物运输方式。按照我国铁路技术条件,现行的铁路货物运输种类分为整车、零担和集装箱三种。整车适于运输大宗货物;零担适于运输小批量的零星货物;集装箱适于运输精密、贵重、易损的货物。

2. 铁路货物运输的特点

铁路是国民经济的大动脉,铁路货物运输是现代运输业的主要方式之一。与其他运输方式相比,铁路货物运输具有安全程度高、运输速度快、运输距离长、运输能力大、运输成本低等优点,而且具有污染小、潜能大、一般不受天气条件影响的优势,是公路、水运、航空、管道运输所无法比拟的。

(1) 运输的准确性和连续性强。铁路运输具有较高的准确性,运行时刻表按分钟编制,它几乎不受气候影响,可以一年四季进行定期的、有规律的、准确的运转。

(2) 运输速度较快。铁路货车行驶运输速度每小时可达 100 公里,客车可达每小时 300 公里左右。超导磁悬浮列车甚至可达每小时 500 公里。

(3) 运输量比较大,安全可靠。一组铁路列车,一般可运输 5 000 吨左右的货物,远远高

于航空运输或汽车运输的运输量，在货物运输的安全性方面，也较海洋运输为高。

(4) 运输成本较低。运送同样货物，铁路运输费用仅为汽车运输费用的几分之一到十几分之一；运输耗油约是汽车运输的1/2。

(5) 初期投资大。铁路运输需要铺设轨道、建造桥梁和隧道，建路工程艰巨复杂；需要消耗大量钢材、木材；需要占用土地，初期投资大大超过其他运输方式。

另外，铁路运输由运输、机务、车辆、工务、电务等业务部门组成，要具备较强的准确性和连贯性，各业务部门之间需协调一致，这就要求在运输指挥方面实行统筹安排、统一领导。

3. 铁路货物运输的作用

(1) 有利于发展同亚洲、欧洲各国之间的经济贸易联系。通过铁路把亚欧大陆连成一片，为我国发展中东、近东和欧洲各国的贸易提供有利条件。

新中国成立初期，我国国际贸易的对象主要局限于东欧国家，从而铁路运输占我国进出口货物运输总量的50%左右，是当时我国进出口贸易的主要运输方式。进入20世纪60年代以后，随着我国海洋货物运输的发展，铁路运输进出口货物所占的比重虽然有所下降，但仍然发挥着十分重要的作用。我国与东欧、西欧、北欧和中东地区一些国家之间，也可以通过国际铁路联运或西伯利亚大陆桥运输等方式来运输进出口货物。可见，铁路运输在我国与欧、亚各国的经济贸易往来中，起着重要的作用。

(2) 有利于开展同中国香港、澳门地区的贸易，并通过中国香港进行转口贸易。铁路运输是我国内地联系中国香港、澳门地区，开展贸易的一种重要的运输方式。中国香港、澳门地区所需的食品和生活用品，多由内地供应，随着贸易的不断扩大，经由铁路运输的货物，其运输量正在逐年迅速增加。特别是中国香港作为国际贸易的自由港，有通往世界各地的海、空运定期航线，交通运输非常发达，因此，充分发挥中国香港在我国大陆转口贸易中的作用，开展我国与世界各地区的陆空联运和陆海联运，就更需要依靠铁路运输才能实现。无论过去、现在还是将来，做好对中国香港、澳门地区的运输工作，达到优质、适量、均衡、应时的要求，在政治和经济上都具有重要的意义。

(3) 有利于我国进出口货物的集散和各地区之间的商品流通。我国海运出口货物向港口集中，主要是由铁路承担，进口货物的输送，绝大部分也是依靠铁路把货物运往内地指定的用货地点，因此，铁路运输是我国国际货物运输的重要集散方式。至于国内各地区之间调运的外贸商品、原材料、半成品和包装物料，主要也是通过铁路运输完成的。因此，铁路运输在我国国际货物运输中发挥着重要的作用。

二、我国铁路货物运输发展概况

中国第一条铁路吴淞铁路(上海—吴淞)全长15千米，由英国人兴建于上海，后被清朝地方官员买回并拆毁。正式使用的第一条铁路和蒸汽机车则是由李鸿章兴办的开平矿务局所建。中国自建的铁路是于1881年修建的唐胥铁路(唐山—胥各庄)，全长10千米，后延至天津，总计130千米，1888年通车。中国工程师詹天佑自行设计建造的京张铁路——北京至张家口，全长201千米，4年内完工，工程艰巨，其中一段在22千米长度内开通了4条隧道，仅八达岭隧道就长达1 091米。青龙桥站附近坡度已达33‰，为克服列车爬坡极限，詹天佑

设计了“人”字形铁路，迂回越过八达岭，写下了中国铁路史上光辉的一页。

新中国成立后，铁路建设迅速发展。我国新建铁路干线已经从沿海伸入到中部和广大的西南、西北地区，过去铁路分布不合理的状况已得到逐步改善。我国铁路已基本形成以北京为中心，以四纵、三横、三网和关内外三线为骨架，连接着众多的支线、辅助线、专用线，可通达全国的省市区的铁路网。

20 世纪 90 年代，中国已有铁路 52 000 千米，仅次于美国、前苏联、加拿大和印度，居世界第五位。改革开放以来的 30 年，我国铁路的发展进入了一个快车道。2006 年，世界海拔最高的高原铁路——青藏铁路全线通车。目前，中国铁路的营业总里程已达 7.66 万千米，其中电气化铁路总里程已突破 24 000 千米，成为继俄罗斯之后世界第二大电气化铁路国家。与此同时，我国还修建了大量的复线和无缝铁路。在牵引动力方面，内燃机车和电气机车发展迅速；在经营管理方面，实行集中统一的体制。同时，我国不断引进国外先进技术，使铁路的技术和管理提高到了一个新的水平。在全国现代化的运输方式中，铁路承担的客运周转量占 60%，货运周转量占 71%。

第二节　国际铁路货物的联运

一、国际铁路货物联运的含义与特点

（一）国际货物铁路联运的含义

国际货物铁路联运（International Railway through Transport）简称国际联运，是使用一份统一的国际联运票据，并以连带责任办理货物的全程运输，在由一国铁路向另一国铁路移交货物时，无须发、收货人参加，而由铁路部门负责办理 2 个或 2 个以上国家铁路全程运送的货物运输方式。

国际铁路联运牵涉面广，从发货站发运货物时起，须经过出口国的国境站，经过国的进口和出口国境站，直到进口国的进口国境站，环节多，交接复杂。因此，为使联运货物顺利运送，要求每批货物的包装要适合长途运输的要求，票据要规范、清晰，随附各项单证必须齐全、完备，运送车辆为国际列车，设备必须完好无损。

（二）国际货物铁路联运特点

1. 货物必须由 2 个及以上的国家铁路参加运送

国际联运是涉及多个国家铁路运输的一种国际联合运输形式，由于货物在运送中要顾及各参加国铁路的设备条件、运送组织方式和相关的法律制度，从而也决定了该项业务的复杂性。办理国际联运，有时还要通过与《国际铁路货物联运协定》（以下简称《国际货协》）有关的国家，向与《国际货协》无关的西北欧国家办理发送，才能完成全程的运送工作，最后运到目的地。

2. 要求高

由于国际联运参加国多，涉及多个国家的铁路、车站和国境站，有时还要收转参加，这就

要求每批货物的流程必须高标准、严要求，符合有关规章和协议的规定，否则将造成货损、货差、延迟交货等运输事故。

3. 运距远

国际联运货物至少有 2 个国家参加，因此运距较长，有时还要过境其他国家，特别是通过前苏联铁路运送的，运距长达 8 000 多千米。

4. 在运输责任方面采用统一责任制

自铁路承运货物起到交付货物或到达某一转发站时止的全部运送过程，如果联运货物发生货运事故，无论事故发生在哪一个参加联运国铁路区段，均按联运国铁路共同签署的国际统一公约或协定、协议对发货人或收货人负责。

5. 运输时间短，成本低

由于国际铁路联运的始发站和最终目的站大多是内陆车站，或发、收货人的铁路专用线，总的来说，货物直接从发货人的专用线或就近的车站发出，直接到达收货人的专用线或就近的车站，从而使运输时间比海运短，运输成本比海运低。这在从中国内陆发往伊朗、阿富汗、东欧、芬兰以及相反方向的货物运输上，表现得特别明显。

6. 涉及面广，手续复杂

国际联运不仅涉及几个国家的铁路、车站和国境站，而且涉及外贸、海关、商检、发货人、收货人等各个方面，同时各国的规章制度又比较多，所以办理起来手续复杂。

二、国际铁路货物联运的有关规章

各铁路局和国境站以及发、收货人在办理国际铁路货物联运业务时，必须遵守国际铁路货物运输的有关规章。

1.《国际货协》

《国际货协》是参加该协定的各国铁路和发、收货人办理货物联运时都必须遵守的基本条件，它规定了货物运送条件、运送组织、运送费用计算核收办法以及与发、收货人之间的权利和义务等问题。

2.《关于统一过境运价规程的协约》及其附件《统一过境运价规程》

《统一货价》规定了过境参加国统一货价的铁路办理货物运送手续、过境运送费用和杂费的计算、过境铁路里程表和货物运费计算表等。

3.《过境铁路协定》和《过境铁路会议议定书》

《过境铁路协定》由两个相邻国家的铁路部门签订，规定办理联运货物交接的国境站、车站以及货物交接的条件和办法，交接列车和机车运行办法，服务办法等具体问题。

根据《过境铁路协定》的规定，两个相邻国家的铁路部门需定期召开国境铁路会议，对执行协定中的有关问题进行协商，签订《过境铁路会议议定书》。其主要内容包括双方铁路之间关于行车组织、旅客运送、货物运送、车辆交接及其他有关问题，其中也有涉及发、收货人权利和义务的规定。各发、收货人和铁路部门必须共同贯彻执行。我国与前苏联、蒙古、朝

鲜、越南均分别签订《过境铁路协定》和《过境铁路会议议定书》。

另外，还有《国际铁路货物联运办事细则》、《国际旅客联运和国际铁路货物联运车辆使用规则》（以下简称《车规》）、《国际旅客和货物清算规则》（以下简称《清算规则》）等。

为了方便执行上述联运规章，铁道部结合我国铁路办理货物联运的实际，编印了《国际铁路货物联运办法》（以下简称《联运办法》），将上述联运规章简化并作了补充规定，供我国铁路各发、到站和有关单位办理国际铁路货物联运使用，但其不具备法律效力。

凡上述国际铁路联运规章和《联运办法》未规定的事项，均适用国内规章。国际联运和国内规章都有规定时，适用国际联运规章。

三、国际铁路联运的基本条件

（一）国际铁路货物联运的范围

1. 与参加《国际货协》国家铁路部门之间的货物运送

参加《国际货协》各国铁路部门办理联运的车站，除阿尔巴尼亚、朝鲜外，凡开办国内货运营业的车站，都可办理国际铁路货物联运。朝鲜铁路仅部分车站开办国际铁路货物联运，其货物运送按朝鲜铁路货物联运站的规定办理。

《国际货协》规定，铁路间的货物运输使用一份运单在发货站发运，由铁路在最终到达站将货物交付收货人。在同一铁路轨距国家间，用发送国原列车直接过轨；在不同轨距国家间，则在换装站或国境站进行换装或更换另一轨距的货车轮对或使用变距轮对。在铁路不连接的《国际货协》参加国铁路之间，其货物运送可通过参加国某一车站运用其他运输工具转运。阿尔巴尼亚铁路与其他国的铁路不连接，可以通过布达佩斯车站由发、收货人委托的收转人领取后，用其运输工具转运到阿尔巴尼亚。

2. 与未参加《国际货协》国家铁路间的货物运输

发货人在发送站用国际货协票据办理至参加《国际货协》的最后一个过境铁路的出口国境站的运送，由该站站长或发、收货人委托的收转人转运至最终到站。

3. 通过港口的货物运送

通过过境铁路港口站的货物运送，从参加国际货协铁路的国家，通过参加国际货协的过境铁路港口，向其他国家（不论这些国家的铁路是否参加国际货协）或者相反方向运送货物时，用国际货协运送票据只能办理至过境铁路港口站止或者从这个站起开始办理，由港口站的收转人办理转发送。

（二）国际铁路货物联运的运输限制

1. 在国际铁路直通货物联运中，下列货物不准运送

（1）属于参加运送的铁路的任一国家禁止运送的物品。

（2）属于应当参加运送的铁路的任一国家邮政专运物品。

（3）炸弹、弹药和军火，但狩猎和体育用品除外。

（4）爆炸品、压缩气体、液化气体或在压力下溶解的气体、自燃品和放射性物质。

（5）一批货物重量小于20千克或一件重量不足10千克，体积不超过0.1立方米的零担

货物。

(6) 在换装联运中，使用不能揭盖的棚车运送一件重量超过 1.5 吨的货物。

(7) 在换装联运中，使用敞车类火车运送的一件重量不足 100 千克的零担货物，但此项规定不适用附件第 2 号《危险货物运送规则》中规定的一件最大重量不足 100 千克的货物。

2. 下列货物，只有在参加运送的各铁路间预先商定后才准运送

(1) 一件重量超过 60 吨的，而在换装运送中，对运往越南重量超过 20 吨的。

(2) 长度超过 18 米的，而运往越南长度超过 12 米的。

(3) 超限的。

(4) 在换装运送中用特种平车装运的。

(5) 在换装运送中用专用罐车装运的化学货物。

(6) 用罐车运往越南的一切罐装货物。

3. 下列货物的运送必须按特殊规定办理

(1) 危险货物。

(2) 押运人押送的货物。

(3) 易腐货物。

(4) 集装箱货物。

(5) 托盘货物。

(6) 不同于铁路或铁路出租的空、重车。

(7) 货捆货物。

四、国际铁路货物联运国内段运费的计算

根据《国际货协》规定，我国通过国际铁路联运的进出口货物，其国内段运费的核收应按照我国《铁路货物运价规定》进行计算。运费计算的程序如下：

(1) 根据《国内价规》的附件"货物运价里程表"确定从发站至到站的运价里程。

(2) 根据货物运单上填写的货物品名查找《国内价规》的附件"铁路货物运输品种分类与代码表"和"铁路货物运输品名检查表"，确定适用的运价号。

(3) 整车、零担货物按货物适用的运价号，集装箱户外根据箱型、冷藏车货物根据车种分别在《国内价规》的附件"货物运价率表"中查出适用的发到基价和运行基价。

(4) 货物适用的发到基价加上运行基价与货物的运价里程乘积后，再与按《国内价规》确定的计费重量(集装箱为箱数)相乘，计算出基本运费。

(5) 按《国内价规》确定的费率计算杂费、电气化附加费、新路新价均摊费和铁路建设基金等的费用，再加上前面计算出的基本运费，即为该批货物的全部运费。

五、国际铁路货物联运过境运费的计算

国际铁路货物联运过境运费是按照《统一货价》的规定计算的。运费计算的程序如下：

(1) 根据货运单记载的应通过的国境站，在《统一货价》中的《过境里程表》中分别找出货物所通过的各个国家的过境里程。如果货物通过 2 个或 2 个以上的国家的铁路，应把各

国的过境里程分开计算。

(2) 根据货物品名，查找《统一货价》中的《通用货物品名表》，确定所运货物属于第几类、第几项及适用的运价等级。

(3) 根据货物运价等级和各过境路的运送里程，在《统一货价》中查出符合该批货物的基本运费费率。

(4) 确定计费重量。

(5) 将计费重量与已查到的基本费率相乘，得到货物的基本运费。

(6) 确定加成率，计算货物运费。

(7) 将已计算出的运费，加上杂费和其他费用，即得到该批货物的过境运费。

六、有关运送费用核收的规定

(一) 参加《国际货协》各铁路间运送费用核收的原则

(1) 发送铁路的运送费用，在发货站向发货人或根据发送铁路国内现行规定核收。

(2) 到达铁路的运送费用，在到达站向收货人或根据到达铁路国内现行规定核收。

(3) 过境铁路的运送费用，按《统一货价》在发货站向发货人或在到达站向收货人核收。

(二)《国际货协》参加铁路与非《国际货协》铁路间运送费用核收的规定

(1) 发送铁路和到达铁路的运送费用与参加《国际货协》各铁路间收费标准相同。

(2) 过境铁路的运送费用，参加《国际货协》并实行《统一货价》各过境铁路的运送费用，在发货站向发货人或在到达站向收货人核收；但办理转送国家铁路的运送费用，可以在发货站向发货人或在到达站向收货人核收。过境非《国际货协》铁路的运送费用，在到达站向收货人或在发货站向发货人核收。

(三) 通过过境铁路港口站的货物运送费用核收的规定

从参加《国际货协》并实行《统一货价》的国家，通过另一个实行《统一货价》的过境铁路港口站，向其他国家和相反方向运送货物时，不论这些国家是否参加《统一货价》，都可用国际货协票据办理货物运送，但只能办理至过境铁路港口站为止或从这个站起开始办理。

从参加《国际货协》铁路发货站至过境铁路港口站的运送费用，在发货站向发货人核收；在相反方向运送时，在到达站向收货人核收。在过境铁路港口站所发生的杂费和其他费用，在任何情况下，都在这些港口车站向发货人或收货人的代理人核收。过境铁路的运送费用，按《统一货价》规定计收。

第三节　进出口货物国际铁路联运业务

一、出口货物国际铁路联运业务

出口货物国际铁路联运的组织工作主要包括运输计划的编制、货物托运和承运、装车、运输和货物的交接。

（一）出口货物国际铁路联运计划的编制

出口货物国际铁路联运计划分为年度运量计划和月度要车计划。

1. 年度运量计划的编制

为衔接年度各国铁路间进出口货物的交接运量，每年年初，由国际货协组织召开中国、朝鲜、蒙古、俄罗斯、越南5国铁路和外贸代表参加的运量计划例会，商定本年度分国别、口岸、品类、季度的外贸进出口运量。会前由中国外运集团编制国际铁路联运年度运量计划，并与国家口岸管理办公室、铁道部等有关部门平衡确定后，提交例会，在例会上，与各国最后商定。年度运量计划安排是月度要车计划和各铁路口岸货物交接运量的主要依据。

2. 月度要车计划的报批

国际铁路联运月度要车计划是对外贸易运输计划的组成部分，体现了对外贸易国际铁路联运的具体任务，也是日常铁路联运工作的重要依据，是中国外运集团与铁道部共同平衡确定的指令性运输计划。它主要包括整车、零担、大型集装箱三种类别。具体编报程序如下：

(1) 各省、市、自治区发货单位应按当地铁路部门的规定，填制“国际联运”月度要车计划表，向铁路局提出下月的要车计划，并在规定的时间内，分别报送当地对外贸易主管部门和各主管总公司。

(2) 各铁路局汇总发货单位的要车计划后，上报铁道部；各省、市、自治区对外贸易主管部门和各进出口总公司在审核汇总所属单位的计划后，报送商务部。

(3) 商务部汇总、审核后，与铁道部平衡核定。

(4) 国际铁路联运月度要车计划需要经过商务部和铁道部两部平衡核定，并经有关国家铁道部门确认以后，商务部通知各地对外贸易主管部门和各进出口总公司。各地对外贸易主管部门和各进出口总公司再分别转告所属发货单位。各铁路局（分局、车站）将铁道部批准的国际铁路联运月度要车计划分别通知各发货单位。

国际铁路联运月度要车计划批准后，各发货单位应按照铁道部门的规定，向各发货站提出旬度计划，发货站于每旬度开始前，将确认的旬度计划通知各发货单位执行。

凡发运整车货物，都需具备铁道部门批准的月度要车计划；零担货物则不需要向铁道部门编报月度要车计划，但发货人必须事先向铁路办理托运手续。

（二）出口货物国际铁路联运的托运与承运

1. 托运前的工作

凡属国际铁路联运的出口货物，在托运前必须将货物的包装和标记严格按照合同中的有关条款、《国际货协》和议定书中的条项办理。

2. 货物托运和承运的一般程序

货物的托运是发货人组织货物运输的一个重要环节。发货人在托运货物时，应向车站提出联运运单和运单副本，以此作为货物托运的书面申请。车站接到联运运单后，应认真审核，对整车货物应检查是否有批准的月度、旬度要车计划和日要车计划。检查联运运单各项内容是否正确，如确认可以承运应予以签证。车站一经在联运运单上签证，写明货物应进入

车站的日期和装车日期，即表示受理托运。发货人按签证指定的日期将货物搬入车站或指定的货位，并由铁路根据联运运单的记载查对实货，认为符合《国际货协》和有关规章制度规定的，车站方可予以承认。整车货物一般在装车完毕后，发货站在联运运单上加盖承运日期戳，即表示货物已经承运。

对于零担货物的发运，发货人在托运时，不需编制月度、旬度要车计划，可凭货运单向车站申请托运，车站受理托运后，发货人按签证指定的日期，将货物搬进货场，送到指定的货位上。经查验、过磅后，即交铁路保管。从车站将发货人托运的货物连同联运运单一同接受完毕，并在联运运单加盖承运日期戳，即表示货物已经承运。铁路对承运后的货物负保管、装车发运的责任。

托运、承运完毕，以运单为具体表现的运输合同即开始生效，表示铁路开始对发货人托运的货物承担运送义务，并承担运送上的一切责任。

发货人向铁路托运货物时，应使货物的品质、规格、数量符合合同的规定，凡属需要检验和检疫的商品，应及时做报验工作；在托运时应认真过磅、细致查点件数，并将重量和件数正确记载在运单上；货物的包装应能充分保证防止货物在运输中灭失和损坏，防止毁坏其他货物和运输工具、包装，以及伤害人员；发货人应在货件上作字迹清晰、不易擦掉的标记，或拴挂货签。为保证货物发生货损货差时，能够得到铁路按照货物的声明价格的全部赔偿，发货人在托运货物时应声明价格。

（三）货物的装车、施封、价格声明和押运

按我国铁路的规定，在车站公共装卸场所内的装卸工作，由铁路负责组织；其他场所如专用线装卸场，则由发货人或收货人负责组织。但某些性质特殊的货物，如易腐货物、未装容器的活动物等，即使在车站的货场内，也均由发货人组织装车或卸车。

货物装车发运的主要程序包括：

(1) 货物进站。货物应按铁路规定的时间进站。进站时，发货人应组织专人在车站接货。由铁路装车的货物，经铁路货运员验收完毕，认为符合运输要求，发货人即同货运员办理货物交接手续，并在运单上签证确认。

(2) 请车和拨车。由铁路负责装车的货物，有关请车和拨车均由铁路自行办理。由发货人负责装车时，不论是在车站的货场内装车或是在专用线装车，发货人应按铁路批准的日要车计划，根据货物的性质和交货数量，向车站请拨车辆。铁路在货车调送到装货地点或车辆交接地点之前，应将送车时间通知发货人，发货人应根据铁路送车通知按时接车，同时组织装车力量，在铁路规定的时间内完成装货工作，按时交车，并将装车完毕时间通知车站。

(3) 货物的装车、加固和施封。货物装车应保证包装完整、清洁、牢固，货物标志、标记清晰完整；单证齐全，内容准确、完备；车辆的车体完整、清洁，技术状态良好，具备装车必备条件。由发货人装车的货物，发货人应在现场负责监装。对于敞车、平车及其他特种车辆装运超限货物，箱装和裸装的机械设备以及车辆等货物，应在装车时放置稳妥，捆绑牢固，以防运输途中发生移动、坠落、倒塌及相互撞击，保证安全运输。对于我国装运国际联运出口货物的棚车、冷藏车、罐车必须施封。

(四) 出口货物交接的一般程序

1. 联运出口货物的实际交接

联运出口货物的实际交接在国境站进行。口岸外运公司接到铁路交接所传递的运送票据后,依据联运运单审核其附带的各种单证份数是否齐全,内容是否正确。如遇矛盾或不符等缺陷,则根据有关单证或函电通知订正、补充。

2. 报关报验

运送单证经审核无误后,将出口货物明细单截留3份(易腐货物截留2份),然后将有关运送单证送各联检单位审核放行。

3. 货物的交接

单证手续齐备的列车出境后,交付国在邻国国境站的工作人员,会同接收方铁路的工作人员,共同进行票据和货物的交接,依据交接单进行对照检查。货物交接可以分为一般货物铁路交接和易腐烂变质货物贸易双方的交接,也可以分为凭铅封交接和按实物交接两种情况。

凭铅封交接的货物,根据铅封的站名、号码或发货人简称进行交接。交接时检查封印是否有效或丢失,印文内容、字迹是否清晰,同交接单的记载是否相符,车辆左、右两侧铅封是否一致等内容。然后,由双方铁路部门凭完整的铅封办理货物交接手续。按实物交接的货物具体可以分为只按货物重量、只按货物件数以及按货现状交接三种方式。同时,在办理货物交接时,交付方必须编制货物交接单,没有编制交接单的货物,在国境站不得办理交接。

国际联运的出口货物抵达到达站后,铁路应通知联运运单中所记载的收货人领取货物。在收货人付清联运运单中所记载的一切应付运送费用后,铁路必须将货物连同联运运单交付给收货人。收货人必须支付运送费用并领取货物。收货人只有在货物因毁坏或腐烂而使质量发生变化,以致部分货物或全部货物不能按原用途使用时,才可以拒领货物。

收货人领取货物时,应在联运运单上填记货物领取日期,并加盖收货戳记。

二、进口货物国际铁路联运业务

1. 确定货物到达站

国内订货部门应提供确切的到达站的车站名称和到达路局的名称,除个别在国境站设有机构单位以外,均不得以我国国境站或换装站为到达站,也不得以对方国境站为到达站。

2. 必须注明货物经由的国境站

3. 正确编制货物的运输标志

运输标志又称唛头,一般印制在货物外包装上。按照我国规定,联运进口货物在订货工作开始前,由商务部统一编制向国外订货的代号,作为“收货人唛头”,分别通知各订货部门使用,各进口公司必须按照统一规定的收货人唛头对外签订合同。唛头的作用是为承运人运输货物提供方便,便于识别货物、装卸和收货人提货。唛头必须绘制清楚醒目、色泽鲜艳、大小适中、印制在货物外包装显著位置。

4. 审核联运进口货物的运输条件

联运进口货物的运输条件是合同不可缺少的重要内容，因此，必须认真审核，使之符合国际联运和国内有关规章所规定的条件。具体审核内容包括：收货人唛头是否正确；商品品名是否准确具体；货物的性质和数量是否符合到站的办理种别；包装是否符合有关规定等。

5. 向位于国境站的外运机构寄送合同资料

进口单位对外签订合同，应及时将合同的中文副本、附件、补充协议书、变更申请书、确认函电、交货清单等寄送国境站外运机构。在这些资料中必须要有以下内容：合同号、订货号、品名、规格、数量、单价、经由国境站、到达路局、到达站、唛头、包装及运输条件等。事后如有变更事项，也应及时将变更资料抄送外运机构。

6. 进口货物的发运

进口货物的发运由国外发货人根据合同规定，向该国铁路车站办理。根据《国际货协》或采用《国际货协》规定的国家的铁路向我国发运进口货物时，国外发货人向该国铁路办理发运的一切手续，均按《国际货协》和该国国内铁路规章办理。

7. 进口货物在国境的交接

进口货物列车到达国境站后，由铁路部门会同海关接车，然后两国境站交接所根据交接单，办理货物和车辆的现场交接，我国进口国境站交接所通过内部联合办公做好单据核放、货物报关验关工作，然后由铁路负责将货物调往换装线，进行换装作业，并按流向编组向国内发运。

8. 分拨与分运

对于小额订货，国外发货人集中托运、以我国国境站为到站、外运机构为收货人的，以及国外铁路部门将发货人集中托运、以我国国境站为到站的，外运机构在接货后应负责办理分拨、分运业务。在分拨、分运中发现有货损、货差情况，如果属于铁路部门责任，应找铁路部门出具商务记录；如果属于发货人责任，应及时通知有关进口单位向发货人索赔。

9. 进口货物的交付

货物到站后，铁路根据运单或随附运单的进口货物通知单所记载的实际收货人，发出货物到达通知，通知收货人提取货物。收货人接到到货通知后，必须向车站领取货物并支付运输费用。在收货人付清运单所载的一切应付运输费用后，铁路必须将货物连同运单一起交付收货人。

第四节 国际货物铁路联运运单

国际铁路货物联运运单(International Through Rail Waybill)是货物联运的主要单证，是发货人与铁路之间缔结的运输契约，它规定了铁路与发、收货人在货物运送中的权利、义务和责任，对铁路和发、收货人都具有法律效力，双方都受合同的保护和约束。

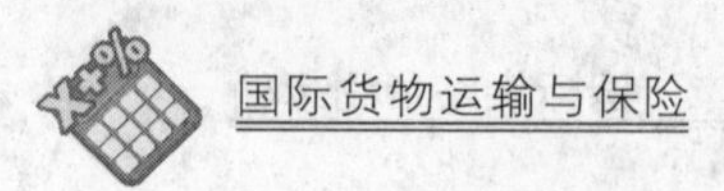

一、联运运单的组成和作用

第一张——运单正本，是货物的运送契约，记载了货物运输全程的费用，以便收货人了解或支付有关部分。它随同货物至到达站并连同第五张(货物到达通知单)和货物一起交给收货人。

第二张——运行报单，是参加联运的各国铁路办理货物交接、划分运送责任以及清算运送费用、统计运量和运输收入的原始依据。它随同货物至到达站，并留存至到达站。

第三张——运单副本，与运送企业缔结后交给发货人，但它不具有运单的效力，仅证明货物已由铁路承运。发货人可凭加盖发站日期戳记的运单副本向收货人结算货款。行使变更运输要求以及在联运运单全部灭失时，凭此向铁路提出赔偿要求。

第四张——货物交付单，作为货物已交付给收货人的凭证。随同货物至到达站，并留存至到达站。

第五张——货物到达通知单，记载了货物在运输全程所发生的滞留、编制商务记录等情况。随同货物至到达站，并同运单正本和货物一起交给收货人。

第一张和第五张、第二张和第四张在左边相连，第一至第三张的背面均详细记载了向发、收货人核收运杂费的事项；第四、五张背面供铁路在运送过程中添记必要的事项，如发、收货人变更运送契约的事项，货物运送或交付阻碍商务记录的编制等。此外，还有为发送铁路和过境铁路准备的必要份数的补充运行报单。

二、联运运单的填写

运单正面未画粗线的各栏由发货人填写，现将发货人填写的各栏说明如下：

第1栏，发货人及其通信地址。填写发货人的名称及其通信地址。发货人只能是一个自然人或法人。由中国、朝鲜、越南发货时，准许填写这些国家规定的发货人及其通信地址的代号。

第2栏，合同号码。填写出口单位和进口单位签订的供货合同号码。

第3栏，发货站。填写运价规程中所载发货站全称。

第4栏，发货人的特别声明。发货人可在该栏中填写自己的声明。例如，关于对联运运单的修改及易腐烂变质货物的运送条件等。

第5栏，收货人及其通信地址。注明收货人的名称及其通信地址。收货人只能是一个自然人或法人。从《国际货协》的参加铁路向未参加《国际货协》的铁路发货，并且由站长办理转发送时，则在收货人及其通信地址栏填写“站长”。

第6栏，对铁路无约束效力的记载。发货人可以对该批货物作出记载，该项记载仅仅作为对收货人的通知，铁路不承担任何义务和责任。

第7栏，通过的国境站。注明货物应通过的发送铁路和过境铁路的出口国国境站。如有可能从一个出口国国境站通过邻国的几个进口国国境站，在办理货物运送时，根据发货人注明的通过国国境站确定的线路，注明运送所要通过的进口国国境站。

第8栏，到达铁路和到达站。在斜线之前，应注明到达铁路的简称；在斜线之后，应用印刷体字母(中文用正楷粗体字)注明运价规程上到达站的全称。运往朝鲜的货物，还应注明到站

的数字代号。运往非货协国的货物并由站长办理转发时，记载《国际货协》参加铁路最后过境铁路的出口国境站，并在该站站名后记载："由铁路继续办理转发送至××铁路××站。"

第9—第11栏的一般说明。填写第9—第11栏事项时，可不受各栏间竖线的严格限制。但是，有关货物事项的填写顺序，应严格符合各栏的排列次序。

第9栏，记号、标记、号码。填写每件货物上的记号、标记和号码。货物如装在集装箱内，则还要填写集装箱号码。

第10栏，包装种类。填写包装的具体种类，如纸箱、木桶等，不能笼统地填"箱"、"桶"。如用集装箱运输，则记载集装箱。

第11栏，货物名称。货物名称应按《国际货协》的规定填写，或按发送铁路或发送铁路和到达铁路现行的《国内运价规程品名表》的规定填写，但是需要注明货物的状态和特征。两国间的货物运送，可按两国商定的《直通运价规程品名表》中的名称填写。

在"货物名称"字样下面专设的栏内填写《通用货物品名表》规定的六位数字代码。填写全部事项时，若篇幅不足，则应添附补充清单。

第12栏，件数。注明一批货物的件数。

用敞车类货车运送不盖篷布或盖有篷布而未加封的货物，其总件数超过100件时，或运送仅按重量不按件数计的小型无包装制品时，注明"堆装"，不注件数。

第13栏，发货人确定的重量(千克)。注明货物的总重量。

第14栏，共计件数(大写)。用大写填写第12栏中所记载的件数。

第15栏，共计重(大写)。用大写填写第13栏中所载的总重量。

第16栏，发货人签字。发货人应签字证明列入运单中的所有事项正确无误。发货人的签字也可用印刷的方法或加盖戳记处理。

第17栏，互换托盘。该栏内的记载事项仅与互换托盘有关。注明托盘互换办法，并分别注明平式托盘和箱式托盘的数量。

第18栏，种类、类型。在发送集装箱货物时，应注明集装箱的种类和类型。使用运送用具时，应注明该用具的种类。

第19栏，所属者及号码。运送集装箱时，应注明集装箱所属记号和号码。对不属于铁路的集装箱，应在集装箱号码之后注明大写字母"P"。使用属于铁路的运送用具时，应注明运送用具所属记号和号码。使用不属于铁路的运送用具时，应注明大写字母"P"。

第20栏，发货人负担下列过境铁路的费用。如发货人负担过境铁路的运送费用，填写所负担过境铁路名称的简称；如发货人不负担任何一个过境铁路的运送费用，填写"无"字。

第21栏，办理种别。办理种别分为整车、零担、大吨位集装箱，并将不需要者划掉。

第22栏，由何方装车。发货人应在运单该栏内注明由谁装车，并将不需要者划掉。

第23栏，发货人添附的文件。注明发货人在联运运单上添附的所有文件的名称和份数。

第24栏，货物的声明价格。用大写注明以瑞士法郎表示的货物价格。

第27—第30栏的一般说明。用于记载使用车辆的事项，只有在运送整车货物时填写。至于各栏是由发货人填写还是由铁路车站填写，则视由何方装车而定。

第45栏，铅封个数和记号。填写车辆或集装箱上施加的封印个数和所有记号。至于铅封的个数和记号，视由何方施封而由发货人或铁路车站填写。

第48栏，确定重量的方法。注明确定重量的方法。例如，用轨道衡、按标准重量、按货件上标记重量等。由发货人确定货物重量时，发货人应在该栏注明确定重量的方法。

三、添附文件

我国出口货物必须添附出口货物明细单和出口货物报关单、出口外汇核销单。另外，根据规定和合同要求，还要添附出口许可证、品质证明书、商检证、卫生检疫证、动植物检查证明以及装箱单、磅码单、化验单、产地证、发运清单。这些文件只限与联运运单所记载的货物有关，将添附文件名称和份数记入联运运单“发货人添附文件”栏内，并同联运运单一起至国境站。这些文件不能邮寄，货物在国境站的报关手续由中国外运集团口岸分公司代为办理。

铁路没有义务检查发货人在联运运单上所附的文件是否正确和齐全。对由于没有添附文件或文件不齐全、不正确而产生的后果，发货人应对铁路负责，并承担货物及车辆滞留可能产生的一切费用。由于铁路过失而使发货人在运单上已做记载的添附文件丢失，则铁路应对其后果负责。

第五节　对港澳地区的铁路货物运输

一、对中国香港地区的铁路运输

中国香港和澳门是我国的领土，居民中98%是中国人。该地区是我国同世界各国、各地区经贸往来的重要通道之一，也是我国换取现汇的重要场所，占我国出口创汇额的20%以上。因此，做好对港澳地区的运输工作是我国外贸运输的重点之一。

(一) 供港货物铁路运输交接口岸概况

1. 深圳口岸概况

深圳市位于广东省东南部，是京九、广九铁路的交接站。与中国香港毗邻，其铁路、公路均与九龙相连。

深圳铁路有深圳北站(货运站)和深圳站(客运站)。内地各省市铁路发往中国香港的整车和零担货物车，均在深圳北站进行解体、编组以及必要的装卸作业和联检作业。深圳北站共有40多条股道，可容纳车量为700车左右，具有一定的装卸能力。

深圳站是中国香港出入境旅客中转换车以及以包裹办理进出口货物的车站。深圳站向南有罗湖桥，它是内地与中国香港的分界处。深圳站以东的文锦渡桥是公路的进出口岸，汽车运输的货物经由文锦渡公路进出口。

中国外运集团深圳分公司(以下简称“深圳外运分公司”)是各外贸专业公司在深圳口岸的货运代理，负责其货物的进出口业务。内地各省、市、自治区的外贸专业公司，由铁路经深圳口岸，或铁路转公路的出口货物(除活畜禽鱼类由各省自办外)，均由深圳外运分公司接受委托，办理接货、报关、查验、过轨等中转运输手续。其他发货单位的出口货物、使领馆物资、展品，以及其他非贸易物资也委托深圳外运分公司代办中转运输业务。此外，深圳外运分公

司还接受各省、市、自治区外贸专业公司的普通件杂货的进出口、库存、装箱、中转等业务。

2. 港段铁路概况

港段铁路为京九、广九铁路的一部分，自边境罗湖车站起，途经上水、粉岭、大埔、大学、大炭、大围、九龙塘、旺角至九龙车站，全长 34 千米。

中国香港铁路有 4 个卸货点，其中最大的卸货点是九龙车站的红磡货场，绝大部分杂货、果菜都在此卸车。货场可容纳 200 多辆车，可供卸车的货车位有 100 多个。何文田货场专供卸活畜禽，有 48 个卸车的车位。沙田车站的百适货场，专用线每天可卸杂货的车位有 20 个。旺角车站每天可卸杂货的车位有 30 个。

九广铁路公司对货车只办理行车和调车作业，不办理货运业务。目前，港段铁路的货运业务，包括接货、托运、调度、组织装卸、交货，均由中国香港中旅货运有限公司承包。中国香港中旅货运有限公司是深圳外运分公司在中国香港的货运代理。

（二）对中国香港地区铁路运输的特点

对中国香港地区铁路运输不同于国际铁路联运，也不同于一般的国内运输，而是一种特定的运输方式。

1. 租车方式两票运输

对中国香港地区的铁路运输是由大陆段和港九段两部分铁路运输组成的，所以出口单位在发送地车站将货物托运至深圳北站，收货人为深圳外运分公司；货车到达深圳北站后，由深圳外运分公司作为各地出口单位的代理，向铁路租车过轨，交付租车费并办理出口报关等手续。经海关放行过轨后，由中国香港中旅货运有限公司作为深圳外运分公司在中国香港的货运代理，在港段铁路罗湖车站另行起票托运至九龙，货物到达九龙站后，由其负责卸货并交收货人。承运人签发“承运货物收据”，作为向银行结汇的凭证。

2. 运输工作计划多变

有相当数量的商品、特别是鲜活商品要根据中国香港市场的情况随时调节，在各个发运口岸要按一定的配额均衡发运，做到“优质、适量、均衡、应时”地供应中国香港市场。因此，对中国香港地区的运输要求较一般国际铁路联运和对外出口要高。

3. 商品结构的特殊性

在对中国香港铁路货运量中，鲜活商品占深圳过轨总运量的比重很大，鲜活货物对运输有特殊要求，如运输速度快，使用特种车辆等。

4. 运输计划主要是编制月度计划

发送货物的各省、市、自治区根据成交、备货及中国香港市场的情况，按当时铁路部门规定的报送时间，向各铁路局办理、下达月铁路要车手续。经汇总，于每月 10 日前报送中国外运集团。各铁路局于当月 14 日提出下月计划分配方案，25 日前批准计划。

5. 运费收取的特殊性

发站至广州北站的运费由发站计收，广州北站至深圳北站的运费，在原有运费基础上增加 50%，由深圳北站计收，深圳北站至中国香港租车费，由发货人的代理人先行垫付或发货

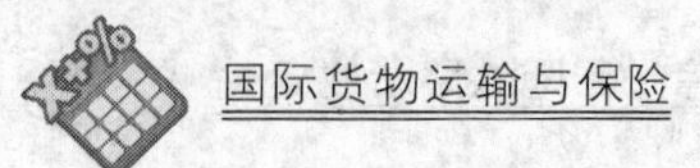

人直接支付。

(三) 我国内地对中国香港地区铁路货物运输的主要途径

我国内地对中国香港地区的铁路货物运输,主要通过以下几种途径:

(1) 向铁路租车、原车直接过轨。货物在内地各发站装车后,经深圳直接过轨至中国香港九龙车站。该方式是对中国香港地区铁路货物运输的主要途径。

(2) 铁路—公路。货物从内地通过铁路运至深圳北站,在深圳北站卸车,然后再转装汽车经文锦渡、皇岗等公路口岸运至中国香港。

(3) 铁路—水路。货物从内地通过铁路运至广州南站,再用驳船转运至中国香港。

拓展阅读

国与国之间铁路的旅客运输和货物运输,列车都要出国,铁路部门的专门术语称为过轨,即必须在指定的车站或口岸站办理出国手续。由于世界上各个国家的铁路轨距不同,过轨的方式也就不同。轨距相同的国家之间可以直接过轨,轨距不同的国家之间需要在指定口岸站更换车厢的转向架、轮对,或者换装货物。

(四) 对中国香港地区铁路运输的一般程序

第一,发货人办理境内铁路运输托运手续。发货人委托发货地的外运分公司或直接向当地铁路局办理从发货地至深圳北站的国内铁路运输的托运手续,填写国内铁路运单。

(1) 运装车中应注意的问题:① 高度的限制。装载高度从轨面算起,不得高于45米。② 重量限制。目前,中国香港铁路有限公司规定,每节车厢总重(自重+货重)不得超过72吨。③ 货物均衡发运。供港商品中配额商品占相当比重,此类商品必须按月配额,按日均衡发送。因为中国香港地区市场容量有限,到货过多,造成销售困难,只得降价出售。均衡发货既能满足中国香港市场的需求,又能卖出适当的价钱。

(2) 主要单证:① 供港货物委托书。这是发货人转运、报关、接货的依据和委托承运的依据,也是发货人核算运输费用的凭证。一式五份,要求在发运前预寄。② 出口货物报关单。这是向海关申报的依据,一式两份。来料加工、进料加工及补偿贸易货物一式三份,还要随报关单附上合同副本,同时根据信用证,寄发商检证、文物出口证明书、许可证等。③ 起运电报。这是货物发往深圳的确报,它使深圳口岸和驻港机构做好接运准备,同时,还可以作为补做单证的依据。起运电报不是可有可无的资料,没有电报,无法抽单配证、申请报验,中国香港中旅货运有限公司也不能提前通知收货人办理赎单手续。④ 承运货物收据。这是由各地外运公司以货物代理的身份向外贸公司签发的,负责发货站至中国香港的全程运输,是向银行结汇的凭证,相当于国际联运单副本,代表货物所有权,是中国香港收货人的提货凭证。⑤ 铁路运单。这是发货人与铁路部门办理由发货点至深圳北站间的境内段运输契约,因仅限境内段,所以不起提单的作用。

第二,发货人或其委托的外运分公司委托深圳外运分公司办理接货、报关、查验、过轨等

中转运输手续。预寄的单证和装车后拍发的起运电报是深圳外运分公司组织运输的依据(如发货地具备报关条件,也可在发货地报关)。

第三,深圳外运分公司接到铁路的到车预告后,抽出事先已分类编制的有关单证加以核对,并抄送中国香港中旅社以备接车。

第四,货车到达深圳北站后,深圳外运分公司与铁路进行票据交接,如单证齐全无误,则向铁路编制过轨计划;如单证不全,或者有差错,则向铁路编制留站计划。准备过轨的货车,由深圳外运分公司将出口货物报关单或监管货物的关封连同货物运单送海关申报,经海关审查无误,即会同联检单位对过轨货车进行联检。联检通过后,海关即放行。

第五,中国香港中旅社向港段海关报关,并在罗湖车站向九广铁路公司办理起票手续,港段铁路将过轨货车运到九龙车站交中旅社卸货。

港段铁路有关运输机构及其业务范围:① 中国香港九广铁路公司。主要是将深圳过轨的各班货车由罗湖车站拉到九龙,装有不同商品的货车分别送进红磡及何文田货场。② 中国香港中旅货运有限公司。中国香港的铁路货运业务中的接货、托运、调度、交货均由该公司承担,它是深圳外运分公司在中国香港的货运代理,双方是委托代理的关系。③ 运输行。运输行是中国香港的私商,过去作为外运公司的代理在中国香港承办铁路货物运输业务。现在和中国香港中旅货运有限公司有业务联系的运输行主要有7家,分别是新联、开源、永达、良友、大陆、金利信、文联等运输行。④ 华润集团公司储运部。作为贸易部门的代表,华润集团公司储运部负责供港物资的全面运输工作,归口管理内地各驻港贸易机构,包括五丰行、德信行、华运公司等的储运工作。

中国香港的卸货点没有货场,卸货时全部采取火(火车)车(汽车)直取或车(火车)船直取的方式。汽车不来,火车就不能卸。因此,如果委托书、电报不齐,填写不准确、不清楚,中国香港中旅货运有限公司就无法通知客户提货,必然造成积压。为了避免中国香港段积压待卸,往往要卸货入仓。按中国香港地区惯例,货物一经入仓,起码支付一个月的仓租,不仅使客商蒙受损失,还影响发货人的信誉。

第六,运输的结算方法。各地经深圳口岸转运中国香港地区的铁路货物运输经过两段运输,因此,运费也是分段计算的,境内按人民币计算,中国香港按港币计算,一切费用均由发货人支付。

(1) 内地铁路段运输费用。从内地发站至深圳北站属国内段运送,自1984年1月1日起,发站至深圳北站的运送费用实行“一次起票,分段计算,两端核收”。即由发站向托运人核收发站至广州北站,根据铁道部的《铁路货物运价规则》的运价率和计费重量确定的运费;抵达深圳后,由深圳北站向收货人核收该批货物从广州北站到深圳北站按《铁路货物运价规则》中运价率再附加50%计收广深段运费。此外,还需要核收一些杂费,主要项目有:装卸费、深圳北站到罗湖桥头的中转费、按每日车辆标重计算的租车费、调车费及其他杂费。深圳外运也要按货物重量和规定的费率向委托人核收劳务费。

(2) 中国香港铁路段运输费用。港段运杂费用先由中国香港中旅货运有限公司垫付,待货物在中国香港交付完毕后,由中国香港中旅货运有限公司开列费用清单并向发货人结算。有关发货人收到中国香港中旅货运有限公司的费用清单,经核对无误后,5天之内向当地结汇银行申请外汇,汇还中国香港中旅货运有限公司。

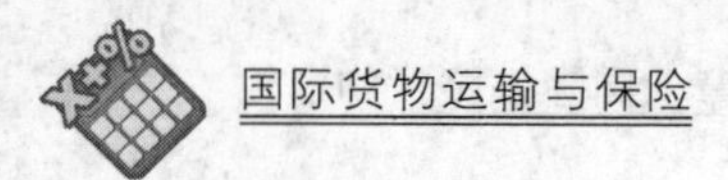

二、对中国澳门地区的铁路运输

中国澳门与内地没有铁路直通。内地各省(区、市)运往中国澳门的出口货物,先由铁路运至广州。整车货物到广州南站新风码头42道专用线,零担货物到广州南站,危险品零担到广州吉山站,集装箱和快件到广州火车站。

收货人均为中国外运广东省分公司。货物到达广州后,由该公司办理水路或公路的中转,运至中国澳门。货物到达中国澳门后,由南光集团运输部负责接收货物并交付收货人。

广东省的地方物资和一部分不适合水运的内地出口物资,可用汽车经拱北口岸运至中国澳门。

三、对港澳地区的铁路货物运输的意义

对港澳地区的铁路货物运输有利于开展同港澳地区的贸易,并通过中国香港进行转口贸易。铁路运输是大陆地区和港澳开展贸易的一种运输方式,港澳两地的日用品一直以来都是大陆供应,随着内地对该地区出口的不断扩大,运输也逐渐增加,做好对港澳的运输达到优质、适量、均衡、应时的要求,在政治上和经济上都非常重要。为了确保该地区的市场供应,从内地开设了直达地区的快运列车,对繁荣稳定港澳市场,以及该地区的经济发展起到了积极作用。此外,中国香港还是世界著名的自由港,与世界各地有着非常密切的联系,海、空定期航班比较多,作为转口贸易基地,开展陆空、陆海联运,为我国发展与东南亚、欧美、非洲、大洋洲各国和地区的贸易,对保证我国出口创汇起着重要作用。

第六节　铁运路线

一、国际铁路货物运输线的分布

目前,世界铁路运输总里程已达150万千米以上。欧洲、美洲各占1/3左右,其他大洲之和约占1/3。拥有营业铁路4万千米以上的国家有7个,其中美国33万千米,居世界第一位;前苏联地区16万千米;加拿大9万余千米;印度6万余千米;中国5万余千米;澳大利亚和阿根廷4万余千米。目前,具有国际贸易运输意义的国际铁路干线主要有以下几种。

1. 西伯利亚铁路

西伯利亚铁路有两条,第一条东起俄罗斯远东地区的符拉迪沃斯托克(海参崴),经哈巴罗夫斯克(伯力)、赤塔、伊尔库茨克、新西伯利亚,止于莫斯科,全长9 300多千米。第二条东起苏维埃港,经共青城等止于莫斯科。

西伯利亚铁路是世界上最长的铁路干线,全线为复线、双轨,实现电气化,是连接亚洲东部国家、欧洲各国及西亚铁路网的运输干线。

2. 欧洲铁路网

欧洲铁路网密度居各洲之首,纵横交错,十分发达,既可联系洲内各国,又沟通国际。主

要铁路线有：巴黎—慕尼黑—维也纳—布达佩斯—贝尔格莱德—索菲亚—伊斯坦布尔—巴格达；巴黎—科隆—柏林—华沙—莫斯科—西伯利亚铁路；里斯本—马德里—巴黎—科隆—柏林—华沙—圣彼得堡—赫尔辛基。

3. 北美横贯东西铁路线

北美地区铁路网较稠密，铁路以货运为主，货运占铁路运输量的99%，集装箱运输和多式联运是北美铁路最主要的业务之一。北美地区穿越大陆的铁路有多条，在美国有4条，在加拿大境内有2条。

4. 亚洲铁路主干网

亚洲的重要铁路线是：巴士拉—巴格达—伊斯坦布尔—巴尔干。

此外，在印度半岛、东南非、南美洲等也都有较重要的国际铁路线。

二、我国通往邻国的铁路线及国境口岸

我国幅员辽阔，陆上邻国有14个。目前，与我国铁路相连的国家有俄罗斯、朝鲜、蒙古、越南等。哈萨克斯坦、吉尔吉斯斯坦、塔吉克斯坦、朝鲜、蒙古、越南，以及东欧的部分国家原来都是国际铁路货物联运组织《国际货协》的成员。

我国与朝鲜、蒙古、俄罗斯、越南等国的进出口货物，绝大部分通过铁路运输，我国与东欧、西欧、北欧和中东地区的一些国家之间，也可以通过国际铁路联运或西伯利亚大陆桥等运输方式来运送进出口货物。

目前，我国主要的国际货物运输的铁路干线及国境口岸如下：

(1) 滨洲线。自哈尔滨起向西北至满洲里，全长935千米。

(2) 滨绥线。自哈尔滨起，向东经绥芬河与独联体远东地区铁路相连接，全长548千米。

(3) 集二线。从京包线的集宁站，向西北到二连，全长364千米。

(4) 沈丹线。从沈阳到丹东，越过鸭绿江与朝鲜铁路相连，全长274千米。

(5) 长图线。西起吉林长春，东至图们，横过图们江与朝鲜铁路相连接，全长527千米。

(6) 梅集线。自梅河口至集安，全长245千米，越过鸭绿江直通朝鲜满浦车站。

(7) 湘桂线。从湖南衡阳起，经广西柳州，南宁到达终点站凭祥，全长1 013千米。

(8) 昆河线。从云南昆明经碧色寨到河口，全长177千米。

(9) 北疆线。从新疆乌鲁木齐向西到达终点站阿拉山口。

由于中国与俄罗斯、蒙古铁路轨距不同，对外贸易货物均须在上述国境口岸换装或换轮后才能运行。

本章小结

1. 铁路货物运输是一种有效的陆上交通运输方式，在国际货物运输中，尤其是在内陆接壤的国家之间的贸易中，起着无可替代的作用。按照我国铁路技术条件，现行的铁路货物运输种类分为整车、零担和集装箱三种。

2. 国际货物铁路联运简称国际联运，是使用一份统一的国际联运票据，并以连带责任办理货物的全程运输，在由一国铁路向另一国铁路移交货物时，无须发、收货人参加，而由铁路部门负责办理2个或2个以上国家铁路全程运送的货物运输方式。

3. 各铁路局和国境站以及发、收货人在办理国际铁路货物联运业务时，必须遵守《国际货协》、《统一过境运价规程》、《过境铁路协定》和《过境铁路会议议定书》等国际铁路货物运输的有关规章。

4. 国际铁路货物联运运费包括货物运费、押运人乘车费、杂费和其他费用。根据《国际货协》的规定，我国通过国际铁路联运的进出口货物，其国内段运费的核收应按照我国《铁路货物运价规定》进行计算；国际铁路货物联运过境运费按照《统一货价》的规定计算。

5. 出口货物国际铁路联运程序包括运输计划的编制、货物托运和乘运以及货物的交接。运输单证包括国际铁路货物联运运单和添附文件。

6. 进口货物国际联运程序：确定货物到达站；注明货物经由的国境站；编制货物的运输标志；向位于国境站的外运机构寄送合同资料；进口货物在国境内的交接；分拨与分运；进口货物的交付。

7. 国际铁路货物联运运单是货物联运的主要单证，由运单正本、运行报单、运单副本、货物交接单和货物到达通知单组成。运单正面未画粗线的各栏由发货人填写。

8. 对中国香港地区铁路运输的一般程序是：发货人办理境内铁路运输托运手续；发货人或其委托的外运分公司委托深圳外运分公司办理接货、报关、查验、过轨等中转运输手续；深圳外运分公司接到铁路的到车预告后，抽出事先已分类编制的有关单证加以核对，并抄送中国香港中旅社以备接车；货车到达深圳北站后，深圳外运分公司与铁路进行票据交接；中国香港中旅社向港段海关报关；结算运输费用。

9. 中国香港铁路的接卸作业程序是：深圳外运分公司填报过车预报；交中国香港中旅货运有限公司罗湖办事处；中国香港中旅货运有限公司派人过桥取送；货车过轨；罗湖办事处填制过轨确报；九广铁路公司派机车过桥，将在深圳站编好的列车牵引到罗湖站；罗湖发车时，中国香港中旅货运有限公司和有关运输行的罗湖办事处登车押运；押到九龙。

思考与练习

一、思考题

1. 简述铁路运输的基本特点及其在我国对外贸易货物运输中的作用。
2. 什么是国际铁路货物联运？世界上有哪两大铁路联运组织？
3. 国际铁路货物联运运单的性质、作用是什么？联运运单副本有何重要作用？
4. 我国内地对中国香港地区的铁路运输有什么特点？
5. 简述国际铁路联运货物运送费用的有关规定及其计算方法。

二、案例分析题

新城诚信经销部诉化鱼山火车站铁路货物运输合同纠纷案

内蒙古自治区呼和浩特市新城诚信经销部以每千克1.76元收购葵花籽34 650千克，共770件，委托呼和浩特火车站客货服务公司运输到南京铁路分局化鱼山火车站所属的芜湖

西站，交安徽省芜湖市果品食杂公司收货。到站卸货时，收货人发现车厢内有严重异味，拒收货物。新城诚信经销部因此遭受经济损失，要求化鱼山火车站赔偿全部损失，按货价、包装及运费等共计68 179.50元。该批货物取样送卫生部食品卫生监督检验所检验。检验结论是，在装载货物车厢内的残存物中检出3911(剧毒农药)，含量为3 591.66毫克/千克；在包装葵花籽的麻袋中检出3911，含量为100毫克/千克。经铁路到站顺查，发现该车皮于1990年10月18日曾装运过3911。卸车后，该车皮被送回到郑州东站经洗刷消毒后又投入使用。

问题：化鱼山火车站应承担赔偿责任吗？

第四章　国际航空货物运输

学习目标

掌握国际航空运输组织和一般货物运价、特种货物运价、等级货物运价的内容。了解国际航空货物运输的基本知识。熟悉现行的主要航空货运方式、航空运输的进出口程序和航空运单的作用、分类和内容。

第一节　国际航空运输概况

一、国际航空货物运输概述

（一）航空运输的概念

航空运输(Air Transportation)是使用飞机、直升机及其他航空器运送人员、货物、邮件的一种运输方式。航空运输具有快速、机动的特点，是现代旅客运输，尤其是远程旅客运输的重要方式；是国际贸易中的贵重物品、鲜活货物和精密仪器不可缺少的运输方式。

航空运输始于1871年。普法战争中的法国人用气球把政府官员和物资、邮件等运出被普军围困的巴黎。1918年5月5日，飞机运输首次出现，航线为纽约—华盛顿—芝加哥。同年6月8日，伦敦与巴黎之间开始定期邮政航班飞行。20世纪30年代有了民用运输机，各种技术性能不断改进，航空工业的发展促进航空运输的发展。第二次世界大战结束后，在世界范围内逐渐建立了航线网，以各国主要城市为起讫点的世界航线网遍及各大洲。

（二）国际航空货物运输的特点

国际航空货物运输虽然起步较晚，但发展极为迅速，这与它所具备的许多特点有关。与其他运输方式相比，其具有以下特点。

1. 运送速度快

从航空业诞生之日起，航空运输就以快速而著称。到目前为止，飞机仍然是最快捷的交通工具，现代喷气式运输机时速一般都在1 500千米左右。快捷的交通工具大大缩短了货物在途时间，对于那些易腐烂、变质的鲜活商品；时效性强的报刊、节令性商品；抢险、救急品的运输，这一特点显得尤为突出。

运送速度快，在途时间短，货物在途风险降低，因此许多贵重物品、精密仪器往往采用航

空运输的形式。

2. 手续简便

航空运输为了体现其快捷、便利的特点，为托运人提供了简便的托运手续，也可以由货运代理上门取货并为其办理一切运输手续。

3. 安全、准确

航空运输管理制度比较完善，货物的破损率低，可保证运输的质量。例如，使用空运集装箱，较之其他运输方式则更为安全。飞机航行有一定的班期，可保证按时到达。

4. 节省包装、保险、利息和储存费等费用

由于航空运输速度快，商品在途时间短、周转速度快，企业存货可相对减少，一方面有利于资金的回收，减少利息支出，另一方面也可以降低企业仓储费用。航空货物运输安全、准确，货损货差少，保险费用较低。和其他运输方式相比，航空运输的包装简单，包装成本低。这些都构成了企业隐形成本下降，收益增加。

5. 航空运输的运量有限、运价较高

当然，与其他运输方式相比，航空运输也有自己的局限性。航空货运的运输费用较其他运输方式更高，不适合低价值货物；飞机的舱容有限，对大件货物或大批量货物的运输有一定的限制。

(三) 国际航空货物运输的作用

(1) 当今国际贸易有相当数量的洲际市场，商品竞争激烈，市场行情瞬息万变，时间就是效益。航空货物运输具有比其他运输方式更快的特点，可以使进出口货物能够抢行就市，卖出好价钱，增强商品的竞争力，对国际贸易的发展起到了很大的推动作用。

(2) 利用航空器来运输诸如计算机、精密仪器、电子产品、成套设备中的精密部分、贵稀金属、手表、照相器材、纺织品、服装、丝绸、皮革制品、中西药材、工艺品等价值高的商品，可以利用其速度快、商品在途时间短的优点，使存货降低、资金迅速回收，以节省仓储和利息费用，提高空运效率。

(3) 航空货物运输适合鲜活、易腐以及季节性强的商品运送。这些商品对时间的要求极为敏感，如果运输时间过长，则可能使商品变为废品，无法供应市场；季节性强的商品和应急物品的运送要争取时间，必须抢行上市，否则变为滞销商品，不仅滞存仓库，积压资金，还要负担仓储费。采用航空运输方式，既可以保鲜存活，又有利于开辟远距离市场，这一点是其他运输方式无法比拟的。

(4) 航空运输是国际多式联运的重要组成部分。为了充分发挥航空运输的优点，在航空运输不能直达的地方，也可以采用联合运输的方式。例如，常用陆/空联运、海/空联运、陆/空/陆联运，甚至陆/海/空联运等。与其他运输方式配合，使各种运输方式各显其长，相得益彰，已构成当今物流经济时代的一个潮流。

(四) 国际航空货物运输业的发展

最初使用飞机进行运输仅用于运输邮件，始于 1918 年 5 月 5 日在纽约—华盛顿—芝加哥间，同年 6 月 8 日在伦敦—巴黎间出现了定期邮政航班飞行。第一次世界大战结束后，就

有更多的欧美国家开始使用飞机运输人员、邮件和货物。随着航空工业的发展，专门用于运输的飞机相继出现，30 年代初期，美国生产的 CD－3 型运输机得到较为广泛的应用。在一些国家和地区也初步形成了航线网。

第二次世界大战中，喷气技术开始在航空领域应用，远程轰炸机和军用运输机在战争中得到很大发展；“二战”结束后，在战争中发展起来的航空技术转入民用，定期航线网在全世界逐步展开，航空运输开始作为一种国际贸易的货物运输方式出现。20 世纪 50 年代初，大型民用运输机陆续问世。20 世纪 60 年代，航空运输进入现代化的国际航空运输年代。

目前，国际航空运输已发展成为一个规模庞大的行业。以世界各国主要都市为起讫点的世界航线网已遍及各大洲。

2007 年，中国民航运输业继续保持高速增长，全行业全年运送旅客约 3.2 亿人次，同比增长约 9.2%，全国机场旅客吞吐量约 6.8 亿人次，同比增长约 9.5%。展望未来，中国民航业将继续保持高速增长态势，民用机场业将得到同步发展。

目前，许多机场所面临的基础设施“瓶颈”是阶段性的。从长远看，民用机场业的发展空间远未达到终极状态，具有广阔的发展前景。同时，航空公司正在推进枢纽航线网络建设，这也将给机场带来更多的客货流量。

二、国际航空运输组织

(一) 国际民用航空组织

国际民用航空组织(International Civil Aviation Organization，ICAO)简称国际民航组织，成立于 1947 年 4 月 4 日，是联合国下属的专门机构之一，也是政府间的国际航空机构。其总部设在加拿大的蒙特利尔。现有成员国 150 多个，成员国大会是最高权力机关，常设机构是理事会，由大会选出的成员国组成。该组织还在墨西哥、开罗等地设有 6 个现场办事处，作为国际民航组织和成员国之间的联络机关。

1. 国际民航组织的任务

(1) 根据国际民用航空运输中航行的原则和技术，促进国际民用航空运输的规划和发展。

(2) 保证国际民用航空的安全和有秩序的发展。

(3) 鼓励发展用于和平目的的飞机设计和飞机操作技术。

(4) 鼓励发展国际民航的航线、航空站和航空设施，以满足人们对于安全、按期、有效和经济的航空运输的需要。

(5) 防止因不正当竞争而造成的经济上的浪费。

(6) 保证成员国的权利得到充分尊重，并保证每一成员国均有经营国际航空的充分机会。

2. 国际民航组织的具体工作

(1) 构建各国和平交换的空中通过权。

(2) 简化飞机进出海关、移民机构和检疫机构的手续。

(3) 规定各机场的导航、通信、气象、情报等设备以及空中交通管制系统。

(4) 编印15种国际民航语汇。

(5) 鼓励各国改进飞机的性能。

(6) 在联运、票价、表格和单据统一等方面做一些工作。

(二) 国际航空运输协会

1. 国际航空运输协会的概念

国际航空运输协会(International Air Transport Association，IATA)简称国际航协，是一个由世界各国航空公司所组成的大型国际民间组织，总部设在加拿大蒙特利尔，执行机构设在日内瓦。其最高权力机构是年会。截至2002年5月，国际航协共有会员264个。

国际航协的主要任务是，促进航空运输企业的发展、国际航空运输企业间的合作，以及与国际民航组织和其他国际组织的合作。

2. 国际航协的性质

从组织形式上看，国际航协是一个航空企业的行业联盟，属非官方性质组织。但是，由于世界上大多数国家的航空公司是国家所有，即使非国有的航空公司也受到所属国政府的强力干预或控制，因此，国际航协实际上是一个半官方组织。它制定运价的活动，也必须在各国政府授权下进行，它下属的清算所对全世界联运票价的结算是一项有助于世界航空运输发展的公益事业，因而，国际航协发挥着通过航空运输企业来协调和沟通政府间政策，解决实际运作困难的重要作用。

3. 国际航协的宗旨

国际航协的宗旨是为了世界人民的利益，促进安全、正常和经济的航空运输，扶植航空交通，并研究与此有关的问题；对于直接或间接从事国际航空运输工作的各空运企业提供合作的途径；与国际民航组织及其他国际组织协力合作。凡国际民航组织成员国的任何空运企业，经其政府许可都可成以为会员。从事国际飞行的空运企业为正式会员，只经营国内航班业务的为准会员。

4. 国际航协的主要活动

国际航协的主要活动包括统一国际航空运输规章制度，开展代理业务，在技术上进行合作，协调航空运价，开展调研，制定法律等。

国际航协每年定期举行以下几种由其成员或非成员共同参加的会议：

(1) 国际航空运输协会运价会议，主要讨论与制定运费计算办法及有关政策。

(2) 国际航空运输协会货运会议，主要研究航空货物运输的程序和手续，包括空运单据的标准化。

(3) 货运代理会议，讨论有关航运货运代理的业务，凡货运代理符合国际航协对代理的要求，都可以吸收成为该协会或其成员公司的货运代理。

中国多家民用航空企业成为该协会的会员或准会员，其各种做法及规定基本都是按该协会的规定制定的。例如，日常工作中使用的《航空货物运价手册》(The Air Cargo Tariff，ABC)、《航空货运指南》(ABC Air Cargo Guide)都是该协会制定的。

(三) 国际货运代理协会联合会

国际货运代理协会联合会(International Federation of Freight Forwarders Association,FIATA)是非营利的国际货运代理行业组织。其会员不仅限于货运代理企业,还包括海关、船务代理和空运代理、仓库、卡车集中托运等部门,因为这些部门都是国际航空运输的一部分。

FIATA 于 1926 年成立于维也纳。其目的是解决由于日益发展的国际货运代理业务所产生的问题。在 FIATA 的指导下,许多国家筹建本国的发运人协会,成为该组织的正式会员;而在没有发运人协会的国家里,各有关企业可参加该组织成为联系会员。目前,FIFIA 已有 86 个国家和地区的 96 个一般会员,在 150 多个国家和地区有 2 700 多家联系会员。该组织的主要任务是协助各国的货运代理组织和同行业联系起来,在各种国际会议中代表货物发运人的利益。

第二节　航空运输方式

一、班机运输

班机运输(Scheduled Airline)是指在固定航线上定期航行的航班。班机运输一般有固定的始发站、到达站和经停站。一般航空公司都使用客、货混合型飞机,一方面搭载旅客,另一方面又运送少量货物。一些较大的航空公司在某些航线上开展定期的货运航班,使用全货机运输。一些规模较大的专门的航空货运公司或一些业务范围较广的综合性航空公司在货运量较为集中的航线只开辟货运航班。

班机运输一般具有以下特点:

(1) 班机由于固定航线、固定停靠港和定期开航,并在一定时间内有相对固定的收集标准,对进出口商来讲可以在贸易合同签署之前预期货物的起运和到达时间,核算运费成本,合同的履行也较有保障,因此,国际间的空运货物多使用班机运输方式,以便安全、迅速地到达世界上各通航地点。

(2) 便利收货人、发货人,可确切掌握货物起运和到达的时间,这对市场上急需的商品、鲜活易腐货物以及贵重商品的运送是非常有利的。

(3) 班机运输一般是客货混载,因此舱位有限,不能使大批量的货物及时出运,往往需要分期分批运输。这是班机运输的不足之处。

二、包机运输

(一) 包机运输概述

包机运输(Chartered Carrier)是指航空公司按照约定的条件和费率,将整架飞机租给一个或若干个包机人,从一个或几个航空站装运货物到达指定目的地。由于班机运输形式下货物舱位常常有限,因此,当货物批量较大时,包机运输就成为重要方式。包机运输费率低于班机,但运送时间则比班机要长。包机运输方式可分为整包机和部分包机两类。

1. 优点

包机运输相对于班机来说，有以下优点：

(1) 货物全部由包机运出，节省时间与多次发货的手续。

(2) 可以由承租飞机的双方议定航程的起止点和中途停靠的空港，弥补了没有直达航班的不足，且不用中转。

(3) 运费比班机运输低，且随国际市场供需情况的变化而变化。

(4) 在空运旺季缓解了航班紧张的状况。

2. 缺陷

包机运输存在的缺陷：

(1) 包机运输是按往返路程计收费用，存在着回程空放的风险。

(2) 由于各国政府出于安全的需要，也为了维护本国航空公司的利益，对他国航空公司的飞机通过本国领空或降落本国领土往往施加限制，复杂繁琐的审批手续增加了包机运输的营运成本。

(二) 整包机

整包机，即包租整架飞机，是指航空公司或包机代理公司按照合同中双方事先约定的条件和运价将整架飞机租给租机人，从一个或几个航空港装运货物至指定目的地的运输方式。

1. 包机人

包机人一般要在货物装运前1个月与航空公司联系，以便航空公司安排运力，并向起降机场以及有关政府部门申请、办理过境或入境的有关手续。

2. 包机的费用

包机的费用是一次一议，随国际市场供求行情的变化而变化。原则上，包机运费是按每一飞行公里的固定费率来核收，并按每一飞行公里费用的80%收取空放费。因此，大批量货物使用包机时，均要争取来回程都有货载，这样费用比较低。如果只使用单程，运费则比较高。

(三) 部分包机

1. 部分包机的含义

部分包机是指由几家航空货运代理公司或发货人联合包租1架飞机，或者由包机公司把1架飞机的舱位分别出租给几家航空货运代理公司装载货物的运货方式。部分包机适用于运送1吨以上而货量不足装1整架飞机的货物。

2. 部分包机与班机的比较

(1) 由于需要等待其他货主备妥货物，因此，部分包机时间比班机长，但货物运费较班机运输低。

(2) 各国政府为了保护本国航空公司的利益，常常对从事包机业务的外国航空公司实行各种限制。如把包机的活动范围限制在一个比较狭窄的区域；降落地点也受到限制，必须

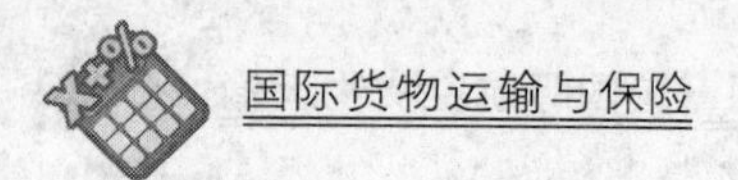

降落在非指定地点以外的其他地点时，一定要向当地政府有关部门申请，同意后才能降落。例如，需要办理申请入境、通过领空和降落地点等一系列手续。

三、集中托运

（一）集中托运的概念

集中托运(Consolidation)是指航空货运代理公司将若干批单独发运的货物，集中成一批向航空公司办理托运，填写一份总运单送至同一目的地，然后由其委托当地的代理人负责分发给各个实际收货人。这种托运方式可以降低运费，是航空货物运输中开展最为普遍的一种运输方式，也是航空货运代理的主要业务之一。对于集中托运的货物，班机或包机运输的方式都可以采用。

与货运代理人不同，集中托运人的地位类似多式联运中的多式联运运营人。他承担的责任不仅仅是在始发地将货物交给航空公司，在目的地提取货物并转交给不同的收货人，集中托运人承担的是货物的全程运输责任，而且在运输中具有双重角色。他对各个发货人负货物运输责任，地位相当于承运人；而在与航空公司的关系中，他又作为被视为集中托运的一整批货物的托运人。

等级运价的货物(普通货物)和危险品不能办理集中托运。

（二）集中托运的流程

第一步，将每一票货物分别制定航空运输分运单，即出具货运代理的运单(House Airway Bill，H. A. W. B)。

第二步，将所有货物区分方向，按照目的地相同的同一国家、同一城市来集中，制定出航空公司的总运单(Master Airway Bill，M. A. W. B)。总运单的发货人和收货人均为航空货运代理公司。

第三步，打出该总运单项下的货运清单(Manifest)，即这一总运单有几个分运单，号码各是什么，其件数、重量各为多少等。

第四步，把该总运单和货运清单作为一整票货物交给航空公司。一个总运单可视货物的具体情况附分运单(可以是一个分运单，也可以是多个分运单)。例如，一个总运单内有10个分运单，说明这一总运单内有10票货，发给10个不同的收货人。

第五步，货物到达目的地站机场后，当地的货运代理公司作为总运单的收货人负责接货、分拨。按不同的分运单制定各自的报关单据并代理报关，为实际收货人办理有关接货和送货事宜。

第六步，实际收货人在分运单上签收以后，目的站货运代理公司以此向发货的货运代理公司反馈到货信息。

（三）集中托运的优点

1. 节省运费

航空公司有按不同重量标准公布的多种运费，而航空运费的费率将随托运货物数量的增加而降低，这就使航空货运代理公司可以把从不同的发货人那里收集的小件货物集中起

来后，能够争取到更为低廉的费率。

2. 提供方便

将货物集中托运，可使货物到达航空公司目的站以外的地方，从而延伸了航空公司的服务，方便了货主。

3. 提早结汇

由于航空公司的主运单与集中托运人的分运单效力相同，集中托运形式下托运人结汇的时间提前，资金的周转加快。

集中托运已在世界范围内普遍开展。目前，已形成了一个完善的、有效的服务系统。集中托运为促进国际贸易发展和国际间的科技文化交流，发挥了重要的作用。集中托运已成为我国进出口货物的主要运输方式之一。

(四) 集中托运的限制

(1) 集中托运只适合办理普通货物，对于等级运价的货物，如贵重物品、危险品、活动物、外交信袋以及文物等，不能办理集中托运。

(2) 目的地相同或临近的可以办理，如某一国家或地区，其他则不宜办理。

(3) 由于集中托运的情况下，货物的出运时间不能确定，所以不适合易腐烂变质的货物、紧急货物或其他对时间要求高的货物的运输。

四、联合运输方式

包括空运在内的两种以上运输方式的联合运输，主要有三种类型：

(1) 火车——飞机——卡车的联合运输方式，简称 TAT(Train-Air-Truck)。

(2) 火车——飞机的联合运输方式，简称 TA(Train-Air)。

(3) 卡车——飞机的联合运输方式，简称 TA(Truck-Air)。

我国的出口货物通常采用陆空联运方式。这是因为，我国幅员辽阔，而国际航空港口岸主要有北京、上海、广州等地。虽然省会城市和一些主要城市每天都有班机飞往上海、北京、广州，但班机所带的货量有限，费用比较高。如果采用国内包机，费用更高。因此，在货量较大的情况下，往往采用陆运至航空口岸，再与国际航班衔接。由于汽车具有机动灵活的特点，在运送时间上更可掌握主动，因此，一般都采用 TAT 方式组织出运。

我国长江以南地区的外运分公司目前办理陆空联运的具体做法是，用火车、卡车或船将货物运至中国香港，然后，在中国香港经飞机空运至中转地航空站，再通过当地代理，用卡车送到目的地。由于中国香港至世界各地的货运包机和客货班机较多，货物出运快，运价也便宜，一般为正常班机的 1/2—2/3。长江以北地区的公司多采用火车或卡车将货物送至北京、上海航空口岸出运。

陆空联运货物在中国香港的收转人为华厦空运有限公司。发运前，要事先与其联系，满足华厦空运有限公司对单证的要求，以便提前订舱。各地发货时，可使用外运公司的航空分运单，也可以使用承运货物收据。有关单据上要注明是转口货，并加盖陆空联运字样的标记，以加速周转和避免中国香港特区政府征税。

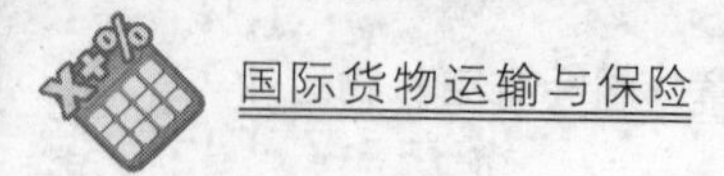

五、航空快运

航空快运又称快件、速递、快递，是专门经营该项业务的航空货运代理公司，派专人以最快的速度，在货主、机场、客户之间运输和交接货物的运输服务业务，是目前国际航空运输中最快捷的运输方式。航空快运特别适用于急需的药品、医疗器械、贵重物品、图纸资料、货样及单证等的传递。该项业务是国际上两个航空货运代理公司通过航空公司进行的。

与普通的航空货物运输所不同的是，航空速递公司办理快运业务对货物在整个运输过程中有专人负责，从而使货物衔接时间大为缩短。此外，在运输途中货物始终在专人的监管之下，故比一般货物安全。其登门取货、送货上门、服务到办公室、代办各种运输和报关手续，给发、收货人带来极大方便，同时又能及时提供货物运输交接信息，对货物的查询能做到及时答复。总之，航空急件传送具有运输快捷、服务安全可靠、送交有回音、查询快而有结果等特点。

第三节　航空货物运价与费用

一、航空货物运价和费用的概念

(一) 航空运价

航空承运人为运输货物，对规定的重量单位(或体积)收取的费用称为航空运价。其仅指机场与机场间的空中费用，不包括承运人、代理人或机场收取的其他费用。货物的航空运价一般以始发地的本国货币公布，有的国家以美元计价。

航空运价可以分为四类：一般货物运价、特种货物运价、货物的等级运价和集装箱货物运价。

(二) 航空运费

航空运费是指航空公司将一票货物自始发地机场运至目的地机场所收取的航空运输费用。这一费用根据每票货物所使用的运价和货物的计费重量计算而得。

(三) 航空货物运输区划

出于保证国际航空运输的运营安全的目的，以及国际民航组织(ICAO)规定各国航空运输企业在技术规范、航行程序、操作规则上的一致性原则，国际航空运输协会(IATA)将世界划分为3个航空运输业务区，即ARETC 1、ARETC 2、ARETC 3三个大区，简称TC1区、TC2区、TC3区，以方便各国及地区航空运输企业之间的运输业务划分与合作，航空货运航线的划分就是在此3个航空运输业务区上划分，每个航协区内又分成几个亚区。各航空公司按这三个航协区划费率收取国际航空运费。

1. 第一航协区(TC1)

第一航协区包括北美、中美、南美、格陵兰、百慕大和夏威夷群岛。

2. 第二航协区(TC2)

第二航协区由整个欧洲大陆(包括俄罗斯的欧洲部分)及毗邻岛屿,包括冰岛,亚速尔群岛,非洲大陆和毗邻群岛、亚洲的伊朗及伊朗以西地区组成。本区主要有三个亚区:

(1) 中东区:包括巴林、塞浦路斯、埃及、伊朗、伊拉克、以色列、约旦、科威特、黎巴嫩、阿曼、卡塔尔、沙特阿拉伯、苏丹、叙利亚、阿拉伯联合酋长国、也门等。

(2) 欧洲区:包括欧洲国家和摩洛哥、阿尔及利亚、突尼斯三个非洲国家和土耳其(既包括欧洲部分,也包括亚洲部分),以及白俄罗斯、乌克兰、俄罗斯的欧洲部分。

(3) 非洲区:包括非洲大多数国家及地区,但北部非洲的摩洛哥、阿尔及利亚、突尼斯、埃及和苏丹不包括在内。

3. 第三航协区(TC3)

第三航协区由整个亚洲大陆及毗邻岛屿(已包括在第二区的部分除外),澳大利亚、新西兰及毗邻岛屿,太平洋岛屿(已包括在第一区的部分除外)组成。本区可分为:

(1) 南亚次大陆区:包括阿富汗、印度、巴基斯坦、斯里兰卡等南亚国家。

(2) 东南亚区:包括中国(含我国香港、澳门、台湾地区)、东南亚诸国、蒙古、哈萨克斯坦、乌兹别克斯坦、吉尔吉斯斯坦、土库曼斯坦、塔吉克斯坦以及密克罗尼西亚等群岛地区。

(3) 西南太平洋洲区:包括澳大利亚、新西兰、所罗门群岛等。

(4) 日本、朝鲜区:仅包括日本、朝鲜和韩国。

二、计费重量

在计算一笔航空货物运费时,要考虑:计费重量、有关的运价和费用和货物的声明价值三个因素。

一架飞机所能装载的货物受飞机的载重量和仓容限制。重量大、体积小的货物,往往受飞机的载重量限制,而舱容可能装不满,结果就是可能有多余的容积未被利用,而这时航空公司已无法再装货。而轻泡货和体积大的货物,往往会有载重量未达额定限度而舱容已满的情况,结果会产生多余的载重量未能利用。

根据上述情况,航空公司规定计费重量是按实际重量和体积重量两者之中较高的一种计收。在货物体积小、重量大的情况下,就将该批货物的实际毛重作为计算重量的标准;在货物体积大、重量小的情况下,就以该批货物的体积重量作为计费重量标准。

(一) 实际重量

实际重量(Actual Weight)是指一批货物包括包装在内的实际总重量,即货物重量。用实际重量作为计量单位的是重量大而体积小的货物,如机械、金属零件等,这些货物称为重货。具体界限是每 6 000 立方厘米或 366 立方英寸的体积,其重量大于 1 千克,或者 166 立方英寸体积,其重量大于 1 磅的称为重量货物。

当实际重量用千克表示时,计费重量的最小单位为 0.5 千克,超过 0.5 千克按 1 千克计算。计费重量要根据每批货物的实际重量与体积重量的比较来确定,1 千克相当于 6 000 立方厘米或 366 立方英寸。

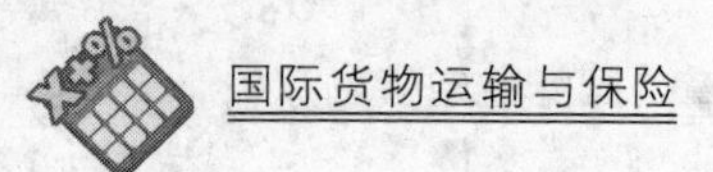

（二）体积重量

体积大、重量相对小的货物，称为轻泡货。凡重量 1 千克、体积超过 6 000 立方厘米的货物，均为轻泡货物。轻泡货物以体积重量（Measurement Weight）作为计费重量。体积重量的计算方法如下：

(1) 不考虑货物的几何形状，分别测出货物的最长、最宽、最高的部分，单位为厘米或英寸，尾数采用四舍五入法，三者相乘算出其体积。

(2) 将体积折算成千克。

（三）体积与重量的确定

确定计费重量的原则是，计费重量选择实际毛重和体积重量中较高的一个。因此，首先应计算出实际毛重和体积重量。例如，一批货物的实际毛重是 250 千克，体积是 1 890 800 立方厘米，则可计算计费重量＝315.1 千克。

（四）集中托运货物的计费重量

在进行集中托运时，一批货物由几件不同的货物组成，有轻泡货物，也有重货，其计费重量则采用整批货物的总毛重或总的体积重量，按两者中较高的一个计算。例如，一批货物的实际毛重是 31.8 千克，体积是 178 900 立方厘米，则体积重量是 29.8 千克，货物的计费重量为 32 千克。

三、航空货物运价

（一）起码运费

起码运费（Minimum Charges）是航空公司办理一批货物所能接受的最低运费，不论货物的重量或体积大小，在两点之间运输一批货物应收最低金额。

如果承运人收取的运费低于起码运费，就不能弥补运送成本。因此，航空公司通常规定，无论所运送的货物适用哪一种航空运价，所计算出来的运费总额都不得低于起码运费。若计算出的数值低于起码运费，则以起码运费计收，另有规定者除外。

不同的国家和地区有不同的起码运费。中国民航的起码运费是按货物从始发港到目的港之间的普通货物运价 5 千克运费为基础，或根据民航和其他国家航空公司洽谈同意的起码运费率征收。

（二）一般货物运价

1. 一般货物运价的定义及分类

一般货物运价（General Cargo Rates，GCR）是使用最为广泛的一种运价。当一批货物不适用特种货物运价，也不属于等级货物时，就应该使用一般货物运价。

通常，各航空公司公布的一般货物运价，针对所承运货物数量的不同，规定几个计费重量分界点。运价的分类如下。

(1) 45 千克（100 磅）以下，运价类别代号为 N（Normal Rate）。

(2) 45 千克以上（含 45 千克），运价类别代号为 Q（Quantity Rate）。

(3) 45 千克以上的，可分为 100 千克、200 千克、250 千克、300 千克、500 千克、1 000 千

克、2 000 千克等多个收费重量分界点，但运价类代号仍以 Q 表示。

2. 运费计算方法

货物运费一般要比较货物的实际毛重和体积重量并以高的为计费重量，乘以相应的重量等级运价得出。此外，如果适用较高的计费重量分界点计算出的运费更低，则也可适用较高的计费重量分界点的费率，此时货物的计费重量为较高的计费重量分界点的最低运量。

【例 4-1】 PEK(北京)到 SXB(斯特拉斯堡)的运价分类如下。

N：18 元；Q：14.81 元；300 千克，13.54 元；500 千克，11.95 元。

普货 1 件 38 千克从 PEK 运到 SXB，计算运费。

解：

$$18\text{ 元}\times 38=684(\text{元})$$

$$14.81\times 45=666.45(\text{元})$$

取其中低者，所以该件货物可按 45 千克以上运价算得的运费 666.45 元收取。

(三) 特种货物运价

特种货物运价(Specific Commodity Rates，SCR)通常是承运人根据在某一航线上经常运输某一种类货物的托运人的请求，或为促进某地区间某一种类货物的运输，经国际航协同意，所提供的优惠运价。

国际航协在公布特种货物运价时，将货物划分为以下类型。

(1) 0001—0999：食用动物和植物产品。

(2) 1000—1999：活动物和非食用动物及植物产品。

(3) 2000—2999：纺织品、纤维及其制品。

(4) 3000—3999：金属及其制品，但不包括机械、车辆和电器设备。

(5) 4000—4999：机械、车辆和电器设备。

(6) 5000—5999：非金属矿物质及其制品。

(7) 6000—6999：化工品及相关产品。

(8) 7000—7999：纸张、芦苇、橡胶和木材制品。

(9) 8000—8999：科学、精密仪器、器械及配件。

(10) 9000—9999：其他货物。

其中，每一组又细分为 10 个小组，每个小组再细分。这样几乎所有的商品都有一个对应的组号，公布特种货物运价时，只需指出本运价适用于哪一组货物即可。

因为承运人制定特种运价的初衷是使运价更具竞争力，吸引更多客户使用航空货运形式，使航空公司的运力得到更充分的利用，所以特种货物运价比普通货物运价要低。因此，适用特种运价的货物，除了满足航线和货物种类的要求外，还必须达到承运人所规定的起码运量(如 100 千克)。如果货量不足，而托运人又希望适用特种运价，那么货物的计费重量就要以所规定的起码运量(100 千克)为准，该批货物的运费，就是计费重量(在此是起码运量)与所适用的特种货物运价的乘积。

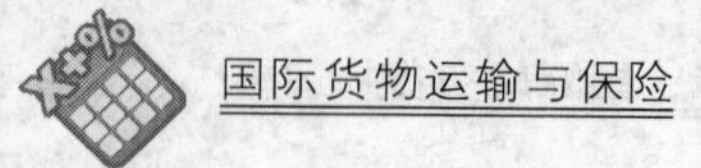

（四）等级货物运价

等级货物运价(Class Rates or Commodity Classification Rates,CCR)是指适用于指定地区内部或地区之间的少数货物运输。通常表示为在普通货物运价的基础上,增加或减少一定的百分比。

适用等级货物运价的货物通常有以下几种:

(1) 活动物、活动物的集装箱和笼子。

(2) 贵重物品。

(3) 尸体或骨灰。

(4) 报纸、杂志、期刊、书籍、商品目录、盲人和聋哑人专用设备和书籍等出版物。

(5) 作为货物托运的行李。

其中,(1)—(3)项通常在普通货物运价的基础上,增加一定的百分比;(4)—(5)项在普通货物运价的基础上,减少一定的百分比。

在航空货运中,除以上介绍的4种公布的直达运价外,还有一种特殊的运价,即成组货物运价(Unit Load Devices,ULD),适用于托盘或集装箱货物。

四、择优使用航空运价

航空运价有特种货物运价、等级运价和一般货物运价,而航空运费是选择其中一种计算,但如果遇到两种运价均可适用时,则应首先使用特种货物运价,其次是等级运价,最后是一般货物运价。这就是选用航空运价的原则,但如一些重量起点的运价低于特种货物运价时,则可使用这个较低的一般货物运价,这样做的目的是为发货人提供最低的运价。在三种运价中使用特种商品运价计算出的运费,通常是比较低的。

【例4-2】 一箱编制机毛重190千克,体积1立方米,从A点运至B点,计算运费。

解:三种运费的计算如下:

Q级 GCR 1.30×190=247(元)

等级 CCR 不属于等级商品。

特种 SCR 4 787元(起码重量为1 000千克)。

根据计算比较,该箱编制机运费应按一般货物运价计算的运费收取。

五、有关航空运价的其他规定

（一）各种不同的航空运价和费用的共同点

(1) 运价是指从一机场到另一机场,而且只适用于单一方向。

(2) 不包括其他额外费用,如提货、进出口报关、接交和仓储费用等。

(3) 运价一律适用当地公布的货币。

(4) 运价一般以千克或磅为计算单位。

(5) 航空运单中的运价是按出具运单之日所使用的运价。

（二）向海关声明价值

这种声明可能是任何金额的价值,但一般与所运货物的发票金额相符。如果发货人不

愿意表明其货物的价值，而且出口国海关可以接受此种情况，只需在航空运单上有关栏中填写无商业价值(No Commercial Value，NCV)。

(三) 运费到付

航空承运人接受发货人的委托，在货物到达目的地后，把货物交收货人的同时，代为收回运单上规定的金额，称为运费到付。

运费到付的金额，由航空承运人或代理人填入航空运单"运费到付"栏内，在金额前填上相应的货币名称。

凡是运费到付的货物，承运人以航空运单上运费和声明价值附加费等费用总额的2%—5%向收货人收取运费到付服务费。各航空公司和各地区的运费到付服务费不同。中国民航部门每票收取不低于20元人民币的服务费，此规定自1981年10月在全球范围内实施。

(四) 航空附加费

1. 声明价值费

与海洋运输或铁路运输的承运人相似，航空承运人也要求将自己对货方的责任限制在一定的范围内，以限制经营风险。

在《统一国际航空运输某些规则的公约》(以下简称《华沙公约》)中，对由于航空承运人自身的疏忽或故意行为造成的货物的灭失、损坏或延迟，规定了最高赔偿责任限额，这一金额一般理解为每千克20美元或每磅9.07英镑或其他等值货币。

如果货物的价值超过了上述价值，增加了航空承运人的责任，航空承运人要收取声明价值费。否则，即使出现更多的损失，航空承运人对超出的部分也不承担赔偿责任。

货物的声明价值是针对整件货物而言，不允许对货物的某部分声明价值。声明价值费的收取依据货物的实际毛重，计算公式为：

声明价值费＝(货物价值－货物毛重×20美元/千克)×声明价值费费率

声明价值费的费率通常为0.5%。大多数航空公司在规定声明价值费率的同时，还要规定声明价值费的最低收费标准。如果根据上述公式计算出来的声明价值费低于航空公司的最低标准，则托运人要按照航空公司的最低标准缴纳声明价值费。

2. 其他附加费用

在国际航空货物运输中，航空运费是指自运输始发地机场至运输目的地机场之间的航空费用。在实际工作中，对于航空公司或其代理人将收运的货物自托运人手中运至收货人手中的整个运输组织过程，除了发生航空运费外，在运输的始发站、中转站、目的站经常发生与航空运输相关的其他费用。

其他费用是指除了航空运费和声明价值附加费以外的费用。例如，货到付款劳务费、货运单费、中转手续费等。货到付款劳务费是指承运人接受发货人的委托，在货物到达目的地后交给收货人的同时，代位收回运单上规定的金额，承运人则按货到付款金额收取规定的劳务费用。

第四节　航空运输进出口业务

中国外运集团是商务部所属各专业进出口公司办理空运进出口货物的总代理，于20世

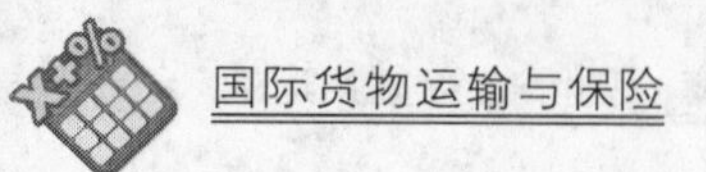

纪60年代开办了航空货运业务。几十年来，承办了大批进出口货物，为加速、促进国内建设作出了应有的贡献，其服务也走上了世界专业化的道路。

一、进口货物运输业务的一般做法

(一) 接受委托，备妥报关单据

各专业进出口公司将订购单或合同副本及其他所需单据，如进出口许可证、免税证明、订购卡片等，寄交中国外运集团以备报关时用。中国外运集团将这些资料存入计算机，并将信息通知其发货人所在国的货运代理公司。外国航空运代理公司登门揽货，并承办发运工作。

(二) 接收货物，申报海关

(1) 外国货运代理公司将发货信息通知口岸外运公司。

(2) 货物到达后，口岸外运公司从航空公司接受航空运单及随附文件，并检验货物，做到单证相符。如单证不符，则向航空公司交涉；如货物损坏，由航空公司出具货物破损记录，以备索赔。

(3) 根据海关对进出口货物的要求，填制进出口货物报关单，随附必要的单据，如商业发票、装箱单、进出口许可证、免税证明、订购卡片等。如有货物单据缺乏，无法报关，中国外运集团要及时通知收货人邮寄，或请其自己处理报关，以免超过海关规定的报关时间，缴纳海关滞纳金。

(4) 按照收货人要求，代垫有关进口税、关税和运费。中国外运集团在交付货物后，向收货人收回代垫费用及垫款手续费。

(5) 集中托运的货物用分运单报关，单票货物用航空运单报关。

(6) 办理完海关手续后，通知收货人取货或接受委托送货上门。

(三) 转运货物

到达口岸以外的城市的货物，需要办理转运手续的，涉及下列程序：

(1) 可以在口岸所在地海关报关的货物，就地报关；必须在最终目的地报关的货物，转运前要办监管手续，填制海关转运准单，与随附有关单据，交予海关做成关封，与货物同时转运。

(2) 口岸外运公司与内地公司配合，选用合理的运输方式，及时、准确、安全地将货物转至目的地，交收货人。内地公司经当地海关同意后，可派车辆承运海关监管货物。

(3) 用国内民航转运内地的货物，按照民航国内货物运输的规定办理。

(四) 注意事项

进口危险品货物，要单独、安全保管和存放，根据原国家商检局、民航总局、国家计委、外经贸部1995年年初联合颁布实施的《空运进出口危险货物包装检验管理办法》的规定办理。

二、出口货物运输

(一) 出口货物运输的范围

中国外运集团承办的国际贸易合同项下的各类出口货物，成交样品，各驻华使领馆及商社的办公用品，专家、留学生的私人物品，来华展品的回运等业务。

(二) 一般做法

1. 接受发货人的委托,预订舱位

从发货人取得必要的出口单据,安排运输工具取货,或由发货人送货到指定地点,并与单证认真核对。

2. 申报海关

(1) 报关单据一般为商业发票、装箱单、商检证、出口货物报关单。有的商品则需要动植物检疫证书,或产地证、出口外汇核销单、外销合同等。

(2) 在海关验收完货物,在报关单上盖验收章后,集中托运人缮制航空分运单。

(3) 将收货人提供的货物随行单据订在运单后面。

(4) 将制作好的运单标签贴在每一件货物上。

(5) 持缮制完的航空运单到海关报关,放行。

(6) 将盖有海关放行章的运单与货物一齐交予航空公司,航空公司验收单、货无误后,在交接单上签字。

(7) 对于集中托运的货物,需要电传通知国外代理的内容包括航班号、运单号、品名、件数、毛重、收货人等。

(三) 口岸外运公司与内地公司出口运输工作的衔接

(1) 内地公司提前将要发运货物的品名、件数、毛重及时间要求通知口岸外运公司,并制作航空分运单,与其他单据一起寄出,或与货一同交给口岸外运公司。

(2) 内地公司将货物按照规定的时间运至口岸。

(3) 口岸外运公司设专人承接内地公司运交的货物。

(4) 口岸外运公司负责向航空公司订舱;通知内地公司航班号、运单号或总运单号。内地公司将航班号、运单号打在分运单上,将分运单交予发货人办理结汇。对于单票发运的货物,口岸外运公司要打电话或通过电传等通知发运情况,并将运单正本及副本用挂号信寄交内地公司。

(四) 货物出口的运输

小批量样品等一般采用以集中托运为主的办法;对于批量较大的货物,则采用以单票发运为主的办法。

三、航空快运业务

(一) 航空快运业务的形式和特点

办理航空快运的手续与普通货物航空运输相同,也必须向航空公司托运货物,并以航空运单作为交接货物的依据。所以,许多国家经营该项业务的公司,都隶属于航空公司。有一些快运公司是从航空公司派生出来的,同时又有不少快运公司兼办普通的航空货运业务。

1. 航空快运业务的形式

航空快运业务主要有以下三种形式:

(1) 机场到机场。发货人在机场把货物交给快运公司,并通知收货人到目的地机场。

(2) 门到门服务。由快运公司派人到发货人所在地取货,直接送到机场交予航空公司,并通知目的地快运公司按时取货,并交收货人。货送完毕,立即将由收货人签字的回执交予发货人,或向发货人电告货物交接时间及签收姓名等情况。

(3) 派专人送货。由快运公司派人随机送货,直至货物安全送达收货人手中。

2. 航空快运业务的特点

(1) 快捷、灵便。整个运输过程有专人负责,货物衔接时间大大缩短。

(2) 安全、可靠。快运途中对货物实行全程监管,从登门取货到送货上门,服务周到,并代办各种运输及报关手续,使货主有安全感。

(3) 送交有回音。快运公司在接收和交接时均有签收,可以及时提供货物交接信息。

(4) 查询快且有结果。快运公司大都配有各种通信设备,对快运货物的查询,能做到及时答复。

(二) 航空快运业务承运服务

1. 美国联合包裹服务公司

1907 年 8 月 28 日,美国联合包裹服务公司(UPS)作为一家信使公司,成立于美国华盛顿州西雅图市。现在的全球总部位于美国加利福尼亚州亚特兰大市。UPS 如今已发展成为拥有 497 亿美元资产的大公司。作为世界上最大的快递承运商与包裹递送公司,UPS 同时也是专业的运输、物流、资本与电子商务服务的领导性提供者,在世界上 200 多个国家和地区管理着物流、资金流与信息流,成为全球领先的供应链解决方案供应商。

UPS 自身拥有 200 多架货运飞机,同时还租用了 300 多架货运飞机,在全世界建立了 1 700 多个货运枢纽和配送中心,在 200 多个国家和地区建立了几万个快递中心。迅速是 UPS 的主要特点,它承诺国际快件 3 日到达,国内快件 1 小时取件和 24 小时内到达。UPS 提供网上文件跟踪查询、电话文件跟踪查询,同时建立了电子数据交换(EDI)系统,服务质量非常高。

1988 年,UPS 与拥有 40 多年业务经验的中国外运集团签署了服务协议。1996 年 5 月,UPS 与中国外运集团在北京建立了合资企业。

2. 美国联邦快递公司

美国联邦快递公司(FedEX)成立于 1971 年,总部位于美国田纳西州的孟菲斯。公司最初称为 FDX,2000 年更名为 FedEX。全球有 1 162 个服务中心,能为 211 个国家和地区提供快速、可靠、及时的快递运输服务。FedEX 每个工作日运送的包裹超过 330 万个,其在全球拥有超过 143 000 名员工、43 000 个投递点、671 架飞机和 4 万多辆专用货车。美国本土业务占其总收入的 76%左右,空运业务占 83%。

1984 年,FedEX 与中国外运集团签订了国际货代合同,开始进入中国国际快递市场。合同到期后,先与大通国际快递,后与中国大田集团合作。

现在,FedEX 的发展战略是“全方位的服务,最广泛的选择”。近年来,FedEX 收购了多家以运输为主的公司,就是为了加强公司的整个物流体系,并通过旗下多家独立营运的附属公司提供综合供应链服务。

3. DHL

DHL(敦豪)于 1969 年在美国加利福尼亚成立,总部设在比利时布鲁塞尔。现由德国邮

政全球网络(DPWN)拥有100%的股权。2003年,德国邮政全球网络在整合敦豪环球快递、德国邮政欧洲快递(Euro Express)、丹砂(Danzas)的基础上,形成了一个统一的品牌——DHL。2005年9月,德国邮政全球网络收购了英国最大的物流企业——英运物(Exel)。一跃成为全球第一大航空、海运和合约物流公司。

DHL于1986年12月1日在北京与中国外运集团建立了合资公司——中外运敦豪国际航空快件有限公司。目前,该公司在国内拥有4个口岸作业中心和7个直航口岸作业中心,已取得在17个城市运营业务的资格。未来5年计划将拥有经营资格的分公司扩展到30个,覆盖70个国内城市。

拓展阅读

DHL全球货运物流将通过与国内四大航空公司——中国国际货运航空、中国货运航空、南方航空和上海航空合作,租用它们的商用航班舱位进行国内货物的航空运输。

2010年6月3日,美国快递巨头UPS宣布,正计划与DHL达成合作,运用自己的航空网络为DHL在美国国内以及在美国、加拿大和墨西哥之间的快递包裹业务提供运输服务。UPS和DHL这场合作的动力,来源于他们在能源价格上涨和美国经济疲软的背景下共同面临的困境。

4. TNT

TNT诞生于澳大利亚悉尼,1998年荷兰邮政并购了TNT之后,改名为TPG集团,TNT是它的子公司。但是,荷兰邮政从2006年起,在全球范围内以TNT作为统一品牌开展各种业务。

1988年5月27日,TNT与中国外运集团合资的中外运天地公司成立。目前,TNT在中国的服务网络已覆盖了500个城市,拥有25个分支机构。1999年,TNT与中国邮政建立了长期合作关系,中国邮政EMS的邮件通过TNT的网络走向世界各地。

我国的快运业务由中国外运集团首开先河,随后邮电、民航等部门也纷纷开办。1984年1月,经国家工商局批准,中国外运集团的子公司“中国航空货运代理公司”成立。1985年,由经贸部批准,邮电部成立了速递局,并在国家工商局注册登记。商务部明文规定,此类速递公司均属货运代理业,与邮政局具有完全不同的业务范畴。它们的业务范畴与外运公司相同。在我国,开办速递公司需经商务部审批。

案例4-1

国际航空物资运输合同标书快递延误赔偿纠纷

案情介绍

原告上海A港口机械有限公司因与被告美国联合包裹运送服务公司发生国际航空物资

运输合同标书快递延误赔偿纠纷，向上海市静安区人民法院提起诉讼。原告上海A港口机械有限公司诉称：原告为参与也门共和国港务局岸边集装箱起重件投标业务，于2006年7月21日上午委托被告办理标书快递，要求其于当月25日前将标书投递到指定地点，被告表示可以如期送达。但是，因被告经办人的疏忽，致使标书在沪滞留2天，延迟到同月27日下午才到达指定地点，超过了26日投标截止日期，使原告失去投标机会，蒙受较大经济损失及可能得到的利润。请求法院判令被告退还所收运费人民币1 432元，赔偿直接经济损失10 360美元，承担诉讼费用。

被告美国联合包裹运送服务公司辩称：被告与原告就标书到达目的地的日期有过明确约定：被告为原告快递标书费时6天零5个小时，并未超过国际快件中国到也门4—7天的合理运输时间，无延误送达标书的事实。标书在上海滞留2天，系原告未按规定注明快件的类别、性质，以致被告无法报关，责任在原告。即使被告延误送达，应予赔偿，亦应按《统一国际航空运输某些规则的公约》(简称华沙公约)或《修改1929年10月12日在华沙签订的统一国际航空运输某些规则的公约的议定书》(简称修改议定书)规定的承运人最高责任限额赔偿。原告的诉讼请求无法律依据，法院应予驳回。

静安区人民法院经审理查明：原告A有限公司于2006年7月20日上午电话通知被告UPS公司揽货员，表明7月21日需快递一份文件到也门共和国参加投标。当日下午，被告交给原告一份UPS公司运单，让原告填写。该运单背面印有"华沙公约及其修改议定书完全适用于本运单"和"托运人同意本运单背面条款，并委托UPS公司为出口和清关代理"等字样。7月21日上午，被告到原告处提取托运物标书，并在UPS公司收件代表鉴字处签名，表示认可。被告收到原告标书后，未在当天将标书送往上海虹桥机场报关。直至7月23日晚，被告才办完标书的出境手续。该标书7月27日到达目的地。原告得知标书未在授标截止日7月26日前到达目的地后，于7月27日致函被告，要求查清此事并予答复。被告回函承认UPS公司在该标书处理上犯有未严格按收件时间收件(截止时间为16时，而原告标书到被告上海浦东办事处是16时45分)、未仔细检查运单上的货品性质、未问清客户有否限时送到的额外要求三点错误，并表示遗憾。

分析

静安区人民法院认为：被告UPS公司作为承运人，理应迅速、及时、安全地将原告A有限公司所需投递的标书送达指定地点。但是，被告于2006年7月21日上午接受标书后，未按行业惯例于当天送往机场报关，直到23日晚才将标书报关出境，以致标书在沪滞留两天半，被告的行为违背了快件运输迅速、及时的宗旨，其行为属延误，应当承担相应的民事责任。原告虽未按被告运单规定的要求填写运单，但被告在收到原告所填运单后，未认真审核，责任在被告。被告提出的无延误送达标书的事实及致使标书延期出境的主要原因在于原告运单填写不适当的理由不能成立。原告要求被告退还运费及赔偿直接经济损失，缺乏法律依据。《中华人民共和国民法通则》第一百四十二条第二款规定："中华人民共和国缔结或者参加的国际条约同中华人民共和国民事法律有不同规定的，适用国际条约的规定，但中华人民共和国声明保留的条款除外"。《华沙公约》及其《修改议定书》，我国政府均已加入和批准。该公约修改议定书第十一条第二项关于"在运载登记的行李和载运货物时，承运人的责任以每公斤二百五十法郎为限，除非旅客或托运人在交运包件时，曾特别声明在目的地交

付时的利益并缴付必要的附加费”和“如登记的行李或货物的一部分或行李、货物中的任何物件发生遗失、损坏或延误，用于决定承运人责任限额的重量，仅为该一包件或该数包件的总重量”的规定，在被告运单背面书写明确，故应视为原告和被告双方均接受上述规定，被告应按“修改议定书”规定的承运人最高责任限额赔偿原告经济损失。标书运单上填写总重量为8公斤。据此，该院于2008年9月18日判决：一、被告美国联合包裹运送服务公司自判决生效后10日内一次赔偿原告经济损失2 000法郎（折合人民币12 695.47元）。二、原告其他诉讼请求不予支持。第一审判决宣判后，原告和被告均未提出上诉，被告已履行了判决。

第五节　航空运单

航空运单（Airway Bill，AWB）是由承运人或其代理人签发的重要的货物运输单据，是承托双方的运输合同，其内容对双方均具有约束力。航空运单不具有物权凭证的性质，不可转让，持有航空运单也并不能说明可以对货物要求所有权，收货人提货必须凭航空公司发出的提货通知单。

航空运单与海运提单有很大的不同，但与国际铁路联运运单相似。

一、航空运单的作用

（一）承运合同

航空运单一旦签发，即成为签署承运合同的书面证据，不仅证明航空运输合同的存在，而且其本身就是发货人与航空运输承运人之间缔结的货物运输合同。该承运合同必须由发货人或其代理人与承运人或其代理人签署后方能生效，并在货物到达目的地交付给运单上所记载的收货人后失效。如果该代理人既是承运人的代理，又是发货人的代理，就要在运单上签署两次。

（二）接收货物的证明

当发货人将货物发出后，承运人或其代理人将第一份航空运单的正本交给发货人（即托运人），作为接受其货物的证明。除非另外注明，它是承运人收到货物并在良好条件下装运的证明。

（三）运费账单

航空运单可作为运费账单和发票，因为它分别记载着属于收货人（或发货人）应负担的费用以及属于代理的费用，并详细列明费用的种类、金额。承运人将航空运单的第二份正本自己留存，作为收取运费的凭证。

（四）收货人核收货物的依据

第三份航空运单正本，由航空公司随即交收货人，收货人据此核收货物。

（五）报关单据

航空货物到达目的地报关时，航空运输单据是海关查验放行的基本单证。

(六) 保险证书

如果承运人承办保险，而发货人又要求承运人代办保险，那么航空运单可用来作为保险证书。

(七) 承运人内部业务的依据

航空运单上载有有关该票货物发货、转运、交付的依据，承运人会根据运单上所记载的有关内容办理这些事项，对货物的运输作出相应安排。

航空运单正本一式三份，副本至少 6 份。正本运单第一份交托运人作为货物收据；第二份由承运人留存，作为记账凭证；第三份则随货同行，到目的地后交给收货人作为接收货物的依据。3 份正本分别用蓝色、绿色、粉红色纸张印成，以供识别。副本则分别发送给代理人、目的港以及第一、第二、第三承运人作为收存和提货收据。除提货收据为黄色外，其余副本均为白色。航空运单上的号码，前三位数字是航空公司代码。例如，中国国际航空公司的代码为 999，后面为运单顺序号。

二、航空运单的分类

(一) 航空主运单

凡由航空公司签发的航空运单称为航空主运单，是航空公司据以办理货物运输和交付的依据，是航空公司和托运人订立的运输合同。每一批航空运输的货物都有自己相对应的航空主运单。

(二) 航空分运单

集中托运人在办理集中托运业务时，签发的航空运单称为航空分运单。在集中托运的情况下，除了航空运输公司签发主运单外，集中托运人还要签发航空分运单。

航空分运单是集中托运人与托运人之间的货物运输合同，合同的双方是货主和集中托运人，而航空主运单是航空运输公司与集中托运人之间的货物运输合同，当事人则为集中托运人和航空运输公司，货主与航空公司没有直接契约关系；由于在起运地货物由集中托运人将货物交付航空运输公司，在目的地由集中托运人或其代理从航空运输公司处提取货物，再转交给收货人，因而货主与航空运输公司也没有直接的货物交接关系。

三、航空运单的内容

各航空公司所使用的航空运单大多借鉴国际航协所推荐的标准格式，差别不大。所以，这里介绍这种标准格式，又称中性运单。下面就有关需要填写的栏目做简要说明。

第 1 栏，始发站机场：需填写国际航协统一制定的始发站机场或城市的三字代码，这一栏应该和第 9 栏一致。

1A：国际航协统一编制的航空公司代码，如中国国际航空公司的代码就是 999。

1B：运单号。

第 2 栏，发货人姓名、住址(Shipper's Name and Address)：填写发货人姓名、地址、所在国家及联络方法。

第 3 栏，发货人账号：只在必要时填写。

第 4 栏，收货人姓名、住址（consignee's Name and Address）：应填写收货人姓名、地址、所在国家及联络方法。与海运提单不同，因为航空运单不可转让，所以“凭指示”之类的字样不得出现。

第 5 栏，收货人账号：同第 3 栏一样，只在必要时填写。

第 6 栏，承运人代理的名称和所在城市（Issuing Carrier's Agent Name and City）。

第 7 栏，代理人的国际航协会代码。

第 8 栏，代理人账号。

第 9 栏，始发站机场及所要求的航线（Airport of Departure and Requested Routing）：这里的始发站应与第 1 栏填写的内容一致。

第 10 栏，支付信息（Accou nting Information）：此栏只有在采用特殊付款方式时才填写。

第 11 栏，11A(C、E)：去往（To）：分别填入第一（二、三）中转站机场的国际航协代码。

11B(D、F)：承运人（By）：分别填入第一（二、三）段运输的承运人。

第 12 栏，货币（Currency）：填入 ISO 货币代码。

第 13 栏，收费代号：表明支付方式。

第 14 栏，运费及声明价值费（Weight charge/Valuation charge，WT/VAL）：

此时，可以有两种情况：预付（Prepaid，PPD）或到付（Collect，COLL）。如预付，在 14A 中填入“×”，否则填在 14B 中。需要注意的是，航空货物运输中的运费与声明价值费的支付方式必须一致，不能分别支付。

第 15 栏，其他费用（Other）：也有预付和到付两种支付方式。

第 16 栏，运输声明价值（Declared Value for Carriage）：在此栏填入发货人要求的用于运输的声明价值。如果发货人不要求声明价值，则填入“NVD(No Value Declared)”。

第 17 栏，海关声明价值（Declared Value for Customs）：发货人在此栏填入对海关的声明价值；或者填入“NCV”(No Customs Valuation)，表明没有声明价值。

第 18 栏，目的地机场（Airport of Destination）：填写最终目的地机场的全称。

第 19 栏，航班及日期（Hight/Date）：填入货物所搭乘航班及日期。

第 20 栏，保险金额（Amount of Insurance）：只有在航空公司提供代保险业务而客户也有此需要时才填写。

第 21 栏，操作信息（Handling Information）：一般填入承运人对货物处理的有关注意事项，如“Shipper's Certification for Live Animals”（托运人提供活动物证明）等。

第 22 栏，22A—22L 项是货物运价和运费细节。

22A：货物件数和运价组成点（NO of Pieces RCP，Rate Combination Point）：填入货物包装件数，如 10 包即填“10”。当需要组成比例运价或分段相加运价时，在此栏填入运价组成点机场的国际航协代码。

22B：毛重（Gross Weight）：填入货物总毛重。

22C：重量单位：可选择千克(kg)或磅(lb)。

22D：运价等级（Rate Class）：针对不同的航空运价共有 6 种代码，它们是 M

(Minimum，起码运费)、C(Specific Commodity Rates，特种运价)、S(Surcharge，高于普通货物运价的等级货物运价)、R(Reduced，低于普通货物运价的等级货物运价)、N(Normal，45千克以下货物适用的普通货物运价)、Q(Quantity，45千克以上货物适用的普通货物运价)。

22E：商品代码(Commodity Item No)：在使用特种运价时，需要在此栏填写商品代码。

22F：计费重量(Chargeable Weight)：此栏填入航空公司据以计算运费的计费重量，该重量可以与货物毛重相同，也可以不同。

22G：运价(Rate/Charge)：填入该货物适用的费率。

22H：运费总额(Total)：此栏数值应为起码运费值或者运价与计费重量两栏数值的乘积。

22I：货物的品名、数量，含尺码或体积(Nature and Quantity of Goods Incl. Dimensions or Volume)：货物的尺码应以厘米或英寸为单位，尺寸分别以货物最长、最宽、最高边为基础。体积则是上述三边的乘积，单位为立方厘米或立方英寸。

22J：该运单项下的货物总件数。

22K：该运单项下的货物总毛重。

22L：该运单项下的货物总运费。

第23栏，其他费用(Other Charges)：指除运费和声明价值附加费以外的其他费用。根据国际航协规则，各项费用分别用三个英文字母表示。其中，前两个字母是某项费用的代码，如运单费表示为AW(Airway Bill Fee)。第三个字母是C或A，分别表示费用应支付给承运人(Carrier)或货运代理人(Agent)。

第24—26栏，分别记录运费、声明价值费和税款金额，有预付与到付两种方式。

第27—28栏，分别记录需要付给货运代理人(Due Agent)和承运人(Due Carder)的其他费用合计金额。

第29栏，需预付或到付的各种费用。

第30栏，预付、到付的总金额。

第31栏，发货人的签字。

第32栏，签单时间(日期)、地点、承运人或其代理人的签字。

第33栏，货币换算及目的地机场收费记录。

以上所有内容不一定要全部填入航空运单，国际航协也并未反对在航空运单中写入其他所需内容。但这种标准化的单证对航空货运经营人提高工作效率，促进航空货运业向电子商务的方向迈进有着积极的意义。

第六节 航运路线

一、国际航空站和航空线的分布

目前，国际航空货运已形成一个全球性的运输网络和若干运输枢纽。

(一) 世界各大洲主要的航空站

(1) 欧洲：包括伦敦、巴黎、法兰克福、苏黎世、罗马、维也纳、柏林、哥本哈根、华沙、莫斯

科、布加勒斯特、雅典、里斯本等航空站。

(2) 亚洲:包括北京、上海、东京、中国香港、马尼拉、曼谷、新加坡、雅加达、仰光、加尔各答、孟买、新德里、卡拉奇、德黑兰、贝鲁特、吉达等航空站。

(3) 非洲:包括开罗、喀土穆、内罗毕、约翰内斯堡、布拉柴维尔、拉各斯、阿尔及尔、达喀尔等航空站。

(4) 北美洲:包括纽约、华盛顿、芝加哥、蒙特利尔、亚特兰大、洛杉矶、旧金山、西雅图、墨西哥城、温哥华及位于太平洋上的火奴鲁鲁(檀香山)等航空站。

(5) 南美洲:包括加拉加斯、里约热内卢、布宜诺斯艾利斯、圣地亚哥、利马等航空站。

(6) 大洋洲:包括悉尼、奥克兰、楠迪、帕皮提等航空站。

(二) 世界上最繁忙的航空线

(1) 西欧—北美间的北大西洋航空线。该航线主要连接巴黎、伦敦、法兰克福、纽约、芝加哥、蒙特利尔等航空枢纽。

(2) 西欧—中东—远东航空线。该航线连接西欧各主要机场至中国香港、北京、东京等机场,并途经雅典、开罗、德黑兰、卡拉奇、新德里、曼谷、新加坡等重要航空站。

(3) 远东—北美间的北太平洋航线。这是北京、中国香港、东京等机场经北太平洋上空至北美西海岸的温哥华、西雅图、旧金山、洛杉矶等机场的航空线,并可延伸至北美东海岸的机场。太平洋中部的檀香山(火奴鲁鲁)是该航线的主要中继站。

此外,还有北美—南美,西欧—南美,西欧—非洲,西欧—东南亚—澳大利亚、新西兰,远东—澳大利亚、新西兰,北美—澳大利亚、新西兰等重要国际航空线。

二、我国的国际贸易航空货运线和机场

25 年来,我国航空运输总周转量、旅客运输量和货物量年均增长速度高出世界平均水平 2 倍多。在我国,目前主要在北京、上海、天津、沈阳、大连、哈尔滨、青岛、广州、南宁、昆明和乌鲁木齐等机场接办国际航空货运任务,形成了以北京、上海、广州机场为中心,以省会、旅游城市机场为枢纽,其他城市机场为枝干,连接国内 127 个城市、38 个国家、80 个城市的航空运输网络。

本章小结

1. 航空运输是使用飞机、直升机及其他航空器运送人员、货物、邮件的一种运输方式,具有运送速度快、手续简便、安全、准确、节省包装、保险、利息和储存费等费用和运量有限、运价较高等特点。

2. 航空运输组织包括国际民用航空组织、国际航空运输协会和国际货运代理协会联合会。

3. 国际航空货运的形式包括班机运输、包机运输、集中托运、联运方式和航空快运。

4. 航空货物运价有起码运费、一般货物运价、特种货物运价、货物的等级运价 4 类。

5. 特种货物运价通常是承运人根据在某一航线上经常运输某一种类货物的托运人的

请求，或为促进某地区间某一种类货物的运输，经国际航协同意，所提供的优惠运价。

6. 等级货物运价是指适用于指定地区内部或地区之间的少数货物运输。通常表示为在普通货物运价的基础上，增加或减少一定的百分比。

7. 进口货物运输程序：接受委托，备妥报关单据—接收货物，申报海关—转运货物。

8. 出口货物运输程序：确定出口货物运输范围—接受委托预订舱位—申报海关—口岸外运公司与内地公司出口运输工作衔接—小批量样品采用集中托运，大批量以单票发运为主。

9. 航空运单是由承运人或其代理人签发的重要的货物运输单据，是承托双方的运输合同，其内容对双方均具有约束力。不具有物权凭证的性质，不可转让，持有航空运单也并不能说明可以对货物要求所有权，收货人提货必须凭航空公司发出的提货通知单。航空运单可以分为航空主运单和航空分运单。

10. 航空运单是签署承运合同的书面证据，是接受货物的证明，可以作为运费账单和发票，是收货人核收货物的依据，可作为报关时海关放行查验的基本单证，是保险证书和承运人内部业务的依据。

11. 航空运单的内容包括：始发站机场，发货人姓名、住址，发货人账号，收货人姓名、住址，收货人账号，承运人代理的名称和所在城市，代理人的国际航协代码，代理人账号，始发站机场及所要求的航线，支付信息，中转站机场的国际航协代码和转运承运人，货币，收费代号，运费及声明价值费，其他费用，运输声明价值，海关声明价值，目的地机场，航班及日期，保险金额，操作信息，货物运价和运费细节，除运费和声明价值附加费以外的其他费用，运费、声明价值费和税款金额，需要付给货运代理人和承运人的其他费用合计金额，需预付或到付的各种费用，预付、到付的总金额，发货人的签字，签单时间（日期）、地点、承运人或其代理人的签字，货币换算及目的地机场收费记录。

思考与练习

一、思考题

1. 航空运输有哪几种方式？各自的特点是什么？

2. 航空快运业务的特点和作用是什么？如何办理？

3. 航空货运价有哪些种类？如何选择使用运价？

4. 如果一批货物选择采用航空运输方式出口，该如何操作？

5. 简述航空运单的性质和作用。

二、计算题

(1) 一批空运货物实际毛重是 200 千克，体积为 1 746 000 立方厘米，从 A 点发运往 B 点，费率 N：20 元；Q：18 元；300 千克，16 元；500 千克，14 元。请计算运费。

(2) PEK（北京）到 SXB（斯特拉斯堡）的运价分类为：N：18 元；Q：14.81 元；300 千克：13.54 元；500 千克：11.95 元。一批机械设备自 PEK 运至 SXB，毛重 450 千克，计算运费。

(3) 一批活热带鱼毛重 120 千克，体积 0.504 立方米，从 A 点运到 B 点，计算运费。

第五章　国际集装箱运输

学习目标

了解集装箱的概念、种类及国际集装箱运输系统和集装箱航运路线。掌握集装箱的装载与交接方式和集装箱的内陆及海运运费的计算。熟悉集装箱运输的进出口程序和集装箱提单及进出口货运中相关单证的内容。

第一节　集装箱运输概述

一、集装箱的概念和种类

集装箱运输最早出现在美国，20 世纪 60 年代末推广到世界各地。集装箱运输的出现解决了普通件杂货运输长期以来存在着装卸及运输效率低、时间长、货损货差大、货运手续繁杂、影响工作效率等问题。近年来，我国的集装箱运输有较快发展，已在大连、天津、青岛、上海、广州黄埔等海港建立了集装箱码头，提高了海港的吞吐能力和现代化建设。

(一) 集装箱的概念

1. 集装箱

集装箱(Container)是指具有一定规格和强度，专为周转使用，便于机械操作和运输的大型货物容器，在中国台湾和中国香港地区称为“货柜”。集装箱的英文原意是“容器”，它除了能装载货物外，还需要适应许多特殊要求。

国际标准化组织 104 技术委员会(International Organization for Standardization Technical Committee 104，ISO/TC104)根据保证集装箱在装卸、堆放和运输过程中的安全需要，在货物集装箱的定义中，提出了作为一种运输设备的货物集装箱，应具备以下条件：

(1) 具有耐久性，其坚固强度足以反复使用。

(2) 便于商品运送而专门设计的，在一种或多种运输方式中运输无须中途换装。

(3) 设有便于装卸和搬运，特别是便于从一种运输方式转移到另一种运输方式的装置。

(4) 内容积为 1 立方米或 1 立方米以上。

(5) 设计时应注意便于货物装满或卸空。

目前，日本、美国、法国等国都全面引用了国际标准化组织有关集装箱的定义。我国国

家标准 GB/T1992—2006《集装箱术语》也引用了国际标准化组织有关集装箱的上述定义。

（二）集装箱的种类

随着杂货运输日趋集装箱化，越来越多的货物选择这种先进的运输方式。为适应装载不同种类货物的需要，出现了不同种类的集装箱。这些集装箱不仅外观不同，而且结构、强度、尺寸等也不尽相同。

1. 根据集装箱的不同用途划分

(1) 干货集装箱。干货集装箱(Dry Cargo Container)又称杂货集装箱、通用集装箱。这是一种除冷冻货、活动物、植物外，不需要调节温度，在尺寸、重量等方面均适于装在箱内的货物均可使用的集装箱。在所有集装箱种类中，这种集装箱所占的比重最大，国际标准化组织建议的标准集装箱系列，指的就是这类集装箱。

干货集装箱的式样很多，使用时应注意所用集装箱的容积和最大负荷，特别是在使用20英尺和40英尺集装箱时尤需注意这一点。干货集装箱适用各种杂货，包括日用百货、食品、机械、仪器、家电用品、医药及各种贵重物品等。

(2) 散货集装箱。散货集装箱(Bulk Container)是一种用以装载大豆、大米、面粉、饲料以及水泥、化学制品等散装粉末状或颗粒状货物的集装箱。使用散货集装箱可以节约数量可观的包装费用，并提高装卸效率。

散货集装箱在箱顶设置2—3个装货口，货物可以用漏斗或传输带经装货口装入集装箱。集装箱的箱底有的做成漏斗形，在卸货时可以使货物从漏斗门自动流出；也有从箱门处卸货，为了防止开门时货物急剧倾出造成危险，一般将箱门分为上、下两半开启，并在箱门上设置许多小开口，卸货时只需打开下半部的门，货物就能自动缓慢地流出。

(3) 冷藏集装箱。冷藏集装箱(Reefer Container)是一种专为运输需要保持一定温度的冷冻货或低温货而设计的集装箱。它分为带有制冷机组的内藏式机械冷藏集装箱和没有制冷机组的外置式机械冷藏集装箱。外置式机械冷藏集装箱只设有冷气吸入口和排气口，由船上或仓库的制冷装置和固定管路供应冷气。

冷藏集装箱适用于装载冷冻食品、新鲜水果或特种化工产品等。冷藏集装箱造价较高，为普通干货箱的几倍，需要比较大的资金投入；营运费用也较高，除应支付修理、洗涤费用外，每次装箱前还应检验冷冻装置，并定期进行维护；集装箱船上装载冷藏集装箱的箱位也有限，再加上冷藏集装箱在航线上往返货源不平衡，所以经营冷藏集装箱运输的经济效益并不是很好。

(4) 通风集装箱。通风集装箱(Ventilated Container)是一种为装运不需要冷冻，且具有呼吸作用的水果、蔬菜等类货物而设计的集装箱。一般在侧壁或端壁上设有通风孔，如果将通风孔关闭，可作为干货集装箱使用。

(5) 开顶集装箱。开顶集装箱(Open Top Container)又称敞顶集装箱，是一种没有箱顶的集装箱，但有可折式顶梁支撑的帆布、塑料布或涂塑布组成的顶篷，其他构件与干货集装箱类似。开顶集装箱适于装载较高的大型货物，如钢铁、木材，特别是玻璃板等易碎的重货。货物积载时，必须使用起重机将货物从顶部装入箱内或从顶部将货物吊出。为了使货物在运输中不发生移动，箱内底板两侧常相对埋入几个索环，用来穿过绳索，捆绑箱内货物。

(6) 框架式集装箱。框架式集装箱(Flat Rack Container)又称台架式集装箱,是一种没有箱顶和侧壁,甚至有的端壁也可卸下,只留箱底和四角柱来承受货载的集装箱。

为了保持其纵向强度,箱底较厚,在下侧梁和角柱上设有系环,可把装载的货物捆绑牢固。这种集装箱从前、后、左、右及上方均可进行装卸作业。框架式集装箱主要装载重型机械、钢材、钢管等形状不一的货物。由于不具有水密性,怕水湿的货物不适合使用此类集装箱。

如果将四角柱拆下(仅有底板),也可作平台式集装箱使用。平台式集装箱是由具有较强承载能力的下底板组成的一种特殊结构的集装箱,它装卸作业方便,适于装载长大件、重大件的货物。在集装箱船的舱面上,几个平台式集装箱可以拼成一个大平台,适合于装载更大的货物。

(7) 罐式集装箱。罐式集装箱(Tank Container,Liquid Bulk Container)是一种专供装运液体货(如酒类、油类及液状化工品等货物)而设置的集装箱。这种集装箱具有适于装载液体货物的特殊结构和设备,由罐体和箱体架两部分组成,罐体用于装液体散货,框架用来支撑和固定罐体。罐体的外壁采用保温材料起到隔热的作用,内壁必须要研磨抛光以避免液体残留于壁面。装货时,货物由液罐顶部的装货孔进入;卸货时,货物由排出孔靠重力作用自行流出,或用油泵由顶部装货孔吸出。

另外,还有一些适用货类范围更狭窄的特殊集装箱,如专门为装运小型轿车而设计的汽车集装箱(Car Container),通常设计成上、下两部分,可以装载两层小汽车,箱底还专门设有绑扎设备和防滑钢板,防止汽车在箱内移动;动物集装箱(Live Stock Container,Pen Container)以铁网或铁栏为侧壁,可通风并带有喂料、除臭装置,用于装载活动物;备有两层底,用以储藏渗漏液体,专运生皮等带液汁、有渗漏性货物的集装箱等。

2. 按集装箱的制造材料划分

集装箱在装卸、存放和运输过程中,必须符合既能保护箱内货物的安全,又能承受外力的要求。因此,集装箱的制造材料要有足够的强度和刚度,应尽量采用重量轻、强度高、耐用、维修成本低的材料,并且材料既要价格低廉,又要便于取得。从目前采用的集装箱材料看,一个集装箱往往不是由一种材料制成的,而是以某一种材料为主,在箱子的不同结构处采用不同的材料。

按照主体材料的不同,集装箱可分为以下几种:

(1) 钢制集装箱。钢制集装箱的箱壁板和框架都是用钢材制成的。其最大的优点是结构牢、强度高、水密性和焊接性好,并且不易损坏,价格低。但抗腐蚀性较差,而且箱子自重较大,这是钢制集装箱的不足之处。

(2) 不锈钢制集装箱。不锈钢制集装箱的主要优点是强度高、不生锈、耐腐蚀性好。其缺点是造价高、投资大。罐式集装箱多采用不锈钢制作。

(3) 铝制集装箱。铝制集装箱又可分为两种:一种是钢架铝板;另一种仅框架两端用钢材,其余采用铝材。这类集装箱最主要的优点是自重轻、弹性好、不易变形、不生锈,并且外表美观。但是铝制集装箱受碰撞时容易损坏,而且造价也比较高。

(4) 玻璃钢制集装箱。玻璃钢制集装箱是在钢制框架上装上玻璃钢复合板构成的。其主要优点是隔热性、防腐性和耐化学性均较好，并且集装箱内容积较大，修理简便、易清扫等。但是这类集装箱自重较大，造价较高。

此外，集装箱还可以按照其所有权的不同分为船公司箱、货主箱和出租箱；按集装箱是否装载货物分为空箱（没有货载）和重箱（有货载）。

二、集装箱运输的概念

集装箱运输（Container Transportation）是将多种多样的杂货集装于具有统一长、宽、高规格的箱体内进行运输。这些集装箱既可装船利用水路运输，也可通过铁路、公路运输，中途更换车船不必把货物取出。同时，集装箱运输可做到从发货人的仓库直接送到收货人的仓库，不必利用中转仓库，实行“门到门”的运输服务。

集装箱运输采用专门装载货物集装箱，通过海洋、内河、铁路、公路等运输方式进行“门到门”的一种联合运输，是物质装备基础较强、技术较先进的现代化运输形式。它在装卸、运输与中转全过程中全部实行机械化、标准化、系列化和专业化。集装箱运输目前已是世界上发展最快且又较为广泛的运输形式之一。

中国集装箱运输发展以年均35％的速度增长。国内经济特别是外向型经济的高速发展，带动了集装箱码头建设经营的多元化。目前，国内港口万吨级以上专用集装箱码头泊位已达270多个，沿海和内河集装箱主要码头合资率分别占集装箱泊位总数和集装箱泊位总通过能力的60％和70％以上。沿海主要港口及珠江三角洲等一批中小港口，均有中外合资甚至外商独资经营的集装箱码头。

三、集装箱运输的优点

集装箱运输是将集装箱作为运输单元，在运输过程中采用专用的运输工具装卸设备的一种现代化的运输方式。与传统的运输方式相比较，它具有独特的优越性，主要体现在以下几个方面：

(1) 提高装卸效率，减轻劳动强度。

(2) 减少货损货差，提高货物运输的安全与质量。

(3) 缩短货物的在途时间，加快车船的周转。

(4) 节省货物运输的包装，简化理货手续。

(5) 减少营运费用，降低运输成本。

(6) 有利于组织多种运输方式的联合运输。

四、集装箱的标记

在国际间流通的集装箱必须有相应的标记，以便于相关部门对集装箱进行识别和管理，便于单据编制和信息传输。国际标准化组织也对集装箱标记作出了标准规定，即《集装箱的代号、识别和标记》（ISO6346—1981＜E＞）。该标准规定了集装箱标记的内容、标记的字体尺寸和位置等。

国际标准化组织规定的标记有必备标记和自选标记两类，每一类标记中均包括识别标记和作业标记。

(一) 必备标记

1. 识别标记

识别标记包括箱主代号、顺序号和核对数字。

(1) 箱主代号。箱主代号是集装箱所有人的代码。国际标准化组织规定,箱主代号由4个大写的拉丁字母表示,前3位由箱主自行规定,第四个字母一律用"U"表示,是海运集装箱代号,如中远集团的箱主代号为COSU。

为避免出现重复的箱主代号,在使用代号之前箱主应向国际集装箱局(BIC)登记注册,国际集装箱局每半年公布一次已注册的箱主代号一览表。

(2) 顺序号。顺序号又称箱号,由6位阿拉伯数字组成。如果有效数字不足6位时,则在有效数字前用"0"补足6位。如"056742"。

(3) 核对数字。核对数字是用来核对箱主代号和顺序号记录是否准确的依据。核对数一般位于箱号后,以一位阿拉伯数字表示,并加以醒目的方框。

箱主代号中的每一个字母都赋有一个等效数值,顺序号数字的等效数值是其本身。核对数字与箱主代号、顺序号之间存在换算关系,在集装箱货运单据的操作中,如果遇到某集装箱箱主代号、顺序号或核对数字填制不清楚,或在不同单据上的号码不一致,可以通过计算核对确认。

2. 作业标记

集装箱作业标记包括以下三个内容:

(1) 额定重量和自重标记。额定重量(Max Gross Weight),即集装箱最大重量,是指集装箱的自重和最大允许载货重量的总和。自重(Tare Weight),即集装箱空箱质量(或空箱重量),ISO668规定应以千克(kg)和磅(lb)同时表示。

(2) 空陆水联运集装箱标记。由于空陆水联运集装箱的强度仅能堆码两层,否则箱体的强度无法承受外部的负荷,因此国际标准化组织对该集装箱规定了特殊的标志。该标志为黑色,应置于侧壁和端壁的左上角,并规定标记的最少尺寸为:高127毫米,长355毫米,字母标记的字体高度至少为76毫米。

(3) 登箱顶触电警告标记。登箱顶触电警告标记为黄色底上做黑色三角形,一般设在罐式集装箱箱顶上和位于邻近登箱顶的扶梯处,以警告登梯者有触电危险。

(二) 自选标记

1. 识别标记

(1) 国家和地区代号。国家和地区代号表明集装箱的登记国或地区。按ISO3166规定应以两个字母代号表示,而以前使用的三个字母代号,目前仍暂可同时使用。

(2) 尺寸代号。按ISO6346规定,集装箱的尺寸代码应由两位阿拉伯数字组成,用以表示集装箱的尺寸大小。例如,20表示20英尺长、8英尺高的集装箱。

(3) 类型代号。类型代号用以说明集装箱的类型,由两位阿拉伯数字组成。

2. 作业标记

(1) 超高标记。凡高度超过2.6米的集装箱应贴上超高标记。该标记为在黄色底上标出黑色数字和边框，此标记贴在集装箱每侧的左下角，距箱底约 0.6 米处，同时应贴在集装箱主要标记下方。

(2) 国际铁路联盟标记。国际铁路联盟标记是在欧洲铁路上运输集装箱的必要通行标志。凡符合《国际铁路联盟条例》规定的技术条件的集装箱，都可以获得此标记。

此外，集装箱在运输过程中要能顺利地通过他国国境，箱上必须贴有按规定要求的各种通行标记，否则必须办理烦琐的证明手续，导致集装箱的周转时间延长。集装箱上的主要通行标记有安全合格牌照、集装箱批准牌照、检验合格徽记等。

五、国际集装箱运输系统

国际集装箱运输系统是一个复杂的运输系统。任何一个子系统的工作质量和功能状态均将影响全局，因此必须对国际集装箱运输进行系统研究，做好每一子系统的各项工作，并使其紧密配合，以实现整个集装箱运输系统的最优化。

1. 适箱货源及揽货管理

为了保证集装箱运输的顺利进行，必须具备足够的货源。

运输所涉及的货物种类繁多。一般来说，并不是所有货物都适合于集装箱运输，适箱货源主要是指那些物理及化学属性适合于装入集装箱，并且货价较高、货物对运价的承担能力较大的货物。由于这些货物来源复杂、分布广泛，会随着世界经济状况、国际贸易状况和季节的变化，以及各国政策的变化而变化。所以，在从事国际集装箱运输时，必须重视了解货物的种类及其流向、流量，了解货源的情况及其动态，并尽力掌握货源的变化规律。

2. 国际标准集装箱及箱务管理

集装箱箱务管理也是国际集装箱运输系统中十分重要的环节。集装箱箱务管理工作包括集装箱的配备、租赁、调运、保管、交接、发放、检验及修理等工作。做好集装箱箱务管理工作，对降低集装箱运输总成本，减少置箱投资，加快集装箱的周转，提高集装箱货物的装载质量和货运质量，提高运输企业的经济效益，增强核心竞争能力均具有重要意义。

3. 集装箱船舶及其营运管理

正确选配、使用适宜的集装箱船舶，是实现整个集装箱运输系统优化的重要环节。根据具体情况的不同，对航线系统配船有许多技术、营运上的要求，要根据航线上的货流(货种、流向和流量)情况、港口条件、航运市场竞争情况等确定采用的船型和配备的船舶数量。

4. 集装箱码头及其装卸作业子系统

集装箱码头是集装箱水陆联运的枢纽，是集装箱运输系统的重要组成部分，是各种运输方式衔接的换装点，也是集装箱的集散地。因此，集装箱码头在整个集装箱运输系统中起着举足轻重的作用。

随着集装箱船舶日益大型化、高速化和集装箱箱量的快速增长，从提高装卸效率，加速换装速度以及船舶、车辆和集装箱的周转等方面考虑，只有集装箱码头实现了装卸作业高速化、自动化，管理工作现代化、标准化和规范化，具有现代化的硬件和软件系统，才能确保整个集装箱运输系统营运效益的提高。

5. 集装箱货运站

集装箱货运站是指把货物装进集装箱内或从集装箱内取出，并对这些货物进行收发交接和暂时存放的作业场所，是集装箱运输中一个必不可少的重要环节。

根据货运站所处的地理位置和职能，可分为设在集装箱码头内的货运站和设在集装箱码头外面的货运站及集装箱内陆货运站。集装箱货运站作为集装箱货物的集散地，其主要功能包括：

(1) 拼箱货的装箱和拆箱作业。

(2) 集装箱货物的承运、验收、存放和交付。

(3) 整箱货的中转。

(4) 重箱和空箱的堆存和保管。

(5) 相关单证的填制和交接。

(6) 运费、堆存费的结算。

6. 航空集装箱运输子系统

航空运输是一种现代化的运输方式，其优势在于运输速度快、安全性能高、货物破损少、不受地面条件限制等。随着航空技术的发展及国际贸易商品结构的变化，航空货运在国际货物运输中所占的比例在逐步增大。

航空运输开展集装箱化后，进一步缩短了飞机的停场时间，提高了飞机的利用率，简化了货运手续，减少了差错率。但是，由于航空运输的特殊要求和特点，在开发空运集装箱中还存在着若干不利因素：集装箱浪费了有限的货舱容积，降低了运输的经济性；空运集装箱采用铝合金材料制造，初始投资大。

目前，将航空运输的快速性与海洋运输的经济性结合为一体的海/空联运在几条国际贸易线路(如远东—欧洲线路)上越来越普遍。例如，在欧洲，海/空联运也越来越多地用于远距离的集装箱货物运输，或者跨越国界(如跨越太平洋、大西洋)的洲际运输，一些航空公司正在欧洲建起一批卡车运输中心。

7. 铁路集装箱运输子系统

铁路运输是现代运输业的主要运输方式之一。与其他运输方式相比，铁路运输具有运量大、速度快、安全可靠、运输成本低、运输准确性和连续性强、受气候影响较小等一系列特点，在国际货物运输中起着非常重要的作用。

铁路集装箱运输近年来发展较快，已经成为国际集装箱运输系统的重要环节和不可缺少的运输方式。集装箱运输系统中的铁路运输是指连接港口与其腹地的铁路线路。例如，陆桥运输就是以集装箱为运输单元，采用海运和铁路运输相结合的多式联运，具有安全、准确、迅速和方便的显著经济效果，不仅运输时间短、运输费用省、货损货差率小、运输质量高，而且手续简便，货主只需办理一次托运、一次付费、凭一张运输单据即可完成全部手续。因此，做好铁路集装箱运输的组织和运营工作，协调铁路和海运、港口、公路之间的运作，对整个集装箱运输系统具有重要意义。

8. 公路集装箱运输子系统

公路集装箱运输是国际多式联运的重要运输方式，在国际货物运输中，不论采用何种运输方式，都离不开公路运输的衔接。

公路集装箱运输使用专用集装箱汽车载运集装箱。集装箱专用车根据集装箱的箱型、种类、规格、尺寸和使用条件来确定，一般分为货运汽车和拖挂车两种。货运汽车适用于小型集装箱，做短距离运送；拖挂车适用于大型集装箱，技术性能较好，适合长距离运输，是公路集装箱运输的主要设备。发达国家采用拖挂车较多。为适应集装箱的运输，集装箱专用车所行驶的公路应满足下列要求：路面最小宽度 30 米，车道宽度 3 米，最大坡度 10%，停车视线最短距离 25 米，最低通行高度 4 米等。

公路集装箱运输的营运管理主要包括两个方面：一是货运组织工作；二是车辆的运行管理。货运组织工作包括集装箱运输的货源组织，集装箱的业务管理、装卸作业、运费结算，集装箱的保管、交付，以及与其他部门的衔接配合工作等。车辆运行管理是指集装箱业务量的分配、车辆运行计划的制订、运输工作的日常管理、集装箱车辆在线路上的运行组织管理和集装箱的运输统计分析等。做好公路集装箱运输的营运管理工作、搞好货运组织工作和车辆的运行管理，是公路运输子系统的重要任务。

9. 集装箱运输信息系统

集装箱运输信息系统是一种人机结合的，为集装箱运输管理机构、营运企业等的行业管理、营运管理及决策提供必要信息的电子集装箱系统。

集装箱运输信息系统的基本任务是采集、存储、分析、处理及传递与集装箱运输有关的各类信息，及时、准确地掌握集装箱运输的基本情况，向相关部门、企业提供可靠的信息，为统计分析、组织运营和管理决策提供参考依据。

目前，电子数据交换系统在集装箱运输中的应用取得了显著效果，许多重要口岸陆续建立起多种企业和部门机构联合的管理信息系统。例如，新加坡港将港口系统 Portnet、贸易网系统 Tradenet 和海事网系统 Marinet 在一定程度上进行数据交换与共享，许多企业使用电子数据交换系统进行单证传递、预订舱位、海关申报等工作，加快了信息在不同企业、不同机构之间的流转，在集装箱运输管理中发挥了重要作用。

第二节 集装箱运输装载与交接

一、集装箱的装箱方式

(一) 整箱

整箱(Full Container Load，FCL)是指货方自行将货物装满整箱后，以箱为单位，办理托运的集装箱。这种情况是货主有足够货源装载 1 个或数个集装箱时才使用的装箱方式。通常是发货人向承运人或集装箱租赁公司租用一定数量的集装箱，自行装箱，负责填写装箱单，并由海关加铅封。

(二) 拼箱

拼箱(Less Container Load，LCL)是指托运人的货物批量很小，不能装满一个整箱，托运人以杂货的形式将货物送交承运人，承运人根据货物的性质和目的地进行分类整理，将去往

同一目的地的货物集中到一定数量，拼装人箱。通常由集装箱货运站负责装箱，并负责填写装箱单和场站收据。

二、集装箱货物的拼装

为了迅速、顺利地完成货物的装箱作业，必须做好集装箱装箱前的准备工作、集装箱的检查工作以及了解装箱时应注意的一般事项。这些因素对集装箱能否被充分有效地利用，货物是否能安全可靠地运抵目的地，具有十分重要的意义。

（一）集装箱的配载

(1) 轻货装在重货上面。

(2) 干货、湿货不能装在同一箱内，难以避免时，干货装在湿货上面。

(3) 怕受潮的货物不能与容易“出汗”的货物同装一箱。

(4) 怕吸收异味的货物绝不能与放出强烈气味的货物同装一箱。

(5) 容易生灰的货物，不能与易被灰尘污染的货物同装一箱。

(6) 瓶装或罐装液体化无法避免与其他干货拼装一箱时，在任何情况下，均应将前一类货物装在下面，并必须加隔垫。

（二）装箱前的集装箱检查与注意事项

(1) 装箱必须考虑方便拆箱卸货。

(2) 货物重量分布必须平衡。

(3) 硬包装货物装箱时应当使用垫料，以免冲压其他货物或碰坏内壁。

(4) 袋装货最好不要与箱装货同装一箱。

(5) 带有凸出、隆起或四边不规则的包装货物，如无适当垫料，不能与其他货物装在一起。

(6) 在任何情况下，都不能把货物直接固定在集装箱内部任何一个平面上。

(7) 不能用不同包装的货物填塞集装箱的空位，除非这两种包装的货物，是完全适合拼装的。

(8) 货物装完后，要求做到没有一件货物处于松动状态，以防止集装箱发生纵向或横向倾斜时，造成货损。

三、集装箱货物的装载

为确保货运质量，做好集装箱箱内货物的积载工作是很重要的，许多货损事故的发生都是装箱不当所致的。货物在集装箱内的堆装、系固等工作看起来似乎比较简单，但由于集装箱货物在整个运输过程中涉及多种运输方式，特别是在海运区段的风险很大，极易发生货损事故。货物积载、装箱不当不仅会造成货损事故，还会给运输工具及装卸机械等设备造成损坏。所以集装箱货物在积载、堆装时必须注意以下事项。

（一）货物的性质与混载

不同件杂货混装在同一个集装箱内时，应根据货物的性质、重量、外包装的强度、货物的特性等情况，合理混载，避免因货物的性质和包装相互抵触而发生事故，如有水分的货物和

干燥货物的混载，强臭货物与具有吸臭性的货物的混载，危险货物的混载等，均会使货物质量发生变化，造成货运事故。

（二）重量的分配

货物在箱子内的重量分布应均衡。

一方面，沿纵向和横向重量分布应均匀。如果箱子某一部位或某一端装载的负荷过重，在搬运、装卸作业时，容易引起集装箱倾斜、装卸搬运工具损坏等事故；集装箱底部结构也可能因局部负荷过大而发生弯曲或脱开的危险；此外，在陆上运输时，如存在上述情况，拖车前后轮的负荷差异过大，在行驶中容易发生故障。

另一方面，沿高度方向重量分布应均匀或下重上轻，即将重货装在箱子底部，轻货则装在箱子上部；将包装牢固的货物装在箱子底部，包装不牢的货物装在箱子上部。在进行货物堆码时，则应根据货物的包装强度，决定货物的堆码层数，对于易碎货物要特别注意其承载能力。

（三）货物的绑扎固定

货物的装载要严密整齐，货物之间不留有空隙，这样不仅可充分利用箱内容积，也可防止货物相互碰撞而造成损坏。绑扎固定对于缓冲运输中产生的冲击和震动是十分有效的，因此，在装载重货时都必须加以绑扎，对靠箱门附近的货物要采取系固措施。

实际作业中，由于对靠箱门附近的货物没有采取系固措施，发生货物倒塌，造成货物损坏和人身伤亡的事故时有发生。因此，在装箱完毕关箱前应采取措施，防止箱口附近货物的倒塌。

（四）缓冲材料的使用

货物与货物之间，也可以加隔板或隔垫材料，避免货物相互擦伤、沾湿、污损。另外，为使箱内下层货物不致被压坏，并使负荷均匀分布，应在货物堆码之间垫入缓冲材料，如木板、缓冲垫、空气垫等。

（五）其他注意事项

(1) 应使用清洁、干燥的垫料（如胶合板、草席、缓冲器材、隔垫板等），如使用潮湿的垫料，易发生货损事故。

(2) 应根据货物的不同种类、性质、包装，选用不同规格的集装箱，选用的箱子应符合国际标准，经过严格的检查，并具有检验部门颁发的合格证书。

(3) 不接收包装已损坏的货物。

(4) 按照“不可倒置”、“禁止横装”等指示标志进行装载。

(5) 集装箱内货物的总重量不能超过集装箱的额定载重量等。

四、集装箱货物的交接方式

在集装箱运输中，根据货物的实际交接地点不同，集装箱货物的交接有多种方式。在不同的交接方式中，集装箱运输经营人与货主承担的责任、义务不同，集装箱运输经营人运输组织的内容、范围也不同。

集装箱货物的交接方式主要有以下几种。

（一）门到门交接方式

门到门(Door/Door)交接方式是指运输经营人由发货人的工厂或仓库接管货物，负责将货物运至收货人的工厂或仓库交付的方式。在这种交付方式下，货物的交接形态都是整箱交接的。

（二）门到场交接方式

门到场(Door/CY)交接方式是指运输经营人在发货人的工厂或仓库接管货物，并负责将货物运至卸货港码头堆场或其内陆堆场，在堆场处向收货人交付货物的方式。在这种交接方式下，货物也都是整箱交接的。

（三）门到站交接方式

门到站(Door/CFS)交接方式是指运输经营人在发货人的工厂或仓库接管货物，并负责将货物运至卸货港码头的集装箱货运站或其在内陆地区的货运站，经拆箱后向各收货人交付货物的方式。在这种交接方式下，运输经营人是以整箱形态接管货物，以拼箱形态交付货物的。

（四）场到门交接方式

场到门(CY/Door)交接方式是指运输经营人在装货港的码头堆场或其内陆堆场接管货物，并负责把货物运至收货人的工厂或仓库向收货人交付货物的方式。在这种交付方式下，货物的交接形态都是整箱的。

（五）场到场交接方式

场到场(CY/CY)交接方式是指运输经营人在装货港的码头堆场或其内陆堆场接管货物，并负责运至卸货港码头堆场或其内陆堆场，在堆场向收货人交付货物的方式。货物的交接形态也都是整箱交接的。

（六）场到站交接方式

场到站(CY/CFS)交接方式是指运输经营人在装货港的码头堆场或其内陆堆场接管货物，并负责运至卸货港码头集装箱货运站或其在内陆地区的集装箱货运站，经拆箱后向收货人交付货物的方式。在这种交接方式下，运输经营人是以整箱形态接管货物，以拼箱形态交付货物的。

（七）站到门交接方式

站到门(CFS/Door)交接方式是指运输经营人在装货港码头的集装箱货运站或内陆集装箱货运站接管货物，经拼箱后，负责运至收货人的工厂或仓库交付货物的方式。在这种交接方式下，运输经营人是以拼箱形态接管货物，以整箱形态交付货物的。

（八）站到场交接方式

站到场(CFS/CY)交接方式是指运输经营人在装货港码头或内陆的集装箱货运站接管货物，经拼箱后，负责运至卸货港码头或内陆地区的堆场交付货物的方式。在这种交接方式下，运输经营人是以拼箱形态接管货物，以整箱形态交付货物的。

(九) 站到站交接方式

站到站(CFS/CFS)交接方式是指运输经营人在装货港码头或内陆地区的集装箱货运站接管货物,经拼箱后,负责运至卸货港码头或其内陆地区的集装箱货运站,经拆箱后,向收货人交付货物的方式。在这种交接方式下,货物的交接形态都是拼箱的。

以上 9 种交接方式是集装箱货物的基本交接方式。除装货港码头堆场,或装货港码头的集装箱货运站,到卸货港码头堆场,或卸货港码头集装箱货运站的交接方式适用于海运单一方式运输外,其他方式都属于集装箱货物多式联运下的交接方式。

案例 5-1

多式联运经营人对货物的全程运输承担责任

案情介绍

2003 年 3 月,A 货运代理公司作为多式联运经营人,承接了一批从四川出口至英国伦敦的红茶。货物从成都装上火车起运后,A 公司便签发了多式联运提单。3 月中旬,A 公司分别向一程船的船务代理和集装箱站发出装箱通知单,并通知一程船公司 B 公司。3 月 20 日,货物运抵某港口,当天即转入集装箱站库房等待装箱,并由该站办妥报关手续,海关验证后放行。

当时,由于集装箱站缺少二程船公司的空箱而无法装箱,经联系,次日二程船公司的船务代理将两个空箱送至港口集装箱站。双方未办理必要的交接手续,A 公司收下后即装箱,然后马上载入一程船运往中国香港转由二程船运至伦敦。

4 月底,货抵伦敦,收货人发现箱体上贴有毒品标记,并由有关当局在箱内检查出残留剧毒物,结果货物被扣留并全部销毁。5 月,收货人向多式联运经营人提出索赔,金额近 2 万英镑,后经协商,A 公司减赔一半金额。

分析

集装箱在装载货物之前,都必须经过严格检查。一旦使用了有缺陷的集装箱,轻则导致货损,重则造成箱毁人亡的严重事故。所以,对集装箱的检查是货物安全运输的基本条件之一。发货人、承运人和其他关系人在相互交接时,应对集装箱进行严格检查,内容包括外部检查、内部检查、箱门检查、清洁检查以及附属件的检查。

在此案例中,除了船公司及其代理人的责任外,作为多式联运经营人的 A 公司也是有责任的,该公司没有坚持集装箱的正规交接手续,对检验箱的重要性缺乏应有的认识。

A 公司签发多式联运提单时,便成为多式联运经营人,所以要对货物的全程运输承担责任。在运输过程中如发生货损货差,货主可以直接找多式联运经营人索赔,所以,多式联运经营人必须清醒地认识到,自己一旦签发了多式联运提单,就意味着将要承担责任。当然,货代公司赔付后,尚可向责任人追偿。

此外,货代公司既然承担了多式联运经营人的责任,也应享有多式联运经营人的权利。尤其是享有赔偿责任限制的权利。

第三节　集装箱运输费用

一、内陆运费

(一) 拖车费

传统的卡车运输是以车的标准吨位按公里计算并计收运费的,计费单位是箱/公里。在往返线路上,重去空回或空去重回的,收单程运费;往返距离不等的按远者计算;专程运送空箱的按单程计收费用。

集装箱拖车运费通常都定有一个基本运距,超过此运距的,可享受运费减成;达不到此运距的,实行运费加成。

(二) 火车运费

目前,我国的铁路集装箱专用车很少,一般都用 50 吨或 60 吨车皮装运 2 个 20 英尺箱或 1 个 40 英尺箱,按 40 吨收取 9 号运费。用这种办法装运集装箱,铁路局每个车皮要少收 10—20 吨的运费。此前,我国已进行过专用列车试验,结果表明其运费水平高于目前的 9 号运费,低于同区段的卡车运费。

(三) 内河运费

内河主要是指长江中下游的主要港口,包括武汉、九江、芜湖、南京、张家港和南通等。为了尽快建立内河集装箱运输网络,应当制定和完善运费体系。

(四) 拼箱服务费

拼箱服务费主要包括集装箱货运站到集装箱堆场之间的空、重箱的运输、理货,集装箱货运站内的搬运、分票、堆存、装拆箱以及签发站收据、装箱单制作等各项费用。

拼箱服务费一般按运费吨位作为收货单位。

(五) 堆场服务费

堆场服务费又称码头管理费,包括在装货港集装箱堆场接受来自货主或集装箱货运站的整箱货,以及堆存和搬运至装卸桥下的费用。多数船公司将这部分费用包括在海洋运费中。堆场服务费费用另行支付的,不包含在运费中,都以运费吨为单位。

(六) 集装箱机器设备使用费

当货主使用的集装箱及底盘车由承运人提供时,就会发生集装箱机器设备使用费费用。另外,还包括集装箱从底盘车上吊上吊下的费用,以及延滞费。

二、集装箱海运运费

(一) 件杂货基本费率加附加费

1. 基本费率

集装箱件杂货海运运费参照传统件杂货物运价,以运费吨为计算单位。目前,多数航线

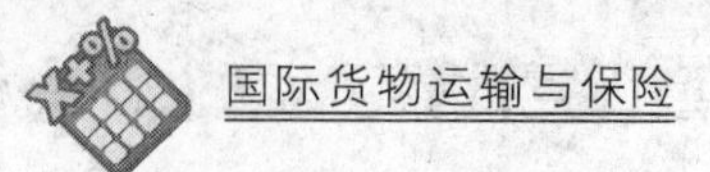

采用等级费率。

2. 附加费

除传统件杂货所收的常规附加费之外，还要加收一些与集装箱货物运输有关的附加费。

(1) 集装箱附加费，即在航线等级费率基础上增加的附加费。

(2) 支线船附加费，常见于集装箱支线运输。

(二) 包箱费率

集装箱货物包箱费率以每个集装箱为计费单位。据中远集团使用的交通部《中国远洋货运运价本》，有以下三种包箱费率(Box Rate)。

1. FAK 包箱费率

FAK 包箱费率(Freight for All Kinds)是指对每一集装箱，不分货类统一收取的费率。

2. FCS 包箱费率

FCS 包箱费率(Freight for Class)是指按不同货物等级制定的包箱费率。货物等级分为 1—20 级。级别越低的货物，收费费率越低；同一等级货物，实重货运价高于体积货运价。

3. FCB 包箱费率

FCB 包箱费率(Freight for Class Basis)是指既按不同货物等级或货类，又按计算标准制定的费率。同一级费率因计算标准不同，费率也不同。例如，8—10 级、CY/CY 交接方式、20 英尺集装箱货物，如按重量计费为 1 500 美元，如按尺码计费则为 1 450 美元。

(三) 最低运费

1. 规定最低运费(Minimum Freight)等级

如中远集团规定以 7 级货为最低收费等级，低于 7 级货均按 7 级收费。

2. 规定最低运费吨

如远东航运公司规定，20 英尺箱最低运费吨实重货为 17.5 吨，尺码货为 21.5 立方米，W/M 为 21.5 运费吨。

3. 规定最低箱载利用率

(四) 最高运费

1. 规定最高计费吨

如在货物体积超过集装箱通常载货容积时，仍按标准体积收费。若按等级包箱费率计费，而箱内等级不同时，则可免较低货物等级的运费。

2. 规定最高运费等级(Maximum Freight)

不高于该货物等级的货物，均以规定的最高运费等级收费。

(五) 集装箱附加费

不论按上述哪种费率收费，集装箱运输都要加收附加费。例如，变更目的港附加费、变更交货方式附加费、重件附加费、港口附加费、选卸附加费等。这些附加费可视为海洋运费的组成部分。

第四节　集装箱运输进出口业务

集装箱运输的进出口货运程序与传统的杂货班轮运输的进出口货运程序大体一致。只是因为采用了集装箱作为运载工具，增加了空箱和重箱的发放和接收、集装箱的装箱和拆箱等作业，并补充了一些与其相适应的集装箱特有的单证。此外，集装箱货物的交接方式多种多样，所以不同交接方式下的货运流程也不尽相同。

一、集装箱出口货运程序

具体地说，集装箱运输的出口货运主要包括以下程序。

(一) 订舱

订舱是指发货人根据贸易合同或信用证条款的规定，在货物托运之前一定的时间内，填制订舱单向船公司或其代理人或经营运输的其他人申请订舱。很多情况下，发货人委托货运代理来办理有关订舱的业务。

(二) 承运

承运是指船公司或其代理人，或经营集装箱运输的其他人接受订舱或托运申请的行为。

船公司或其代理人，或负责运输的其他人在决定是否接受货主的订舱申请时，首先要考虑其航线、船舶、运输要求、港口条件、运输时间等方面能否满足发货人的要求。一旦接受托运申请，应审核托运单，确认无误后，在装货单联[场站收据副本(1)]上签章，表明承运货物。同时，应根据托运单编制订舱清单，然后分送集装箱码头堆场、集装箱货运站，据此办理空箱的发放及重箱的交接、保管以及装船等一系列业务工作。

(三) 发放空箱

一般来说，集装箱是由船公司免费提供给货主或集装箱货运站使用的，货主自备箱的比例较小。

在整箱货运输时，空箱由发货人到指定的集装箱码头堆场领取；拼箱货运输时，则由集装箱货运站负责领取空箱。在由发货人到集装箱码头领取空箱时，必须提交集装箱发放通知书。办理交接时，应于集装箱码头堆场对集装箱及其附属设备的外表状况进行检查，并填制设备交接单。

(四) 货物装箱

集装箱货物有整箱货和拼箱货之分，其各自的装箱作业也不相同。

在整箱货的情况下，货主自行完成货物的装箱，并填制装箱单。

对于拼箱货，发货人将不足一整箱的货物运至集装箱货运站，并由货运站根据订舱清单的资料，核对货主填写的场站收据，无误后接管货物，并签发场站收据给发货人；集装箱货运站将分属于不同货主的零星货物拼装到同一个集装箱内，并填制装箱单。

(五) 整箱货交接

发货人自行负责装箱的整箱货，通过内陆运输运至集装箱码头堆场。码头堆场对重箱进行检验后，与货主共同在设备交接单上签字确认，并根据订舱清单，核对场站收据和装箱单，接收货物。

（六）集装箱交接签证

集装箱码头堆场在验收货箱后，即在场站收据上签字，并将签署的场站收据交还给发货人，由发货人据此换取提单。

（七）换取提单

发货人凭经集装箱堆场或货运站的经办人员签署的场站收据，向负责集装箱运输的人或其代理人换取提单，然后去银行结汇货款。

（八）货箱装船

集装箱码头堆场或集装箱装卸区根据接受待装的货箱情况，制定装船计划，在船舶到港前将待装集装箱移至前方堆场，船靠泊后即行装船。

（九）寄送资料

船公司或其代理应于船舶开航前 2 小时向船方提供提单副本、舱单、装箱单、积载图、特种集装箱的清单、危险货物集装箱清单、危险货物说明书、冷藏集装箱清单等全部随船资料，并应于起航后采用传真或电传或邮寄的方式向卸货港或中转港发出卸船的必要资料。

二、集装箱进口货运程序

集装箱的进口货运包括卸货、接运、报关、报验、转运等多项业务，涉及多种运输方式的承运人、港口、海关、检验检疫等管理机构，其主要货运程序如下。

（一）卸船准备

卸货港的船公司或其代理人在收到装货港的船公司或其代理人寄来的有关单证后，开始进行一系列准备工作。

船舶到港前，船公司在卸货港的代理人要联系集装箱码头堆场，为船舶进港、卸货以及货物的交接做好准备工作；联系集装箱货运站，为拼箱货的拆箱作业做好准备工作。此外，船公司在卸货港的代理人还要向收货人发出进口货物的提货通知书，通知收货人做好提货准备。

（二）卸船拆箱后，发放到货通知

卸货港码头堆场根据装货港寄送的相关单证，制定卸船计划。船舶进港靠泊后，进行卸船作业。一般来说，集装箱从船上卸下来后，如果是在堆场的整箱交接，则将集装箱安置在码头后方堆场，向收货人发出到货通知；如果是集装箱拼箱货，则需要先将集装箱运送到指定的集装箱货运站，进行拆箱、分票、整理后，再发出到货通知，要求收货人及时来提取货物。

（三）换取提货单

收货人收到到货通知后，凭此通知和正本提单向船公司或其代理人换取提货单。船公司或其代理人将各单据进行核查，审核无误后，收回到货通知和正本提单，签发提货单给收货人。如果是运费到付的方式，换单前还要付清运费。

实际业务中，由于种种原因，如提单流转慢等，货已到港，但收货人还未得到提单，急于提取货物的收货人往往出具保证书来换取提货单，等提单收到后再注销保证。

（四）报关、报验

根据国家有关法律、法规的规定，进口货物办理验放手续后，收货人才能提取货物。因此，收货人在换取了提货单后，还必须凭提货单和其他报关单证，及时办理有关报关、报验手续。

（五）交付货物

经海关验收，并在提货单上加盖海关放行章后，收货人就可以在指定的地点凭收货单提取货物，完成货物的交付。整箱货的交付是在集装箱堆场进行的；拼箱货的交付是在集装箱货运站完成的。堆场或货运站凭海关放行的提货单，与收货人结清有关费用后交付货物。

在交付整箱货或拼箱货时，集装箱堆场或集装箱货运站的经办人员还必须会同货主或货主的代理人检查集装箱或货物的外表状况，填制集装箱设备交接单，双方在记载了货物状况的交货记录上签字，作为交接证明，各持一份。

拓展阅读

随着集装箱运输和拖车式集装箱运输的发展，铁路集装箱运输组织工作也获得新的发展，编开了集装箱定期直达列车和集装箱专用列车。

1965 年 11 月，英国开始在伦敦和格拉斯哥之间编开了集装箱定期直达列车，美国开行集装箱定期直达列车的运行速度通常与旅客列车相同。运程较远的集装箱则组织集装箱专运列车运送，当集装箱船到达港口时，在 24 小时内即可卸空。

第五节　集装箱运输单证

一、集装箱提单

（一）集装箱提单的正面条款

目前，尽管各国的集装箱提单在格式上存在一些差异，并不统一，但是集装箱提单正面记载事项的内容基本一致。

1. 正面内容

(1) 联运经营人的姓名、地址。

(2) 发货人的姓名、地址。

(3) 提单的签发日期、地点。

(4) 接受、交付货物的地点。

(5) 识别货物的标志。

(6) 有关货物详细情况(件数、重量、尺码等)。

(7) 货物外表状况。

(8) 联运提单的签发份数等。

集装箱提单一般都应注明上述各项内容,如缺少其中一项或几项,只要所缺少的内容不影响货物的安全运输和各当事人之间的利益,则仍然有效。

2. 正面条款

集装箱提单除正面内容外,通常还有正面条款,以说明货物在使用集装箱运输下所签发的提单的性质和作用,这也是集装箱货物运输的特点所要求的。

正面条款包括确认条款、承诺条款和签署条款。

(1) 确认条款,表明负责集装箱运输的承运人是在集装箱外表状况良好、铅封完整的情形下接收货物,并保证以同样状况交货,同时说明该提单是一张收货待运提单。

(2) 承诺条款,表明正式签发的正本提单是运输合同成立的证明,对双方有约束力,货物托运人同意并接受提单中的所有条款。

(3) 签署条款,表明提单的签发人、正本提单签发的份数,凭其中一份正本交货后,其余作废。

(二) 集装箱提单的背面条款

集装箱提单的背面条款是表明集装箱运输承运人与托运人、收货人、受货人或提单持有人之间承运货物的权利、义务、责任和免责等的条款,是解决彼此之间争议、纠纷的依据,与杂货班轮提单的某些内容存在明显的不同。集装箱提单的背面条款包括以下几个方面。

1. 承运人责任期限条款

承运人责任期限条款是列明承运人对货物运输承担责任的开始和终止时间的条款。在集装箱运输中,负责集装箱运输的承运人接货、交货地点已不再局限于港口,往往是距离港口很远的内陆货运站或货主仓库。因此,普通海运提单中对承运人规定的责任期限不再适用了。集装箱提单将承运人的责任期限规定为"从收到货开始起至交付货物时止",代替了普通海运提单下的"钩至钩"原则。例如,我国《海商法》第46条规定,承运人对集装箱装运的货物的责任期间,是指从装货港接收货物时起至卸货港交付货物时止,货物处于承运人掌管之下的全部期间。

2. 承运人的赔偿责任限制

承运人的赔偿责任限制是指已明确承运人对货物的灭失或损坏负有赔偿责任应支付赔偿金时,对每件或每单位货物负责赔偿的最高限额,各国的法律和船公司的提单对承运人的赔偿责任限制都有明确规定。

在集装箱运输中,如货物承运人或其代理人负责装箱,即拼箱货运输,承运人的责任与普通货提单规定的责任一样,按件或单位数负责赔偿;但在整箱货运输下,承运人收到的仅是外表状况良好、铅封完整的集装箱,至于箱内所装货物的情况,只能从有关单证上获知。为此,《维斯比规则》在对《海牙规则》作修改时,对集装箱、托盘或类似的运输工具在集装时

作了这样的规定，如在提单中已载明这种工具内的货物件数或单位数，则按所载明的件数或单位数赔偿，如集装箱、托盘或类似的运输工具为货主所有，赔偿时也作为一件。

3. 舱面货运输选择条款

在杂货班轮运输中，如果承运人将货物装载于甲板上，必须事先征得货主的同意，或该种货物按习惯做法可装载于甲板运输，并在提单上记明"装载甲板运输"字样。如果承运人擅自将货物装载于甲板运输而导致货运事故，承运人承担由此产生的一切损失，并丧失了一切抗辩理由和免责权利。

在集装箱运输中，由于集装箱船舶构造的特殊性和经济性，要求有相当数量的集装箱装载甲板运输。通常，一艘集装箱船在满载时有30%—50%的货箱装载于甲板运输。在实际业务中，要事先决定将哪些集装箱装载甲板运输，并征得货主同意是不可能的，因此，集装箱提单中规定了舱面货条款，规定装载舱面运输的集装箱与舱内集装箱享有同样的权益，并且，提单中无须列明"装载甲板运输"字样。例如，中洋集团联运提单规定，集装箱（平板、托盘或其他类似装运工具除外）中所装的货物，不论是由承运人，还是由货方装载，都视作舱面装运或舱内装运，而无须通知货方。此种货物（牲畜和植物除外），不论装载舱面或舱内，就本提单所载包括共同海损在内的所有情况，都视作舱内积载。

4. 制约托运人的责任条款

（1）发货人装箱、计数或承运人不知条款。根据相关国际公约的规定，如承运人、船长或其代理人有适当依据怀疑货物的任何标志、号码、数量、重量不能确切代表其实际收到的货物，或无适当方法进行检验，就没有必要在提单上将其注明或标明。根据这一规定，承运人可以在提单上拒绝载明箱内货物的详情。但是，如果提单上缺少这些记载，势必会影响提单的流通性。因此，在实际业务中又不得不根据货主提供的内容予以记载，默认了货主提供的集装箱内的件数，这样会给承运人在能否享受最高赔偿限额等责任限制方面带来不利。因此，承运人在根据货主提供的内容记载于提单的同时，又保留了"发货人装箱、计数或不知条款"，以最大限度地达到免除责任的目的。特别是集装箱运输下的整箱货，承运人收到的仅是外表状况良好、铅封完整的集装箱，对里面所装的货物一无所知。所以，有必要加注这样的条款。

（2）铅封完整交货条款。集装箱提单中这一条款的规定仅适用于整箱货交接，即承运人在铅封完整的情况下收货、交货，则表明承运人完成了货物的运输，并解除了所有的责任。因此，从某种程度上说，集装箱运输下的整箱货交接是以铅封完整与否来确定承运人责任的，如果货物受损人欲提出赔偿要求，不仅需举证说明，还应根据集装箱提单中承运人的责任形式予以确认。

（3）货物检查权条款。货物检查权条款是指承运人有权但没有义务在任何时候将集装箱开箱检验，核对其所装载的货物。经过查核，如发现所装载的货物全部或一部分不适合运输，承运人有权对该部分货物放弃运输，或是由托运人支付合理的附加费来完成这部分货物运输，或存放在岸上或水上具有遮蔽的或露天的场所，这种存放已认为按提单交货，即承运人的责任已告终止。

集装箱提单上订有货物检查权条款，是为了让承运人在对箱内货物的实际状况产生怀疑，或积载不正常时启封检查。承运人在行使这一权利时，无须得到托运人的预先同意。一般来说，对由货主自行装载的集装箱启封检查时，原则上应征得货主同意，其费用由货主负担。

(4) 海关启封检查条款。根据《国际集装箱海关公约》的规定，海关有权检查集装箱。因此，集装箱提单中均规定，如果集装箱的启封是由海关当局因为检查箱内货物内容打开而重新封印，由此而造成、引起任何货物灭失、损害，以及其他后果，本公司概不负责。在实际业务中，尽管提单条款作了这样的规定，承运人对这种情况还应做好记录，并保留证据，以使其免除责任。

(5) 发货人对货物内容正确性负责条款。集装箱提单中所记载的内容，通常由发货人填写，或由负责集装箱运输的承运人或其代表根据发货人所提供的有关托运文件填制。在集装箱运输经营人接受货物时，发货人应视为他已向承运人保证，其所提供的货物种类、标志、件数、重量、数量等均为准确无误，如是危险货物，还应说明其危险特性。

如果货物的损害是由于发货人提供的内容不准确或不当所致，发货人应对承运人负责，即使发货人已将提单转让于他人也不例外。集装箱货物在由货主自行负责装箱时，货主对承运人造成的损害负责赔偿。

案例 5-2

海上集装箱运输合同责任

案情介绍

2009 年，发货人中国 A 进出口公司委托 B 对外贸易运输公司将 750 箱海产品从上海港出口运往印度，B 对外贸易运输公司又委托其下属 S 分公司代理出口。S 分公司接受委托后，向 P 远洋运输公司申请舱位，P 远洋运输公司指派了箱号为 HTM-5005 等 3 个满载集装箱后签发了清洁提单，同时发货人在中国人民保险公司处投保海上货物运输的战争险和一切险。货物运抵印度港口，收货人拆箱后发现部分海产品因箱内不清洁而腐烂变质，即向中国人民保险公司在印度的代理人申请查验。检验表明，250 箱海产品被污染。检验货物时，船方的代表也在场，为此中国人民保险公司在印度的代理人赔付了收货人的损失之后，中国人民保险公司向人民法院提起诉讼。

分析

在海上集装箱运输中，根据国际惯例，集装装箱应该清洁、干燥、无残留物以及前批货物留下的持久性气味。P 远洋运输公司的提单适用《海牙规则》的规定，承运人须在航次开始前和开始时履行应尽职责，以便使货舱、冷藏舱和该船装载货物的其他部分适于并能安全地收受、承运和保管货物。作为提供集装箱的承运人，明知发货人托运的是易于腐烂的海产品，而将未能彻底清除，残留有前一航次货物污染的不适载集装箱交给发货人装箱，违反了我国《民法通则》第 111 条关于“履行合同义务不符合约定条件”的规定，对本案海产品的货损，犯有疏忽大意的过错，应该承担海产品损失的赔偿责任。对此，我国《海商法》第 47 条也有规定，承运人在船舶开航前和开航当时，应当谨慎处理，使船舶处于适航状态，妥善配备船员、装备船舶和配备供应品，并使货舱、冷藏舱、冷气舱和其他载货处所适于并能安全收受、

载运和保管货物。

P远洋运输公司签发的提单下3个集装箱的运输条件为集装箱运输，即由S分公司全权代理发货人发货、点数、装船、铅封。S分公司明知对于集装箱的检验，应是其作为发货人、代理人的职责，但是，本航行海产品装箱前，S分公司没有申请商检，认为其对装箱的集装箱的适载性有充分把握，没有尽到认真检查集装箱体的责任，违反了《民法通则》第66条第2款的规定，有过失，也应承担相应的货损赔偿责任。

中国人民保险公司可以作为适格的原告，《海商法》第252条规定，保险标的发生保险责任范围内的损失是由第三人造成的，被保险人向第三人要求赔偿的权利，自保险人支付赔偿之日起，相应转移给保险人。即保险人取得代位求偿权，所以中国人民保险公司有权作为原告提起诉讼。

中国人民保险公司应将P远洋运输公司和S分公司都作为被告提起诉讼，至于它们各自承担责任的大小，则由法院依据实际情况和法律的有关规定作出判断。

二、集装箱进出口货运中的相关单证

集装箱货物运输单证，在20世纪80年代我国各口岸基本上采用的是传统的货运单证。随着集装箱运输的发展，交通部于1989年在上海口岸主持了“国际集装箱运输系统工业性试验”，于1991年完成并通过国家鉴定验收。1990年12月5日，国务院第68号令发布了《中华人民共和国海上国际集装箱运输管理规定》，交通部又于1992年6月9日以第35号令发布了《中华人民共和国海上国际集装箱运输管理规定实施细则》，上述的规定和实施细则自1992年7月1日起施行。从此以后，我国各口岸的集装箱货物运输主要单证基本上统一起来。与传统的货运单证相比，除采用了与传统的散杂货运输中相同的商务单证外，在船务单证中根据集装箱运输的特点，采用了空箱提交单、设备交接单、集装箱装箱单、场站收据、提货通知书、到货通知书、交货记录、卸货报告和待提集装箱报告等方面的内容。现分别介绍如下。

(一) 空箱提交单

空箱提交单（Equipment Despatch Order）又称集装箱发放通知单（Container Release Order），俗称提箱单，是船公司或其代理人指示集装箱堆场将空集装箱及其他设备提交给本单持有人的书面凭证。

在集装箱运输中，发货人如使用船公司的集装箱，并为了要把预定的货物装在箱内，就要向集装箱堆场或空箱储存场租借空箱，通常是由船公司提供空集装箱，借给发货人或集装箱货运站。在这种情况下，船公司或其代理人要对集装箱堆场或空箱储存场发出交箱指示，但是由于空集装箱是一个售价较高的设备，因此不能只靠简单的口头指示，还要向发货人或其代理人提交空箱提交单，集装箱堆场或空箱储存场只对持有本单证的人提交空集装箱，以确保交接安全。

集装箱的空箱提交单一式三份，发货人或其代理人凭订舱委托书，接受订舱委托后，由船公司或其代理人签发，除自留一联备查外，发货人或其代理人和存箱的集装箱堆场或空箱储存场各执一联。

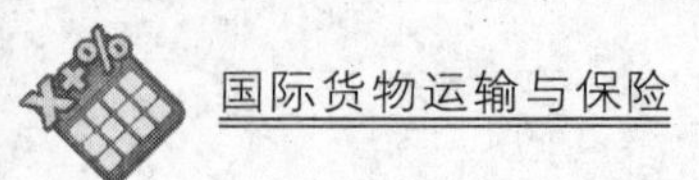

（二）集装箱设备交接单

集装箱设备交接单（Equipment Interchange Receipt）简称设备交接单（Equipment Receipt，E/R），是进出港区、场站时，用箱人、运箱人与管箱人或其代理人之间交接集装箱和特殊集装箱及其设备的凭证，是拥有和管理集装箱的船公司或其代理人与利用集装箱运输的陆运人签订有关设备交接基本条件的协议。

设备交接单分出场设备交接单和进场设备交接单两种，各有三联，分别为管箱单位留底联，码头、堆场联，用箱人、运箱人联。

设备交接单位的各栏分别由管箱单位的船公司或其代理人，用箱人或运箱人，码头、堆场的经办人填写。船公司或其代理人填写的栏目有：用箱人/运箱人，船名/航次，集装箱的类型及尺寸，集装箱状态，免费使用期限和进、出场目的等。由用箱人、运箱人填写的栏目有：运输工具的车号；如果是进场设备交接单，还须填写来自地点、集装箱号、提单号、铅封号等栏目。由码头、堆场填写的栏目有：集装箱进、出场日期、检查记录，如果是出场设备交接单，还须填写所提集装箱号和提箱地点等栏目。

（三）场站收据

场站收据（Dock Receipt，D/R）又称港站收据或码头收据，一般是指船公司或其他运输经营人委托集装箱堆场、集装箱货运站在收到整箱货或拼箱货后，签发给托运人证明已收到货物，托运人可凭以换取提单或其他多式联运单证的收据。

根据运输业务的需要，通常设计为一式十联，各联用途如下：

第一联，托运单（货主留底）。

第二联，托运单（船代留底）。

第三联，运费通知(1)。

第四联，运费通知(2)。

第五联，场站收据副本(1)——装货单联。

第五联（附页），缴纳出口货物港务申请书。

第六联，场站收据副本(2)——大副联。

第七联，正本场站收据。

第八联，货代留底。

第九联，配舱回单(1)。

第十联，配舱回单(2)。

以上一式十联，船公司或其代理接受订舱后在托运单上加填船名、航次及编号，并在第五联装货单上盖章，表示确认订舱，然后将第二至第四联留存，其余各联全部退还货主或货运代理公司。

货代将第五联、第五联附页、第六联、第七联共4联留作报关之用。第九或第十联交托运人作配舱回执，其余供内部各环节使用。

场站收据联单虽有十联之多，其核心单据则为第五、第六和第七联。

第五联是装货单联。经承运人确认后的装货单，盖有船公司或其代理人的图章，是船公司发给船上负责人员和集装箱装卸作业区接受货物的指令，也是船上大副凭以收货的依据。

报关时，海关查核后也在此联盖放行章，所以又称关单；装货单联和大副联在货物交接结束后，由码头堆场留存；货物装船完毕后，将大副联（即第六联）交予船方大副。

第七联是正本场站收据。集装箱堆场或集装箱货运站验收集装箱或货物后，如果没有异常，由集装箱码头堆场或货运站在正本场站收据上签章，退回货主或货运代理，据以签发提单。如果集装箱或货物的实际状况与单据记载不符，或外表状况有缺陷，则需在场站收据上作出批注后，退还给货主或其代理人。

（四）集装箱装箱单

集装箱装箱单（Container Load Plan）是详细记载每一个集装箱内所装货物名称、数量、尺码、重量、标志和箱内货物积载情况的单证，对于特殊货物还应加注特定要求，比如对冷藏货物要注明对箱内温度的要求等。它是集装箱运输的辅助货物舱单，其用途很广，主要用途有以下几方面：

(1) 是发货人向承运人提供集装箱内所装货物的明细清单。

(2) 是在装箱地向海关申报货物出口的单据，也是集装箱船舶进出口报关时向海关提交的载货清单的补充资料。

(3) 是发货人，集装箱货运站与集装箱码头之间的货物交接单。

(4) 是集装箱装、卸两港编制装、卸船计划的依据。

(5) 是集装箱船舶计算船舶吃水和稳性的基本数据来源。

(6) 在卸箱地，作为办理集装箱保税运输手续和拆箱作业的重要单证。

(7) 当发生货损时，是处理索赔事故的原始依据之一。

集装箱装箱单每一个集装箱一份，一式五联，其中：码头、船代、承运人各一联，发货人、装箱人两联。集装箱货运站装箱时由装箱的货运站缮制；由发货人装箱时，由发货人或其代理人的装箱货运站缮制。

发货人或货运站将货物装箱，缮制装箱单一式五联后，连同装箱货物一起送至集装箱堆场。集装箱堆场的业务人员在五联单上签收后，留下码头联、船代联和承运人联，将发货人、装箱人联退还给送交集装箱的发货人或集装箱货运站。发货人或集装箱货运站联除自留一份备查外，将另一份寄交给收货人或卸箱港的集装箱货运站，供拆箱时使用。

对于集装箱堆场留下的三联装箱单，除集装箱堆场自留码头联，据此编制装船计划外，还须将船代联及承运人联分送船舶代理人和船公司，据此缮制积载计划和处理货运事故。

有的国家，如澳大利亚，对动植物检疫有严格的特殊要求，在装箱单上就须附有申请卫生检疫机关检验申请联。在申请联的申请检验事项中，与货运有关的内容包括货物本身及其包装用料是否使用了木材，如木板、木箱、货板、垫板。如使用了，是否已经经过防虫处理的说明。如果已经经过处理，则就货物本身应由发货人将发票、海运单证和熏蒸证书一并寄交收货人；就集装箱而言，则应由船公司或其代理人连同集装箱适航证书一并寄交卸货港的船公司的代理人。

总之，集装箱装箱单的内容记载得准确与否，与集装箱货物运输的安全有着非常密切的关系。

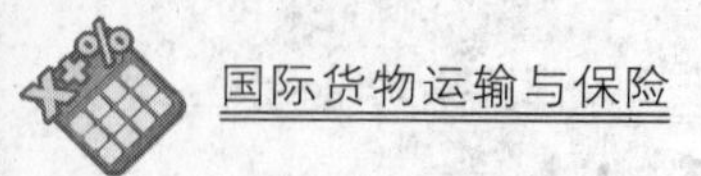

（五）提货通知书

提货通知书(Delivery Notioe)是在卸货港的船公司或其代理人向收货人或通知人发出的船舶预计到港时间的通知。它是根据船舶的动态以及装货港的船公司或其代理人寄来的单据资料编制的。

卸货港的船公司或其代理人向收货人或通知人发出提货通知书的目的在于要求收货人事先做好提货准备，以便集装箱货物到港后能尽快疏运出港，避免在港口堆场的长期存放，使集装箱堆场能更充分地发挥中转、换装的作用。

（六）到货通知书

到货通知书(Arrival Notice)是船公司在卸货港的代理人在集装箱已经卸入堆场，或拼箱货已移至集装箱货运站，并做好交接准备后，向收货人或通知人发出的要求其及时提取货物的书面通知。收货人可凭到货通知书和正本提单到船公司在卸货港的代理人处换取提货单。

到货通知书通常是提货单联单的第一联。

提货通知书是在船舶到港卸货之前发出的，船公司通知收货人船舶预计到港时间，做好提货准备。它是船公司为使货运程序能顺利完成而发出的单据，该单据的发出是否及时以及收货人是否收到该通知，船公司并不承担责任。而到货通知书是在船舶已经到港卸货，集装箱进入集装箱堆场或货运站，处于可交付状态后，船公司再向收货人发出的，它是办理进口货运手续的必要单据。

（七）提货单

提货单(Delivery Order,D/O)又称交货记录，是收货人或其代理人据以向集装箱堆场或集装箱货运站提取货物的凭证，也是船公司对码头或货运站交货的通知。

虽然收货人或货运代理人提取货物是以正本提单为交换条件的，但在实际业务中，通常是收货人或货运代理先凭正本提单向卸货港的船公司或其代理人换取提货单，再持提货单到集装箱堆场或集装箱货运站提取货物。

提货单一式五联。

第一联，到货通知书。

第二联，提货单。

第三联，费用账单。

第四联，费用账单。

第五联，交货记录。

（八）特殊货物清单

在集装箱内装运危险货物、动物货、植物货以及冷冻货物等特殊货物时，托运人在托运这些货物时，必须根据有关规章，事先向船公司或其代理人提交相应的危险货物清单、动物货清单、植物货清单和冷冻货集装箱清单。

（九）交货记录

交货记录是承运人把箱货交付收货人时双方共同签署的证明货物已经交付，承运人对

货物责任已告终止的单证。交货记录通常在船舶抵港前由船舶代理依据舱单、提单副本等卸船资料预先制作。交货记录中货物的具体出库情况由场站、港区的发货员填制，并由发货人、提货人签名。

（十）其他单证

1. 卸货报告（Outturn Report）

2. 待提集装箱（货物）报告（Report of Undelivery Container<Cargo>）

第六节 集装箱航运路线

集装箱运输又称箱运化运输，是国际货物运输最重要的运输方式。目前，全球有上百个国家和地区进入集装箱运输网，各主要航线均已实现集装箱化。

世界主要集装箱航运地区有远东、西欧、北美和澳大利亚，这 4 个地区货运量大，消费水平高，适于集装箱运输的货源充足，连接这几个地区的集装箱航线便成为全球海上集装箱航运干线，分别是北太平洋航线、北大西洋航线和远东—欧洲航线（印度洋航线）。

北太平洋航线由远东—北美太平洋沿岸航线和远东—北美大西洋沿岸航线组成。此航线除承担太平洋沿岸附近地区货物运输外，还连接北美大西洋沿岸、墨西哥湾沿岸各港及通往美国中西部的内陆联合运输，是目前世界上最繁忙的航线。所联系的港口有亚太地区的东京、横滨、名古屋、神户、大阪、釜山、仁川、大连、天津、青岛、上海、中国香港、高雄、基隆、新加坡；北美太平洋沿岸的洛杉矶、长滩、奥克兰（旧金山）、西雅图、波特兰和温哥华；北美东岸（包括墨西哥湾沿岸）的休斯敦、新奥尔良、坦帕、杰克森维尔、诺福克、费城、纽约、波士顿、哈利法克斯、圣约翰等。

北大西洋航线以美国东岸为中心，由北美东岸、五大湖—西北欧、地中海之间的航线组成，开展对西北欧、地中海及澳大利亚地区的集装箱运输。所联系的港口在欧洲一端主要有汉堡、鹿特丹、安特卫普、勒阿弗尔、南安普敦等。

远东—欧洲航线除联系远东和欧洲各港外，还把北美大西洋沿岸、加勒比海地区、地中海、中东、澳新等地连接起来。

除上述三大集装箱航线外，还有澳新—北美航线以及欧洲、地中海—西非、南非航线，远东—澳新航线。以上 6 条集装箱运输干线连接着世界主要贸易区，构成了世界海上集装箱运输网络的骨架，它和分布于全球各地的集装箱运输支线一起构成覆盖全球的集装箱运输网。集装箱干支线运输网由中转港连接起来。

目前，世界集装箱海运干线中转港主要有远东地区的中国香港地区、高雄，连接中国大陆、菲律宾和越南；东南亚地区的新加坡，连接泰国、印度尼西亚和马来西亚；印度洋上的索科特拉岛，连接缅甸、南亚以及东非沿海各国；地中海上的马耳他岛，连接地中海和黑海沿岸各港；波多黎各和牙买加，连接加勒比海、南美各国。

我国经华南地区出发的集装箱海运航线主要有：

（1）东南亚航线；华南地区往返东南亚各国、台湾地区的航线。

（2）日韩航线：华南地区往返日本与韩国、朝鲜的航线。

(3) 澳洲航线：华南地区往返澳大利亚、新西兰等国家的航线。

(4) 印巴航线：华南地区往返印度、巴基斯坦、孟加拉、斯里兰卡等国的航线。

(5) 中东航线：往返中东各国的航线。

(6) 地西航线：往返地中海西部沿岸国家的航线。

(7) 地东航线：往返地中海东部沿岸国家的航线。

(8) 欧洲航线：往返西北欧等国的航线。

(9) 非洲航线：往返非洲各国的航线。

(10) 北美航线：往返北美各国的航线，主要是美国与加拿大，分为美东与美西。

(11) 中南美航线：往返中美洲、南美洲、加勒比海沿岸国家(包括墨西哥)的航线。

(12) 两个特殊的地区：西伯利亚铁路沿线及黑海沿岸。此线主要包括俄罗斯及乌克兰、哈萨克斯坦、乌兹别克斯坦等国，黑海沿岸主要是指罗马尼亚(堪斯坦察港)。

本章小结

1. 集装箱是指具有一定规格和强度，专为周转使用，便于机械操作和运输的大型货物容器，在中国台湾和中国香港地区称为“货柜”。

2. 集装箱的种类：① 按规格尺寸分：国际标准化组织制定并推荐了3个系列、13种规格的集装箱标准方案，现在海运中大量使用20英尺箱和40英尺箱，其中20英尺箱被称为国际标准集装箱；② 按制箱的材料分：钢制集装箱、不锈钢制集装箱、铝制集装箱、玻璃钢制集装箱；③ 按用途分：干货集装箱、散货集装箱、冷藏集装箱、通风集装箱、开顶集装箱、框架式集装箱、罐式集装箱。

3. 集装箱运输是将多种多样的杂货集装于具有统一长、宽、高规格的箱体内，通过海洋、内河、铁路、公路等运输方式进行“门到门”的一种联合运输，是物质装备基础较强、技术较先进的现代化运输形式。

4. 集装箱运输系统是一个复杂的运输系统，包括适箱货源及其揽货管理、集装箱及其箱务管理、集装箱船舶及其营运管理、集装箱码头及其装卸作业子系统、集装箱货运站、航空集装箱运输子系统、铁路集装箱运输子系统、公路集装箱运输子系统和集装箱运输信息系统。

5. 集装箱货物在积载、堆装时应注意货物的性质与混载、重量的分配、货物的绑扎固定和缓冲材料的使用的事项。

6. 集装箱货物的交接方式主要有门到门交接、门到场交接、门到站交接、场到门交接、场到场交接、场到站交接、站到门交接、站到场交接和站到站交接等9种方式。

7. 集装箱运输运费包括内陆运费和海运运费两种。其中，内陆运费包括拖车费、火车运费、内河运费、拼箱服务费、堆场服务费和集装箱机器设备使用费。海运运费包括件杂费率加附加费、包箱费率、最低运费、最高运费和集装箱附加费。

8. 集装箱运输进口程序：卸货准备；卸船拆箱，发放到货通知；换取提货单；报送、报验；交付货物。

9. 集装箱运输出口程序：订舱、承运、发放空箱、货物装箱、整箱货交接、集装箱交接签

证、换取提单、装船。

10. 集装箱提单的正面条款包括确认条款、承诺条款和签署条款；背面条款包括承运人责任期限条款、承运人的赔偿责任限制、舱面货运输选择条款和制约托运人的责任条款。

11. 集装箱进出口货物运输的相关货运单证包括集装箱货物托运单、场站收据、设备交接单、装箱单、提货通知书、到货通知书、提货单和卸货报告等。

思考与练习

一、思考题

1. 按照国际标准化组织104技术委员会的规定，国际标准集装箱必须具备哪些条件？
2. 集装箱的必备标记包括哪些？常见的集装箱运输工具和设备有哪些？
3. 简述集装箱整箱货和拼箱货的交接方式及其主要内容。
4. 简述集装箱拼箱货的交接方式及其主要内容。
5. 简述集装箱运输的主要特点。
6. 集装箱运输费用有哪些具体内容？

第六章　国际多式联运

理解国际多式联运的定义、特征。了解国际多式联运经营人的内涵、特征、类型、责任范围、《联合国国际货物多式联合公约》的内容和我国国际多式联运路线。掌握国际多式联运的方式。熟悉多式联运单证内容，以及海运提单及联运提单的缮制。

第一节　国际多式联运概述

一、国际多式联运的定义

国际多式联运是在国际集装箱运输的基础上发展起来的一种新型的运输形式，是指由多式联运经营人按照多式联运合同，以集装箱为媒介，把公路、铁路、水路和航空等传统的运输方式有机地结合起来，组成一个综合连贯的运输系统，将货物从一国境内接受货物的地点运至另一国境内指定地点交货，为货主提供经济、合理、迅速、安全、便捷的运输服务。在国际贸易中，由于85%—90%的货物是通过海运完成的，所以海运在国际多式联运中占据主导地位。

根据1980年《联合国国际货物多式联运公约》(United Nations Convention on International Multi-modal Transport of Goods，以下简称《多式联运公约》)的规定，国际多式联运是指按照多式联运合同，以至少两种不同的运输方式，由多式联运经营人将货物从一国境内接管货物的地点运至另一国境内指定交付货物的地点。

国际多式联运英文表达方式有 Intermodal Transport(IMT)，Multimodal Transport (MMT)或 Combined Transport 等几种。《多式联运公约》中使用了 Multimodal Transport (MMT)，国际商会《多式联运单证统一规则》中则使用了 Combined Transport。

二、国际多式联运的特征

国际多式联运是将不同的运输方式有机地组合在一起的一体化运输方式，具有以下特征。

(一) 负责全程运输的国际多式联运经营人必须与发货人订立多式联运合同

国际多式联运合同明确了国际多式联运经营人和货主之间的权利、义务、责任、豁免的

合同关系和多式联运的性质。这是国际多式联运的主要特征,也是区分国际多式联运与传统运输方式的重要依据。国际多式联运经营人在履行国际多式联运合同时,也可以与实际承运人订立分运合同,实际承运人负责全程或部分区段的实际运输。但分运合同的承运人与货主之间没有任何合同关系。

(二) 国际多式联运经营人必须对全程运输承担运输负责

国际多式联运经营人不仅是订立国际多式联运合同的当事人,也是不同运输方式的组织人,还是国际多式联运单证的签发人。国际多式联运经营人作为一个独立的法律实体,对货物负有履行合同的责任并承担自接收货物起到交付货物止的全程运输责任,以及对货物在运输中因灭失、损坏、迟延交付所造成的损失负赔偿责任。这是多式联运的根本特征。

(三) 多式联运必须是国际的货物运输

多式联运经营人接管的货物必须是国际运输的货物。在国际多式联运方式下,货物运输必须是跨越国境的一种国际运输方式。这不仅与国内货物运输相区别,更重要的是涉及国际运输法规的适用问题。

(四) 国际多式联运必须是不同运输方式下的连续运输

这是辨别国际多式联运的重要特征。为履行单一运输合同而进行的该合同所规定的短途货物接送业务,不属于国际多式联运。

(五) 国际多式联运经营人签发一张国际多式联运单证,并制定国际多式联运单一费率,依此计收全程运费

国际多式联运单证是指证明国际多式联运合同以及国际多式联运经营人接收货物并负责按合同条款交付货物所签发的单据,同时也是一种物权证明和有价证券。

(六) 多式联运的费率为全程单一运费费率

国际多式联运经营人在对货主负全程运输责任的基础上,制定一个从货物发运地至目的地的全程单一费率,并以包干形式一次向货主收取,全程单一费率通常包括运输成本、经营管理成本,如制单费、通信费等,以及合理的利润。

三、国际多式联运的优越性

国际多式联运是国际运输发展的方向。开展国际集装箱多式联运具有许多优越性,主要表现在以下几个方面。

(一) 责任统一、手续简便

发货人只办一次托运,签订一个运输合同,付一次运费,取得一份多式联运提单,一旦出现了运输责任上的问题,只需找一个承运人解决即可。

(二) 运输时间缩短,货运质量提高

由于多式联运是集装箱运输,又是一气呵成的连贯运输,所以中途无须拆箱倒载,货物安全,货运速度加快。

(三) 节省运杂费,减少利息支出

由于多式联运大都为"门到门"运输,从而减少中间环节,节省了运杂费,特别是在内地发货,装上火车就可凭多式联运经营人签发的多式联运提单向银行议付结汇,一般可提前7—10天结汇,从而减少利息开支。

(四) 降低运输成本,加速货运周转

多式联运使各种单一的运输方式有机地结合起来,不仅缩短运输时间,降低运输成本,而且加速了货运周转速度。因此,现在采用这一运输方式的越来越多,有广阔的发展前景。

(五) 其他作用

从政府的角度来看,发展国际多式联运具有以下重要意义:有利于加强政府部门对整个货物运输链的监督与管理;保证本国在整个货物运输过程中获得较大的运费收入分配比例;有助于引进新的先进运输技术;减少外汇支出;改善本国基础设施的利用状况;通过国家的宏观调控与指导职能,保证使用对环境破坏最小的运输方式,以达到保护本国生态环境的目的。

四、联合国国际货物多式联运公约

《联合国国际货物多式联运公约》是国际上第一个关于多式联运的公约,是1980年5月24日在日内瓦举行的联合国国际联运会议第二次会议上,经与会的84个联合国贸易与发展会议成员国一致通过的。

《多式联运公约》全文共40条和1个附件,在结构上分为总则、单据、联运人的赔偿责任、发货人的赔偿责任、索赔和诉讼、补充规定、海关事项和最后条款8个部分。该公约旨在调整多式联运经营人和托运人之间的权利、义务关系以及国家对多式联运的管理。该公约的主要内容如下所述。

(一) 国际多式联运合同双方当事人的法律地位

国际多式联运合同的双方当事人分别为联运经营人和发货人。根据《多式联运公约》第1条的规定,联运经营人是以"本人"的身份同发货人签订国际多式联运合同的当事人,并不是发货人的代理人或代表,也不是参与国际多式联运的承运人的代理人或代表。联运经营人负有履行整个联运合同的责任,并以"本人"的身份对联运的全过程负责。因此,在发货人将货物交由联运经营人收管后,不论货物在运输过程中的哪个阶段发生灭失或损坏,联运经营人均须以"本人"的身份负直接赔偿责任。

(二) 国际多式联运合同和国际多式联运单证

按照《多式联运公约》的有关规定,国际多式联运合同是指国际多式联运经营人凭以收取运费、负责完成或组织完成国际多式联运的合同。国际多式联运单证是指证明国际多式联运合同以及证明国际多式联运经营人接管货物并负责按照合同条款交付货物的单证。根据该公约第5条的规定,联运经营人在接管货物时,应签发国际多式联运单证。依照发货人的选择,可以是可转让的,也可以是不可转让的。国际多式联运单证中应当包括15项内容,

其中包括货物的品类、标志、包数或件数、货物的毛重、危险货物的性质、货物的外表状况、联运人的名称和地址、发货人的名称、收货人的名称、联运经营人接管货物的地点和日期、交货地点、国际多式联运单证的签发地点和日期、联运经营人或其授权人的签字等。不过，国际多式联运单证中若缺少上述内容中的一项或数项，并不影响其作为国际多式联运单证的法律性质。

（三）联运经营人的赔偿责任

《多式联运公约》的第三部分是关于联运经营人赔偿责任的规定。联运经营人对国际多式联运单证项下货物的责任期间，是从其接管该货物之时起至交付货物时止。该公约对联运经营人的赔偿责任采取了"推定过失原则"，即除非联运人能证明他和他的受雇人或代理人为避免损害事故的发生及其后果已经采取了一切所能合理要求的措施，否则就推定联运经营人对事故的发生是有过失的，因此，应对货物在其掌管期间所发生的灭失、损坏或延迟交货，负赔偿责任。

（四）发货人的赔偿责任

《多式联运公约》的第四部分是关于发货人赔偿责任的规定。如果国际多式联运经营人遭受的损失是由于发货人的过失或疏忽，或者其受雇人或代理人在其受雇范围内行事时的过失或疏忽造成的，发货人对这种损失应负赔偿责任。如果损失是由于发货人的受雇人或代理人本身过失或疏忽所造成的，该受雇人或代理人对这种损失应负赔偿责任。

（五）索赔与诉讼

《多式联运公约》的第五部分是关于索赔和诉讼的规定。该部分规定的内容由灭失、损坏或延迟交货的通知，诉讼时效，管辖和仲裁等四个方面构成。

第二节　国际多式联运方式

国际多式联运采用两种或两种以上不同运输方式进行联运。众所周知，每种运输方式的特点和优势各不相同。水路运输具有运量大、成本低的优点，适于长距离的国际间的运输；公路运输则具有机动灵活，便于实现货物"门到门"运输的特点；铁路运输的主要优点是不受气候影响，可深入内陆和横贯内陆，实现货物的准时运输；而航空运输的主要优点是可实现货物的快速运输。国际多式联运正是综合利用了各种运输方式的优点，提供更快速、安全、高效的运输服务，在世界各主要国家和地区得到了广泛的应用。

目前，国际多式联运的主要组织形式包括以下几种。

一、海陆联运

海陆联运是国际多式联运的主要方式，是以海运为主要运输方式，以航运公司为主体，签发国际多式联运提单，与航线两端的内陆运输部门联合开展联运业务。海陆联运又可分为船舶与汽车联运、船舶与火车联运两种。货物以海运方式从一国运至另一国，而在出口国和进口国的内陆运输则由公路或铁路运输来完成。由于公路运输的运费较高、经济运输距离较短，对于陆运距离长的货物运输，其竞争力不如船舶与火车联运，但是它可以实现"门到

门”的运输。对于长距离的内陆运输则主要采用船舶与火车联运。

二、陆桥运输

(一) 路桥运输概述

陆桥运输(Land Bridge Transport)是指利用横贯大陆的铁路运输系统作为中间桥梁，把大陆两端的海洋连接起来的集装箱连贯运输方式。简单地说，就是两边是海运，中间是陆运，大陆把海洋连接起来，形成海陆联运，而大陆起到了“桥”的作用，所以称之为“陆桥”。而海陆联运中的大陆运输部分就称为“陆桥运输”。

陆桥运输主要有以下特点：

(1) 属陆桥运输范畴，采用海陆联运方式，全程由海运段和陆运段组成。

(2) 比全程海运运程短，但需增加装卸次数。在某一区域陆桥运输能否存在和发展，主要取决于它与全程海运相比在运输费用和运输时间等方面的综合竞争力。

目前，世界上比较有影响的陆桥运输线路有西伯利亚大陆桥、北美陆桥和新亚欧大陆桥。

(二) 西伯利亚大陆桥

西伯利亚大陆桥(Siberian Land Bridge，SLB)是指使用国际标准集装箱，将货物由远东海运到俄罗斯东部港口，经跨越欧亚大陆的西伯利亚铁路运至波罗的海沿岸港口，然后再采用铁路、公路或海运运到欧洲各地的国际多式联运的运输线路。

西伯利亚大陆桥是世界最著名的国际集装箱多式联运组织线路之一，也是目前世界上最长的一条陆桥运输线。它是远东—欧洲之间运输距离最短的一条运输线，可实行集装箱的“门到门”运输。目前，远东海运到俄罗斯东部港口的货物经西伯利亚大陆桥往返欧洲、亚洲间的路线主要有三条。

1. 铁—海路线(Trans-Sea)

经西伯利亚铁路运至莫斯科，经支线铁路运输到波罗的海或黑海沿岸港口，再换装船舶，海运至西欧、北欧或巴尔干地区的港口，或按反方向运输。

2. 铁—铁路线(Trans-Rail)

经西伯利亚铁路运至西部出境站，再转运欧洲或伊朗铁路，运到欧洲各地，或按反方向运输。

3. 铁—公路线(Tracons)

经西伯利亚铁路运至西部出境站，再转公路运往欧洲各地，或按反方向运输。

西伯利亚大陆桥是较典型的一条国际多式联运线路。它大大缩短了远东到欧洲的运输距离，节省了运输时间。从远东经俄罗斯太平洋沿岸港口去欧洲的陆桥运输线全长13 000千米。而相应的全程水路运输距离(经苏伊士运河)约为20 000千米。

(三) 北美陆桥

北美洲幅员辽阔，海岸线长，地理位置优越，铁路和公路运输系统也十分发达，非常适宜开展陆桥运输。

1. 北美大陆桥运输

北美大陆桥(North American Land Bridge)是指利用北美的铁路开展从远东到欧洲的国际多式联运。该陆桥运输包括美国大陆桥运输和加拿大大陆桥运输。

(1) 美国大陆桥运输。美国大陆桥有两条陆运运输线路：一条是从西部太平洋沿岸至东部大西洋沿岸的铁路和公路运输线；另一条是从西部太平洋沿岸至东南部墨西哥湾沿岸的铁路和公路运输线。美国大陆桥于 1971 年年底由经营远东—欧洲航线的船公司和铁路承运人联合开办“海陆海”国际多式联运线，后来美国几家班轮公司也投入营运。目前，主要有 4 个集团经营远东经美国大陆桥至欧洲的国际多式联运业务。这些集团均以国际多式联运经营人的身份，签发国际多式联运单证，对全程运输负责。

(2) 加拿大大陆桥运输。加拿大大陆桥与美国大陆桥相似，由船公司把货物海运至温哥华，经铁路运到蒙特利尔或哈利法克斯，再与大西洋海运相接。由于加拿大大陆桥的运输成本较美国大陆桥运输成本高，同时又难以确保二程船在太平洋航线的舱位等问题，加拿大大陆桥的使用远远不及美国大陆桥。

北美大陆桥是世界上历史最悠久、影响最大、服务范围最广的陆桥运输线。据统计，从远东到北美东海岸的货物有 50％以上是采用双层列车进行运输的，因为采用这种陆桥运输方式比采用全程海运方式通常要快 1—2 周。例如，集装箱货物从日本东京到欧洲鹿特丹港，采用全程海运(经巴拿马运河或苏伊士运河)通常需 5—6 周时间，而采用北美大陆桥运输仅需 3 周左右的时间。

随着美国和加拿大大陆桥运输的成功营运，北美其他地区也开展了大陆桥运输。墨西哥大陆桥(Mexican land Bridge)就是其中之一。该大陆桥横跨特万特佩克地峡(Isthmus Tehuantepec)，连接太平洋沿岸的萨利纳克鲁斯港和墨西哥湾沿岸的夸察夸尔科斯港，陆上距离近 300 千米。墨西哥大陆桥于 1982 年开始营运，目前其服务范围还很有限，对其他港口和大陆桥运输的影响还很小。

2. 美国小陆桥

从运输组织方式上看，小陆桥运输(Mini-land Bridge，MLB)与大陆桥运输并没有本质的区别，也是利用陆上桥梁来连接海运，但运输的目的地是沿海港口，比大陆桥运输方式少了一段海运。

目前，美国小陆桥主要开展集装箱运输，包括以下线路：

(1) 远东海运到美国西海岸港口，转陆运至东海岸地区，或其相反方向。

(2) 远东海运到美国西海岸港口，转陆运至东南部墨西哥湾地区，或其相反方向。

(3) 欧洲海运到美国东海岸地区，转陆运至西海岸地区，或其相反方向。

(4) 欧洲海运到美国东海岸港口，转陆运至墨西哥湾地区，或其相反方向。

小陆桥运输的发展，把远东到美国东海岸地区的货物都吸引到西海岸，使现有太平洋航线货运量大幅度增加。由于航线的合理经营，许多船公司停止向美国东海岸安排直达船，而经营小陆桥运输，这样既可降低运输成本，又缩短了运输时间，还可以享有大批量运输的利益。

但小陆桥运输也有不足之处，如铁路运费较高，往返程货源不平衡，以及东海岸铁路本

身的问题等。

3. 美国微桥运输

美国微桥(Micro-Land Bridge)又称半陆桥运输，与小陆桥运输基本相似，只是其交货地点在美国内陆地区，只利用陆桥的一部分把海运与内陆铁路运输连接起来。

对于由美国东部内陆地区运往远东的货物，如果采用小陆桥运输，首先要通过国内运输运至东海岸，再通过国内铁路运输从东海岸港口运至西海岸港口，最后换装船舶海运至远东。如果从内陆地区直接以国际货运单运至西海岸港口转运，不仅避免了双重港口的中转和收费，还缩短了运输时间。而远东到美国内陆地区的货物，也可以海运至美国西海岸，换装铁路后就直接运到内陆城市，如芝加哥、匹兹堡等，不需要进入东海岸港口。于是，由铁路、船公司、海关以及商检等部门共同协商，在行政上、法规上采取一定的措施，形成了美国微桥运输。

(四) 新亚欧大陆桥

为了适用和配合对外贸易运输的发展需要，我国对某些国家和地区已开始提供新亚欧大陆桥(Eurasia Bridge)运输服务。新亚欧大陆桥(TCR)相对于西伯利亚大陆桥而言也称“第二亚欧大陆桥”，是指从中国沿海的连云港等港口经陇海、兰新铁路由阿拉山口进入中亚，通向西欧港口的铁路通道。1990 年 9 月 12 日，中国北疆铁路与原苏联土西铁路顺利接轨，形成了新亚欧大陆桥跨中国大陆桥通道。1992 年 12 月 1 日，新亚欧大陆桥过境集装箱运输开通。

新亚欧大陆桥东起中国连云港，西至荷兰鹿特丹，途经哈萨克斯坦、乌兹别克斯坦、吉尔吉斯斯坦、塔吉克斯坦、俄罗斯、白俄罗斯、波兰、德国和荷兰等国，全长 10 900 千米。在中国境内经过陇海、兰新两大铁路干线，全长 4 131 千米。它在徐州、郑州、洛阳、宝鸡、兰州分别与我国京沪、京广、焦柳、宝成、包兰等重要铁路干线相连，具有广阔的腹地。

该陆桥为亚欧开展国际多式联运提供了一条便捷的国际通道。远东至西欧经新亚欧大陆桥，比经苏伊士运河的全程海运航线缩短运距 8 000 千米，比通过巴拿马运河缩短运距 11 000 千米。远东至中亚、中近东经新亚欧大陆桥比经西伯利亚大陆桥，缩短运距 2 700—3 300 千米。

三、海空联运

海空联运又称空桥运输(Air Bridge Service)，是将海运和空运有机地组织在一起的国际多式联运形式。它的运输时间比全程海运要短，而运输费用要比全程空运便宜。在运输组织方式上，与陆桥运输不同。陆桥运输在整个货运过程中使用的是同一个集装箱，不需要换装，而空桥运输的货物通常要在航空港装入航空集装箱。

海空联运一般以海运为主，只是最终交货运输区段采用空运来完成，主要组织线路如下：

(1) 远东—欧洲。以温哥华、西雅图、洛杉矶、旧金山等太平洋沿岸港口为中转地；或以中国香港、曼谷、新加坡、符拉迪沃斯托克(海参崴)为中转地。

(2) 远东—中南美洲。以迈阿密、洛杉矶、温哥华为中转地。

(3) 远东—中东、非洲。以中国香港、曼谷为中转地，运输至中东和非洲；或者以马赛为中转地运输至非洲。

第三节 国际多式联运经营人

一、国际多式联运经营人的内涵

多式联运经营人(Multimodal Transport Operator)是指本人或通过其代表订立多式联运合同的任何人。它既不是发货人的代理或代表，也不是承运人的代理或代表，它是一个独立的法律实体。它具有双重身份，对货主来说它是承运人，对实际承运人来说，它又是托运人。它一方面与货主签订多式联运合同，另一方面又与实际承运人签订运输合同。它是总承运人，对全程运输负责，对货物灭失、损坏、延迟交付等均承担责任。在国际上，经营国际多式联运业务的都是些规模较大、实力雄厚的国际货运公司；在我国，当前只有“外运”、“中远”等航运公司经营国际多式联运业务。

国际多式联运经营人可以分为两种：一种为有船承运人为国际多式联运经营人，另一种为无船承运人为国际多式联运经营人。前者在接受货物后，不但要负责海上运输，还须安排汽车、火车与飞机的运输，对此国际多式联运经营人往往再委托给其他相应的承运人来运输，对交接过程中可能产生的装卸和包装储藏业务，也委托给有关行业办理。但是，这个国际多式联运经营人必须对货主负整个运输过程中产生的责任。后者在接受货物后，将运输委托给各种方式运输承运人进行，但本人对货主仍应负责。无船国际多式联运经营人不拥有船舶，通常是内陆运输承运人、仓储业者或其他从事陆上货物运输中某一环节的人。也就是说，无船经营人往往拥有除船舶以外一定的运输工具。

由此可见，在国际多式联运中，国际多式联运经营人与发货人、代理人、各类受雇人，以及各区段的实际承运人之间有着复杂的法律关系，在不同的运输合同中有着不同的法律地位。

(1) 国际多式联运经营人以本人的身份与发货人订立国际多式联运合同，签发国际多式联运单证。根据国际多式联运合同，国际多式联运经营人负责完成或组织完成全程运输，并对全程运输负责。

(2) 国际多式联运经营人以本人的身份完成某一运输区段或几个运输区段的实际运输，而作为实际承运人，其只对自己承担区段的货物运输负责。

(3) 国际多式联运经营人以本人的身份与承担实际运输区段的其他承运人订立分运合同，以完成其他区段的运输。在这类合同中，国际多式联运经营人既是发货人，又是收货人。

(4) 国际多式联运经营人以本人的身份与各类运输合同的运输代理人订立委托代理合同，由代理人来完成运输或其他相关的业务。国际多式联运经营人在委托合同中处于委托人的法律地位。

(5) 国际多式联运经营人以本人的名义与国际货物多式联运过程中所要涉及的各有关单位订立相应的合同。在这些合同中，国际多式联运经营人是以货主的身份去履行义务、承担责任、开展相关业务的。

从以上的分析可以看出，在国际多式联运的全过程中或其中的一个环节中，国际多式联运经营人是以不同身份来承担责任、履行义务的。对于货主来说，国际多式联运经营人是货物的承运人；对于区段实际承运人来说，国际多式联运经营人又是货物的托运人。

二、国际多式联运经营人的条件

作为国际多式联运经营人应具备如下条件。

（一）拥有国内外多式联运经营的网络

多式联运经营人如只能在一国的港口或场站交接货物，则无法开展多式联运业务。因此，不仅要在国内外的沿海、沿江港口有自己的分支机构或代理，而且在国内外的内陆大城市也要有自己的分支机构或代理。只有具备这样的网络才能把两种或两种以上的不同运输方式联成一体，以完成一批货物的连贯运输。

（二）在国内外建立集装箱场站

跨国间的多式联运必然会有中转问题，货物中转需要有仓库、货场和大型托运工具，因而要在国内外建立自己的中转机构，如受人力、财力的限制，也应与国内外当地同行搞合资、联营或建立相互委托代理的关系。

（三）建立计算机管理系统

国际多式联运路线长，环节多，情况多变。为了能一环扣一环，环环相扣，就必须及时掌握有关信息、进行沟通才能确保各环节工作协调一致，要想达到这一要求就必须建立计算机管理系统。

（四）建立一支专业队伍

组织世界范围的国际多式联运，其涉及面之广，接触的部门之多较之任何一种单一的运输方式都更为复杂，且随时都有可能发生一些意料之外的事件。因此，必须要有一批知识面广、业务娴熟、经验丰富的专业队伍，才能运筹帷幄，决胜千里，运输快捷，服务周到。

（五）拥有雄厚的资金

要想做到上述四点，必须要有雄厚的财力，否则无法网罗人才，开展业务。另外，货物在运输途中会遭损，一旦出现责任范围内的赔偿，如无雄厚的财力，也难以支撑。

三、国际多式联运经营人的类型

（一）船舶运输经营人为国际多式联运经营人

船舶运输经营人传统上只提供港到港的船舶运输服务，并承担货物在此期间的责任。随着集装箱运输的发展，许多船舶运输经营人将服务从港口向两端延伸，通过与其他运输方式的承运人订立分运合同来组织完成国际多式联运。

（二）无船承运人为国际多式联运经营人

国际无船多式联运经营人可以分为以下几种类型。

(1) 除船舶运输经营人以外的承运人为国际多式联运经营人。除船舶运输经营人以外

的承运人通常从事某些类型的运输服务，如公路运输、铁路运输和航空运输，不拥有或经营船舶运输，但通常与船舶运输经营人订立分运合同，以国际多式联运经营人的身份提供国际多式联运服务。

(2) 不拥有或不经营任何运输工具的货运代理人、报关经纪人以及仓储装卸公司。这些人不是任何一种运输方式的经营人，不拥有任何运输工具，但以国际多式联运经营人的身份组织安排货物的全程运输，承担全程责任，签发国际多式联运单证。

(3) 提供国际多式联运服务的专业多式联运公司。

四、国际多式联运责任

(一) 国际多式联运经营人的责任范围

国际多式联运经营人从接受货物起直到交付货物时止都对货主负责。其主要责任有：

(1) 托运人委托多式联运经营人负责装箱、计数的，应对箱内货物不是由于商品自身包装和质量问题而造成的污损和灭失负责。

(2) 托运人委托装箱时，未按托运人要求，结果因积载不当、衬垫捆扎不良而造成串味、污损、倒塌、碰撞等货损，多式联运经营人应负责。

(3) 在责任期间内因责任事故，致使货物损坏或灭失，多式联运经营人应负责。

(4) 对货物延迟交付负责。但对下述原因造成的货损或灭失不负责，如：① 托运人所提供的货名、种类、包装、件数、重量、尺码及标志不实，或由于托运人的过失和疏忽而造成的货损或灭失，则由托运人自行承担责任。如对多式联运经营人或第三者造成损失，即使托运人已将多式联运单转让，托运人仍应承担责任。② 由托运人或其代理装箱、计数或封箱的。③ 货物品质不良，外包装完好而内装货物短缺变质。④ 货物装载于托运人自备的集装箱内的损坏或短少。⑤ 由于运输标志不清而造成的损失。⑥ 对危险品等特殊货物的说明及注意事项不清或不正确而造成的损失。⑦ 对有特殊装载要求的货物未加标明而引起的损失。⑧ 由于海关、商检、承运人等行使检查权所引起的损失。

案例 6-1

多式联运货损责任莫忽视交接单

案情介绍

2009 年 11 月 18 日，A 公司与 B 公司签订了进口 3 套冷水机组的贸易合同，交货方式为 FOB 美国西海岸，目的地为吴江。2009 年 12 月 24 日，买方公司就运输的冷水机组向人保 C 公司投保一切险，保险责任期间为“仓至仓条款”。2009 年 12 月 27 日，原告 D 公司从美国西雅图港以国际多式联运方式运输装载了 3 个集装箱的冷水机组经上海到吴江。原告签发了空白指示提单，发货人为 B 公司，收货人为 A 公司。

货物到达上海港后，2010 年 1 月 11 日，原告与被告江苏 E 公司约定，原告支付被告陆路直通运费、短驳运费和开道车费用等共计 9 415 元，将提单下的货物交由被告陆路运输至目的地吴江。但事实上，被告并没有亲自运输，而由 F 公司实际运输，被告向 F 公司汇付了

8 900 元运费。

2010 年 1 月 21 日，货到目的地后，收货人发现 2 个集装箱破损，货物严重损坏。收货人依据货物保险合同向人保 C 公司索赔，保险公司赔付后取得代位求偿权，向原告进行追偿。原告与保险公司达成了和解协议，已向保险公司作出 11 万美元的赔偿。之后，原告依据货物在上海港卸船时的理货单记载"集装箱和货物完好"，以及集装箱发放设备交接单（出场联和进场联）对比显示的"集装箱出堆场完好，运达目的地破损"，认为被告在陆路运输中存在过错，要求被告支付其偿付给保险公司的 11 万美元及利息损失。

分析

本案集装箱中货物是整箱货，由发货人自己装箱，承运人在货物装船时一般无法对集装箱内货物的实际状况进行检查。所以，要证明是否有货损发生，通常是看集装箱进出堆场时设备交接单上的记载情况。若集装箱进场和出场的设备交接单上均记载"集装箱及其设备状况良好"且集装箱铅封完好，那么，通常推定集装箱内的货物状况良好，承运人在运输过程中没有造成箱内货物的损坏。由此可见，尽管设备交接单记载有关于集装箱及其设备的状况，但该记载并非与箱内货物的状况毫无关系，在没有相反证据的情况下，该记载可以作为推定箱内货物状况的初步证据。本案的集装箱在卸下船时良好，在陆运出场时也完好无损，而到目的地进场时出现破损，那么自然推定集装箱及箱内的货物损坏发生在陆路运输阶段。在运输中，法律规定对承运人责任的归责原则为过错推定责任原则，只要货物在该运输途中发生了损坏，若没有相反的证据，就推定承运人存在过错，必须对自己的过错行为负责。因此，当多式联运经营人对受害人赔付后，向发生货损的区段承运人追偿于法不悖，应当追究被告承担货损的过错责任。

（二）发货人的赔偿责任

《多式联运公约》中对发货人的定义，是指本人或以本人的名义或本人的代表与国际多式联运经营人订立多式联运合同的任何人，或指其本人或以本人的名义或本人的代表按照国际多式联运合同，将货物交给国际多式联运经营人的任何人。

1. 发货人的义务

《多式联运公约》就发货人的义务作了具体规定。发货人应当按照与国际多式联运经营人的约定，或是根据国际多式联运经营人的要求，在规定的时间、地点向国际多式联运经营人提供托运的货物；发货人托运的货物，应当妥善包装，并向国际多式联运经营人保证，货物装运时所提供的货物的品名、标志、包装、件数、重量或体积的正确性；如果发货人使用自备集装箱，应当保证集装箱符合有关国际公约和标准的规定，集装箱与附属设备能适合多种运输方式；发货人应当按照约定向国际多式联运经营人支付运费。

对于危险货物的托运，发货人应当依照有关危险货物运输的规定，妥善包装，注明危险品标志和标签，并将正式的名称和性质以及应当采取的预防措施书面通知承运人。

发货人应当及时向港口、海关、检疫检验和其他主管机关办理货物运输所需的各项手续，并将已办理的各项手续的单证交给国际多式联运经营人。

如果发货人没有尽到上述职责，则必须赔偿国际多式联运经营人因载运货物而遭受的一切损失；国际多式联运经营人也可以根据情况需要，随时把货物卸下、销毁或使之无害而无须给予任何赔偿。

2. 发货人的赔偿责任

对于国际多式联运中发货人应承担的基本责任,《多式联运公约》从一般原则和对危险货物的特殊规则两个方面分别加以规定。

《多式联运公约》中对发货人的赔偿责任一般原则的规定是：如果国际多式联运经营人遭受的损失是由于发货人的过失或疏忽,或者他的受雇人或代理人在其受雇范围内行事时的过失或疏忽所造成的,发货人对这种损失应负赔偿责任。但如果发货人的受雇人或其代理人由于其本身的过失或疏忽给国际联运经营人带来损失,则应由该受雇人或代理人对这种损失负赔偿责任。

发货人的赔偿责任一般包括：

(1) 对自行装箱不当、积载不妥引起的国际多式联运经营人和其他第三者的损失负责。

(2) 对使用自备集装箱造成的货物损害和引起的国际多式联运经营人和其他第三者的损失负责。

(3) 对其自己负责的内陆托运过失造成的箱、货或其他损失负责。

(4) 对其受雇人、代理人引起的损失负责。

(5) 对由于没有尽到发货人应尽的义务造成的国际多式联运经营人和其他第三者的损失负责。

在实际运输过程中,发货人与其受雇人、代理人之间的关系视各国的法律规定而有所不同,有的国家法律将这一关系视为合同关系,有的国家法律视为雇佣关系。但这些均不影响《多式联运公约》关于发货人责任的规定。发货人与国际多式联运经营人之间的权利义务,一般在国际多式联运单证背面条款中都会有详细的规定。例如,由发货人负责装箱计数、不知条款、海关/承运人检查条款、发货人对货物内容申诉条款等。

第四节　国际多式联运单证

由于国际多式联运与单一运输方式不同,办理货物运输的单证和手续也有所不同。除按一般集装箱货物运输的做法办理外,在制单和单证流转等方面,应从信用证开始,注意是否与国际多式联运条件相符,及时、正确地缮制和递送单据,避免因某一环节脱节而失掉全盘。

一、国际多式联运单证

国际多式联运经营人在接收集装箱货物时,应由本人或其授权的人签发国际多式联运单证(Multimodal Transport Document,MT Document)。国际多式联运单证并不是国际多式联运合同,而是国际多式联运合同的证明,同时也是国际多式联运经营人收到货物的收据和凭其交货的凭证。这种单证应发货人的选择可以是可转让单证(Negotiable MT Document),也可以是不可转让的单证(Non-Negotiable MT Document)。

(一) 国际多式联运单证的内容

对于国际多式联运单证的记载内容,《多式联运公约》以及我国的《国际集装箱多式联运管理规则》都作了具体规定。根据我国《国际集装箱多式联运管理规则》的规定，国际多式联运单证应当载明下列事项。

(1) 货物名称、种类、件数、重量、尺寸、外表状况、包装形式。

(2) 集装箱箱号、箱型、数量、封志号。

(3) 危险货物、冷冻货物等特种货物应载明其特性、注意事项。

(4) 国际多式联运经营人名称和主营业场所。

(5) 托运人名称。

(6) 国际多式联运单证表明的收货人。

(7) 接受货物的日期、地点。

(8) 交付货物的地点和约定的日期。

(9) 国际多式联运经营人或其授权人的签字及单证的签发日期、地点。

(10) 交接方式、运费的支付、约定的运达期限、货物中转地点。

(11) 在不违背我国有关法律、法规的前提下，双方同意列入的其他事项。

当然，缺少上述事项中一项或数项，并不影响该单证作为国际多式联运单证的法律效力。

《多式联运公约》对国际多式联运单证所规定的内容与上述规则基本相同，只是公约中还规定国际多式联运单证应包括下列内容。

(1) 表示该国际多式联运单证为可转让或不可转让的声明。

(2) 预计经过的路线、运输方式和转运地点等，如在签发国际多式联运单据时已经确知。

(3) 遵守《多式联运公约》的声明。

上述事项归纳起来有四大内容：一是涉及当事人的记载；二是对货物的记载；三是有关运输的记载；四是运输遵守包括公约在内的法律的声明。

(二) 国际多式联运单证的转让

国际多式联运单证分为可转让的国际多式联运单证和不可转让的国际多式联运单证。可转让的国际多式联运单证和提单一样具有流通性，这是此类单证区别于其他运输单证的主要标志之一。

根据《多式联运公约》的要求，如果发货人要求国际多式联运经营人签发可以转让的国际多式联运单证，则应在此类单证上列明按指示或向持票人交付。如列明按指示交付，需经背书后转让；如列明向持票人交付，无须背书即可转让。

此外，如签发一套一份以上的正本，应注明正本份数；如签发多份副本，每份副本均应注明“不可转让副本”字样。在实践中，对于多式联运单证的正本和副本的份数规定不一，主要视发货人的要求而定。对于签发一套一份以上的可转让国际多式联运单证正本的情况，如国际多式联运经营人或其代表已按照其中一份正本交货，该国际多式联运经营人便已履行其交货责任，其余各份正本自动失效。

不可转让的国际多式联运单证没有流通性。国际多式联运经营人凭单证上记载的收货人而向其交货。按照《多式联运公约》的规定，国际多式联运单证以不可转让的方式签发时，

应指明记名的收货人。同时规定，国际多式联运经营人将货物交给此种不可转让的国际多式联运单证所指明的记名收货人或经收货人以书面正式指定的其他人后，该国际多式联运经营人即已履行其交货责任。

(三) 国际多式联运单证的证据效力

国际多式联运单证的证据效力主要表现在它是该单证所载明的货物由国际多式联运经营人接管的初步证据。由此可见，作为国际多式联运合同证明的国际多式联运单证，其记载事项与其证据效力是密切相关的。国际多式联运单证主要对以下几个方面起到证明作用：

(1) 当事人本身的记载。

(2) 有关货物状况的记载。

(3) 有关运输情况的记载。

(4) 有关法律约束方面的记载。

根据《多式联运公约》规定，国际多式联运经营人对国际多式联运单证中的有关记载事项可以作出保留。该公约规定，如果国际多式联运经营人或其代表知道或有合理的根据怀疑国际多式联运单证所列货物的品种、主要标志、包数或件数、重量或数量等事项没有准确地表明实际接管的货物的状况或无适当方法进行核对，该国际多式联运经营人或其代表则应在国际多式联运单证上作出保留，注明不符之处、怀疑的根据或无适当的核对方法。如果国际多式联运经营人或其代表未在国际多式联运单证上对货物的外表状况加以批注，则应视为其已在国际多式联运单证上注明货物的外表状况良好。

国际多式联运经营人如在单证上对有关货物或运输方面加了批注，其证据效力就会产生疑问。国际多式联运单证有了这种批注后，可以说丧失了其作为货物收据的作用；对发货人来说，这种单证已不能作为国际多式联运经营人收到单证上所列货物的证明，不能成为初步证据；对收货人来说，这种单证已失去了其应有的意义，是不能被接受的。

如果国际多式联运单证上没有这种保留性批注，其记载事项的证据效力是完全的，对发货人来说是初步证据，但国际多式联运经营人可举证予以推翻。不过，根据《多式联运公约》的规定，如果国际多式联运单证是以可转让方式签发的，而且已转让给信赖该单证所载明的货物状况的、包括收货人在内的第三方时，该单证就构成了最终证据，国际多式联运经营人提出的反证不予接受。

如果国际多式联运经营人意图诈骗，在国际多式联运单证上列入有关货物的不实资料或其他规定应载明的任何资料，该联运经营人则不得享有《多式联运公约》规定的赔偿责任限额，而需负责赔偿包括收货人在内的第三方因信赖该单证所载明的货物的状况行事而遭受的任何损失、损坏或费用。

(四) 国际多式联运单证手续

办理国际多式联运货物运输的单证和手续与单一运输方式不同，除了按一般的集装箱货物运输的做法办理外，在制单和单证流转等方面，应从信用证开始，注意是否与多式联运条件相符，及时、正确地缮制和递送单据，避免因某一环节脱节而造成失误。

1. 信用证条款

国际多式联运项下的信用证条款，与其他运输方式项下的信用证条款相比，主要有以下

三点变动：

(1) 通过银行议付，不再使用船公司签发的清洁已装船提单，而是凭国际多式联运经营人或经其授权的人签发的联运提单(Combined Transport B/L)。

(2) 由于国际多式联运一般都采用集装箱运输，除特殊情况外，信用证上应有指定集装箱的条款。

(3) 由银行转单改为国际多式联运经营人直寄收货人，目的是使收货人及其代理人及早取得装箱单证和报关时必备的商务单证，从而加快在目的港的提箱速度和交货速度。

信用证字句大体为："装箱单证(发票、装箱单、产地证、出口国海关发票等)应交由国际多式联运经营人，送给收货人或其代理。"在发货人递交上述单证后，有时出于结汇需要，国际多式联运经营人可以出具收到上述单证并已寄出的证明。

2. 缮制海运提单及联运提单

由于国际多式联运多为门到门的运输，所以货物在港口装船后，均应同时签发海运提单与联运提单。这是国际多式联运与单一海运的根本区别。

两种提单的缮制分述如下：

(1) 海运提单的缮制。发货人为国际多式联运经营人、收货人及通知方，一般为国际多式联运经营人的国外代理，海运提单由船公司代理签发。

(2) 联运提单的缮制。联运提单上的收货人和发货人是实际的收、发货人。通知方则是目的港或最终交货地点收货人指定的代理人。联运提单上除列明装货港、卸货港外，还要列明收货地(Place of Receipt)、交货地(Place of Delivery)或最终目的地(Final Destination)、第一程运输工具(Pre-carriage by)，以及海运船名及航次等。联运提单需按信用证规定缮制，由国际多式联运经营人签发。

二、其他单证

其他单证主要是指信用证规定的船务单证和商务单证。

这些单证的份数也按信用证中的规定并由发货人提供。除将上述海运提单正本和联运提单正本分别递交国际多式联运经营人的国外代理和买方外，还应将联运提单副本和海运提单副本，连同装箱单、发票、产地证明等单证，分别递交国际多式联运经营人的国外代理及买方。这些单证要在船抵达卸货港之前，寄到国外代理和买方手中，以便国外代理办理货物转运，并将信息通知最终目的地的收货人。同时，也有利于收货人与其代理取得联系。

第五节　我国国际多式联运路线

一、国际方面

目前，我国已开展的国际多式联运路线主要包括我国内地经海运往返日本内地、美国内地、非洲内地、西欧内地、澳洲内地等联运线以及经蒙古或前苏联至伊朗和往返西、北欧各国的西伯利亚大陆桥运输线。具体来说，中国外运集团开办的国际多式联运路线主要有以下几条：

（1）中国—日本多式联运。

（2）中国—美国、加拿大多式联运。

（3）中国—西欧多式联运。

（4）中国—澳大利亚多式联运。

（5）中国—坦桑尼亚的达累斯萨拉姆港—比亚及布隆迪多式联运。

（6）中国—南非的德班港(Durban)—津巴布韦多式联运。

（7）中国—肯尼亚的蒙巴萨港—乌干达及卢旺达多式联运。

（8）中国—贝宁的科托努港(Cotonou)—尼日尔多式联运。

（9）中国—喀麦隆的杜阿拉港(Douala)—中非共和国多式联运。

（10）中国—多哥的洛美(Lome)—布基纳法索(Burkina Faso)多式联运。

（11）中国—塞内加尔的达喀尔港(Dakar)—马里多式联运。

（12）中国—象牙海岸阿比让港(Abidjan)—布基纳法索多式联运。

（13）中国—摩洛哥多式联运。

（14）中国—西伯利亚—中东、欧洲的多式联运。

（15）中国—朝鲜清津港—日本多式联运。

（16）中国—约旦的亚喀巴—伊拉克多式联运。

（17）中国—印度的加尔各答—尼泊尔多式联运。

二、国内方面

国内方面，下列城市设有外运系统的集装箱货运站，可以接受办理集装箱国际多式联运。

（1）北京（东郊、三间房、小亮马桥）。

（2）上海（张华浜、江湾）。

（3）广东（黄埔、湛江、广州）。

（4）天津（新河、于家堡）。

（5）辽宁（大连南关岭、沈阳）。

（6）山东（青岛、烟台）。

（7）福建（福州、厦门）。

（8）湖北（武汉）。

（9）河北（石家庄、唐山、秦皇岛）。

（10）江苏（南京、张家港、南通）。

（11）浙江（杭州南星桥）。

（12）四川（成都）。

（13）吉林（长春孟家屯）。

（14）黑龙江（哈尔滨香坊）。

（15）内蒙古（满洲里、二连浩特、呼和浩特、集宁）。

（16）陕西（西安）。

(17) 山西(太原)。

(18) 湖南(醴陵)。

(19) 河南(郑州海棠寺)。

(20) 重庆。

上述地点均可办理集装箱的装箱、拆箱和分拨业务,并可根据需要转运至其他地点。此外,还有一些地区,如甘肃、新疆、云南、贵州等,可以通过铁路或公路办理国际多式联运散件货物的接送工作。随着我国交通运输的发展以及国际多式联运业务的发展,可以办理集装箱国际多式联运的地区将会迅速增多。

本章小结

1. 国际多式联运是在国际集装箱运输的基础上发展起来的一种新型的运输形式,是指由多式联运经营人按照多式联运合同,以集装箱为媒介,把公路、铁路、水路和航空等传统的运输方式有机地结合起来,组成一个综合连贯的运输系统,将货物从一国境内接受货物的地点运至另一国境内指定地点交货,为货主提供经济、合理、迅速、安全、便捷的运输服务。

2. 国际多式联运中,负责全程运输的国际多式联运经营人必须与发货人订立多式联运合同,并且必须对全程运输承担责任。多式联运还必须是国际的货物运输,不仅使用至少两种不同的运输方式,而且必须是不同运输方式下的连续运输。国际多式联运经营人签发一张国际多式联运单证,并制定国际多式联运单一费率,依此计收全程运费,费率必须是全程单一运费费率。

3. 目前,国际多式联运的主要组织形式包括海路联运、路桥运输和海空联运。其中,路桥运输路线有西伯利亚大陆桥、新亚欧大陆桥和北美路桥。

4. 多式联运经营人是指本人或通过其代表订立多式联运合同的任何人。它是一个独立的法律实体,具有双重身份,对货主来说,它是承运人;对实际承运人来说,它又是托运人。它是总承运人,对全程运输负责,对货物灭失、损坏、延迟交付等均承担责任。

5. 在国际多式联运中,国际多式联运经营人与发货人、代理人、各类受雇人,以及各区段的实际承运人之间有着复杂的法律关系,在不同的运输合同中有着不同的法律地位。

6. 作为国际多式联运经营人应拥有国内外多式联运经营的网络,并能在国内外建立集装箱场站,要建立计算机管理系统和一支专业的队伍,同时还要有雄厚的资金。

7. 国际多式联运经营人可以是船舶运输经营人,也可以是无船承运人。其中,无船承运人又可以分为除船舶运输经营人以外的承运人、不拥有或不经营任何运输工具的货运代理人、报关经纪人以及仓储装卸公司和提供多式联运服务的专业多式联运公司。

8. 国际多式联运单证并不是国际多式联运合同,而只是国际多式联运合同的证明,同时也是国际多式联运经营人收到货物的收据和凭其交货的凭证。这种单证包括可转让的国际多式联运单证和不可转让的国际多式联运单证两种。

9. 海运提单的缮制过程中发货人为国际多式联运经营人、收货人及通知方,一般为国际多式联运经营人的国外代理,海运提单由船公司代理签发。

10. 联运提单上的收货人和发货人是实际的收、发货人。通知方则是目的港或最终交货地点收货人指定的代理人。联运提单上除列明装货港、卸货港外，还要列明收货地、交货地或最终目的地、第一程运输工具，以及海运船名及航次等。联运单证需按信用证规定缮制，由国际多式联运经营人签发。

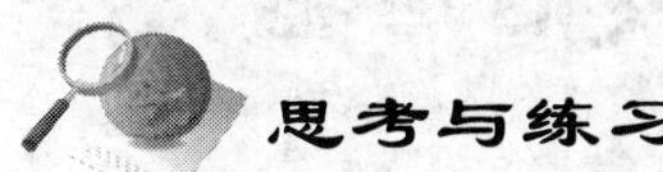

思考与练习

一、思考题

1. 国际多式联运的概念是什么？应具备哪些基本条件？

2. 简述国际多式联运经营人的内涵、特征及其责任。

3. 国际多式联运的运输组织形式有哪几种类型？

4. 国际多式联运单据应载明哪些事项？

5. 我国国际多式联运路线主要有哪几条？

二、案例分析题

小陆桥运输货运代理纠纷案

1. 发货人将680包茶叶委托给某货运代理公司，安排货物自上海经美国小陆桥运往纽约。货物由货运代理公司装入一20英尺集装箱，然后委托某船公司承运。船公司接管货物后签发清洁提单。货物运抵纽约，外表状况良好，铅封完整，但箱内少了100包茶叶。货主向货运代理公司起诉，诉其短交货物。

问题：货代公司是否应承担责任？

集装箱货物索赔人计算承运人责任限额的选择权

2. 2007年11月，福建南平福盈电池有限公司（以下称“买方”）与韩国NOCKET电子有限公司（以下称“卖方”）签订总价为CIF福州3 775 420美元的LR03型碱性圆柱状电池生产的进口合同。卖方于11月21日向原告韩国第一火灾保险公司投保了该批货物海运一切险。上述货物于11月23日装上“金龙”轮自A港开往中国香港，同日第一被告中国香港宏意船务企业有限公司的代理在汉城签发清洁已装船提单，载明货物分装9个集装箱，毛重为60 180千克，总件数为21箱；同时批注CY/CY；背面条款规定有关承运人的权利、义务、责任和免费适用《海牙规则》（在托运人订舱随附的包装单上，列明了每一箱号内装货物的品名、数量、重量，其中第16号和第17号箱重均为8 250千克，但提单上未具体载明哪个集装箱下货物件数或重量）；12月8日第二被告恒辉船务有限公司在中国香港签发二程提单，其签发的集装箱装箱单上却列明重量为4 629千克（据称此数据是第一被告所供）。

12月23日，二程船“利风”轮将货物安全运抵目的港。次日卸货后，第三被告福州港务公司在将集装箱装上卡车运往集装箱堆场途中，在卸下完全相同的另一个集装箱后，司机在未将转锁装置重新锁上的情况下，继续朝前运送，结果在180°转弯时，第4002501号集装箱从拖车上翻到在地，致使内装第16、第17号木箱包装的机器设备严重损坏。2008年1月13日，经公证检验人理算确认货损金额为456 765美元。原告理赔后取得代为追偿权并于2008年12月12日向厦门海事法院起诉三被告。

问题：根据本章有关内容对本案例进行分析。

第七章　国际公路运输和其他运输

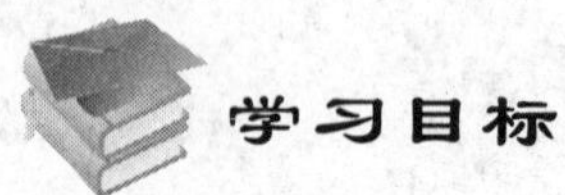

熟悉公路运输的经营方式和公路运输的运费计算。了解《国际公路货物运输合同公约》和相关协定的内容，公路汽车运输经营内容，我国的内河运输船舶标准化管理规定，管道运输的定义、特点、类别和经营，以及我国管道运输现状和万国邮政联盟组织。

第一节　国际公路运输概述

一、公路运输的概念与特点

（一）公路运输的概念

公路运输（Highway or Road Transportation）是指在公路上运送旅客和货物的运输方式，是交通运输系统的组成部分之一。其主要承担短途客货运输。现代公路运输工具主要是汽车。因此，公路运输一般是指汽车运输。在地势崎岖、人烟稀少、铁路和水运不发达的边远和经济落后地区，公路为主要运输方式，起着运输干线作用。

公路运输是19世纪末随着现代汽车的诞生而产生的。初期主要承担短途运输业务。第一次世界大战后，基于汽车工业的发展和公路里程的增加，公路运输走向快速发展的阶段，不仅是短途运输的主力，而且进入长途运输的领域。第二次世界大战后，公路运输发展迅速。许多欧洲国家和美国、日本等国已建成比较发达的公路网，汽车工业又为其提供了雄厚的物质基础，促使公路运输在运输业中跃至主导地位。发达国家公路运输完成的客货周转量占各种运输方式总周转量的90%左右。

目前，全世界机动车总数已达7.37亿多辆。在全世界现代交通网中，公路线长占2/3，约有2 000万千米，公路运输所完成的货运量占一国年货运量的80%左右，货物周转量占10%。在一些工业发达国家，公路运输的货运量、周转量在各种运输方式中都名列前茅。公路运输已成为国际货物运输中不可缺少的重要组成部分。

我国现有营业性客货运输车辆810多万辆，经营者270多万户，从事道路运输业活动的人员有11 000多万人。从1990年以来公路客货运与国内生产总值增长的相关性分析看，目前，我国公路客运的弹性系数在0.8左右，货运的弹性系数则在1左右。随着国民经济总量

的增长以及产业结构的不断升级，对高速公路的需求将持续增长。可以预见，未来全国高速公路仍将保持快速增长的态势，其中东部地区主要高速公路车流量将平均增长15%—20%，中西部地区主要公路车流量增长也将超过12%。目前，我国运输业"瓶颈"效应尚未消除，而陆上运输方式中铁路运力增长有限。因此，可以预见，公路运输将成为全社会物流量大幅增长的主要受益者。

(二) 公路运输的特点

公路运输以汽车为运输工具，机动灵活，使用方便，能深入到厂矿、铁路车站、码头、农村和山区等各点，加之公路网纵横交错、布局稠密，因此，公路运输既是联系点与点之间的主要运输方式，又是面上的运输方式。公路运输事业投资较少，回收快，设备容易更新；一般来说，公路的技术要求较低，受到破坏后较易恢复。因此，公路运输对国民经济和社会发展，以及战时的军事运输，都起着重要的作用。但公路运输也有其局限性，主要是所用汽车与铁路车辆、船舶等相比，装载量小，单位运输量的能源消耗大，运输成本高，容易发生交通事故，排放污染物和产生噪声污染等，造成汽车公害。这些都有赖于科学技术的进步和组织管理工作的进一步改善。

一些国家的公路运输已逐步取代铁路运输的地位，成为长途客运，乃至货运的重要运输方式。公路运输的主要任务是，出口物资的收购入库和集中港、站；进口物资的疏运；国际多式联运的首、尾段运输；边境贸易的过境运输；供港澳物资或通过港澳中转货物的运输等。因此，公路运输具有以下明显的专业特点：

(1) 机动灵活、快捷方便、应急性强，能深入到其他运输工具到达不了的地方。

(2) 适应点多、面广、零星、季节性强的货物运输。

(3) 运距短、单程货多。

(4) 投资少、回收快，设备容易更新。

(5) 空运班机、船舶、铁路衔接运输不可缺少的运输形式。

其主要缺点是运输成本高，运载量小。在许多经济发达国家，随着高速公路的大量出现，集装箱直达运输的推广及汽车大型化的发展，公路运输在载重量、运输成本等方面的缺点正逐步得到改善。

二、公路运输的经营方式

在市场经济条件下，我国公路运输的组织形式有以下四种。

(一) 公共运输业

这种企业专门经营汽车货物运输业务，并以整个社会为服务对象。其经营方式如下：

(1) 定期路线。不论货载多少，在固定路线上按时间表行驶。

(2) 定线不定期路线。在固定路线上视货载情况，派车行驶。

(3) 定区不定期路线。在固定的区域内根据货载需要，派车行驶。

(二) 契约运输业

按照双方签订的运输契约运送货物。与公路运输部门签订契约的一般都是大的工矿企业，常年运量较大且稳定。契约期限一般都比较长，短的有半年、1年，长的可达数年。按契

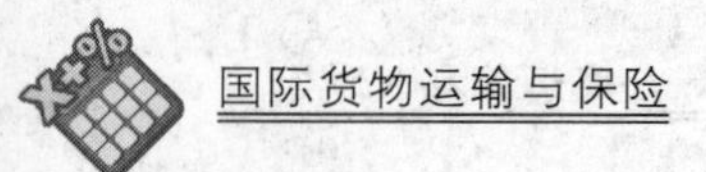

约规定，托运人保证提供一定的货运量，承运人保证提供所需运力。

(三) 自用运输业

工厂、企业、机关自置汽车，专门运送自己的物资和产品，一般不对外经营。

(四) 汽车货运代理

汽车货运代理本身不掌握货源，也不掌握运输工具。它们以中间人的身份，一面向货主提货，一面向运输公司托运，借此收取手续费和佣金。有的汽车货运代理专门从事向货主揽取零星货载，加以归纳集中成为整车货物，然后自己以托运人的名义向运输公司托运，赚取零担和整车货物运费的差额。

为了提高公路运输效率和降低运输成本，公路运输的组织形式和方法不断有新的发展，已广泛开展汽车集装箱运输、拖挂运输、集中运输等。拖挂运输是以汽车列车取代普通载货汽车运输货物，可以增大车辆的载重量。汽车列车是由牵引车或汽车与挂车组成，两者间能摘能挂，既可按需要灵活调配车辆，又可实行甩挂运输。甩挂运输是在一点装货和一点卸货、或一点装货和多点卸货、或多点装货和一点卸货的固定线路上，配备数量多于汽车或牵引车的挂车，以便到达装卸货点时，甩下挂车装卸货，而汽车或牵引车可挂走已装卸货的挂车，进行穿梭式的往复运输。集中运输是由一个汽车运输单位把货物从一个发货点运往多个收货点，或从多个货物点运往一个收货点，这样收、发货人不必派人取送货物，节省了人力；还可以合理调度车辆，减少车辆空驶，提高运输效率；并为使用汽车列车、专用运输汽车和装卸机械创造了有利的条件。

三、公路货物运输的分类

国际公路货物运输，按照不同的标准，可有不同的分类。

(一) 按货物流向分

按货物流向可分为进口货物运输和出口货物运输

(二) 按承运货物的贸易特性分

按承运货物的贸易特性，就深、港两地之间的进出口贸易运输而言，可分为以下几种：

(1) 一般货物运输，即持有国家、省、市经贸部门签发的进出口许可证或符合国家进出口货物规定的对外贸易货物运输，包括来料加工货物的运输。

(2) 保税货物运输，即经海关特许缓办进口纳税手续或在境内暂时存放后再出口的货物。监管货物是指已向海关办妥出口手续，但尚未实际出口，须受海关监管的货物。在国际汽车运输上视同境外货物。

(3) 转关货物运输，即由境内一设关地点运到另一设关地点的应受海关监督的货物运输，或者指入境后转运至另一设关地点办理海关手续的货物运输。货物接驳运输是指境外车辆运输货物到入境地后，货物不换装，而更换境内车辆，进行接运的一种方式。

(4) 来料加工货物运输，即外商提供原料，入境加工后全部复运出境的货物运输。

(5) 其他货物运输，即无加封的货物运输，如液体槽车、散装、无包装货物、大型物件等海关认为不必加封条的货物运输。

（三）按使用车型分

按使用车型不同，国际公路货物运输可分为无盖敞车、密斗车运输和集装箱运输。

(1) 无盖敞车、密斗车统称为吨车，主要有 3 吨、8 吨和 10 吨三种，主要使用于全程起讫地为深、港两地的适车货物运输。

(2) 集装箱运输又分为散货集装箱运输和整箱运输。采用集装箱运输的货物基本上都是进出口中转货，汽车运输只承运中间的一段运输。

四、公路运输运费计算

公路运费一般有两种计算标准：一是按货物等级规定基本运费费率，二是以路面等级规定基本运价。凡是一条运输路线包含两种或两种以上的等级公路时，则以实际行驶里程分别计算运价。特殊道路，如山岭、河床、原野地段等，则由承托双方另议商定。

公路运输分为整车(FCL)和零担(LCL)两种。后者的运费费率一般比前者的运费费率高 30％—50％，按我国公路运输部门的规定，一次托运货物在 2.5 吨以上的为整车运输，适用整车费率；不满 2.5 吨的为零担运输，适用零担费率。凡 1 千克重的货物，体积超过 4 立方分米的为轻泡货物，或尺码货物。整车轻泡货物的运费按装载车辆核定吨位计算；零担轻泡货物，按其长、宽、高计算体积，每 4 立方分米折合 1 千克，以千克为计费单位。此外，还有包车费率(Lump Sum Rate)，即按车辆使用时间计算。

五、国际公路货物运输公约和协定

为了统一公路运输所使用的单证和确定承运人的责任，联合国所属的欧洲经济委员会于 1956 年 5 月 19 日在日内瓦召开会议，通过了《国际公路货物运输合同公约》(CMR)，有欧洲 17 个国家代表参加。《国际公路货物运输合同公约》共有 12 章 51 条，在适用范围、承运人责任、合同的签订与履行、索赔和诉讼以及连续承运人履行合同等方面作了比较详细的规定。

此外，为了有利于开展集装箱联合运输，使集装箱能原封不动地通过经由国，联合国所属的欧洲经济委员会成员国于 1956 年缔结了《关于集装箱的关税协定》，参加者有欧洲 21 个国家和欧洲以外的 7 个国家。该协定的宗旨是允许集装箱免税过境，但必须在 3 个月内再出口。

在《关于集装箱的关税协定》的基础上，根据欧洲经济委员会的倡议，还缔结了《国际公路车辆运输规则》(Transport International Router，TIR)。根据该规则规定，集装箱的公路运输承运人如持有 TIR 手册，允许由发运地到达目的地，在海关的签封下，中途可不受检查、不支付关税，也可不提供押金，直接由发运地运至目的地。

TIR 手册由有关国家政府批准的运输团体发行，这些团体大都是参加国际公路联合会或世界旅行汽车协会的成员。它们必须保证监督其所属运输企业遵守海关法及其他规则。该协定的正式名称是《根据 TIR 手册进行国际货物运输的有关关税协定》(Customs Convention on the International Transport of Goods under Cover of TIR Carnets)。该协定有欧洲 23 个国家参加，并已从 1960 年开始实施，是当前国际公路运输重要的协定和公约，

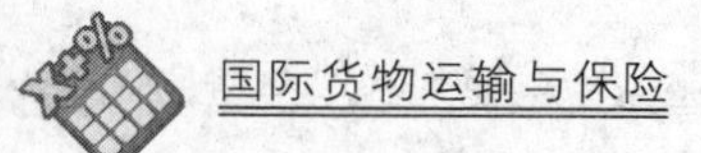

对今后的国际公路运输的发展具有一定的影响。

六、我国对外贸易公路运输及口岸的分布

（一）对独联体公路运输口岸

新疆：吐尔戈特、霍尔果斯、巴克图、吉木乃、艾买力、塔克什肯。

东北地区：长岭子（珲春）/卡拉、东宁（岔口）/波尔塔夫卡、绥芬河/波格拉尼契内、室韦（吉拉林）/奥洛契、黑山头/旧楚鲁海图、满洲里/后贝加尔斯克、漠河/加林达。

（二）对朝鲜公路运输口岸

中朝之间原先仅我国丹东与朝鲜新义州间偶有少量公路出口货物运输。1987 年以来，吉林省开办珲春、图们江与朝鲜崴镜北道的地方贸易货物的公路运输。外运总公司与朝鲜已于 1987 年签订了由我吉林省的三合、沙坨子口岸经朝鲜的清津港转运货物的协议。

（三）对巴基斯坦公路运输口岸

新疆的红其拉甫和喀什市。

（四）对印度、尼泊尔、不丹的公路运输口岸

主要有西藏南部的亚东、帕里、樟木等。

（五）对越南地方贸易的主要公路口岸

主要有云南省红河哈尼族彝族自治区的河口和金水河口岸等。

（六）对缅甸公路运输口岸

云南省德宏傣族景颇自治区的畹町口岸是我国对缅甸贸易的主要出口陆运口岸，还可通过该口岸和缅甸公路转运部分与印度的进出口贸易货物。

（七）对中国香港，澳门的公路运输口岸

位于广东省深圳市的文锦渡和中国香港新界相接，距深圳铁路车站 3 公里，是全国公路口岸距离铁路进出口通道最近的一个较大公路通道。通往中国香港的另外两个口岸是位于深圳市东部的沙头角及皇岗。对中国澳门公路运输口岸是位于珠海市南端的拱北。

第二节　国际公路运输业务

一、业务分类

国际货物汽车运输按其工作性质，大致可分为以下六类。

（一）出口物资的集港运输

出口货物的集港站运输是指出口商品由原产地到外贸中转仓库，再到港口仓库乃至船边的运输。

（二）进口货物的疏港运输

进口货物的疏港运输是指按进口货物代理人的委托，将进口货物由港运达指定交货

地点。

（三）国际多式联运的首末段运输

国际多式联运的首末段运输是指国际多式联运国内段的运输，即将出口货物由内陆装箱点装运至出口港，将进口货物由港运至最终交货地的运输。

（四）边境公路过境运输

边境公路过境运输在我国与毗邻国家设有直通公路过境口岸的地区，如广东的深圳、珠海，黑龙江的漠河、黑河，吉林的珲春、三河村，新疆的吐尔戈特、霍尔果斯等，经向海关申请办理指定车辆、驾驶员和过境路线，在海关规定的指定地点停留，接受海关监督和检查，按有关规定办理报验、完税、放行后运达目的地的运输。

（五）一般社会物资运输

在保证外贸进出口货物运输需要的前提下，国际货物运输车队参与一般社会物资的运输，以增加企业的经济效益。

（六）特种货物运输

特种货物运输是指超限笨重物品、危险品、鲜活商品等的运输。特种货物运输需要使用专门车辆，并向有关管理部门办理准运证后，方可起运。

(1) 大型特型笨重物件运输，即因货物的体积、重量的要求，需要大型或专用汽车运输。

(2) 危险货物汽车运输，即承运《危险货物品名表》列名的易燃、易爆、有毒、有腐蚀性、有放射性等危险货物和未列入《危险货物品名表》但具有危险货物性质的新产品。

二、业务程序

（一）一般程序

汽车运输业务的一般程序包括接受托运—计划调车—按单监装承运—监卸—按单交接—签收—结算。

(1) 外运车队设有专职业务员，主动深入各专业公司，上门办理托运手续，并积极做社会调查，广揽货源，充分发挥运输潜力。

(2) 计划调度员根据货物托运计划、运输合同、旬要车计划、车辆技术状况、当月车辆维修计划及货源流向的道路、装卸现场条件等，编制车辆调配最佳方案，下达出车通知书（运输单或路单）。

(3) 做好货物的交接工作。驾驶员在接受货物时，必须点件监装，按规程装车，保证单证齐全。到站交接后，驾驶员必须填写运输作业单并由收货人签收。签收后的运输作业单交回车队统计，作为收费凭证。

（二）集装箱运输程序

1. 出口货物集装箱运输

(1) 托运人填报托运单。

(2) 集装箱货运站根据调度计划填装箱通知单。

(3) 接到通知后，由集装箱货运站的理货员安排装箱作业，并报海关验关，在海关监督下完成装箱作业并封关。

(4) 货物在海关放行后，调度员按计划派车，把集装箱托运至指定交货点，支付签收。

2. 进口货物集装箱运输

(1) 托运人填报进口货物托运单，并前往集装箱货运站领取码头收据。

(2) 凭码头收据，填写海关进口货物报关单，向海关报验。

(3) 海关放行后，由调度员填写派车单，把集装箱运至指定收货地点，交接验收。

3. 边境公路过境汽车货物运输流程

随着我国国际贸易的不断发展，通过边境公路的过境运输业务也逐渐增加。边境公路过境运输可分为进口运输和出口运输两部分。

(1) 出口货物公路过境运输的流程：① 托运人填报托运单并提交有关出口许可证。② 车队凭委托书及许可证，填制海关出口货物报关单，向出境口岸报关。③ 海关征税验关后，将货物封关，运送至指定境外交货点交接。

(2) 进口货物公路过境运输的流程：① 托运人向我国外运机构驻外办事处办理托运手续。② 驻外机构接收后，通知国内驻口岸机构，并安排具备过境承运的外运车队，派车前往装货，驻口岸办事处向收货人索取进口许可证，填报海关进口货物报关单，向口岸海关报验放行。③ 海关验关征税放行后，按托运委托书的要求，将货物运送至指定地点，交收货人签收。

(三) 特种货物运输程序

1. 超限笨重货物运输

超限笨重货物运输需要平板货车、单轴挂车及其他特种车辆装运。在运送超限笨重货物时，必须注意以下事项：

(1) 出具货物出场技术资料，证明物件的体积、质量，说明运送注意事项；对超出正常装载规定的货物，应取得交通监管部门及有关部门的同意后，才能起运。

(2) 要明确经过的公路、桥涵、渡口、隧道的可承载性。

(3) 运送时，要悬挂红色标志。必要时，要有专门车辆引路。

2. 鲜活易腐货物运输

鲜活易腐货物运输要注意以下几点：

(1) 加强收发货人之间的协作，使运输环环紧扣，争取以最快的速度将货物运往目的地。

(2) 要快卸快装，严禁乱摔乱扔，保持清洁卫生。

(3) 要检查卫生检疫证件。

3. 危险品货物运输

危险品货物公路运输，必须遵照交通部颁布的《汽车危险货物运输规则》，并注意以下事项：

(1) 运输只限于该规则内列载的品名。

(2) 要严格执行运输危险品货物防护、防范的规定，认真检查托运单，检验包装。

(3) 应选择政治可靠、技术良好、熟悉道路的驾驶员承运。途中不得搭乘其他人员，必须按规定的线路和时间行驶。在装运过程中，若出现漏散现象，应按防护办法及时采取措施补救。

三、费用结算

运杂费的计收程序包括确定货物等级和计收重量、查定规定计收的费率、计算发站至到站的计费里程、核算有关杂费。

(一) 计费重量

在计算公路货物运输费用时，需要考虑计费重量。

(1) 一般货物。无论整批、零担货物，计费重量均按毛重计算。整批货物吨以下计至100千克，尾数不足100千克的四舍五入。零担货物起码计费重量为1千克。重量在1千克以上，尾数不足1千克的四舍五入。按我国公路运输部门规定，一次托运货物在2.5吨以上的为整车运输，适用整车费率；不满2.5吨的为零担运输，适用零担费率。整批货以吨公里为计费单位，零担货物以每公斤公里为计费单位。

(2) 轻泡货物。轻泡货物是指每立方米重量不足333千克的货物。装运整批轻泡货物的高度、长度、宽度，以不超过有关道路交通安全规定为限度，按车辆标记吨位计算重量。零担运输轻泡货物以货物包装最长、最宽、最高部位尺寸计算体积，按每立方米折合333千克计算重量。

(3) 包车运输按车辆的标记吨位计算。

(4) 散装货物，如砖、瓦、砂、石、土、矿石、木材等，按体积由各省、自治区、直辖市统一规定重量换算标准计算重量。

(5) 集装箱运输。以箱为计量单位，不按箱内货物实际重量计算。

(二) 计费里程

按货物装运地点至卸货地点的实际运输里程计算。新价规把车辆重装卸点的装卸里程也计入计费里程内。货物运费计费里程以千米为单位，尾数不足1千米的，进整为1千米。

出入境汽车货物运输的境内计费里程以交通主管部门核定的里程为准；境内里程按毗邻国交通主管部门或有权认定的部门核定的里程为准。未核定里程的，由承、托双方协商或按车辆实际运行里程计算。

(三) 运费计算

1. *以吨千米计算*

以吨千米计算的运费，其计算公式为：

运费＝货物计费重量×计费里程×运价费＋货物计费重量×计费里程×运价费×加成费　(7-1)

2. *以吨计算*

以吨计算的运费，其计算公式为：

运费＝货物计费重量×运价费＋货物计费重量×运价费×加成费　(7-2)

3. 其他情况

凡车辆无法计算里程，或因货物性质、体积限制，不能按正常速度行驶者，应按即时包车处理。

(四) 特定运价

特定运价的具体规定如下：

(1) 每件货物重量超过 250 千克为超重货物；货物长度超过 7 米为超长货物，装载高度距地面超过 4 米为超高货物。

(2) 托运普通、易碎等货物均按质量计费，超重货物和轻泡货物按整车计费。

(3) 同一托运人托运双程运输货物时，按运价率减 15%。

(4) 根据国家政策，经省级运价部门规定降低运价的货物。

(5) 同一托运人一去程或回程运送所装货物，按运价减成 50%。

(6) 超重货物按运价加成 30%。

(7) 集装箱按箱千米计算。

(8) 过境公路运输采用全程包干计费。

(9) 对展品、非贸易运输物资，一般按普通运价加成 100%计费。

(10) 特大型特殊货物，采用协商运价计费。

(五) 运杂费收款办法

(1) 预收运费的，在结算时多退少补。

(2) 现金结算的，按实际发生的运杂费总额向托运人收取现金。

(3) 财务托收的，由承运人先垫付，定期凭货运单回执汇总所有费用总额，由银行向托运人托收运费。

(4) 其他结算办法，如预交转账支票、按协议收取包干费用等。

四、商务事故及处理

汽车运输承运的货物由托运人交承运人开始，承运人即对所运货物负全部责任，直至承运人将货物交收货人为止。这一段时间称为承运责任期。货物在承运责任期内，因装卸、运送、保管、交付过程不妥当而发生的货物损坏或丢失事故，称为商务事故，即货损货差。

(一) 承运责任期内可能由承运方造成的商务事故

大致有以下几种情况应引起注意：

(1) 破损，即装卸时操作不当引起货物损坏。

(2) 污染，即装卸不当引起货物被他物污染。

(3) 湿损，即阴雨雪天使货物受潮损坏。

(4) 短少失落，即因被盗窃、丢失、事故等造成货物损坏失落。

(5) 因驾驶员违章驾驶，造成交通事故所发生的货差货损。

(二) 在货物交接中可能造成的商务事故

如果手续不清，在货物交接中也会造成责任商务事故。因此，必须注意以下几点：

(1) 驾驶员必须亲自点数、监装、核对货物的票数、唛头、品种、件数及卸货点，发现不

符，立即纠正。

(2) 运达目的地时，如发现货物短少等情况，应认真审核，等待处理。

(3) 运送外贸物资有很强的时间性，因此，在接受托运时，要明确交货时间。

(4) 运送贵重、精密及易发生货损的货物时，要与货主协商，及时向保险公司投保。

(三) 责任事故划分

对于下列原因造成的损失，承运方不负责任。

(1) 由不可抗力所致的货损。

(2) 包装完好，但内部损坏、变质、短少者。

(3) 违反国家法令或规定，被有关部门查扣、弃置或其他处理。

(4) 货物抵达到达站，收货人逾期提货或局部提取造成的货损。

(5) 有随车押送人员负责中途保管照料的。

(四) 货损货差赔偿办法

(1) 按实际损失价赔偿。

(2) 由于装卸原因造成的损失，由装卸部门负责赔偿。

(3) 事故查清后，是经济赔偿的，要由托运人或收货人填写事故赔偿书，报有关主管部门审核赔偿。

(4) 商务事故处理完毕，向保险公司办理索赔手续。

案例 7-1

货物迟交，责任应由谁来负

案情介绍

2009 年 8 月 4 日，山东某工贸公司与广州一进出口公司签订买卖合同，出售一批价值 20 万元的瓷器。为了方便运输和交货，山东工贸公司与青岛某运输公司签订运输合约，其中规定，运输公司尽可能在 8 月 6 日前将货物送抵广州，装货完毕后，山东工贸公司将发货单一并交予运营司机，但是由于突遇暴风骤雨，3 天后，即 8 月 7 日才到达目的地，延误了装船，并且广州进出口公司在开箱验货时发现部分瓷器损毁，便拒付货款。在多次协调未果的情况下，山东工贸公司将运输公司告上法庭，要求其赔偿经济损失。

分析

本案的焦点问题在于，交货日期的延误和瓷器的损毁是否是运输公司应承担的责任。

货物是公路运输的对象，运输部门在承运责任期内，应将承运的物资完整无损地送到目的地。货物的交接就是责任的转移。案例中，山东工贸公司已将货物完整地交予承运人，从而造成了责任的转移。另外，车辆在行驶途中因震动和颠簸产生的各种作用力，会因驾驶操作不当、道路路面标准低劣、车辆技术状况不佳等因素而加剧。因此，车辆在行驶时，应尽可能设法减少或避免货物与货物、货物与容器、货物与车厢之间发生的碰撞、摩擦或冲击。

一般来说，在承运责任期发生的货损运输部门应付有相应的责任，并应按有关规定赔偿托运单位的经济损失。但是，有些事故的发生不完全是运输公司的过失，如由于人力不可抗拒的自然灾害,或货物本身性质发生变化以及货物在运送途中的自然减量等。

本案例就属于人力不可抗拒因素而导致货物的交接迟延,所以运输部门不承担全部的法律责任。但是在承运货物时,运输部门应及时通知买方或者卖方货物状况、交货日期可能出现迟延等一些必要的准确信息。运输部门没有告知广州进出口公司瓷器可能延交,使进出口公司没有时间采取必要的补救措施,导致了出口业务的失败。就此一点,运输公司也应承担一定的责任。

第三节　汽车运输成本

一、成本的构成

汽车运输过程中的物化劳动和活劳动的消耗,就是汽车运输成本,由车辆折旧费、车辆购买费用、燃料费和工资组成。根据成本支出科目不同,汽车运输成本可分为车辆生产成本和企业管理费两类。

(一) 车辆生产成本

车辆生产成本是指运营车辆从事运输生产所发生的各项费用,包括工资、燃料费、轮胎费、维修费、车辆折旧费、养路费、保险费及其他直接费用。

(二) 企业管理费

企业管理费是指运输企业为组织和管理运输生产所发生的各项管理费用和业务费用。其主要包括管理人员的工资及附加费、办公费、水电费、取暖费、通信费、差旅费、低值易耗品费、修理费、大修提存、折旧费、劳保费、交通费、仓库经费、材料盘亏和损失费、利息支出、事故损失等。

按成本与工作量的大小关系划分,汽车运输成本又可分为变动费用和相对固定费用。

(一) 变动费用

变动费用是指在一定时期内,费用总额随着同期车辆完成的工作量成比例增减、变动的各项费用,如燃料费、轮胎费、维修费、材料费、安全行驶里程提取的车辆折旧费、大修提存等。

(二) 相对固定费用

相对固定费用是指在一定时期内,其费用总额基本不变的那部分费用,如养路费、支付给职工的工资。企业管理费中的绝大部分是相对固定费用。

二、成本分析

影响汽车运输成本变动的因素有很多,一般可以从以下几个方面进行分析。

(一) 价格因素对成本的影响

汽车燃料、轮胎、维修等价格的大幅度上涨,养路费、行车杂费率的提高,以及职工调资、增加补贴等,使运输成本加大。其中,许多属于客观因素,受市场供求关系、国家经济形势以及经济宏观调控影响,企业经营者难以控制。但是,由于燃料、材料配件、轮胎三项费用消耗在汽车运输成本中所占的比重约为50%,如果被动地承受价格上涨所造成的成本压力,会使

企业负担越来越重。因此，应采取积极措施，如加强消耗定额管理、开展技术革新、增产节支，努力降低三大消耗，以把价格上涨的影响减少到最低。在汽车运输成本中，工资津贴、养路费、企业管理费、业务开支属于相对固定的费用，它们与车辆工作量没有成比例增减的关系，但是对单位成本则有着直接影响。

(二) 车辆工作量对成本的影响

在固定费用总额一定的情况下，车辆的工作量增加，分摊到单位成本中的固定费用比例就少，成本就随之降低；反之，单位成本中分摊的固定费用就增加。因此，要降低单位成本，就必须从增加生产、减少费用支出两方面考虑。例如，严格控制各项费用开支，按照国家和上级的规定，正确区分不同性质的费用，不得乱摊、乱挤成本。勤俭节约办企业，以达到降低汽车运输成本的目的。

(三) 车辆效率对成本的影响

在固定成本一定的条件下，车辆工作率越高，货物周转量越多，里程利用率就越高，单位成本中固定费用的比例就越低，车辆工作效率与成本成反比关系；反之，则成本上升。由此可见，控制运输成本的关键还在于加强车辆的合理调度，科学运用，抓好货源组织，充分提高效率。目前，我国汽车运输业面临一个既充满商机又竞争激烈的现代物流市场，对汽车运输企业来讲，加强车辆效率，能有效降低汽车运输成本，是运输管理的重要一环。

第四节　其 他 运 输

一、内河运输

(一) 内河运输的含义

内河运输(Inland Water Transportation)是指船舶在江河航线之间经营客运和货运业务。它是水上运输的一个重要组成部分，是连接内陆腹地(Inland Area)和沿海地区(Coastal Region)的纽带，同时也是边疆地区与邻国边境河流的连接线。它具有运量大、投资少、成本低、耗能小的特点，可以直达河海。内河运输对一个国家的国民经济和生产力布局起着至关重要的辅助作用，所以世界各国无一例外地都十分重视内河运力开发和建设。

(二) 内河运输的发展

历史上，内河运输是人类较早采用的一种重要的运输方式。早期人类受征服自然能力的限制，只能利用自然河道。后来，逐渐掌握了河流的运动规律，才开始整治河道，挖掘运河，建筑河坝，利用河流满足人类运输的需要。经过人为改造后的现代内河航道，水流平稳，宽阔水深，一些内河可以容纳海轮直驶上游。

在早期的内河运输中，运行的船舶单一。尽管后人改进了船舶的结构，增大了载重量吨位，但载重量仍有一定的限度。19 世纪中叶，拖带方法的采用使内河运输量成倍增长。内河运输的驳船主要使用拖船带动，称为拖带法。拖带法成为内河运输发展的一个重要的里程碑。

进入 20 世纪，拖带法逐渐退出历史舞台，蓬勃发展的货船运输开始下降，取而代之的是

顶推法。目前，一艘高功率的推船能顶载三四万吨的驳船。

以20世纪发生的两次科技革命为背景，造船工业得到突飞猛进的发展，船舶的结构、性能日趋完善。在现代运输中，载驳船的出现把内河驳船运输与海洋运输紧密衔接为一体，减少了中间环节，降低了运输成本，提高了航运效率。内河运输适宜装运大宗货物，如矿砂、粮食、化肥、煤炭等，而且由于航运平稳，在运送石油等危险货物时也较安全。

（三）内河运输的成本

内河运输与远洋运输相比，船舶吨位较小。它的成本除计算客、货运换算成本以外，还按照运输的不同种类计算运输分类成本。运输种类主要有以下几种：客运为客轮客运；货运为拖驳货运；油运为油轮油运、拖驳油运；排运为拖轮排运。内河运输费用支出一般分为船舶费用和港埠费用。船舶费用是指运输船舶的各项费用，包括船员工资、提取修理费、事故损失和其他费用。港埠费用是指为分配由运输船舶负担的港埠费用，以及直接支付外单位的港口费用。内河运输成本以月、季、年为成本计算期。一般来说，船舶费用应按不同船舶类型归集，对于吨位较大的船舶也可单独进行单船归集。在计算运输分类成本时，应将按船舶类型归集的船舶费用在各运输种类之间进行分配。

（四）内河运输的船舶

内河运输使用的船舶，由于内河吃水浅、河道狭、弯度多、水位涨落幅度大等特点，其结构和要求与海上船舶有所不同。内河使用的船舶主要有以下四种。

1. 内河货船

内河货船是指本身带动力，并有货舱可供装货的船舶。这是内河运输的主要工具，内河货船的载重吨位、长度和吃水深浅，视河道条件而异，但一般均比海船小。内河货船具有使用方便、调度灵活的特点，但载重量小、成本高。因此，只用来内河定期经营船使用。

2. 拖船和推船

拖船(Tug Boat)和推船(Tow Boat)都是动力船，本身一般不装载货物，而是起拖带和推动驳船的作用。前者在驳船前面，拖带驳船前进；后者在驳船后面，顶推驳船往前行进。以前，内河运输的驳船主要使用拖船带动，称为拖带法。因为顶推法较拖带法具有阻力小、推力大、操纵性能强的优点，目前，推船已逐渐取代拖船，成为内河运输的发展方向。

3. 驳船

内河驳船(Barge Lighter)按有无动力可分为机动驳船和非机动驳船。以拖带法和顶推法为标准，可以分为拖驳船和推驳船。推驳船是一种有一定尺度的标准型驳船，便于编队分节。驳船上没有舵、锚以及生活设施和救生设备，整个驳船是一个长方形的货舱，以供装货。近年来，驳船的发展具有标准化、系列化和专业化的特点。

4. 河/海型船

河/海型船既可在内河又可在沿海航行，现已发展成为一种独立的船型。在结构上，除了吃水较浅外，类似于海轮，它的好处是可以河海直达。

（五）内河运输的特点

内河运输具有投资少、运量大、成本低和能耗少的优点。

1. 投资少

内河航道天然自成，只需投资一些航道整治费用，较其他运输方式投资少。内河港口的设备也比较简单。

2. 运量大

每一条内河船舶受内河条件制约，载重量有一定限制，但现在普遍采用拖带方法，一个现代化顶推船队的运量可相当于十几个铁路列车和数千辆卡车的运量。

3. 成本低

内河航道不需占用土地，与铁路运输相比，每公里铁路要占地2公顷(1公顷=10 000平方米)左右，征地费就很可观，而内河运输不必支出征地费用。造船工业的发展，使船舶的结构情况日趋完善，现代化载驳船的出现，使内河驳船运输与海洋运输紧密衔接、融为一体，减少了中间环节，加速了船货周转，降低了运输成本。

(六) 我国的内河运输

我国河流和湖泊众多，具有发展内河运输十分有利的条件。新中国成立后，国家大力整治河流，疏通水道，沟通水系，大力开发内河航运。

1995—2005年的10年间，全国内河货运量从3亿吨增加到10.57亿吨，年均增长13.42%；同期内河船舶的平均每艘吨位从22.9吨/艘急速增加到44.7吨/艘。主要内河港口拥有万吨级深水泊位50余座，重点港口完善了散货、杂货、外贸码头的建设。我国内河水运的上升是在公路条件得到巨大改善的情况下出现的，这充分反映了内河运输的市场选择优势和发展潜力，也说明内河航运在全国综合运输体系中仍具有难以替代的地位。

我国与邻国内河的通航，也能为我们带来经济利益。例如我国东北的黑龙江、乌苏里江、松花江和新疆的伊犁河，通航期间可通俄罗斯和哈萨克的内河。东北富锦的大豆可通过松花江直达俄罗斯海兰泡，航程795千米，而经铁路运输，则要2 521千米。我国青海唐古拉山发源的澜沧江，流经云南省西部，经西双版纳南出口湄公河，流经缅甸、老挝、泰国、柬埔寨和越南，在越南南部流入南海，全长4 500千米，我国境内为1 612千米。这是一条国际河流，也是我国对外贸易的一条通道。

知识拓展

京杭大运河贯通了钱塘江、长江、淮河、黄河、海河五大水系，流经六省市，北连环渤海经济圈，南接长三角，将两个经济增长极一线相连；京杭大运河上常年行驶着10多万艘船只，是一条水上大通道。它的北端连接济宁、枣庄、徐州、商丘、淮北等煤炭基地，南端连接经济发达的长三角地区。一方面，便利了煤炭外销，为产煤区的经济带来了活力；另一方面，保证了长三角地区便捷的煤炭供应，保障这一地区日益增长的煤炭需求，为这一地区的经济发展注入了强大的动力。

二、管道运输

(一) 管道运输的定义

管道运输(Pipeline Transportation)是随着石油原油的生产而产生的。它是利用管道借高压气泵的压力输送气体、液体和粉末状固体的一种特殊的运输方式。管道运输与普通货物运输的形态不同。普通货物运输是随着运输工具的移动,被运送到目的地,而作为管道运输的运输工具本身的管道是固定不动的,只是货物本身在管道内移动。管道运输是运输通道和运输工具合二为一的专门的运输方式。

管道运输始于19世纪中叶,1865年美国宾夕法尼亚州建成了第一条原油输送管道。20世纪以来,伴随着第二次世界大战后石油工业的发展,管道建设进入了一个新的阶段。各产油国竞相兴建大量油气管道。为了增加运量、加速周转,现代管道管径和气压泵功率都有很大增加,管道里程愈来愈长,最长达数千公里。现代管道不仅可以输送原油,各种石油成品、化学品、天然气等液体和气体物品,而且可以输送矿砂、碎煤浆等。

目前,在全球能源产品,如石油原油、成品油、天然气、油田伴生气、水煤浆等的运输中,管道运输占有较大的比重。近年来,管道运输也被进一步研究开发用于散状物料、成件货物、集装物料运输,并发展了容器式管道输送系统。管道运输是国民经济综合运输的重要组成部分之一,也是衡量一个国家的能源业与运输业是否发达的标准。

(二) 管道运输的特点

管道运输具有以下特点。

1. 运量大

输油管线可以源源不断地完成输送任务。根据其管径大小的不同,每年的运输量可达数百万吨到几千万吨,甚至超过亿吨。

2. 占地少

管道运输建设实践证明,运输管道埋藏在地下的部分占管道总长度的95%以上。因此,管道运输占地少,分别为公路的3%和铁路的10%左右。在交通运输规划系统中,优先考虑管道运输方案,对于节约土地资源意义重大。

3. 管道运输建设周期短、费用低

国内外交通运输系统建设的实践表明,管道运输系统的建设周期与相同运量的铁路建设周期相比,一般要短1/3以上。我国自行铺设的大庆至秦皇岛全长1 152千米的输油管道,用时23个月,而若要建设一条同样运输量的铁路,至少需要3年时间。统计资料表明,管道建设费用比铁路低近60%。

4. 管道运输安全可靠、连续性强

石油、天然气易燃、易爆、易挥发、易泄漏,采用管道运输方式可以避免这类危险。同时,由于油气泄漏导致的大气、水和土壤污染也可大大减少。可见,管道运输符合运输绿色化的要求。此外,管道大都埋藏于地下,恶劣多变的气候对其影响小,可以确保运输长期、安全、稳定地进行。

5. 管道运输耗能少、成本低、效益好

发达国家采用管道运输石油，每吨千米的能耗不足铁路的 1/7，在大量运输时的运输成本与水运接近。因此，在无水条件下，管道运输是一种最节能的运输方式。

管道运输还是一个连续的工程，运输系统不存在空载行程，因此，系统的运输效率高。理论和实践都已经表明，管道口径越大，运输距离越远，运输量越大，运输成本就越低。以石油管道运输为例，管道运输、水路运输、铁路运输的运输成本之比为 1∶1∶1.7。

6. 灵活性差

管道运输除承运的货物比较单一外，也不容许随便扩展管线，实现“门到门”的灵活运输服务。一般来说，管道运输常常要与铁路运输、汽车运输、水路运输配合，才能完成全程输送。

管道运输的上述特点决定了它适合于那些单向、定点、量大的流体状货物，如石油、油气、水煤浆、某些化学制品原料等的运输，而且利用容器包装运送固态的货物，如粮食、沙石、邮件等也有良好的发展前景。

（三）管道运输的类别

1. 根据铺设工程划分

管道运输就其铺设工程不同，可分为架空管道、地面管道和地下管道。其中，以地下管道的应用最为普遍。视地形情况，一条管道可能三者兼而有之。

2. 根据地理范围划分

管道运输就其地理范围不同，可分为原油管道、成品油管道和系泊管道。从油矿至聚油塔或炼油厂，称为原油管道；从炼油厂至海港或集散中心，称为成品油管道；从海港至海上浮筒，称为系泊管道。

原油一般具有比重大、黏稠和易于凝固等特性。用管道输送时，要针对所输原油的特性，采用不同的输送工艺。而成品油在商业上有多种牌号，常采用在同一条管道中按一定顺序输送多种油品的工艺。

3. 根据运输对象划分

管道运输就其运输对象不同，可分为输油管道运输、气体管道运输和固体浆液管道运输。固体料浆的输送方法是将固体粉碎、掺水制成浆液，再用泵按液体管道输送工艺进行输送。

此外，管道运输同铁路运输和公路运输一样，也有干线和支线之分。

（四）管道运输的方式

1. 油品的管道运输方式

油品的管道运输方式是根据油品的性质和管道所处的位置确定的。对于轻质成品油而言，大多采用顺序输送方式，对易凝高粘油品，目前常用加热、掺轻油稀释、热处理、水悬浮、加改良剂和减阻剂等输送方式。

（1）油品顺序输送方式。油品顺序输送是指在一条管道中按一定顺序连续输送多种油

品的管道输油工艺。顺序输送的油品主要是汽油、煤油、柴油等轻质油品类，以及液化石油气类和重质油品类。同种油品类中，不同规格或不同牌号的油品可按批量顺序输送；不同油品、不同性质的原油可以采取分批顺序输送。根据油品顺序输送的要求，不同的油品之间可以用隔离器或隔离液隔离的方式输送，也可以用相邻的不同油品直接接触的方式输送，这两种方法都会产生混油现象。

(2) 易凝高粘油品输送方式。主要方法有：① 加热。长距离输送加热的易凝高粘油品，需要沿管道设置若干加热站。② 高速流动。③ 稀释。④ 改变蜡在油品中的结构形态。⑤ 用水分散易凝高粘油品或改变管壁附近的液流形态。

2. 物料的管道运输方式

(1) 把散状或粉尘状物料与液体或气体混合后沿管道运输，这种与液体混合的方式称为浆液运输。该方式适用于煤、天然沥青、矿砂、木屑、浆料等货种。由于这种方式受物料性质、颗粒大小与重量等因素的限制，运输距离不能太长，同时能耗较多，对管道的磨损也较大。

(2) 用密封容器装散状物料，放在管道的液流中；或用专用载货容器车装散状物料，置于管道气流中，靠压力差的作用运送物料。这种用容器车进行管道运输的方法，能运送大量不同种类的货物。

(五) 世界油气管道现状

管道运输主要用于能源输送，除普遍用于石油、天然气、液化石油气、化工原料等的输送外，还用于煤浆、煤层气、矿石等的运输。自 1865 年美国建成世界上第一条输油管道至今，管道运输业已有近 150 年的历史。美国的“潮水输油管”在世界运输史上引发的一场运输业大革命，已经使油气管道运输成为继公路、铁路、空运、海运之外的世界第五大运输体系。在全球已建成的 230 多万千米的管道中，输气管道占近 60%，原油管道和成品油管道各占 15%以上，化工和其他管道不足 10%。目前，世界管道总长度已超过了世界铁路总里程，成为能源运输的主要方式。

全球油气管道总长达 50 万千米，世界上 100%的天然气、85%以上的原油运输是通过管道输送实现的。在发达国家，成品油的远距离运输主要靠管道，欧美发达国家和中东产油区的油品运输现已全部实现了管道化。目前，世界管道运输网分布很不均匀，主要集中在北美、欧洲、俄罗斯和中东，除中东外的亚洲其他地区、非洲和拉丁美洲的管道运输业相对较为落后。

1. 北美

美国是世界上最大的石油消费国和主要的生产国之一，石油消费的一半以上依赖进口，由于本国石油资源高度集中在墨西哥湾沿岸和阿拉斯加的北冰洋沿岸地区，为了向非产油区供应油气，美国修建了长达 29 万多千米的输油管道和 30 多万千米的输气管道，其各类管道总长度位居世界第一，也是世界上管道技术最为先进的国家。

早在 1943 年，美国就修建了两条当时世界上最长的管道：一条是从得克萨斯州到宾夕法尼亚州的原油管道，全长 2 158 千米，管径 600 毫米；另一条是从得克萨斯州到新泽西州的成品油管道，全长 2 745 千米，管径 500 毫米。第二次世界大战后，美国的管道运输业继续高

速发展,目前其管道运输量已占到了全国货运总量的20%以上,是世界上管道工业最发达的国家之一。

北美省际输油管道是北美地区最长的原油管道,它北起加拿大的埃德蒙顿,南到美国的布法罗,贯穿了加拿大和美国,全长2 856千米,沿全线分布着众多泵站,管道日输量达3 000多万升。

1977年,美国建成了纵贯阿拉斯加州的输油管道,这是一条在高纬度严寒地区修建的大口径管道,它伸入北极圈,当时引起了全世界的瞩目。阿拉斯加管道北起北冰洋沿岸的普拉德霍湾,这里的石油占美国石油可开采量的1/3,南至太平洋沿岸的瓦尔迪兹港,穿越了3条山脉、300多条大小河流和近650千米的冻土带,全长1 287千米,管径1 220毫米,年输油量在4 000万吨以上,全线采用计算机控制,是美国最长的现代化输油管道,也是世界上最为先进的管道之一。美国的科洛尼尔成品油管道系统,全长4 610多千米,是世界上最长的成品油管道。

除油气管道外,美国还拥有较多输送煤浆的管道。美国于1970年建成的里梅萨煤浆管道,南起亚利桑那州卡因塔露天煤矿,北至内华达州莫哈夫电厂,全长439千米,管径为457毫米和305毫米,年输煤量为450万吨,是目前世界上输煤量最大的一条管道。

加拿大的油气管道业也十分发达。加拿大拥有总长超过3.5万千米的输油管道,密集的管网把落基山东麓的产油区与消费区连接起来,并与美国的管道网相连。加拿大还拥有横贯全国的泛加输气管道,管道总长8 510千米,管径从500—1 000毫米,年输气量达300亿立方米,是世界上最长的输气管道。

2. 欧洲和俄罗斯

在欧洲主要发达国家,油气运输已实现管网化。自北海油田发现后,欧洲陆续新建了一批大口径的高压力管道,管道长度已超过1万千米,目前仍是世界上油气管道建设的热点地区之一。

前苏联的管道建设在20世纪飞速发展。20世纪50年代,前苏联共有管道7 700千米,此后以每年6 000—7 000千米的速度递增。20世纪下半叶,前苏联在极短的时期内建成了输送天然气、原油和成品油的干线管道系统,干线管道的总长度达21.5万千米,堪称20世纪全球规模最大的管道工程。其中,有6条超大型输气管道系统,总长合计近2万千米,管径为1 220—1 420毫米,是世界上规模最大、最复杂的输气管道网络。

20世纪六七十年代,前苏联和东欧国家间建设了友谊输油管道。该管道分一、二期工程,一期工程建成于1964年,全长5 500千米,管径1 020毫米;二期工程建成于1972年,全长4 410多千米,管径1 220毫米。友谊输油管道一、二期工程合计近1万千米,设计年总输油能力近1亿吨,是世界上最长的输油管道。前苏联解体后,由于受多种因素影响,该管线目前的运力和运量都急剧下降。

俄罗斯现有的石油管网总长5万多千米,由于国土辽阔,横贯俄罗斯大陆的每条输油管道的干线长度,一般均在3 500—4 000千米。由于许多输油管道都已老化或超期服役,目前,俄罗斯输油管道系统的运行效率偏低,为了适应俄罗斯大规模出口原油的需要,这些管道大都需要进行大修和综合改造。

3. 中东地区

中东是世界上最大的产油区和石油出口区，也是油气管道密布的地区。

沙特阿拉伯在1987年建成了东起波斯湾沿岸的阿卜凯克，向西横越阿拉伯半岛后，到达红海岸边的延布港，全长1 200千米、管径1 219毫米的大口径长输原油管道。该管道仅在1988年输油量即达1.1亿吨，至今，年输油量仍保持在9 000多万吨，是世界上运量最大的石油管道。伊朗的阿瓦士—阿加贾里—加拉维管道，全长仅248千米，但其第一期工程年输油量就达到了7 500万吨。

中东地区比较重要的管道还有从伊拉克北方油田基尔库克到土耳其的地中海港口城市杰伊汉的跨国石油管道。伊拉克战争前，该管道每天的输油能力高达90万桶，2003年伊拉克战争爆发后，该管道被迫关闭。2003年8月，该管道短暂重启时，曾导致国际油价每桶暴跌1美元左右。

4. 世界海底管道

除了陆上管道外，世界海底管道业也十分发达。目前，世界上较长的海底管道多分布在北欧地区，运输从北海油田开发的油气资源。挪威是欧洲仅次于俄罗斯的第二大天然气出口国，也是世界上海底管道最多的国家之一。

（六）中国管道运输现状

20世纪90年代以来，我国天然气管道得到快速发展，天然气消费领域逐步扩大，城市燃气、发电、工业燃料、化工用气大幅度增长。2004年投产的西气东输工程横贯中国西东，放射型的支线覆盖了中国许多大中城市，并于2005年通过冀宁联络线与陕京二线连通，构成我国南北天然气管道环网。忠武输气管道也于2004年年底建成投产。到2005年初步形成了西气东输、陕京二线、忠武线3条输气干线，川渝、京津冀鲁晋、中部、中南、长江三角洲5个区域管网并存的供气格局。

西部大开发的标志性项目——西气东输管道工程于2002年7月4日正式开工兴建，2004年1月1日，长达1 500千米的西气东输东线已经实现了从陕北的靖边向上海、苏州、合肥、湖州等城市的商业供气。这条长距离、大口径的天然气管道，从新疆塔里木延伸到上海的白鹤镇，成为横贯中国的能源传输大动脉。饱受能源匮乏之苦的长江三角洲地区，迎来了清洁、高效的天然气。在冬季天气比较寒冷的情况下，每天可向上海供气110万立方米。我国海底油气管道建设还不到20年时间，管道数量不多，但技术上已达到了国际先进水平。

此外，我国还自行设计建成了山西省尖山矿区—太原钢铁厂铁精粉矿浆管道，管道全长102千米，管径229.7毫米，精矿运量200万吨/年，矿浆重量浓度为63%—65%。

三、邮政运输

世界各国的邮政业务均由国家办理，而且均兼办邮包运输业务。国际上，各国邮政之间订有协定和公约，通过这些协定和公约，使邮件包裹的传递畅通无阻，四通八达，形成全球性的邮政运输网，从而使国际邮政运输成为国际贸易中普遍采用的运输方式之一。

（一）国际邮政运输的含义

邮政运输(Parcel Post Transport)是指通过邮局寄交进出口货物的一种运输方式。邮

政运输比较简便，只要卖方根据买卖合同中双方约定的条件和邮局的有关规定，向邮局办理寄送包裹手续，付清邮费，取得收据，就完成交货任务。

国际邮政运输分为普通邮包和航空邮包两种，对每件邮包的重量和体积都有一定的限制。例如，一般规定每件长度不得超过1米，重量不得超过20千克，但各国规定也不完全相同，可随时向邮局查问。邮政运输一般适合于量轻体小的货物，如精密仪器、机械零配件、药品、样品和各种生产上急需的物品。

(二) 国际邮政运输的特点

国际邮政运输是国际贸易运输不可缺少的渠道，根据它的性质和任务，概括起来主要有以下几个特点。

1. 具有广泛的国际性

国际邮政运输是在国与国之间进行的。在多数情况下，国际邮件需要通过一个或几个国家经转。各国相互经转对方的国际邮件，是在平等互利、协作配合的基础上，遵照国际邮政公约和协定的规定进行的。

为确保邮政运输安全、迅速、准确地传送，在办理国际邮政运输时，必须熟悉并严格遵守本国和国际间的邮政各项规章和制度。

2. 具有国际多式联运性质

国际邮政运输通常需要经过两个或两个以上国家的邮政部门，以及两种或两种以上不同的运输方式的联合作业。从邮政托运人的角度来说，它只要向邮政部门照章办理一次托运，一次付清足额邮资，在取得一张包裹收据后，全部手续即告完备。至于邮件运送、交接、保管、传递等一切事宜均由各国邮政部门负责办理。邮件运抵目的地，收件人即可凭邮政部门到件通知和收据向邮政部门提取邮件。所以，国际邮政运输就其性质而论，具有国际多式联运的性质。

3. 具有"门到门"运输的性质

各国邮政如星斗般满天密布，邮件一般可在当地就近向邮政部门办理，邮件到达目的地后，收件人也可在当地就近邮政部门提取。所以，邮政运输基本上可以说是"门到门"运输。它为邮件托运人和收件人提供了极大的便利。

4. 具有不同的运输任务

较之于其他国际货运方式，国际邮政运输的特点集中反映在运输的任务上。国际邮政运输的任务，是通过国际邮件的传递，沟通和加强各国人民之间的通信联系，促进相互间的政治、经济、文化交流。这与国际贸易形成的大量货物运输差异明显。

(三) 影响邮政运输规划的主要因素

邮政运输是一个涉及多种因素的综合性复杂系统，影响邮政运输规划的因素较多，具体而言，主要有以下几个方面的因素。

1. 邮路结构

邮路结构是实现邮件异地转移的基础设施。它是在交通运输网络的基础上，按照一定的要求，挑选出来的适合邮政运输的道路集合。在我国不同的地域，邮路等级有着很大的差别。相对来说，东南部交通运输网络发达，邮路等级较高，而西部地区则相对落后，邮路状况不甚理想。

邮政运输网路可分为全国干线网和省内网。干线网主要针对全国一、二级邮区中心局间的邮件运输，省内网则主要面对省内二、三级邮区中心局间的邮件运输。

2. 邮件种类和流量流向

就运输环节而言，我国将邮件按时限要求大致划分为快件和普件，针对不同的邮件类别实施相应的运输计划。快件主要强调传递时限短，普件着重考虑邮件运输成本的降低。另外，邮件流量流向区域性差别大，邮件总量与流量流向随机变化，季节性强，变化幅度大。

3. 运输工具

运输工具是实现邮件异地转移的载体，是以一定的邮路结构为基础的。我国邮政运输主要依赖于委办，特别是干线运输，需要依托航空和铁路部门提供的运能支持，车辆开行时刻、停靠站点和容间大小都没有自主权。虽然经过一定时间的积累，自办邮路有了很大的发展，但主要还是通过汽车邮路来完成部分省内邮件的运输。另外，邮件运输还涉及少量的轮船运输。

4. 时限

时限是衡量邮政运输质量的重要指标。由于实物邮件的异地转移是邮政运输的基本内容，邮政运输中的每一个环节都有严格的处理时限标准，而且端到端有一个总的时限标准。影响时限标准实现的主要因素是运输时间和转运时间。通常，邮政运输在整个邮政通信作业过程中所占的时限比例较大，因此，花在邮政运输中的时间是邮政运输路在规划时需要着重考虑的一个评价因素。

(四) 万国邮政联盟组织

万国邮政联盟(Universal Postal Union)简称邮联，其宗旨是根据《万国邮政联盟组织法》的规定，组成一个国际间邮政领域的组织机构，以便相互交换邮件；组织和改善国际邮政业务，以便有利于国际合作的发展；推广先进经验，给予会员国邮政技术的援助。

邮联的组织机构有邮政联盟大会，为邮联的最高权力机构，每5年举行一次；执行理事会，为大会休会期间的执行机构；邮政经营理事会，研究邮政技术和合作方面的问题，并就此问题提出改进建议以及推广邮政经济和成就；国际局，为邮联的中央办事机构，设在瑞士伯尔尼，其主要任务是对各国邮政进行联络，提供情报和咨询，负责大会筹备工作和准备各项年度工作报告等。中国于1972年加入万国邮政联盟组织。

(五) 邮包种类、邮资和单证

1. 邮包分类

国际邮件按运输方法分为水陆路邮件和航空邮件，按内容性质和经营方式分为函件和包裹两大类。

按照我国邮政部门的规定，邮政包裹又可分为以下几种：

(1) 普通包裹。凡适于邮递的物品，除违反规定禁寄和限寄的以外，都可以作为包裹

寄送。

(2) 保价包裹。保价包裹是指邮局按寄件人申明的价值承担补偿责任的包裹、贵重物品,如金银首饰、珠宝、工艺品等。

(3) 脆弱包裹。脆弱包裹是指容易破损和需要小心处理的包裹,如玻璃器皿。

此外,国际上还有快递包裹、代收货价包裹、收件人免付费用包裹等,目前我国邮政暂不办理这些项目。

邮政局在收寄包裹时,均给寄件人以执据,故包裹邮件系属于给据邮件。给据邮件均可以办理附寄邮件回执。回执是邮件投交收件人作为收到凭证的邮件。回执还可按普通、挂号或航空寄送。

2. 邮资和单证

邮资是邮政局为提供邮递服务而收取的费用。各国对邮资采取的政策各有不同。有些国家把邮政收入作为国家外汇收入来源之一;有些国家要求邮政自给自足,收支大致相抵;有些国家则对邮政实行国家财政补贴。从而形成了世界各国不同的邮资水平。

根据《万国邮政公约》规定,国际邮资应按照与金法郎接近的等价折成其本国货币制定。邮联以金法郎为单位,规定了基本邮资,以此为基础,允许各国按基本国情增减。增减幅度最高可增加70%,最低可减少50%。

国际邮资按重量分级为其计算标准。邮资由基本邮资和特别邮资两部分组成。基本邮资是指邮件经水陆路运往寄往国应付的邮资,也是特别邮资计算的基础。基本邮资费率是根据不同邮件种类和国家地区制定的,邮政局对每一邮件都要照章收取基本邮资。特别邮资是为某项附加手续或责任而收取的邮资,如挂号费、回执费、保价费等,是在基本邮资的基础上,按每件加收的,但是保价邮资须另按所保价值计收。

邮政运输的主要单证是邮政收据。邮政收据是邮政局收到寄件人的邮件后所出具的凭证,是邮件灭失或损坏时凭以向邮政局索赔的凭证,也是收件人凭以提取邮件的凭证。

本章小结

1. 公路运输是指在公路上运送旅客和货物的运输方式,是交通运输系统的组成部分之一。公路运输具有机动灵活、快捷方便、应急性强;适应点多、面广、零星、季节性强的货物运输;运距短、单程货多;投资少、回收快,设备容易更新等特点,是空运班机、船舶、铁路衔接运输不可缺少的运输形式。

2. 我国公路运输的经营方式包括公共运输部门、契约运输线、自用运输业和汽车货运代理。

3. 公路运费一般有两种计算标准:一是按货物等级规定基本运费费率,二是以路面等级规定基本运价。凡是一条运输路线包含两种或两种以上的等级公路时,则以实际行驶里程分别计算运价。特殊道路,如山岭、河床、原野地段等,则由承托双方另议商定。

4. 为了统一公路运输所使用的单证和确定承运人的责任,联合国所属的欧洲经济委员会于1956年5月19日在日内瓦召开会议,通过了《国际公路货物运输合同公约》(CMR),在

适用范围、承运人责任、合同的签订与履行、索赔和诉讼以及连续承运人履行合同等方面作了比较详细的规定。

5. 根据汽车运输经营活动的特点，汽车运输的经济技术指标定为产量指标、质量指标、效率指标、燃料消耗指标、劳动生产率指标、运输成本指标、流动资金占用指标和利润指标。

6. 内河运输的特点是运量大、投资少、成本低、耗能少，适合装运大宗货物，航运平稳。运送危险货物时安全可靠。内河运输的船舶包括内河货船、拖船和推船、驳船、河/海型船。

7. 管道运输是随着石油原油的生产而产生的，是利用管道借高压气泵的压力输送气体、液体和粉末状固体的一种特殊的运输方式。管道运输具有运量大、占地少、建设周期短、费用低、安全可靠、连续性强、耗能少、成本低、效益好和灵活性差等特点。

8. 管道运输根据其铺设工程可分为架空管道、地面管道和地下管道；根据其地理范围可分为原油管道、成品油管道和系泊管道；根据其运输对象可分为液体管道、气体管道和水浆管道。

9. 国际邮政运输是国际贸易运输不可缺少的渠道。国际邮政运输的特点是，具有广泛的国际性；具有国际多式联运性质；实现了“门到门”运输；运输任务不同运输的标的不同。

10. 邮包按运输方式可分为水陆路邮件和航空邮件；按内容性质和经营方式可分为函件和包裹两大类；按照我国邮政部门的规定，邮包又可细分为普通包裹、脆弱包裹和保价包裹。

11. 万国邮政联盟简称“邮联”，其宗旨是根据《万国邮政联盟组织法》的规定，组成一个国际间邮政领域的组织机构，以便相互交换邮件；组织和改善国际邮政业务，以便有利于国际合作的发展；推广先进经验，给予会员国邮政技术的援助。

思考与练习

一、思考题

1. 国际公路运输的特点和作用是什么？
2. 公路运输费用的计算和收款办法是什么？
3. 公路运输费率有哪几种？基本运价有哪些？
4. 简述内河运输的特点。
5. 请分别说明管道运输的优缺点。
6. 邮政运输有哪几种形式？

第八章　保险概述

学习目标

本章主要介绍风险的概念、管理，保险的概念、分类，保险合同成立、变更、解除、终止的法律规定以及保险中介人的基本概念、类型及对中介人监管等法律规定等内容。通过学习，要求学生了解保险的基本知识和保险合同的法律知识，掌握保险合同、保险中介人相关理论知识，并能够运用这些知识，解决和处理保险业务中的实际问题。

第一节　风　　险

一、风险的含义

关于风险(Risk)的定义多种多样，经济学家、统计学家和行为学家等分别从不同的角度来界定风险。例如，统计学家和经济学家经常将风险与变量联系在一起，认为风险是预期结果与实际结果间的相对变化。当结果存在几种可能，并且实际结果不能预知时，就认为存在风险。本书把风险定义为某一带来损失(Loss)事件发生的不确定性(Uncertainty)。它强调某一事件在一定时期、一定范围内可能发生，也可能不发生，事件一旦发生，损失不可避免。所以，风险也成为损失的不确定性。风险普遍存在于人们的日常生活和生产经营中，它本是一种客观存在的状态，其本身并无好坏之分，但由于普遍意义上的风险是与损失相关的一种状态，因此人们一般都厌恶风险。

二、风险的特征

由于保险对于风险的研究只考虑损失的情况而不涉及受益的情况，因此，从保险的角度来看，风险是指客观存在的发生损失的不确定性。风险具有以下三个特征。

(1) 风险存在的客观性，即风险普遍客观地存在于日常生活的方方面面。

(2) 风险的损失性，即人们关心风险、研究风险，是因为风险与损失密切相关。客观存在的风险一旦发生往往给人们造成财产损失和人身伤亡。

(3) 风险发生的不确定性，即风险一旦发生造成的损失具有不确定性，即是否造成损失不确定，损失程度的大小不确定，造成损失的时间、地点不确定，造成损失的原因不确定。风险的不确定性要求人们掌握并运用各种方法，在可能的条件下对风险进行测量，以便采用相应的手段管理风险。

三、风险的种类

风险可从不同的角度予以分类，常见的有以下几种分类法。

（一）按照风险的性质分类

按风险的性质，可将风险分为纯粹风险和投机风险。

(1) 纯粹风险(Pure Risk)，是指只有损失可能而无获利机会的风险。各类自然灾害以及意外事故，如地震、洪水、海啸、火灾、爆炸、船舶碰撞等均属于纯粹风险。纯粹风险所致损失是“绝对”的，其发生只会带来财产损毁及人身伤亡的不利后果，是社会财富的净损失，因而没有人愿意主动接受此类风险。

(2) 投机风险(Speculative Risk)，是指既有损失可能又有获利机会的风险。例如，股票、外汇买卖的风险即为投机风险，它既可能给买卖主体造成损失，也可能带来收益。由于投机风险所致损失是“相对”的，对个体而言，存在获利的可能，因而会有一些人为追求利益而主动冒此风险。

（二）按风险涉及的对象分类

按风险涉及的对象，可将风险分为财产风险、责任风险、信用风险和人身风险。

(1) 财产风险(Property Risk)，是指导致财产损毁、灭失和贬值的风险。例如，企业机器设备因火灾而被焚毁，货物在运输途中因船舶触礁而被浸湿等，其导致的都是财产的物质性损失。

(2) 责任风险(Liability Risk)，是指根据合同或法律上的规定，因个人或团体的疏忽、过失造成他人的财产损失或人身伤亡而应承担经济赔偿责任的风险。例如，司机驾驶汽车时违反交通法规撞到行人致其伤亡，发生医疗事故造成病人病情加重或死亡等均属责任风险导致的责任事故，责任方应承担经济赔偿责任。

(3) 信用风险(Credit Risk)，是指在经济交往中，由于义务人违约或违法行为而给权利人造成经济损失的风险。例如，进口商没有按贸易合同的规定向出口商支付货款，而使出口商遭受经济损失，即为信用风险。

(4) 人身风险(Personal Risk)，是指疾病、意外事故等可能导致人的伤残、死亡或丧失劳动能力的风险。

四、风险管理

2011 年 3 月 29 日，根据瑞士再保险最新一期 sigma 研究报告显示，2010 年自然灾害和人为灾难导致的全球经济损失为 2 180 亿美元，达到 2009 年 680 亿美元经济损失的 3 倍以上。全球保险业承担的损失额超过 430 亿美元，较上年增长 60%以上。约 304 000 人在这些灾害事件中不幸丧生，是自 1976 年以来的最高数据估计。风险的客观存在促使人们努力探索风险管理的方法。随着人类对风险认识的不断深入，人们通过探索处理与应付风险的最佳方法，以求尽可能地降低风险成本，实现经济效益最大化，由此逐渐形成了风险管理。

风险管理是指利用各种自然资源和技术手段对导致人们利益损失的风险事件的认识、

防范、控制和处理,并予以消除的过程。一般可将风险管理对策分为风险控制法和风险财务处理法两大类。

(一) 风险控制法

风险控制法(Risk Control Method)是指通过采取各种措施降低损失频率和减轻损失程度,重点在于改变引起风险事故和扩大损失的各种条件。其主要包括风险避免、风险控制、风险集合和非保险风险转移四种方式。

1. 风险避免

风险避免(Risk Avoidance)是指设法回避某类风险事件所致损失发生的可能性,即通过放弃某一计划或方案从而避免由此引起的损失后果。例如,工厂生产某种危险品可能导致爆炸事故,若不能预先采取有效措施避免事故发生,工厂往往通过不生产这种危险品以避免风险。

风险避免是风险管理中最简单易行和经济安全的方法,但也是一种消极的方式,往往意味着利润的丧失和企业发展的停顿,而且这一方法的采用存在着限制条件,并非所有的风险都是可以避免的。例如,货物无论采用公路运输、铁路运输、海洋运输还是航空运输,均存在运输风险。

2. 损失控制

损失控制(Loss Control)是指减少损失产生频率和降低损失程度的一种积极主动的风险处理方法,可以概括为损失事先预防和事后抑制两种方式。

(1) 损失事先预防(Loss Prevention),是指在损失发生前采取措施消除或减少各项风险因素。例如,安装避雷针、设计防火结构、建造防沙防风林带以及开展安全生产教育等均是事先预防风险的手段。

(2) 损失事后抑制(Loss Reduction)是指在事故发生后为减少损失程度而采取的各项措施。比如,安装火灾报警器和自动喷淋系统。一旦发生火灾,即可及早知晓和灭火,减少事故损失。

3. 风险集合

风险集合(Risk Combination)是指通过集合具有同质性的风险单位,使更多的单位共同承担风险,提高每一单位承担风险的能力,以此达到降低风险成本的目的。比如,企业实行多元化生产战略,扩大产品的生产线,即可分担某类产品销路不好所造成的损失。

4. 非保险风险转移

非保险风险转移(Non-Insurance Risk Transfer)是指通过一定方式将可能发生的风险事故损失转移给其他人承担,风险本身并未发生变化。例如,预测股市行情即将下跌时,通过出售股票以转嫁股价下跌的风险损失;又如,承包商在承包合同中规定建造过程中发生自然灾害等不可抗力的损失由建筑方承担等。

(二) 风险财务处理法

风险财务处理法(Risk Financier Method),是指在财务上作出预先安排以降低风险成本。风险财务处理法包括风险自担和保险两种方式。

1. 风险自担

风险自担(Assumption of Risk)是指自己承担一定的风险损失,可分为被动承担和主动承担两种形式。被动承担是指企业事先并未预计某种风险发生的可能性,因而在发生风险事故后,只能自己承担风险成本。主动承担是指企业事先知晓某种风险的存在,经过合理的判断和谨慎的研究分析,以提取准备金或基金的方式,有计划地主动承担风险。一般而言,当风险的损失频率和所致损失程度不高时,比较适合采用风险自担的方式。从国际经验看,如果企业经济实力不强,自身承担损失的能力有限,通常不采取自担风险的方式,而经济实力强的企业往往选择风险自担。

2. 保险

保险(Insurance)是指企业与保险公司订立保险合同,通过缴纳确定金额的保险费,将风险可能造成的不确定的损失转移给保险公司。企业通过保险,只需缴纳小额的保险费即可换取潜在的大额的风险损失的经济保障,是风险处理最经济有效的方式之一。对于保险公司而言,通过集合大量同质风险,使风险在全社会范围内得以分散,从而补偿企业的不确定损失。

第二节 保险概述

一、保险的含义

保险有广义和狭义之分。广义的保险,是指保险人向投保人收取保险费用,建立专门用途的保险基金,并对投保人负有法律或合同规定范围内的赔偿和给付责任的一种经济补偿制度。

狭义的保险是指商业保险。即通过合同形式,运用商业化经营原则,由专门机构向投保人收取保险费用,建立保险基金,用作对被保险人在合同范围内的财产损失进行补偿、人身伤亡以及年老丧失劳动能力者的经济损失给付的一种经济补偿制度。

《中华人民共和国保险法》(以下简称《保险法》)第2条将保险定义为,投保人根据保险合同的约定,向保险人支付保险费,保险人对于合同约定的可能发生的事故因其发生所造成的财产损失承担赔偿保险金责任,或者当被保险人死亡、伤残、疾病或达到合同约定的年龄、期限时,承担给付保险金的商业保险行为。

本书所探讨的保险,仅指商业保险,即保险合同当事人通过订立保险合同而建立的民事法律关系。

二、可保风险

风险有多种多样,其中有的是可保的,有的则不可保。可保风险一般限于纯粹风险。但并非所有的纯粹风险都是可保风险。纯粹风险成为可保风险必须满足下列条件:

(1) 可保风险具有经济上的可行性。这个条件具有三个含义:首先,当经济损失在投保人正常的承受能力以外时,投保人就会产生一定的经济代价购买保险的意愿;其次,经济损失在保险人的承受范围内，不会影响保险企业财务的稳定性；最后，损失应是可以确定并以货币计量，这样保险人才能够实施补偿。

(2) 存在大量的具有同质风险的风险单位。保险的职能在于转移风险、分摊损失和提供经济补偿。所以，任何一种保险险种，必然要求存在大量的风险单位。风险的发生对样本整体来说具有必然性，但对单个样本来说具有偶然性。面临同一风险的所有单位都拿出一部分钱作为保险费，满足个别单位补偿损失的需求。

(3) 损失的发生必须是意外的。损失的发生必须是意外的和非故意的。所谓"意外"，是指风险的发生超出了投保人的控制范围，且与投保人的任何行为无关。如果由于投保人的故意行为而造成的损失也能获得赔偿，将会增加道德风险，违背了保险的初衷。此外，要求损失发生具有偶然性(或称为随机性)也是"大数法则"得以应用的前提。

(4) 一般不会发生特大灾难。特大灾难是指两种情况：第一，所有的或大部分的保险标的都面临同样的风险因素并发生同样的风险事故；第二，保险标的的价值巨大，如人造卫星等。巨灾事故会使得某些独立的评估标准产生误差，严重影响保险人的正常经营。

公司财力不足、再保险市场规模较小时，保险公司根本无法承保这类风险，它的潜在损失一旦发生，就可能给保险公司带来毁灭性的打击。但随着保险公司资本的日渐雄厚，保险新技术的不断出现，以及再保险市场的扩大，这类原本不可保的风险已被一些保险公司列在保险责任范围之内。可以相信，随着保险业和保险市场的不断发展，保险提供的保障范围将越来越大。

三、保险的职能

保险是商品经济发展的产物，同时也对经济产生作用，推动经济发展。保险的基本职能包括以下两点。

(一) 风险损失分摊

分摊职能就是把参加保险的少数成员因自然灾害或意外事故所造成的损失，分摊给多数成员来承担。保险的主要特征就是分散风险，分摊损失，起到"一人为众，众为一人"的作用。这是保险区别于其他事业的根本标志。

(二) 补偿职能

补偿职能就是把参加保险的全体成员建立起来的保险基金用于少数成员因遭遇自然灾害或意外事故所受损失的经济补偿。分摊损失本身并不是目的，其目的是为了补偿损失，通过补偿损失来抵抗灾害，保障经济活动的顺利进行以及给予受难者以经济帮助。

第三节　保险的分类

随着经济的发展和科技的进步，世界各国保险业务的发展非常迅速，保险领域不断扩大，保险业务内容不断更新扩展，新的险种不断涌现，目前在国际保险市场上开展的保险业务已达几百种之多。

目前，国际上尚未形成一个固定的保险分类原则和统一的分类标准，可以从不同的角度

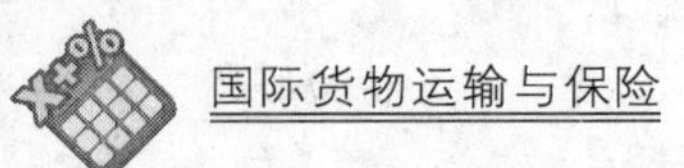

划分保险。角度不同,保险的分类便不同,有时同一种保险可以从不同的角度分类。常见的分类主要有以下几种。

一、按实施方式分类

根据实施方式可将保险划分,可分为自愿保险和强制保险。

(一) 自愿保险

自愿保险(Voluntary Insurance)是指投保人与保险人在平等自愿、彼此合意基础上建立双方的保险关系。自愿保险的特点是,投保人有权根据自己的意愿决定是否投保、向谁投保、投保险别及投保金额如何、保险期限长短以及是否退保等事项;保险人也有权决定是否接受投保人的投保申请,以及决定承保的金额和保险期限等保险条件。自愿保险是保险的基本形式,大部分商业保险均为自愿保险。

(二) 强制保险

强制保险(Compulsory Insurance)又称法定保险,是指保险双方当事人根据国家法律、法规或行政命令的规定而形成的保险关系。强制保险的特点是,保险关系建立的依据是国家立法,只要是在规定范围内的民事主体均需投保该保险,而无权根据自己的意愿决定是否投保。

有些种类的强制保险仅要求投保人必须获得规定的保险,而不限制其按自己的意愿选择保险公司。例如,在我国,汽车第三者责任保险属于强制保险,由各商业保险公司承办,被保险人可依据自己对保险公司的评价自主选择保险公司。有些种类的强制保险形式,则要求投保人必须向指定的保险人投保。从目前的保险实践看,国际上普遍实行的是第一类强制保险,投保人只需持有规定险种的保险单即可,而不强制其向谁投保。

二、按保险对象分类

根据保险对象分类,是一种最基本的分类方法。按照保险标的,保险可分为财产保险、责任保险、信用保险和人身保险。

(一) 财产保险

财产保险(Property Insurance)是指以财产及其相关利益为保险标的,保险人对因保险事故发生导致的财产损失进行补偿的保险。财产保险有狭义和广义之分。狭义的财产保险,是指以各种有形财产及其相关利益为保险标的的保险。广义的财产保险包括狭义的财产保险、责任保险和信用保险。本书所要分析的是狭义的财产保险,世界保险业对其分类大致如下。

1. 火灾保险

火灾保险(Fire Insurance)简称火险,是指保险人对于保险标的因火灾所导致的损失负责补偿的一种财产保险。火灾是财产面临的最基本和最主要的风险,早期的财产保险主要是针对火灾对于各种财产所造成的损坏。随着保险经营技术的发展,如今保险人已将火灾保险单的责任范围扩展到包括各种自然灾害和意外事故造成的保险财产的损失,但国际保险市场习惯上仍将对一般的固定资产和流动资产的保险称为火灾保险。我国目前不再采用火灾保险的名称，而改称为财产保险，包括企业财产保险、家庭财产保险等。

2. 海上保险

海上保险(Marine Insurance)简称水险，是指保险人对海上保险标的因海上风险所导致的损失或赔偿责任提供经济保障的一种保险。在所有保险种类中，海上保险的历史最为悠久，其保险标的的范围随着保险经营技术的发展而不断变化。早期海上保险的保险标的包括船舶、货物和运费三类。目前，海上保险的保险标的扩展到与航海有关的财产、利益、责任，以及与海上运输没有直接关系的海上作业、海上资源开发等工程项目，如海上石油开发保险、海上养殖业保险等。

3. 货物运输保险

货物运输保险(Cargo Transportation Insurance)是指保险人对运输途中的货物遭受保单承保的各类风险而导致的损失提供保险保障的保险。根据货物运输采用的方式不同，货物运输保险可分为海洋运输货物保险、陆上运输货物保险、航空运输货物保险和邮包运输保险等。

4. 运输工具保险

运输工具保险(Conveyance Insurance)是指以各类运输工具，包括汽车、船舶、飞机、火车等作为保险标的的保险。保险人对承保的运输工具因保单承保风险造成的损失负赔偿责任。其中，汽车保险是指以汽车作为保险标的的保险，其内容包括汽车损失保险和汽车第三者责任保险。前者主要承保汽车车身因各类灾害事故而导致的损失；后者承保被保险人因汽车事故而应承担的对第三者的经济损害赔偿责任。汽车保险在保险市场上的地位非常重要，目前世界非寿险保费收入中，汽车保险的保费收入占60%以上。

5. 工程保险

工程保险(Engineering Insurance)是指对进行中的建筑工程项目、安装工程项目及工程运行中的机器设备等面临的风险提供经济保障的一种保险，分为建筑工程和安装工程两类。工程保险属于综合性的保险，其保障的风险包括财产风险和责任风险。与普通财产保险相比，工程保险承保的风险更为巨大和复杂，而且涉及的风险往往是高科技风险，这对工程保险的承保技术、承保手段和承保能力提出了更高的要求。

6. 农业保险

农业保险(Agriculture Insurance)是指以种植业和养殖业为保险标的，对其在生长、哺育、成长过程中因遭受自然灾害或意外事故导致的经济损失提供损失补偿的一种保险。其险种包括农作物保险、森林保险、经济林和园林苗圃保险、牲畜保险、家禽保险和水产养殖保险等。由于受到农业风险较大、农业的经济收入偏低等客观因素的制约，农业保险一般不适宜采用商业保险的经营方式。

(二) 责任保险

责任保险(Liability Insurance)是指以被保险人对他人依法应承担的民事损害赔偿责任为保险标的的保险。按承保责任的不同，责任保险可分为公众责任保险、产品责任保险、职业责任保险和雇主责任保险等。

1. 公众责任保险

公众责任保险(Public Liability Insurance)又称普通责任保险，是责任保险中独立的、适用范围最为广泛的保险类别，主要承保企业、机关、团体、家庭、个人以及各种组织在固定的场所因疏忽、过失行为而造成他人的人身伤害或财产损失，依法应承担的经济赔偿责任的保险。

2. 产品责任保险

产品责任保险(Product Liability Insurance)是指承保产品制造者、销售者因其生产、销售或修理的产品存在缺陷，致使他人遭受人身伤害或财产损失，因而依法应承担的经济赔偿责任的一种保险。产品责任保险只承保产品事故导致的被保险人依法应承担的经济损害赔偿责任，对产品本身损失并不承担赔偿责任，但它与产品有着内在的联系，产品质量愈好，其风险就愈小。由于产品是连续不断地生产和销售的，所以产品责任保险的保险期限虽为1年，但它强调续保的连续性和保险的长期性。产品责任保险是在第二次世界大战后，特别是在20世纪70年代以后，首先在欧美发达国家开始举办并迅速普及起来的。我国于1980年开始办理产品责任保险，如今已成为支持外贸出口的重要手段之一。

3. 职业责任保险

职业责任保险(Professional Liability Insurance)是指承保各种专业技术人员因工作上的疏忽或过失造成合同对方或他人的人身伤害或财产损失而依法应承担经济赔偿责任的一种保险。职业责任保险一般由提供各种专业技术服务的单位，如医院、律师事务所、会计师事务所等投保，适用于医生、药剂师、工程师、设计师、律师和会计师等专业技术工作者。

4. 雇主责任保险

雇主责任保险(Employer's Liability Insurance)是指承保被保险人的雇员(包括短期工、临时工、季节工和学徒工)在受雇过程中从事保险单所载明的与被保险人的业务有关的工作时，遭受意外而致人身伤残、死亡或患与业务有关的职业性疾病，而依法或根据雇佣合同应由被保险人承担的经济赔偿责任的一种保险。

(三) 信用与保证保险

信用与保证保险(Credit & Bond Insurance)保障的是经济合同所规定的有形财产或预期应得的经济利益，是一种担保性质的业务。按照担保对象的不同，信用与保证保险可分为信用保险和保证保险。

1. 信用保险

信用保险(Credit Insurance)是指权利人要求保险人担保对方(被保证人)信用的一种保险。信用保险的投保人为信用保险关系中的权利人，如卖方担心买方不付款即可投保买方信用保险。常见的信用保险险种包括出口信用保险和投资保险。

2. 保证保险

保证保险(Bond Insurance)是指被保证人根据权利人的要求，请求保险人担保自己信用的一种保险。保证保险的保险人代被保证人向权利人提供担保，如果由于被保证人不履行合同或有违法行为，致使权利人受到经济损失，由其负责赔偿。保证保险的险种主要包括忠诚保证保险和履约保证保险。

（四）人身保险

人身保险（Personal Insurance）是指以人的寿命或身体为保险标的的保险，保险人对被保险人在死亡、伤残、疾病或达到保险合同约定的年龄、期限时承担给付保险金责任。人身保险包括人寿保险、意外伤害保险和健康保险等险种。

1. 人寿保险

人寿保险（Life Insurance）是指以人的生存或死亡作为保险给付条件的保险，当被保险人在保险期满继续生存或在保险期内死亡时，保险人应按保险合同约定承担给付保险金责任。以给付条件为标准，人寿保险可分为死亡保险、生存保险和两全保险。

2. 意外伤害保险

意外伤害保险（Personal Accident Insurance）是指以被保险人因遭遇非本意的、外来的、突然的意外事故而致死亡或伤残为保险金给付条件的人身保险。意外伤害保险可以单独办理，也可以附加于其他人身保险合同内作为一种附加保险。

3. 健康保险

健康保险（Health Insurance）是指以疾病、分娩或意外事故伤害所致的医疗费用或收入损失为保险责任的人身保险。

三、以保险业务承保方式为标准划分

以保险业务承保方式为标准，保险可分为原保险、再保险、共同保险和重复保险，下面简要介绍原保险和再保险。

（一）原保险

原保险（Original Insurance）是相对于再保险而言的，是指以个人或团体为投保人，与保险人直接签订保险合同，建立保险关系的保险形式。在原保险关系中，保险需求者将其风险转嫁给保险人，接受业务的保险人在保险事故发生时直接承担损失赔偿或保险金给付责任。

（二）再保险

再保险（Re-insurance）又称分保，是指保险人将其承担的保险业务部分转移给其他保险人承保的一种保险形式。原保险中的保险人接受个人或团体的投保申请，订立保险合同后，转而以投保人的身份，将原保险业务的部分风险责任转嫁给其他的保险人承担，从而建立了再保险关系。

知识拓展

保险在货物运输中的作用

根据一般经济规律，当货物运抵目的地后能够实现的价值高于其现有价值与运费之和，才存在运输货物的必要性，因而，承运货物的预期价值必须高于承运人所收取的运费。但在运输过程中蕴涵着多种可能导致货物损失或延迟的风险，如规定承运人应对货物在运输途中发生的损失负有经济赔偿责任，则承运人面临着远超出其实际收入的经济赔偿责任；反之，货主则将蒙受经济损失。如何解决这个矛盾并保障双方的经济利益呢？

19世纪前，受技术的限制，在发生货物灭失、短少或延迟等意外情况后，托运人很难证明承运人或其代理人是否存在过失行为。为保护托运人利益，法律对公共承运人的要求十分苛刻，当时的英国法律规定，除因天灾、公敌行为、货物的内在瑕疵及托运人的过失而造成的损失公共承运人可以免除责任外，货物在运输途中的一切损坏与灭失，承运人都要承担责任。作为平衡，英国法律同时允许承运人按照"契约自由"原则，在提单上列入免责条款来解脱他们在海运过程中对货物的责任。进入19世纪后，英国垄断了世界海运业，在船东势力的强大压力下，航运界盛行承运人"不负过失责任制度"，航运资本家利用"契约自由"原则在海运提单条款中任意规定免责条款，货主被迫承担了货物在海上运输过程中的绝大部分风险。承运人的这种行为不仅损害了与提单业务有关的货主、银行和保险公司的利益，也不利于提单的流通，令贸易界与航运界的矛盾愈加尖锐。为改变这一状况，1921年《海牙规则》规定了承运人最低限度的责任，一定程度上限制了承运人在提单中滥用免责条款的做法，代之以承运人赔偿责任的限额制度来保护船舶所有人的利益，在此基础上以保价运输来满足货主和承运人的实际需要。此后，承运人责任赔偿限额制度被铁路运输、航空运输、公路运输等借鉴，逐渐形成了普遍意义上的承运人赔偿责任限额制度。

而保险的本质属性是对小概率事件所致损失的经济补偿，其目的是帮助遭受损失的经济主体尽快恢复到损失发生前的经济状态，以此维护社会经济的正常有序运行。为了防止道德风险并维护社会公共利益，保险业遵循代位求偿的基本原则，即在财产保险中，若由第三者责任导致保险损失，保险人根据合同的约定履行赔偿责任后，依法取得对负有责任的第三者的追偿权。因此，若由于承运人的责任而导致运输货物的损失，保险人在实施赔付后有权要求承运人支付赔偿。换言之，在各国民法均视过失责任为经典理论的环境下，无论托运人或货主是否购买货物运输保险，承运人均须对自己有过失的致害行为负责，承担经济赔偿责任。因而，货物运输保险的存在并未影响保价存在的前提条件。

可见，解决高风险同低运费的矛盾的核心是确认各种或然状态下的经济利益的安排，在国际货物运输领域则是根据风险的来源确定风险的承担者。货物损失的原因可能缘于承运人过失、托运人过失、第三人侵权及不可抗力等，承运人责任制度负责因承运人过失造成的损失，保险则对不可抗力、第三者侵害等原因造成的损失负责，从而实现对货物运输风险的管理。

资料来源：任英，王渭.发挥保价运输提升运输服务质量的作用.综合运输，2008(4).

第四节　保险中介

在保险产品买卖过程中,保险中介起着牵线搭桥的重要作用。市场上的保险中介包括代理人、经纪人及公估人等。

一、保险代理人

保险代理人是根据保险人的委托,向保险人收取代理费,并在保险人授权的范围内代理办理保险业务的单位或者个人。保险代理有利于沟通保险的需要与供给,增进社会效益,促进保险业务发展。

在民法上,代理是指代理人以被代理人的名义在授权范围内向第三方所进行的民事法律行为,代理关系要求代理人必须以被代理人的名义,在代理权限内进行活动,而代理行为的法律后果直接归属于被代理人,保险代理人的法律特征如下:

(1) 保险代理人的保险代理是代表保险人利益的中介行为。

(2) 保险代理人的保险代理是由民法调整的行为。

(3) 保险代理人的保险代理是基于保险人授权的委托代理。

我国《保险代理人管理暂行规定》规定了三种类型的保险代理人。一是专业代理人,是指专门从事保险代理业务的保险代理公司。二是兼业代理人,是指受保险人委托在从事自身业务的同时,指定专人为保险人代办保险业务的单位。三是个人代理人,是指根据保险人的委托,向保险人收取代理手续费,并在保险人授权范围内代办保险业务的个人。保险市场上现有的保险代理人分为产险代理人、寿险代理人、承保代理人、理赔代理人、追偿代理人、专用代理人、独立代理人、专业代理人、兼业代理人和个人代理人。

虽然代理人可以帮助投保人分析危险,帮助投保人做好损失预防工作,但是,保险代理人为投保人提供服务的最终目的是为了激发投保人购买保险单,为保险人的利益服务。代理人需要和保险人签订保险代理合同,有获得劳务报酬、独立开展业务活动的权利,必须遵守诚实和告知,如实、及时转交保险费,维护保险人利益的义务,保险人在支付代理手续费、提供辅助资料、对保险代理人提供业务培训的同时,有权规定代理权限、监督保险代理人代理行为及其业务,保险代理人对保险人提供的服务主要有:招揽业务;核保;谨慎选择业务,摒弃不良危险;代理或帮助保险人处理理赔工作,简化理赔手续。

二、保险经纪人

保险经纪人是基于投保人的利益,为投保人与保险人订立保险合同提供中介服务,并依法收取佣金的组织和个人。我国法律规定经纪人必须是法人。保险经纪人不直接承保保险业务,而是代替投保人购买保险单或是向保险公司介绍保险业务,介绍业务成功者,从保险公司获得佣金。其基本职责是:为投保人寻找保险人,商谈保险条件。经纪人的职能是为客户进行风险评估,制定保险计划甚至制定包括管理财务风险、发展战略风险等在内的综合风险管理计划;为客户选择最合适的保险公司,并可为客户代办投保手续;监督保险合同的执行情况,并协助索赔。

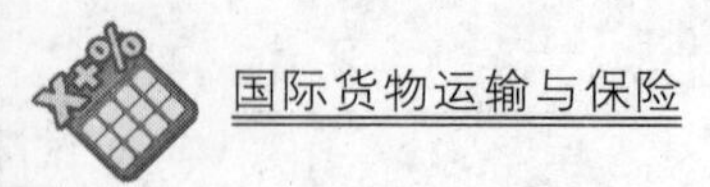

三、保险公估人

保险公估人是指接受保险合同当事人的委托,为其办理保险标的的勘察、鉴定、估损及赔款的理算等并出具证明的人。公估人可解决专业性、技术性强的承保、定损、理赔问题,有利于实现保险理赔规范化并提高理赔效率。保险公估人可分为海上保险公估人、汽车保险公估人、火灾及特种保险公估人、责任保险公估人。

第五节　保 险 合 同

保险合同即保险契约,是指保险双方当事人订立的具有法律约束力的协议。双方约定,一方支付保费,另一方在保险事件发生时承担赔偿或给付保险金义务。它属于经济合同的范畴,具有经济合同的一般特征:合同当事人具有民事行为能力;双方当事人意思表示一致;合同必须合法。例如,走私品、违禁品投保货物运输保险,因为标的违法,所以产生的利益也是违法的,不受法律保护。基于保险交易的特殊性,保险合同也具有不同于其他经济合同的一些特征。

一、保险合同的特性

(一) 保险合同是个人性合同

与某些经济合同相比,保险合同在很多情况下都不能转让。在我国《保险法》中,没有保单所有人的概念,因此,现阶段也没有转让人身保险合同的可能。而对于财产保险合同来说,因为投保标的状况与投保人息息相关,保险人要通过投保人的个人信息来预测未来的损失率,所以,在签订保险合同时,保险人要对投保人的生活习惯、工作作风、品德等情况进行详细调查。只有被保险公司认可的被保险人,才能获得保险保障。标的财产转让时,新的拥有者不一定符合保险公司的条件,所以保险合同不能随之转让。

(二) 保险合同是射幸性合同

射幸性合同(Aleatory Contract)是指合同当事人一方的履行有赖于偶然事件的发生。

保险合同是射幸性合同,对投保人来说,其支付一定数额的保险费,在保险事故发生时,可获得大大超过所付保险费数额的保险金;如果保险事故不发生,则丧失所交付的保险费。对于保险人来说,保险事故发生后,其支付的保险金数额将大大超过保险费的收入;如果保险事故不发生,则获得保险费的利益,而无支付保险金的责任。保险合同的射幸性是由危险事故的不确定性决定的,这在财产保险合同中表现得尤为明显;而在人寿保险中,因为保险人给付保险金的义务是确定的,只是时间问题,故其具有储蓄性,射幸性较弱。

保险合同虽是一种射幸性合同,但它与赌博有着本质的区别。因为这种射幸性质是对单个保险合同而言的,保险事业并非投机性的事业。就保险业承保的全部保险合同来看,保险费总额与保险金总额的关系是以精确的数理计算为基础的,原则上收入与支出保持平衡。因此,从总体上来看,保险合同不存在偶然性。

（三）保险合同是最大诚信合同

合同的订立及履行要遵守诚实信用原则。保险合同的诚信度要比一般合同高，所以称为最大诚信合同(Contract of the Utmost Good Faith)。诚实信用原则要求投保人对订立和履行保险合同过程中的一切重要事实和情况作出真实、可靠的陈述，不能有任何隐瞒和虚假陈述。

对保险合同的最大诚信要求，在最早的海上保险中就已存在。海上保险的标的是海上运输中的财产，危险性较大，而且远在海外，保险人在承保前无法进行实际勘察，只能根据投保人提供的情况予以承保，这就要求当事人具有超过一般交易合同的最大诚信。目前，各国的保险立法亦对此作出了明确规定。我国《经济合同法》第 41 条规定，投保人如隐瞒被保险财产的真实情况，保险人有权解除合同或不负赔偿责任。另外，在《财产保险合同条例》中，对投保人的如实告知义务、危险增加的通知义务、出险的通知义务等作出了具体规定，这些都是保险合同的最大诚信要求在立法中的体现。

（四）保险合同是要式合同

合同有要式合同和不要式合同之分。要式合同是指在法律上具备一定的形式和手续的合同；反之，在法律上不要求具备一定的形式和手续的合同，称为不要式合同。各国的保险惯例均将保险合同作成保险单，而且在保险立法上亦有规定。《保险法》第十三条规定，投保人提出保险要求，经保险人同意承保，保险合同成立。保险人应当及时向投保人签发保险单或者其他保险凭证。保险单或者其他保险凭证应当载明当事人双方约定的合同内容。当事人也可以约定采用其他书面形式载明合同内容。

由此可见，保险合同是采取书面形式的要式合同，换言之，保险合同是以保险单或保险凭证作为保险合同的书面形式。

值得说明的是，强调保险合同为要式合同，并非指保险合同在作成或交付保险单或保险凭证后才能成立。首先，保险合同在当事人双方意思表示一致时即告成立。其次，在实践中，如果保险合同当事人在意思表示一致后，保险单或保险凭证作成交付之前即发生保险事故，保险人仍应承担保险责任。如果强调保险合同于保险单或保险凭证作成之后生效，则与保险分散危险、消化损失、维护社会经济生活稳定的宗旨相违背。保险合同即属于这类要式合同。

（五）保险合同是附合性合同

附合性合同(Contract of Adhesion)由一方当事人提出合同的主要内容，另一方只是作出取与舍的决定，一般没有商议变更的余地。保险合同就是具有这种特点的合同，保险人依一定的根据，制定出保险合同的基本条款；投保人依照该条款，或同意接受，或不同意投保，但无权修改通用的某项条款。如果有必要修改或变更保险单的某项内容，也只准采用保险人事先准备好的附加条款或附属保险单。而不能依自己的意思自由规定保险合同的内容。

二、保险合同的要素

任何法律关系都包括主体、客体和内容三个要素，保险合同也不例外。

保险合同的主体包括当事人和关系人，前者是指订立合同的双方当事人，即保险人和投保人;后者是指受益人和被保险人,是与保险合同发生关系的人。这是因为有些保险合同,尤其是人身保险合同,是投保人为他人利益而订立的,如父母为子女投保、夫妻互保等,就涉及保险人和受益人。

(一)保险合同的主体

保险人(Insurer)又称承保人,是保险合同当事人的一方,是设计保险合同、收取保险费,并且在保险事故发生时,对被保险人承担损失赔偿或给付保险金的主体。我国《保险法》第十条规定,保险人是指与投保人订立保险合同,并按照合同约定承担赔偿或者给付保险金责任的保险公司。

投保人(Applicant)又称要保人,是保险合同当事人的另一方,是与保险人订立保险合同并负有交纳保险费义务的主体。投保人既可以是法人,也可以是自然人。

被保险人(Insured)是受保险合同保障的人,即保险事故发生后有权按照保险合同的规定,向保险人要求赔偿或领取保险金的人。被保险人与投保人的关系分两种情况:一种是投保人为自己的利益而签订的保险合同,在这种情况下,投保人就是被保险人;另一种是投保人为他人的利益而签订的保险合同。

受益人(Beneficiary)是保险合同中由被保险人或投保人指定,在被保险人死亡后有权领取保险金的人。投保人、被保险人都可以是受益人。受益人一般存在于人身保险合同中。

(二)保险合同的客体

保险合同的客体是指保险人和被保险人双方权利与义务共同指向的对象。保险合同的客体并不是保险标的本身,而是投保人或被投保人对保险标的所具有的可保利益。

虽然保险合同中所载明可保对象是保险标的,但订立保险合同的目的并非保障保险标的本身,投保后并不能保证风险不发生、损失不出现,而是在损失出现以后能够从保险人处获得经济上的补偿,保险合同保障的是被保险人对保险标的所具有的经济利益,即保险利益。

(三)保险合同的内容

保险合同的内容反映当事人和关系人之间的权利与义务关系,体现在保险合同的条款上,主要包括当事人的名称、住所,保险标的,保险金额,保险费,保险期限,保险责任和责任免除等条款。

三、保险合同的单证形式

保险合同单证不是保险合同本身,而是由保险人单方制作的任意格式单证,作为保险合同存在的证据。根据合同订立的先后顺序,大致有以下几种书面形式。

(一)要保书

要保书又称投保单(Insurance Application),是指投保人填写的递交给保险人的要求保险的书面要约。要保书通常由保险人根据保险类别事先准备。投保人在要求保险时依此所列事项逐一如实填写。要保书一般载明下列主要事项。

(1)投保人、被保险人的名称和地址,人身保险的受益人名称和地址。

(2) 保险标的及其坐落地点。

(3) 保险对象及被保险人的年龄、健康状况。

(4) 投保险别。

(5) 保险价值及保险金额。

(6) 保险期限和保险责任。

(7) 保险费以及支付办法(此项为要保书的关键事项)。

(二) 暂保单

暂保单(Cover Note,Binder)又称临时保险书,是指在保险单发出以前出立给投保人的一种临时保险凭证。按保险惯例,暂保单一般由保险代理人签发,表示保险代理人已经按投保人的要求及所列的事项办理了保险手续,等待保险人出立正式的保险单。暂保单在保险单正式出立以前使用,具有和保险单同等的效力。保险单已经出立,则暂保单的效力归并到保险单中。暂保单的使用一般有时间限制,只能在规定的时间内有效。我国《保险法》虽然没有规定暂保单这种保险合同形式,但依《保险法》第十三条的精神及保险惯例,在我国保险实务中,是存在并使用暂保单这一形式的。

(三) 保费收据

在人寿保险中,保费收据是在正式保单发出之前出具的一个文件,类似于财产保险中的暂保单。但也有一些重要差异,保费收据只是投保人缴纳保费,通常是首期保费和可能获得预期保障的证据,这种预期的保障又取决于一些事先规定的先决条件,若不存在这些先决条件,保险人不承担保险责任。

(四) 保险单

保险单(Policy,Insurance Policy)简称保单,是保险人出立的关于保险合同的正式书面凭证。保险单由保险人签发并交给投保人。保险单的内容应包括保险合同的全部条款,具体如下:

(1) 生命事项,如保险标的的种类、被保险人、承保险别、已交保费、保险期限、保险价值和保险金额以及投保人或被保险人对有关危险的性质与控制所做的承诺和保证等。

(2) 保险事项,即保险人所承担的保险责任。

(3) 除外事项,即保险人不承担责任的范围。

(4) 条件事项,如有关保单转让和变更等事项。

(五) 保险凭证

保险凭证(Insurance Certificate)是指由保险人签发交给投保人业已表明保险合同生效的证明文件。保险凭证是保险单的简化形式,俗称小保单,与保险单有同等的效力。但若保险凭证的内容不详或与保险单的内容不一致时,以保险单规定的内容为准。保险凭证可以单独使用,也可以与保险单并用。

(六) 批单

批单不是必然有的凭证,但有些保险合同中途变更有关内容(受益人、住址变化等),则保险人需要根据投保人或被保险人的要求出具变更保险单内容的批改书,既可在原保单上批注,也可另外出具一张变更合同内容的附加便条。凡经批改过的内容,以批单为准;多次批改,以最后的批改为准。批单一经签发,就自动成为保险合同的重要组成部分,成为履行合同的依据。

四、保险合同的订立、变更、无效和终止

(一) 保险合同的订立

保险合同的订立是投保人和保险人两方的法律行为。按我国《保险法》规定,投保人提出保险要求,经保险人同意承保,并就合同的条款达成协议,保险合同成立。因此,订立保险合同这种法律行为一般要经过要约和承诺两个主要的步骤,一方要约,另一方承诺,保险合同才告成立。一个有约束力的保险合同的成立,一般都是首先由投保人提出投保要求,填写投保单,预交保险费即要约,保险人经过审核后,如同意承保,就会签发保险单或保险凭证,并在保险单或其他保险凭证中载明当事人双方约定的合同内容,这样保险合同即告成立即承诺。在财产保险中,投保人如实填写投保单、缴付保险费或答应缴付第一次保险费后就构成了要约。然后,保险代理人代表保险公司接受要约,保险合同立即生效。在人寿保险中,由于人寿保险代理人一般没有订约的权利,因此,投保单必须得到保险公司的批准后才有效,保险合同才算订立。

(二) 保险合同的变更

保险合同的变更是指保险合同成立以后,未履行完毕以前发生的投保人、被保险人的变化以及保险合同的修改和补充。保险合同依法成立,即具有法律效力,当事人双方都必须严格遵守,不得擅自变更或者解除。但这并不是说保险合同是一成不变的。保险合同在成立以后,尚未履行或者未完全履行以前,由于客观情况的变化致使保险合同不能履行或者不宜履行的,法律也允许变更。

1. 投保人、被保险人的变更

投保人或被保险人的变更又称保险合同的转让或者保险单的转让,即投保人或者被保险人在保险合同有效期限以内将保险合同的利益转让给新的受让人。在保险合同中,保险人往往是不会发生变化的,而投保人或者被保险人则由于各种情况的出现可能会发生变化。投保人或者被保险人的变更,通常是由于被保险财产的所有权或者经营管理权的转移而引起的。投保人或者被保险人由于转移了被保险财产的所有权或经营管理权,丧失了对该项财产所具有的保险利益;而被保险财产所有权或经营管理权的新的受让人因受让而具有对这些财产的保险利益,也有对这些财产需要保险保障的要求和愿望。投保人或者被保险人在转移被保险财产所有权或者经营管理权的同时,将保险合同转让给新的财产受让人,这是合理的,也可以满足新财产受让人对财产的保险保障的愿望和要求。因此,各国保险法一般都允许保险合同的转让。我国《保险法》对此项作了明确规定。

2. 保险合同内容的变更

保险合同内容的变更是指在保险合同有效期限以内发生的保险合同内容的修改和补充。保险合同内容的变更通常为保险标的的数量、品种的增减,用途、存放地点的变化,保险

金额、保险价值、保险费的增减,船期、航程的变更以及人身保险中受益人的指定或变更等。保险合同内容的变更是在主体即投保人(或被保险人)不变的情况下发生的。保险合同成立以后,根据保险双方当事人的要求或者为适应已经变化了的客观情况,允许对保险合同的内容作一定的修改或补充,这是各国保险立法的通例。

3. 保险合同变更的程序

无论是投保人或者被保险人的变更,还是保险合同内容的修改和补充,都必须经过一定的程序,办妥一定手续。保险合同变更的方法主要有两种:一是通知变更,二是协议变更。

(1) 通知变更。通知变更是指保险合同的变更依法无须征得保险人的同意,只要通知保险人即发生合同变更的效力,如货物运输保险合同的转移等。

(2) 协议变更。协议变更是指保险合同的变更必须经投保人和保险人双方协商一致以后,才能发生合同变更的效力。也就是说,投保人或被保险人变更合同的要求,必须征得保险人的同意,否则不发生变更的效力。

保险合同的通知变更和协议变更,在程序和手续上,通常是保险人在接到投保人的变更通知或者经与投保人协商变更后,在原保险单或者其他保险凭证上批注或附贴批注,或者投保人订立书面的变更协议。

保险合同变更后,保险人在原保险单或者其他保险凭证上的批注又称背书。批注的效力优于保险单和其他保险凭证的效力。批注的内容与保险单或者保险凭证相抵触,或者有记载上的不一致,则应以批注为准。批注通常采用附贴、打字或手写的方式。一般来说,几种不同的批注方式并存时,签发时间在后的批注的效力优于签发时间在前的批注的效力;打字的批注的效力优于附贴的批注的效力;而手写的批注的效力又优于附贴、打字的批注的效力。

知识拓展

在CIF合同中,一般都规定卖方有义务向买方提交保险单和提单等装运单据。在这种情况下,卖方在取得保险单和提单之后,通常都是以背书方式把这些单据转让给买方,以履行其合同义务。但是,从法律上说,卖方转让已保险的货物同转让该项货物的保险单是两码事,不能混为一谈。当卖方转让已保险的货物时,该项货物的保险并不能自动地转移给买方。因为保险合同并不是保险标的的附属物,不能随同货物的转让而转让,而必须由被保险人在保险单上以背书表示转让的意思才能发生转让的效力。海上货物运输保险单的转让无须取得保险人的同意,但这种转让必须是在货物所有权尚未转移以前或者开始转移的同时一并进行的。保险单的受让人有权用自己的名义起诉,并有权在货物遭受承保范围内损失时,以自己的名义向保险人索赔。值得注意的是,即使在保险标的物发生损失之后,保险单仍可有效转让。这一点在国际贸易中是十分重要的。因为在CIF合同条件下,即使货物在运输途中已经灭失,卖方仍可向买方提供包括保险单在内的全部装运单据，并有权要求买方照付货款。买方在付清货款取得上述装运单据之后，只要货物的损失原因在承保的范围之内，买方就有权凭卖方转让给他的保险单直接向保险人请求赔偿损失。保险人不能以保险单的转让是在货物发生损失之后为由而拒绝赔偿。

（三）保险合同的解除和终止

1. 保险合同的解除

在保险合同已签订，但保险责任还未开始之前，被保险人可以要求解除合同，但如果保险责任已经开始后，被保险人不得要求解除合同。保险人在被保险人提供了虚假信息、未履行合同中的义务或做了合同中被保险人保证不做的事情时，可要求依法解除合同；如果保险双方当事人在订立保险合同时，已列明解除保险合同的条件，当列明的条件具备时，保险人就可以依照约定解除保险合同。

2. 保险合同的终止

保险合同的终止和失效，主要有以下几种情况：

(1) 自动终止。自动终止是保险合同终止的最常见的原因。不论保险合同的保险期限有多长，当合同载明的保险期届满时，合同即告终止；如果被保险人另办续保手续，则属于另一份新合同的开始。例如，海洋货物运输保险中的航程保单，按航程计算，在整个航程终了或卸离运输工具后若干天，保险责任即告终止。

(2) 因保险人完成履约义务而终止。在保险合同有效期内，保险人已经履行了全部保险金额给付义务，保险合同随即终止。例如，在财产保险中，发生了保险事件造成损失后，保险人按照保险合同进行了赔付，随之保险合同即告终止。

(3) 协议终止。在保险合同有效期内，双方当事人根据有关的协议或法令，可以随时终止保险合同。终止合同后，保险人要将未到期保险费退还给被保险人。不过，有些保险合同，如在船舶保险和运输保险的航次合同中，除非合同有相反规定，否则被保险人无权要求终止合同。

(4) 违约失效。违约失效是指由于保险合同的一方，投保人或被保险人违反了保险合同，未按合同规定履行合同的义务，保险人有权终止保险合同或者不负赔偿责任。在另外一些违约仅和保险人的赔偿有关的情况下，比如出现保险事故后未按合同约定发出险通知书、出险后不采取施救和抢救措施而放任损失扩大等，保险人可以不终止保险合同，但是不承担赔偿责任。

(5) 原始失效。如果被保险人以欺诈手段隐瞒真实信息，通过欺骗保险人而签订了保险合同，这种合同一经保险人发现，通常就视为无效合同，即从订立保险合同开始，从始至终无效，保险人也就不必承担其赔偿责任或保险金给付的义务。

本章小结

1. 风险是预期结果与实际结果间的相对变化。风险有客观性、损失性和不确定性三个特征。

2. 保险是一种经济补偿手段，是运用众多投保人的力量，通过科学的数理计算对风险损失进行分摊的制度。作为一种社会经济制度，保险是一种社会化的安排；作为一种法律行为，保险活动是通过保险合同实现的。

3. 保险可以从不同的角度进行分类。按照保险的实施方式不同，可分为自愿保险和强制保险；按照保险对象不同，可分为财产保险、责任保险、信用与保证保险和人身保险；按照承保方式不同，可分为原保险、再保险。

4. 在保险产品买卖过程中，保险中介起着牵线搭桥的重要作用。市场上的保险中介包括代理人、经纪人及公估人等。

5. 保险合同是指保险双方当事人订立的具有法律约束力的协议。双方约定，一方支付保费，另一方在保险事件发生时承担赔偿或给付保险金义务。它属于经济合同的范畴，具有经济合同的一般特征。

6. 任何法律关系都包括主体、客体和内容三个要素，保险合同也不例外。保险合同的主体包括当事人和关系人，前者是指订立合同的双方当事人，即保险人和投保人；后者是指受益人和被保险人。保险合同的客体并不是保险标的本身，而是投保人或被投保人对保险标的所具有的可保利益。保险合同的内容是保险人与被保险人的权利和义务。保险合同的形式主要有投保单、暂保单、保险单和保险凭证。

7. 保险合同的订立是指保险人和投保人意思表示一致的法律行为，要经过要约和承诺两个环节。保险合同的变更是指在保险合同有效期内，其主体和内容的变更。保险合同的解除是指保险合同成立后，在保险责任开始前，被保险人可以要求解除保险合同。保险合同的终止是指保险合同双方当事人确定的权利、义务关系的消失。保险合同订立后，会由于自然终止、协议终止、履行终止、违约终止和原始无效五种原因而终止。

思考与练习

一、简答题

1. 什么是纯粹风险？其主要包括哪些风险？
2. 什么是可保风险？
3. 保险有哪些种类？
4. 保险合同的要素有哪些？
5. 保险合同终止的原因主要有哪些？

第九章　保险的基本原则

本章讲述保险的基本原则，主要有最大诚信原则、保险利益原则和近因原则等。通过学习，要求学生了解关于保险的基本原则的具体内容，掌握相关保险知识，理解保险业务的基本原理，并能运用这些理论分析、解决和处理具体业务问题。

第一节　最大诚信原则

最大诚信原则是保险人和投保人在签订合同时以及在保险合同有效期内，任何一方当事人对合同的另一方当事人不得有隐瞒、欺骗行为，而必须善意、全面地履行自己的合同义务。诚信是所有合同签订和履行的基础。当事人中的一方如以欺骗或隐瞒的手段诱使他方签订合同，一旦被发现，他方有权解除合同，如有损害可要求给予补偿。

最大诚信原则起源于海上保险。在海上保险中，由于被保险人在办理投保时，船、货往往停留于遥远的海外，保险人对保险标的的实际情况往往一无所知，也无法进行实地察看，因而对被保险人的投保要求能否接受以及应按什么条件承保，均需以被保险人的申报为依据。因此，在海上保险中，就要求投保人在填写投保单时，必须诚实，不得有欺骗行为。坚持最大诚信原则对被保险人的要求更为严格，主要有以下几方面的内容。

一、告知与不告知

告知(Disclosure)是指被保险人在投保时把其所知道的有关保险标的重要事项告诉保险人。保险中所谓的重要事项(Material Facts)又称重要事实，是指一切可能影响一位谨慎的投保人作出是否承保以及确定保险费率的有关情况。若投保时被保险人对重要事项故意隐瞒，即构成不告知(Non-disclosure)。对于不告知的法律后果，我国《海商法》有下列规定：如果被保险人的不告知是故意所为，“保险人有权解除合同，并且不退还保险费，合同解除前发生保险事故，造成的损失保险人不负赔偿责任。”如果被保险人的不告知不是故意所为，“保险人有权解除合同或者要求相应增加保险费。保险人解除合同的，对于合同解除前发生保险事故造成的损失，保险人应当负赔偿责任，但是，未告知或者错误告知的重要情况对保险事故的发生有影响者除外。”

各国保险立法关于投保人告知义务的形式有两类：一类称“无限告知”义务，即投保人

应自动将其所知道的与保险标的有关的重要事实告知保险人。前述告知义务即属此种形式;另一类称"询问回答"形式,即保险人在投保单上将自己所要了解的事项列出,由投保人逐项回答,凡属投保单上所询问的事项,均视为重要事实,投保人只需逐项如实回答,即认为已履行告知义务。

二、陈述、错误陈述

陈述(Representation)是指被保险人在磋商保险合同或在合同订立前对其所知道的有关保险标的的情况,向保险人所作的说明、陈述。如所作的陈述不真实,即为错误陈述(Misrepresentation)。陈述有下列三种类型。

(一) 对重要事实的陈述

同前面告知中的重要事实一样,陈述中的"重要事实"也是指可能影响保险人是否承保以及确定保险费率的有关情况。按照国际保险市场的习惯做法,被保险人对重要事实所作陈述必须真实,如果不真实,或对保险人所询问的事项保持沉默,即视为对重要事实的错误陈述。在此情况下,保险人可以因被保险人违反最大诚信原则而解除合同。

(二) 对一般事实的陈述

被保险人对一般事实所作的陈述,只要基本正确,即视为真实。凡被保险人所作陈述与实际情况之间的差异,从谨慎的保险人的角度上看认为出入不大,即视为真实的陈述,保险合同便不得解除。

(三) 对预测可能发生情况的陈述

被保险人对此类事实所作的陈述,只要出于诚信,即为真实的陈述。这种陈述,即使与事实有出入,保险人也不能解除合同。陈述可以在保险合同订立之前撤回或更正。陈述的方式可以是口头的,也可以是书面的。但书面形式的陈述与保险单内所记载的内容不同,后者可被视作一种明示保证,被保险人必须严格遵守,如有违反,不管其重要性如何,保险人均有权自违反之日起解除合同。

三、保证

保证(Warranty)又称担保,是指被保险人在保险合同中所作的保证要做或不做某种事情;保证某种情况的存在或不存在;或保证完成某一条件等。对于保险合同中的保证条件,不论其重要性如何,被保险人均须严格遵守,如有违反,保险人可自保证被违反之日起解除义务;而且,被保险人即使在损失发生之前已对其违反的保证作出了弥补,也不能以此为由为其违反保证的事实提出辩护,保险人仍可按违反保证处理。

值得指出的是,被保险人违法保证,保险人虽可按规定自被保险人违反保证之日起解除义务,但对违反保证之前所发生的保险事故,仍须承担赔偿责任。保证可以分为明示保证和默示保证两种,明示保证是指在保险单内明文表示的保证;默示保证是指在保险单内虽未明文规定,但是按照法律或惯例,不言而喻地必然包括在保险单内的保证。例如,在定程船舶保险中,被保险人保证船舶在开航前具有试航能力。

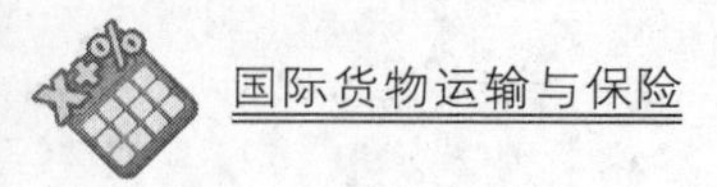

案例9-1

最大诚信原则的告知义务

案例介绍

某年,一商人在泰国曼谷以60万美元买了200件古代石雕像和青铜雕像,后该商人将此货物向英国劳合社投保运往荷兰的货物运输保险,保险金额为3 000万美元。在货物装船前,保险人对该批货物进行了检查,认为投保人对货物的估价过高,对一些事实未作申报和有虚报的地方,因此取消了该保险单。不久,该商人转向美国保险市场投保,在一家美国保险公司处获得了保险金额为3 000万美元的货物运输保险。货物装上船舶后不久遇到风暴,承运货物的船舶触礁沉没,货物全损。出险后,该商人向保险人索赔全部货物损失3 000万美元,遭到保险人的拒绝,最后向美国联邦上诉法院起诉。

问题:根据最大诚信原则对本案例进行分析。

分析

保险人是否违背最大诚信原则是本案的关键。最大诚信原则的基本含义是,保险合同双方当事人在订立和履行合同时,必须以最大的诚意履行约定义务,恪守承诺,互不相瞒。对于投保人而言,其在投保时,应将其所知的有关影响保险人据以确定保险费率或者确定是否同意承保的重要情况全部告诉保险人,不得有所隐瞒,而且投保人所做的每次陈述都必须是真实的。本案中,投保人对货物的一系列事实的未申报和错误申报,尤其是对于保险金额的过高申报,违背了最大诚信原则,其货物运输保险合同无效。最后,法院判决,保险人对该批货物的损失不承担任何赔偿责任,货物损失由投保人自行承担。

第二节 保险利益原则

一、可保利益的概念

保险利益是指投保人或被保险人对于保险标的因有利害关系而产生的为法律所承认,可以投保的经济利益。任何一个保险都承保着某一特定的保险标的。特定的保险标的是保险合同订立的必要内容,但是订立保险合同的目的并不是保险标的本身,而是保障投标人对保险标的所具有的合法的经济利益,即可保利益。

二、保险利益原则及其作用

保险利益原则是指投保人或被投保人必须对保险标的具有保险利益,才能同保险人订立有效的保险合同;如果投保人或被保险人对标的没有可保利益,则他同保险人所签订的保险合同是非法的、无效的合同。

保险利益原则在保险实际业务中具有以下几方面的重要作用。

(一) 可以防止变保险合同为赌博性合同

保险不是赌博,判断保险合同与赌博性合同的界限关键就在于看投保人对其投保的标

的有无可保利益。如果投保人或被保险人在没有可保利益的情况下，与保险人签订了保险合同，这就是以他人的生命和财产进行赌博，将保险引入了歧途；对无利害损失的人进行赔偿，也就背离了保险的宗旨。可保利益原则的确定，可以从根本上避免变保险合同为赌博性合同的行为。

（二）可以防止被保险人的道德危险

所谓道德危险，是指被保险人为获取保险赔款而故意地作为或不作为，由此造成或扩大保险标的损失。若法律上不规定保险必须具有可保利益，则保险的开办势必纵容了社会上的道德危险，破坏了社会公德，增加了社会财富受损的机会。有了可保利益原则，在保险事故发生时，保险赔款的支付，以被保险人具有利害关系为前提，因而保险标的的损失或灭失，只能给被保险人带来损失，不会带来好处，这样便可有效地防止道德危险的发生。

（三）可以限制保险补偿的程度

被保险人参加保险后，当保险标的物发生损失时，保险人只能按照损失时被保险人对标的物所具有的经济利益进行赔偿，即被保险人可以获得的赔偿金额，不能超过其对保险标的所具有的可保利益的金额，否则就违背了保险经济补偿的目的，会诱发被保险人的道德危险。

三、保险利益的构成条件

在保险业务中，不是投保人或被保险人对保险标的任何利害关系都可以投保，获得保险保障。作为保险合同客体的可保利益必须具备以下三个条件。

（一）保险利益必须是合法的利益

受到法律保护的利益才能成为可保利益，任何不法利益，如通过盗窃、非法占有等手段获得的利益，不能构成可保利益。法律上不予承认或不予保护的利益也不能构成可保利益。

（二）保险利益必须是可以用货币计算的经济利益

保险这种补偿手段是使用集中起来的保险基金对被保险人遭受的损失进行经济补偿，而不是恢复原样或物质补偿。无论是财产保险、责任保险或保证保险，当保险事故发生造成损失时，需要保险人保障的是投保人或被保险人在经济利益上的损失。因此，可保利益必须是在经济上有价值，可以用货币来计算的利益。在此值得一提的是，人身保险中人身的价值当然是无法确定的，但被保险人的生病、伤残、死亡会使其本人或其受益人在经济上受到损失，因此，可以成为可保利益。

（三）保险利益必须是一种确定的、可实现的利益

可保利益无论是既得利益或是预期利益，都必须是确定的、客观存在的、可以实现的利益，而不是仅仅凭主观的臆测、推断可能获得的利益。

四、保险利益原则在国际贸易中的应用

可保利益原则应用于国际贸易领域，主要是解决货物从卖方仓库运送到买方仓库的整个运输过程中发生的货损货差，应由买方还是卖方向保险公司索赔的问题。根据可保利益原则的规定，保险标的发生损失时，被保险人必须对保险标的具有可保利益，否则不能向保

险公司要求损失赔偿。对货物在运输途中发生的损失，无论是买方还是卖方向保险公司索赔，其前提是必须对保险货物具有可保利益。在国际贸易中，买卖双方对货物的可保利益是由双方所承担的货物风险决定的。而国际贸易中采用的贸易术语(Trade Terms)又具体规定了买卖双方对货物承担的责任、费用和风险。

2010年9月27日，国际商会正式推出《国际贸易术语解释通则2010》(简称《INCOTERMS 2010》)，以取代已经在国际货物贸易领域使用了近十年的《INCOTERMS 2000》，新版本于2011年1月1日正式生效。

《INCOTERMS 2010》的修改考虑了目前世界上免税区的增加，电子通讯的普遍使用以及货物运输安全性的提高，删去了《INCOTERMS 2000》D组术语中的DDU、DAF、DES和DEQ，只保留了DDP。同时又新增加了两种D组贸易术语，即DAT(Delivered At Terminal，终端交货)与DAP(Delivered At Place，指定地点交货)以取代被删去的术语。另外，《INCOTERMS 2010》取消了“船舷”的概念，不再设定“船舷”的界限，只强调卖方承担货物装上船为止的一切风险，买方承担货物自装运港装上船开始起的一切风险。此次修订最终删除了“船舷”的规定，强调在FOB、CFR和CIF下买卖双方的风险以货物在装运港口被装上船时为界，而不再规定一个明确的风险临界点。

常用的和新增的国际贸易术语，对买卖双方关于货物风险转移时间的规定，以及由此所决定的可保利益的转移时间的规定如下所述。

(一) 工厂交货(指定地点)(EXW)

工厂交货属原产地交货的贸易术语。在这一术语下，卖方在合同规定的日期或期间内，在指定地点将货物置于买方支配之下，风险即告转移。因此，对货物的可保利益也在此时转移给买方。卖方一般不须办理货物的运输保险。而买方须办理将货物从指定地点运送到买方仓库的保险，对货物在运输途中所受的损失，买方可向保险人提出赔偿要求。

(二) 终端交货(指定地点或港口)(DAT)、指定地点交货(指定地点)(DAP)、目的地完税后交货(指定地点)(DDP)

以上术语均属到货合同的贸易术语。在这几个术语下，卖方在规定日期或期限内，在指定目的地的约定地点将货物置于买方支配之下，风险即可转移。在此之前的风险由卖方承担，因此，卖方对货物享有可保利益；卖方对其承担的风险可向保险公司办理投保，在此期间所发生的损失，只能由卖方向保险公司索赔。在货物被置于买方支配下之后，风险随即转移给买方，因此买方对货物享有可保利益；买方对其承担的风险可向保险公司办理投保，在这期间所发生的损失，与只有买方有权向保险公司要求损害赔偿。

(三) 船边交货(FAS)

在这一贸易术语下，卖方承担的货物的风险责任至货物运送到起运港船边为止。在货物有效地交到起运港船边之前，卖方对货物享有可保利益。对于从卖方仓库至起运港的内陆运输的风险，应由卖方承担，所以卖方要投保陆上运输险。有时因卖方所租用的船舶吨位过大，吃水过深，无法停靠码头，卖方为履行船边交货义务，须用驳船将货运至船边，过驳的这段海上风险应由卖方承担，卖方可向保险公司投保相应的险别。若卖方不愿承担驳运风险，可以在合同中明确规定由买方负责。

FAS条件下买方负责的风险是从货物有效地交到船边开始的，买方也在此时对货物享有可保利益。买方只对货物有效地交到船边以后发生的损失，有向保险公司索赔的权利，因为在此之前买方对货物无可保利益。

（四）装运港船上交货（FOB）和成本加运费（CFR）

在这两种贸易术语下，卖方承担货物装上船为止的一切风险，即货物自发货人仓库运出至装运港装上船的风险，由卖方承担并且对货物具有可保利益。买方应自行办理投保，或者委托卖方在保险时代保。因此，对货物在装运港码头装上船之前发生的损失，只有卖方享有向保险公司索赔的权利。货物在起运港有效地装上船以后，风险转移给买方。按照习惯做法，在FOB和CFR条件下，由买方负责投保海上货物运输保险。在此应该注意的是，买方投保的海上货运保险是自货物在起运港装上船之后才生效的，保险公司对买方所负的赔偿责任，仅限于货物在起运港有效地装上船以后，由承保风险所造成的损失。

（五）成本加运费、保险费（CIF）

在CIF贸易术语下，买卖双方关于货物风险转移时间的规定及可保利益的转移时间与FOB、CFR相同，也是从货物在起运港有效地装上船时转移的；但是CIF与FOB、CFR不同的是，在CIF条件下，卖方以自己的名义投保海上货运保险，当货物装上船后，卖方以背书的方式将保险单的权利转移给买方。因此，货物自发货人仓库运出至装上船以前，这一段时间发生的损失，除了卖方可向保险公司提出索赔之外，买方也可凭背书转让的保险单向保险人索赔。亦即在CIF条件下，买方可按仓至仓对全程运输中的损失享有向保险人索赔的权利。

案例9-2

保险利益必须合法、确定、具有经济价值

案情介绍

某年9月，国内某贸易公司向沙特阿拉伯某钢材公司购买5 000吨钢材，合同约定，采用CFR术语，钢材于同年10月在沙特吉达港装运，卸货港为中国广州，货物由买方投保。根据该合同，贸易公司于货物装运前将这批钢材向某保险公司足额投保了海运货物平安险，保险期限采用仓至仓条款，使用中国人民保险公司1981年1月1日修订的海运货物保险条款。保险公司及时签发了保险单，贸易公司则按合同约定缴纳了保险费。

同年10月3日，钢材在沙特阿拉伯吉达港装船完毕，船舶顺利驶离海港前往广州。该船舶在途中因货仓进水而沉没，货物也因此全损。贸易公司于同年11月5日向保险公司提出索赔，保险公司经调查后发现该贸易公司并非核定的经营钢材进口的公司，也没有申请领取进口许可证，因此保险公司拒绝赔偿。贸易公司认为在货损发生时其具有保险利益，同时货物损失属于保险责任，保险公司应予以赔偿。双方因此引起纠纷。

问题：保险公司拒赔货损的理由是否成立？请说明理由。

分析

保险利益原则是保险业经营的基本原则之一，根据海上保险有关法律的规定，在保险标的发生损失时，被保险人对保险标的必须具有保险利益，被保险人对保险标的不具有保险利益的保险合同无效。因此，此案的关键在于贸易公司对其拟进口的钢材是否具有保险利益。

保险利益是指投保人或被保险人对保险标的具有的法律上承认的利益，其构成条件有三点：一是保险利益必须是法律承认的、合法的利益；二是保险利益必须是客观存在的、确定的利益；三是保险利益必须是具有经济价值的利益。因此，投保人或被保险人对保险标的的利益必须是合法的、确定的、具有经济价值的，否则保险合同无效，保险人无须承担赔偿责任。

本保险纠纷涉及的标的进口钢材属于核定公司或者申请领取进口许可证后方可进口的产品。经审查，该贸易公司既非核定的经营钢材进口的公司，又没有申请领取进口许可证，因此，贸易公司进口钢材的行为不合法，其对非法进口的钢材不具有保险利益。保险人有权以被保险人不具有保险利益，以致保险合同无效为由而拒赔货损。

第三节　近因原则

保险人对保险标的承担赔偿责任必须在损失是由于承保风险而造成的前提下，可实际上，发生损失的原因可能会多种多样，而且关系复杂，这时就需要进行分析，确定损失到底是由于什么原因造成的，进而再确定保险人是否应该赔偿。近因(Proximate Cause)原则就是当保险标的发生损失时，保险人确定这个损失是否应该赔偿的基本原则。

一、近因原则的概念

近因原则起源于海上保险。1906 年英国《海上保险法》规定，保险人对以承保危险为近因的损失承担赔偿责任，对非承保危险为近因所造成的损失不承担赔偿责任。近因是指对保险标的发生损失具有支配力的、最主要的、最有影响的原因，也就是最接近损失的原因，不一定是时间上的，但对损失的发生是最为有效的。近因原则是指在保险标的遇到保险事故而发生损失时，如果损失的近因属于保险合同约定的责任范围之内，保险人就予以赔偿，如果近因不属于保险人的责任范围，就不予赔付。这已经成为保险的基本原则之一，各国保险法都有类似的规定。

二、如何确定损失的近因

在长期的实践中，保险界逐渐对如何确定近因，近因原则在不同情况中如何应用形成了一致的看法，可以分为下面几种情况。

1. 只有一个单独的损失原因

如果造成损失的只有一个单独的原因，这个原因就是损失的近因，如果它属于保险合同承保的范围，保险人就应予以赔付；如果不属于承保范围，保险人就不会赔付。

2. 造成损失的原因有两个或两个以上

(1) 由两种或两种以上风险连续发生造成损失。在这种情况下，造成损失的原因有两个以上，而且每个前因都与后因有直接的因果关系。此时，最前面的原因就是损失发生的近因，如果它属于保单责任范围内的风险，保险人就应予以赔付，如不属于承保风险，就不负赔偿责任。

(2) 在连续发生的原因中，有新的独立原因介入，使原先的连锁关系中断并造成损失。

在这种情况下，只需要考虑新介入的原因，如果它属于保险合同的承保危险，保险人就应予以赔付，如果不是，保险人不负赔偿责任。

(3) 由两种或两种以上风险同时发生造成损失。在这种情况下，由于这两种或两种以上的风险都对损失发生有效，因而都是损失发生的近因，也就是同时存在两个或更多的近因。此时，如果这两个或更多的原因都属于保单的承保责任，保险人就应予以赔付，如果都属于保单的除外责任，就不赔；如果其中一个原因属于保单承保责任，另外的原因属于非承保责任时，假如能确定承保风险所造成的损失，保险人就应赔偿这部分损失，假如不能分别确定，保险人就对全部损失承担赔偿责任；如果原因中有一个是承保责任，另外的是除外责任时，假如这两个原因相互依存，单独任何一个原因都不会造成损失时，保险人不负赔偿责任；假如这两个原因同时发生，而且这两个原因相互独立，即使没有另一个原因也会造成损失时，保险人对于承保危险所造成的全部损失应予以赔偿。

案例 9-3

损失的近因确定

案情介绍

某市进出口公司进口一批三五牌香烟，向保险公司投保了平安险，保险金额为 100 万元。运输途中船舶碰到恶劣气候，持续数日，通风设备无法打开，导致货舱内湿度很高而且出现了舱汗，使这批进口香烟发霉变质，全部受损。该进口公司遂向保险公司提出索赔，要求赔偿全部损失。

保险公司的处理意见：

第一种意见认为，本案应当拒赔。拒赔理由如下：本案中香烟发霉变质是由于受潮和舱汗这两个原因引起，而受潮和舱汗造成标的的损失责任分别由海上货运险附加险中的受潮受热险和淡水雨淋险承保。该进出口公司只投保了平安险，没有投保附加受潮受热险和淡水雨淋险，所以本案中的货物损失不属于承保责任范围，保险公司应拒绝赔偿。

第二种意见认为，应该给予赔偿。赔偿的理由是：诚然第一种意见中"香烟发霉变质是由于受潮和舱汗这两个原因引起"的说法没错。然而，本案香烟受损之前，运输船舶首先碰到了持续数日的恶劣气候，恶劣气候与受潮和舱汗都是造成香烟受损的原因。同时，在本案中恶劣气候与受潮和舱汗连续发生，且又互为因果，恶劣气候是前因，受潮和舱汗是后果，即恶劣气候导致受潮和舱汗的发生，受潮和舱汗是恶劣气候的必然结果，因此，恶劣气候是香烟受损的近因。根据近因原则，保险人负责赔偿承保的风险为近因所引起的损失。本案中恶劣气候是平安险承保的风险，所以保险公司应当赔偿100 万元的香烟损失。

分析

(1) 本案的第二种处理意见是正确的。本案案情很简单，两种不同意见的分歧点也十分明了，但是本案道出了保险合同中极其重要的基本原则之一，即近因原则。近因原则是保险理赔过程中必须遵循的准则，它在确定发生事故是否属于保险事故，是否能够获得赔偿中起着至关重要的作用，在理赔中是关键性的原则之一。国际上，保险立法都普遍规定，保险赔案判例都普遍遵循近因原则。

（2）近因原则在本案中的应用。近因又称最近原因，并非指时间上、空间上的最近概念，而是指在引起保险标的的损失有多种原因且各个原因之间的因果关系尚未中断的情况下，对标的的损失发生支配作用的、直接促成结果的或一直有效的原因。被保险人向保险人索赔的保险标的损失必须是由保险人承保责任范围内的风险为近因所引起的损失，这就是近因原则。

第四节　补偿原则

保险的补偿原则(Principle of Indemnity)是指当保险标的物发生保险责任范围内的损失时，保险人应按照保险合同条款的规定履行赔偿责任。但保险人的赔偿金额不能超过保单上的保险金额或被保险人遭受的实际损失。保险人的赔偿不应使被保险人因保险赔偿而获得额外利益。

当保险标的发生保险责任内的损失时，保险人在对被保险人理赔时，对赔偿原则主要掌握以下几方面。

1. 赔偿金额既不能超过保险金额也不能超过实际损失

保险价值是指保险人与被保险人双方商定的保险标的物的经济价值，是保险人履行损失赔偿的最高限额，是确定保险金额的依据。

保险的赔偿原则主要应用于财产保险中，各种财产因其在不同时期存在不同的市场价值，所以在投保时，主要采用不定值保单的形式。所谓不定值保单，是指在投保时，保险人和被保险人对保险标的保险价值不加以约定，而是留待损失发生后再具体核实。在不定值保单中，保险人和被保险人双方在投保时只商定一个投保金额，当标的物发生损失时，再确定损失当时标的物的实际价值，因此，常常出现超额保险，即保险金额大于标的物的实际价值；或不足额保险，即保险金额小于标的物的实际价值；或足额保险，即保险金额等于标的物的实际价值等情况。而在不同的情况下，保险人的赔偿金额是不同的。超额保险的保险赔偿不超过实际价值；不足额保险，保险赔偿不超过保险金额；足额保险，保险赔偿按实际损失赔偿。

财产保险有时也采用定值保险单。所谓定值保险单，是指在投保时，保险人和被保险人双方对标的物的价值加以确定的保险单，并以这个确定的价值作为保额投保。当标的物发生损失时，则以这个确定的价值作为计算赔款的依据，不再核实标的物受损时的实际价值。因此，对定值保险单的赔偿是在保额的限额内按实际损失赔偿，最高赔偿金额不超过双方约定的保险价值。

2. 被保险人必须对保险标的具有可保利益

保险人承担经济赔偿责任，是以被保险人对保险标的具有可保利益为前提条件。同时，赔偿金额也以被保险人在保险标的中所具有的可保利益金额为限度。

第五节　代位追偿原则

根据保险赔偿原则，保险是对被保险人遭受的实际损失进行补偿。当保险标的物发生

了保险人承保责任范围内的灾害事故，并且这一保险事故是由保险人和被保险人以外的第三者承担责任时，为了防止被保险人在取得保险赔款后，又重复向第三者责任方取得补偿，获得额外利益，在保险赔偿原则的基础上又产生了代位追偿的原则。

一、代位追偿的概念

代位追偿是指当保险标的物发生了保险责任范围内的第三者责任造成的损失，保险人向被保险人履行了损失赔偿的责任后，有权在其已赔付的金额的限度内取得被保险人在该项损失中向第三者责任方要求索赔的权利，保险人在取得该项权力后，即可站在被保险人的地位上向责任方进行追偿。

保险法规定，保险人在赔偿以后可以采取代位追偿的方式向第三者追偿，这样可以使被保险人既能及时取得保险赔偿，又可避免产生双重补偿，同时第三方也不能逃脱其应承担的法律责任。

二、代位追偿权构成的条件

被保险人遭受的损失是否能构成代位追偿，有以下两个条件：

(1) 损失必须是第三者因疏忽或过失产生的侵权行为或违约行为所造成，而且第三者对这种损失，根据法律的规定或双方在合同中的约定负有赔偿责任。

(2) 第三者的这种损失或违约行为又是保险合同中订明的保险责任。如果第三者的损失或违约行为与保险无关，就构不成保险上的代位追偿权。

三、行使代位追偿权的时间

根据我国及国外保险法的规定，代位追偿权的行使应以保险人的赔付为先决条件，即保险人在没有赔付以前无权行使代位追偿权，只有在赔付后才可享有代位追偿权。为了便利代位权的行使，中国人民保险公司在支付赔款时，一般都要求被保险人签具“收款及权益转让书”(Receipt and Subrogation Form)。

四、代位追偿权限

依据法律规定，保险人履行了赔付责任后，有权取代被保险人的一切法律及合同权益，但保险人要求取代请求的数额应以其赔偿给被保险人的金额为限。由于国外一些法律规定，若以代位追偿原则向第三者责任方提起诉讼时，必须以被保险人的名义进行，因此，法院判决的追偿金额大于保险人的赔偿金额的案件经常发生，保险人原则上只能占有自己赔付数额的追偿权，超出部分应归还给被保险人。

案例 9－4

代位求偿权的取得

案情介绍

德国 MY 公司(卖方)与捷高公司(买方)达成 CIF 买卖合同，货物通过集装箱装运，从德

国经海路运至上海，交给买方指定的收货人捷高上海公司。货物运抵上海后，收货人凭提单在港区提货，运至其所在地的某园区内存放。上海新兴技术开发区联合发展有限公司（以下简称联合公司）在该园区内为收货人拆箱取货时，货物坠地发生全损。

涉案货物起运前，MY 公司向德国某保险公司（以下简称保险公司）投保，保险公司向 MY 公司签发了海上货物运输保险单，保险单背面载明：被保险人为保险单持有人；保险责任期间“仓至仓”，但未载明到达仓库或货物存放地点的名称。事故发生后，保险公司支付 MY 公司保险赔款 19 万德国马克后取得权益转让书，并向联合公司提起海上货物运输保险合同代位求偿之诉。

分析

一审法院经审理认为，收货人凭提单提货，货物的所有权已经转移，MY 公司不能证明事故发生时其具有保险利益，且货损事故发生时保险责任期间已经结束，保险公司不应再予理赔。保险公司不能因无效保险合同或不当理赔取得代位求偿权。遂判决对保险公司的诉讼请求不予支持。

保险公司不服，提起上诉。二审法院认为，货物交付后，海运承运人责任期间结束，所以海上保险责任期间也已结束，对于海上货物运输保险合同终结后发生的货损事故，保险人不必理赔。即使保险公司从托运人处取得代位求偿权，也只能追究承运人责任，而不能追究货物交付后第三人造成的货损责任。因此，保险人的代位求偿权不成立。据此驳回上诉，维持原判。

第六节　重复保险的分摊原则

重复保险又称双重保险，是指被保险人以同一保险标的物向两家或两家以上的保险公司投保了相同的风险，在保险期限相同的情况下，其保险金额的总和超过了该保险标的的价值。

重复保险的分摊原则是保险补偿原则派生出来的一项原则。在出现重复保险的情况下，当保险标的发生损失时，按照保险补偿原则，被保险人不能从保险人处获得双重赔偿，而是把保险标的的损失赔偿责任在各保险人之间进行分摊，这便是重复保险的分摊原则。

对重复保险分摊金额的计算，最常使用的方法是比例分摊责任。所谓比例分摊责任，是指在保险标的发生损失时，各保险人按各自保险单中承保的保险金额与总保险金额的比例承担保险赔偿责任。

本章小结

1. 最大诚信原则要求保险双方在合同签订和履行过程中均应本着最大的诚意履行自己的义务，互不欺骗和隐瞒。对被保险人而言，在投保时应如实告知、正确陈述有关保险标的的重要事实；在合同成立后，如果出现风险增加的情形，应及时通知保险人。被保险人在保险期限内应始终遵循作出的保证，不得违反。若被保险人违反最大诚信原则，保险人有权解除合同。对保险人而言，应向被保险人说明保险合同的条款内容，尤其应明确说明其责任免除条款的内容，否则该条款不产生效力。

2. 保险利益原则是保险的基本原则之一，强调保险利益在保险合同的订立和履行过程

中的重要性。保险利益必须是合法的、确定的。在财产保险中，保险利益还必须具有经济价值。坚持保险利益原则，可以防止赌博行为和道德风险，还可以限制保险赔偿的最高额度。国际贸易合同中采用的贸易术语决定了保险利益的转移时间。财产保险要求被保险人在保险事故发生时必须对保险标的具有保险利益，否则保险人对损失不予赔偿。

3. 近因原则是保险人处理保险理赔、决定赔偿与否时所运用的重要原则。保险人只对近因属于承保责任的损失予以赔偿。当造成损失的原因有多个时，确定它们之间的关系，找出导致损失的近因是正确运用近因原则的关键。坚持近因原则有利于正确地判定损失事故的责任归属，维护保险合同双方当事人的合法利益。

4. 补偿原则是保险人计算保险赔偿金额时所运用的重要原则。其基本含义是，当保险事故发生时，被保险人有权按照保险合同的约定得到充分的赔偿，但补偿金额受到限制，被保险人不能由此额外获利。损失补偿原则仅适用于补偿性的保险合同。

5. 代位追偿是指当保险标的物发生了保险责任范围内的第三者责任造成的损失，保险人向被保险人履行了损失赔偿的责任后，有权在其已赔付的金额的限度内取得被保险人在该项损失中向第三者责任方要求索赔的权利，保险人在取得该项权力后，即可站在被保险人的地位上向责任方进行追偿。

6. 补偿原则派生出重复保险的分摊原则。重复保险的分摊原则是指在重复保险的情况下，保险事故发生时，各保险人应采取适当的分摊的方法分配赔偿责任，使被保险人既可得到充分补偿，又不会因补偿超过其实际损失而额外获利。

思考与练习

一、简答题

1. 简述最大诚信原则的内容。
2. 何谓近因原则？保险理赔中该如何坚持近因原则？
3. 在实践中，如果造成损失的原因有两个或两个以上时，应如何判定近因？
4. 什么是保险利益原则？
5. 什么是补偿原则？
6. 在什么时候保险人可以行使代位求偿权？

二、案例分析

1. 在国外的一个案例中，被保险人与保险人签订了一份责任险保单，承保由于工作人员的疏忽或过失所致的损失，而产品设备本身的缺陷属于除外责任。一天晚上，被保险人负责为一套设备安装管道，被保险人需要把设备开启预热，为第二天的测试作准备，但被保险人没有留下相关人员看守设备和管道，结果由于安装上的部分管道不适用，再加上晚上也没有人员看守进而发现问题，夜里这部分管道熔化并造成了火灾。试分析该案例属于哪一种情况？保险人是否应予以赔付？

2. 一批咖啡投保我国保险条款海运货物一切险，但未保战争险，运送该批咖啡的船舶意外触礁，船长下令施救，结果有1 000袋咖啡被救上岸，却被敌对方所捕获，其余的咖啡则因来不及抢救，与船舶一起沉没。试分析保险公司应对哪些损失负责赔偿。

第十章　海洋运输货物保险的保障范围

学习目标

本章主要学习海洋运输货物保险的分类、保障范围及保险的相关费用，要求掌握海上风险的分类及各自的含义，掌握海洋运输货物保险保障的损失分类及各自的含义，掌握实际全损、推定全损、单独海损、共同海损和委付的概念，掌握施救费用和救助费用的概念和区别。

第一节　海洋运输货物保险保障的风险

在国际货物运输中，海洋运输具有其他运输方式无可比拟的优点，因此，国际贸易的货物，绝大部分是通过海洋运输完成的。但是，海洋运输的货物和船舶容易遭受各种海上风险的侵袭和威胁，从而导致货物和船舶的灭失或者损害，同时，还可能由此产生有关费用。海洋运输货物保险是以货物和船舶作为保险标的，把货物和船舶在运输中可能遭受的风险、损失及费用作为保障范围的一种保险。

一、海上风险的概念

海上风险(Perils of Sea)在保险界又称海难，是指船舶或货物在海上航行中发生的或随附海上运输所发生的风险。在现代海上保险业务中，保险人所承保的海上风险有特定范围，包括海上发生的自然灾害和意外事故。

保险人承保的海上风险都在保单或保险条款中明确规定，保险人只负责由保单列明的风险造成的保险标的的损失。因此，正确理解各种风险的确切含义就显得十分重要。

海洋运输货物保险所承保的广义的海上风险，泛指航海时所发生的一切风险。根据英国1906年颁布的《海上保险法》第3条第二款的规定，海上风险是指因航海所致或航海时发生的风险，如海难、火灾、战争、海盗、抢劫、盗窃、捕获、禁止，以及君王和人民的扣押、抛弃、船员的故意行为及其他类似风险，或在保险合同中注明的其他风险。由此可见，广义的海上风险除了包括海难外，还包括其他各类风险，如火灾、战争等并非海上固有的风险。

二、海上风险的种类

广义的海上风险包括狭义的海上风险和其他外来原因引起的外来风险。狭义的海上风险包括自然灾害和意外事故两种。

(一) 狭义的海上风险

狭义的海上风险，是指海上偶然发生的自然灾害和意外事故，但是对于经常发生的事件或必然事件，如海上的一般风浪作用，并不包括在内。按照其发生性质，可以分为自然灾害和意外事故两大类。

1. 自然灾害

一般意义上，自然灾害(Natural Calamity)是指不以人的意志为转移的自然界的力量所引起的灾害，是客观存在的、人力无法抗拒的灾害事故，是保险人承保的主要风险。但是，在海洋货物运输保险业务中，自然灾害并不是泛指一切由于自然界力量引起的灾害。按照我国 1981 年 1 月 1 日修订的《海洋运输货物保险条款》的规定，所谓自然灾害，仅指恶劣气候、雷电、海啸、地震、洪水及其他人力不可抗拒的灾害等。根据英国 1982 年的《协会货物条款》规定，在保险人承担的风险中，属于自然灾害性质的风险有雷电、地震或火山爆发、浪击落海，以及海水、湖水、河水进入船舶、驳船、运输工具、集装箱、大型海洋运输箱或储存处所等。

知识拓展

在自然灾害中，洪水、地震、火山爆发以及海水、湖水或河水进入船舶、驳船等风险，实际上并不是真正发生在海上的风险，而是发生在内陆或陆海、海河以及海轮与驳船相连接处的风险。但对海上货运保险来说，由于这些风险是附随海上航行而产生的，而且往往危害性很大，为了适应被保险人的实际需要，在海洋运输货物保险的长期实践中，逐渐把它们列入海洋运输货物保险承保的风险范围之内。

海洋货运保险承保的各种自然灾害风险的主要含义如下：

(1) 恶劣气候(Heavy Weather)。恶劣气候是指海上的飓风(八级以上的风)、大浪(3 米以上的浪)引起的船体颠簸倾斜，并由此造成船体、船舶及其设备的损坏；或者因此而引起的船上所载货物的相互挤压、碰撞所导致的货物的破碎、渗漏、凹瘪等损失。它是货物在海洋运输途中最容易遇到的风险。

(2) 雷电(Lightning)。雷电是一种自然现象，是指发生在积雨云中的放电和雷鸣。作为海上风险之一，雷电是指因货物在海上或陆上运输过程中由于雷电所直接造成的，或者由于雷电引起的火灾造成的货物的灭失和损害，也包括船舶被雷电击中而破损致使海水进入船舱造成货物的损失等。

(3) 海啸(Tsunami)。海啸是指海底地震、火山活动、海岸地壳变异或特大海洋风暴等引起的海水强烈震动而产生巨大浪潮，因此导致船舶、货物被淹没、冲击或损毁。

(4) 浪击落海(Washing Overboard)。浪击落海是指存放在舱面上的货物在运输过程中受海浪的剧烈冲击而落海造成的损失。

我国现行《海洋运输货物保险条款》的基本险条款不保此项风险，这项风险可以通过附加投保舱面险而获得保障。ICC(B)和 ICC(A)均承保此项风险，但是投保人就堆放在甲板

上的货物申请保险时,必须履行告知是甲板货的义务,并且加缴额外的保险费。

(5) 地震(Earthquake)。地震是指由于地壳发生急剧的自然变化,使地面发生震动、坍塌、地陷、地裂等造成的保险货物的损失。

(6) 火山爆发(Volcanic Eruption)。火山爆发是指由于强烈的火山活动,喷发固体、液体以及有毒气体造成的船货损失,海底的火山爆发会引起海啸,从而导致航行中的船舶及所载货物受损。

(7) 洪水(Flood)。洪水是指偶然的、意外的大量降水在短时间内汇集河槽而形成的特大径流造成的船货损失,包括山洪暴发、江河泛滥等造成海上航行的船舶及货物的损失。

(8) 海水、湖水、河水进入船舶、驳船等运输工具或储存处所(Entry of sea,lake or river water into vessel craft,hold,conveyance,container lift-van or place of storage)。这一风险是指由于海水、湖水、河水进入船舶、驳船等运输工具或储存处所造成的保险货物的损失。这一风险对"储存处所"的范围未加限定,可以理解为包括陆上一切永久性的或临时性的有顶篷的或露天的储存处所。

2. 意外事故

意外事故(Accident)是指由于外来的、突然的、非意料之中的原因所致的事故。例如,船舶搁浅、触礁、碰撞、沉没,飞机坠落,货物起火爆炸等。但是,海洋货物运输保险承保的意外事故,并不是泛指海上发生的所有意外事故,也不仅限于在海上所发生的意外事故。

按照我国1981年1月1日修订的《海洋运输货物保险条款》的规定,意外事故是指运输工具遭受搁浅、触礁、沉没、互撞、与流冰或其他物体碰撞以及失火、爆炸等。根据英国伦敦保险协会1982年修订的《协会货物保险条款》,除了船舶、驳船的触礁、搁浅、沉没、倾覆、火灾、爆炸等属于意外事故外,陆上运输工具的倾覆或出轨也属意外事故的范畴。由此可以看出,海洋货物运输保险所承保的意外事故,也不仅指在海上发生的意外事故。现将主要意外事故的含义分别说明如下:

(1) 搁浅(Stranding)。搁浅是指船舶在航行中,由于意外与水下障碍物,包括海滩、礁石等紧密接触,持续一段时间失去进退自由的状态。构成搁浅有两个条件:首先,搁浅必须是意外事故,即事先不能预知的情况引起的。其次,搁浅必须造成船底紧密搁置在障碍物上,持续一段时间处于静止状态,不能一擦而过。船舶或货物因搁浅而造成的损失,保险公司均承担赔偿责任。但如果搁浅是由于可以预料的情况或故意行为所致,则不属于海难。例如,港内退潮时发生搁浅属于可以预料的情况,不是海上保险所承保的搁浅;作为共同海损措施的自动搁浅,也不属于海难中的搁浅,其损失应由各个受益方分摊。

(2) 擦浅(Grounding)。擦浅是指船舶在航行中与水底意外接触,但并未因此而停留一段时间,只是一擦而过。擦浅同样会造成船底损坏,也属于海洋货物运输保险承保的风险。

(3) 触礁(Striking a Reef)。触礁是指船体触及水中的岩礁或其他障碍物而造成的意外事故。船舶触礁和搁浅往往较难区分。严格地讲,触礁并非海洋货物运输保险的术语,但在我国《海洋运输保险条款》中,将其列入承保的海上风险。

(4) 沉没(Sunk)。沉没是指船舶在航行中或停泊时,船体全部沉入水中而失去航行能力的状态。如果船体的一部分浸入水中或海水虽不断浸入,但船舶仍具有航行能力,则不能

认为是沉没事故。

(5) 碰撞(Collision)。碰撞是指载货船舶同水以外的其他外界物体发生的直接、猛力的接触从而造成船上货物受损的事故。碰撞包括船舶与船舶的互撞和船舶与其他外界物体(如码头、浮冰、沉船、浮吊、桥梁、冰山、河堤等)的触碰。如果发生碰撞的是两艘船舶,那么碰撞不仅会带来船体及货物的损失,还会产生碰撞的责任损失。

(6) 失踪(Missing)。失踪是指船舶在海上航行,失去联络超过合理期限的一种情况。所谓"合理期限",是一个事实问题,各个国家根据各自的情况,分别制定了一定的期限为合理期限。在我国,这一期限为 2 个月。被保险船舶一旦宣告失踪,除非能够证明失踪是因战争风险导致的,均由保险人当作海上风险损失负责赔偿。

(7) 倾覆(Capsized)。倾覆是指船舶在航行中,遭受自然灾害或意外事故导致船体翻倒或倾斜,失去正常状态,非经施救不能继续航行,由此造成的保险货物的损失。

(8) 火灾(Fire)。火灾是指由于意外,偶然发生的燃烧失去控制,蔓延扩大而造成的船、货的损失。海上货物运输保险不论是直接被火烧毁、烧焦、烧裂,或者间接被火熏黑、灼热或为救火而致损失,均属火灾风险。在海洋运输保险中,火灾是最严重的风险之一。货物在运输过程中常因下列原因引起火灾:① 由于闪电、雷击引起船货火灾;② 货物受海水浸湿温热而致起火;③ 船长、船员在航行中的过失引起火灾;④ 船舶遭遇海难后,在避难港修理,由于工作人员操作不当引起火灾,如电焊引起火灾。

凡因上述原因及其他不明原因所致的火灾损失,保险人均负责赔偿。但是,由于货物固有瑕疵或在不适当的情况下运送引起的货物自燃,则不属于保险人的承保责任范围。

知识拓展

据统计,失事的船舶中大约有 1/4 是火灾造成的,无论现代造船材料和防火技术如何进步,船货一旦失火,常常造成重大损失,船上本身就有一些易燃易爆的物品,如燃油和锅炉等,尤其是油轮和散装货轮,船舶的吨位越大造成的损失也就越大。

(9) 爆炸(Explosion)。爆炸是指物体内部发生急剧的分解或燃烧,迸发出大量气体和热力,致使物体本身及其周围的其他物体遭受猛烈破坏的现象。货物在海上运输过程中,因爆炸而受损的情况较多。例如,船舶锅炉爆炸致使货物受损,货物自身因气候温度变化的影响产生化学作用引起爆炸而受损。

(10) 抛货(Jettison)。抛货是指船舶在航行中,在遭受到意外事故或海上危难后,为了减轻船舶的载重,以避免船货共同受损,而将船上的货物或部分船上用具有意地抛入海中的行为。

(11) 船长和船员的恶意行为(Barratry of Master and Mariner)。船长和船员的恶意行为是指船长或船员背着船东或货主故意损害船东或货主利益的一种恶意行为,如丢弃船舶、纵火焚烧、凿漏船体、违法走私造成船舶被扣押或没收等。

(12) 陆上运输工具倾覆(Overturning of Land Conveyance)。陆上运输工具倾覆是指

在陆地上行驶的汽车、卡车等运输工具因发生意外而翻倒、倾斜所导致的车祸损失事故。

(二) 外来风险

外来风险(Extraneous Risks)是指海上风险以外的其他外来原因造成的风险。外来风险同样必须是意外的和偶然的。外来风险可分为一般外来风险和特殊外来风险。

1. 一般外来风险

一般外来风险是指货物在运输途中遭遇意外的外来因素导致的事故。一般外来风险通常包括以下风险。

(1) 偷窃(Theft,Pilferage)。偷窃是指整件货物或包装内一部分货物被人暗中窃取的损失,不包括公开的攻击性的劫夺行为造成的损失。

(2) 短少和提货不着(Short-delivery,Non-delivery)。短少和提货不着是指货物在运输途中由于不明原因被遗失,造成货物未能运抵目的地,或运抵目的地发现整件短少,没能交付给收货人的损失。

(3) 渗漏(Leakage)。渗漏是指流质或半流质的物质因容器的破漏引起的损失,以及用液体储运的货物,如液体渗漏而使肠衣发生质腐等损失。

(4) 短量(Shortage in Weight)。短量是指被保险货物在运输途中或货物到达目的地发现包装内货物数量短少或散装货物重量短缺的损失。

(5) 碰损(Clash)。碰损是指金属和金属制品等货物在运输途中因受震动、颠簸、碰撞、受压等而造成的凹瘪、变形和损失。

(6) 破碎(Breakage)。破碎是指易碎物品在运输途中因搬运、装卸不慎以及受到震动、颠簸、碰撞、受压等而造成的货物本身破碎和破裂。

(7) 钩损(Hook Damage)。钩损是指袋装、捆装货物在装卸、搬运过程中因使用手钩、吊钩操作不当而致货物的损失。

(8) 生锈(Rust)。生锈是金属或金属制品的一种氧化过程。海洋运输货物保险中承保的生锈,是指货物在装运时无生锈现象,在保险期内生锈造成的货物损失。

(9) 淡水雨淋(Fresh Water and Rain Damage)。淡水雨淋是指直接由于淡水、雨水以及冰雪融化造成货物的水渍损失。

(10) 串味(Taint of Odor)。串味是指被保险货物受到其他带异味货物的影响,引起串味,失去了原味。例如,茶叶和樟脑放在一起,会使茶叶吸收樟脑的气味而失去了饮用价值。

(11) 玷污(Contamination)。玷污是指货物同其他物质接触而受污染,如布匹、纸张、食物、服装等被油类或带色的物质污染造成的损失。

(12) 受潮受热(Sweating or Heating)。受潮受热是指由于气温骤变或船上通风设备失灵而使船舱内水汽凝结,引起货物发潮或发热而导致货物霉烂等而造成的损失。

2. 特殊外来风险

特殊外来风险是指除一般外来风险以外的其他外来原因导致的风险,往往是与政治、军事、社会动荡、国家政策法令以及行政措施等有关的风险。常见的特殊外来风险主要有战争风险、罢工风险和拒收风险等。

(1) 战争风险(War Risk)。战争风险是指由于战争行为、敌对行为及由此引起的捕获、

拘留、扣留、禁止及各种战争武器所引起的货物损失。

(2) 罢工风险(Strikes Risk)。罢工风险是指由于罢工者、被迫停工工人或参加工潮、暴动、民众斗争的人员的行动所造成的货物损失。

(3) 拒收风险(Rejection Risk)。拒收风险是指货物由于在进口港被进口国的政府或有关当局拒绝进口或没收的损失。

外来风险虽然不是海洋运输货物遭遇海上自然灾害和意外事故引起的,但在海上运输过程中是经常发生的。在海洋运输保险实务中为了充分保障被保险人的利益,一般经过事先协商约定,保险人对这类风险是予以承保的。

以上列举的是一些主要的海上风险,海洋运输货物保险承保其中的一种或数种风险,每份保险单上一般均具体列明承保的风险和除外的风险。

知识拓展

海洋灾害

海洋自然环境发生异常或激烈变化,导致在海上或海岸发生的灾害称为海洋灾害。海洋灾害主要是指风暴潮灾害、海浪灾害、海冰灾害、海雾灾害、飓风灾害、地震海啸灾害及赤潮、海水入侵、溢油灾害等突发性的自然灾害。

引发海洋灾害的原因主要有大气的强烈扰动,如热带气旋、温带气旋等;海洋水体本身的扰动或状态骤变;海底地震、火山爆发及其伴生之海底滑坡、地裂缝等。海洋自然灾害不仅威胁海上及海岸,有些还危及自岸向陆广大纵深地区的城乡经济和人民生命财产的安全。例如,强风暴潮所导致的海侵(即海水上陆),在我国少则几千米,多则二三十千米,甚至达 70 千米,一次海潮曾淹没多达 7 个县。上述海洋灾害还会在受灾地区引起许多次生灾害和衍生灾害。例如,风暴潮、风暴巨浪引起海岸侵蚀、土地盐碱化;海洋污染引起生物毒素灾害,再引起人畜中毒等。

世界上很多国家的自然灾害受海洋影响都很严重。例如,仅形成于热带海洋上的台风(在大西洋和印度洋称为飓风)引发的暴雨洪水、风暴潮、风暴巨浪,以及台风本身的大风灾害,就造成了全球自然灾害生命损失的 60%。台风每年造成 60 亿—70 亿美元的经济损失,约为全部自然灾害经济损失的 1/3(不包括我国和前苏联)。所以,海洋是全球自然灾害最主要的源泉。损失 60% 的气象灾害,而且还因为濒临我国的太平洋,实际上是世界上最不平静的海洋。

太平洋以其西北部台风灾害多而驰名,据统计,全球热带海洋每年发生 80 多个台风,其中 3/4 左右发生在北半球的海洋上,而靠近我国的西北太平洋则占了全球台风总数的 38%,居全球 8 个台风发生区之首。其中,对我国影响严重,并经常酿成灾害的每年近 20 个,登陆我国的平均每年 7 个,约为美国的 4 倍、日本的 2 倍和前苏联的 30 多倍。登陆台风偏少,则会导致我国东部、南部地区干旱和农作物减产。然而,台风偏多或那些从海上摄取了庞大能量的强台

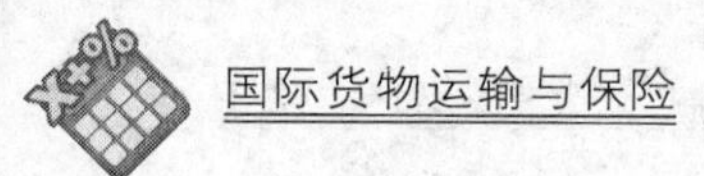

风登陆，不仅能引起海上及海岸灾害，登陆后还会酿成暴雨洪水引发滑坡、泥石流等地质灾害。台风登陆后一般可深入陆地500余千米，有时达1 000多千米。因此，往往一次台风即可造成数十亿元乃至上百亿元的经济损失。据1931—1977年的统计，我国发生的26次强暴雨洪水中，56%就是由台风登陆后造成的。由于我国70%以上的大城市，一半以上的人口以及55%的国民经济集中于东部经济地带和沿海地区，这些渊源于海洋的猛烈自然灾害，对我国造成的经济损失和人员伤亡约为全国异常猛烈灾害总损失的一半。

《2010年中国海洋灾害公报》显示，2010年我国累计发生132次风暴潮、海浪和赤潮过程，其中44次造成灾害。各类海洋灾害(含海冰、浒苔等灾害)造成直接经济损失132.76亿元，死亡(含失踪)137人。公报称，2010年海洋灾害直接经济损失最严重的省份为辽宁省(海冰灾害)，损失34.86亿元；直接经济损失较为严重的省份为福建省(风暴潮和赤潮灾害)和广东省(风暴潮和海浪灾害)，均超过30亿元。

与1989年以来海洋灾害平均状况相比，2010年的海洋灾害直接经济损失高于多年平均值，死亡(含失踪)人数低于多年平均值；与2001—2005年相比，2006—2010年海洋灾害直接经济损失增加了18%，死亡人数减少了11%。

资料来源：国家海洋局，海洋要闻，2011-4-21。

第二节　海洋运输货物保险保障的损失

货物在海上运输过程中，可能面临各种海上风险及外来风险，由于这些风险的客观存在，必然会给运输途中的货物造成各种损失，被保险货物在运输途中因遭遇海上风险所造成的各种损失统称为海上损失。根据国际保险市场上的一般解释，凡与海洋运输相关联的海陆连接运输过程中发生的损失，也属于海上损失的范畴。海上损失按照损失程度的大小划分，可以分为全部损失和部分损失。

一、全部损失

全部损失(Total Loss)简称全损，是指整批保险货物全部灭失或视同全部灭失的损害。根据全损情况的不同，可分为实际全损和推定全损。

(一) 实际全损

实际全损(Actual Total Loss)又称绝对全损。我国《海商法》第245条规定，保险标的发生保险事故后灭失，或者受到严重损坏完全失去原有形体、效用，或者不能再归被保险人所拥有的，为实际全损。构成实际全损的情况有以下四种。

1. 保险标的完全灭失

保险标的完全灭失，是指保险货物的实体已经完全毁损和不复存在。例如，船舶遭遇海难后沉没，货物同时沉入海底；保险货物被大火焚烧，全部烧成灰烬；船舱进水，食盐被海水

全部溶解。

2. 保险标的遭受严重损害，已经失去原有的用途和价值

保险标的已经失去原有的用途和价值，是指保险标的受损后，实体虽然存在，但已丧失原有的商业价值和使用价值。例如，水泥被海水浸湿后结成硬块，不再具有水泥原有的用途，无法使用；茶叶吸收樟脑的异味后，虽然外观不变，但已不能饮用，失去了商业价值。

3. 保险标的不能再归被保险人所有

保险标的不能再归被保险人所有，是指保险标的虽然还存在，但被保险人已完全丧失了对它的所有权，包括对保险标的的实际占有、使用、受益和处分等权利。例如，船舶被海盗劫走，虽然船货本身并未遭到损毁，但被保险人已失去了这些财产，无法复得。

4. 船舶失踪

载货船舶出航后，由于任何原因同陆地失去了任何联系并达到规定的期限，则可认为船舶发生了实际全损。

我国《海商法》第 248 条规定，船舶失踪达 2 个月的，可按实际全损处理。保险标的遭受了实际全损后，被保险人可按其投保金额，获得保险人全部损失的赔偿。

被保险人在货物遭受实际全损后，被保险货物确定已经或不可避免地完全丧失，被保险人可按其保单的投保金额向保险人要求全部赔偿，无须办理委付手续。

(二) 推定全损

1. 推定全损的界定

推定全损(Constructive Total Loss)又称商业全损。我国《海商法》第 246 条规定，船舶发生保险事故后，认为实际全损已经不可避免，或者为避免发生实际全损所需支付的费用超过保险价值的，为推定全损。货物发生保险事故后，认为实际全损已经不可避免，或者为避免发生实际全损所需支付的费用与继续将货物运抵目的地的费用之和超过保险价值的，为推定全损。

根据上述法律的规定，判断货物的推定全损有两个相互独立的标准：一是实际全损不可避免；二是为避免实际全损，所需支付的费用和续运费用之和超过保险标的的价值。

在保险实务中，构成推定全损：有以下四种情况。

(1) 保险标的在海洋运输中遭遇保险事故之后，虽然尚未达到灭失的状态，但据估计完全灭失将是不可避免的。例如，船舶在航行途中意外搁浅，船壳严重损坏，船上所载水果部分腐烂，由于当时气候条件恶劣，无法对船舶进行救助，因而将不可避免出现船舶沉没、货物全损的结果，此时被保险人可按推定全损索赔。

(2) 保险标的遭受保险事故之后，使被保险人丧失了对保险标的的所有权，而收回这一所有权，其所花费用估计要超过收回后保险标的的价值。例如，两国交战，某水域作为战区而被封锁，封锁前被保险船舶恰好经过该水域而被困。由于船东已丧失自由支配和使用该船的权利，也不大可能在合理的时间内恢复这一权利，或者即使能收回，但所需费用将超过保险标的的价值，所以，该船已构成推定全损。

(3) 保险货物受损后，其修理和续运到原定目的地的费用，估计要超过货物的保险价值

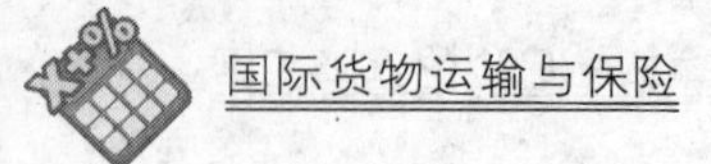

或在目的地的完好价值。

(4) 被保险船舶受损后，其修理或者救助费用分别或两项费用之和将超过船舶的保险价值。

2. 推定全损的损失赔偿

保险标的的全部损失按损失程度可分为实际全损和推定全损。被保险人在索赔这两类损失时，需办理的手续有所区别，索赔推定全损时必须先行委付。也就是说，在推定全损的情况下，被保险人可以获得部分损失的赔偿，也可获得全部损失的赔偿。如果被保险人想获得全部损失的赔偿，被保险人必须无条件地把保险标的委付给保险人。

(三) 委付

委付(Abandonment)是指保险标的处于推定全损状态时，被保险人向保险人发出通知，表示愿意将本保险承保的被保险人对保险标的的全部权利和义务转让给保险人，而要求保险人对全部损失给予赔偿的一种行为。

我国《海商法》第 249 条规定，保险标的发生推定全损，被保险人要求保险人按照全部损失赔偿的，应当向保险人委付保险标的。保险人可以接受委付，也可以不接受委付，但是应在合理的时间内将接受委付或者不接受委付的决定通知被保险人。委付不得附带任何条件。委付一经保险人接受，不得撤回。《海商法》第 250 条又规定，保险人接受委付的，被保险人对委付财产的全部权利和义务转移给保险人。

在具体做法上，被保险人应以书面或口头方式向保险人发出委付通知(Notice of Abandonment)。一方面，向保险人表示其希望转移货物所有权，以获得全损赔偿；另一方面，便于保险人在必要时能及时采取措施，避免全损或尽量减少被保险货物的损失。因此，被保险人一旦得知货物受损处于推定全损状态并愿按委付方式处理时，应立即发出委付通知。被保险人一旦发出委付通知，就应受其约束。

保险人如果接受委付，在按全损赔偿后，取得委付财产的所有权利，同时承担由此带来的义务。一方面，如果保险人因此获得大于保险赔款的收益，无须返还被保险人，此收益全部归保险人所有；另一方面，如果保险人为履行义务而支付的金额超过其所得权益的金额，也全部由保险人自身承担。

保险人如果拒绝接受委付，仍需按全损进行赔偿，此时，保险标的的所有权利和义务仍归被保险人所有。由于委付是海上货物运输保险中处理索赔的一种特殊做法，各国保险法都对委付有严格的规定。一般地讲，委付的构成必须符合以下条件：

(1) 委付通知必须及时发出，可以是书面的，也可以是口头的，保险人可以用明示或默示的行为表示接受委付，但保险人的沉默不得视为接受委付。

(2) 委付时必须将被保险货物全部进行委付，而不能只委付其中一部分。

(3) 委付不能附带任何条件。

(4) 委付必须经过保险人的承诺才能生效。

二、部分损失

我国《海商法》第 247 条规定，不属于实际全损和推定全损的损失，为部分损失(Partial

Loss)。部分损失是指保险标的的损失没有达到全部损失的程度的一种损失。按照损失的性质来划分，部分损失可以分为单独海损和共同海损。

(一) 单独海损

1. 单独海损的概念

单独海损(Particular Average)是指在海上运输中，由于保险单承保风险直接导致的船舶或货物本身的部分损失。例如，载货船舶海洋运输途中突遇暴风雨，海水灌进船舱，致使舱内一批服装遭水浸泡受损而贬值20%，该损失就属于这批服装货主的单独海损，与其他货主和船东均无关。在现行的1982年修订的《协会货物保险条款》中，已经不再使用"单独海损"这个术语，但在实际业务中，它仍被用来表示除共同海损以外的一切部分意外损失。

2. 构成单独海损的条件

单独海损的构成必须符合下列三个条件：

(1) 必须是意外的、偶然的以及承保风险直接导致的保险标的本身受损。

(2) 必须是船方、货方或者其他利益方单方面所遭受的损失，而不涉及他方的损失。

(3) 单独海损仅指保险标的本身的损失，而不包括由此引起的费用损失。

3. 单独海损的赔偿方式

(1) 单独海损绝对不予赔偿。这种规定常常适用于一些国家的海上船舶保险。

(2) 除某些特定风险所造成的单独海损外，单独海损不予赔偿。我国海洋运输货物保险的平安险条款对单独海损的赔偿规定，属于这种情况。

(3) 单独海损赔偿，但单独海损未达到约定的金额或百分比时不赔，已达到约定的金额或百分比的单独海损全部予以赔偿。

(4) 单独海损赔偿，但保险人只对超过约定金额或百分比的那部分单独海损予以赔偿，没有超过约定金额或百分比的那部分单独海损不予赔偿。

(5) 不加任何特别限制，凡是单独海损均予赔偿。

(二) 共同海损

1. 共同海损的概念

共同海损(General Average,GA)是指载货运输的船舶在海上运输途中遭遇自然灾害、意外事故或其他特殊情况，使航行中的船东、货主及承运人的共同安全受到威胁，为了解除共同危险，维护各方的利益并使航程继续完成，由船方有意地采取合理抢救措施所直接造成的某些特殊的货物牺牲或支出的额外费用。共同海损包括共同海损牺牲(General Average Sacrifice)和共同海损费用(General Average Expenditures)。共同海损牺牲是指共同海损行为导致的船舶、货物等本身的损失；共同海损费用是指为采取共同海损行为而支付的费用。遭受共同海损牺牲的一方以及共同海损费用的支付方都有权向其他利益方请求按比例分摊损失，这就是共同海损分摊。

2. 构成共同海损的条件

(1) 导致共同海损的危险必须是真实存在的，危及船舶与货物共同安全的危险。导致

共同海损的危险必须是真实存在的或不可避免出现的，不能主观臆测可能有危险发生而采取措施。例如，船舶在航行途中发现船舱内有冒烟的现象，未经查实便认为舱内已发生火灾并引海水灌入舱内，开舱以后如查明并无其事，则有关损失不能列为共同海损。

(2) 共同海损的措施必须是为了解除船货的共同危险，人为地、有意识地采取的合理措施。所谓"有意识"，是用于区别意外的损失，船舶在航行中遭遇到的意外损失由受害者自行负担，而有意识采取措施造成的损失，应由受益各方共同分摊。例如，船舶搁浅、船底划破、货物遭受海水水渍属意外事故，修船费用和货物损失由船东和货主各自承担。但如果是为了起浮船舶，抛弃船上的货物以减轻船载，被抛弃的货物损失是有意做出的，应由船方、货方共同分摊。所谓"合理"，是指在采取措施的当时看来，措施是有成效和节约的，因而也是符合全体利害关系方的利益的。例如，为减轻船载所抛弃的货物应是体积重、价值低同时从积载的角度讲便于抛弃的货物和物料。船舶搁浅抛货，抛到相当程度使船舶能浮起时，即应停止。如果不考虑实际需要，继续作不必要的抛货，这部分损失就不能列为共同海损。

(3) 共同海损的牺牲是特殊性质，费用损失必须是额外支付的。从上述第二条可以看出，共同海损不是海上危险直接导致的损失，而且恰恰相反，它正是为了解除这项危险而人为造成的另一种性质的损失，这是一种特殊性质的损失，因此判断一项损失是否属于共同海损，必须从造成损失的原因进行分析。可以列为共同海损的费用必须是额外支付的。所谓额外支付，是指船舶的正常营运核算以外的费用。例如，船舶在航行中发生严重机损影响船货的共同安全，为了解除危险，驶靠避难港修理，由此而支付的船员工资、燃料、物料费用，不在正常的营运费用范围之内，属额外支付性质的，因此可以列为共同海损费用。但如上述避难港就是船舶航行计划中的中途停靠港口，则只要驶往该港口的费用不超过原定的营运费用，就不成为额外支付。如果超过，则只有超过部分是额外支付的，可列为共同海损。

(4) 共同海损的损失必须是共同海损措施的直接的合理的后果。例如，船舶在航行中发生共同海损事故，船底受损需要修理，为了修理船舶必须将船舱内的货物卸下，由于卸货造成的货物受损失，是共同海损措施的直接结果，可列为共同海损。但如果货物在避难港存仓期间，仓库起火，造成货物的损失，不是共同海损措施的直接后果，不能列为共同海损。

(5) 造成共同海损损失的共同海损措施最终必须有效果。所谓最终有效，是指经过抢救措施以后，船舶或货物的全部或一部分安全抵达航程的终点港或目的港，从而避免了船和货同归于尽的局面。因为共同海损将由各受益方进行分摊，而分摊又是以航程结束时的船、货价值来确定的，如果全船覆没，船与货遭受全损，那么，既没有获救财产，也不会有受益方，因而共同海损分摊便失去了基础，共同海损也就不能成立。

以上各项是共同海损得以成立的必需条件，只有同时符合上述条件，才能构成共同海损。采取共同海损行为，一般应由船长作出决定和负责指挥，但如果遇到特殊情况，由其他人，包括船上其他船员和乘客指挥的行为，如果符合上述共同海损成立的条件，共同海损也可成立。

(三) 共同海损的分摊

共同海损成立后，为了船舶、货物等的共同安全所做的共同海损牺牲和费用必须由各受益方按照最后获救的价值按比例分摊，这种分摊称为共同海损分摊。这是共同海损形成的

基础,也是处理共同海损由来已久的原则。

根据我国《海商法》第 199 条规定,船舶、货物和运费的共同海损分摊价值分别依照下述方法确定:

(1) 船舶共同海损分摊价值。按照船舶在航程终止时的完好价值,减去不属于共同海损的损失金额计算,或者按照船舶在航程终止时的实际价值,加上共同海损的牺牲金额计算。

(2) 货物共同海损分摊价值。按照货物在装船时的价值加保险费加运费,减去不属于共同海损的损失金额和承运人承担风险的运费计算。货物在抵达目的港以前出售的,按照出售净得金额,加上共同海损牺牲的金额计算。旅客的行李和私人物品,不分摊共同海损。

(3) 运费共同海损分摊价值。按照承运人承担风险并于航程终止时有权收取的运费,减去为取得该项运费而在共同海损发生后,为完成本航程所支付的营运费用,加上共同海损的牺牲金额计算。

共同海损案件是由海损理算师处理的。世界各海洋运输国家对于共同海损的理算,都有自己的原则和规定,我国于 1975 年 1 月 1 日公布并开始实施《中国国际贸易促进委员会共同海损理算暂行规则》(简称《北京规则》)。该理算规则共有 11 条,包括共同海损的范围、原则、金额计算,共同海损分摊、利息、手续费,共同海损担保、时限等内容。目前,国际上普遍采用的共同海损理算规则是 1974 年版及 1990 年版的《约克—安特卫普规则》,它虽然不具有法律强制力,但已为国际航运界、贸易界和保险界广泛接受,在提单和运输货物保险单中普遍订有共同海损按该规则理算,凡与该规则相抵触的法律和惯例,均视为无效的规定。

(四) 单独海损和共同海损的区别

单独海损和共同海损均属于部分损失,但两者的性质和起因并不相同,损失承担方式也不相同。

1. 造成损失的原因不同

单独海损是由自然灾害或意外事故等海上风险直接导致的损失,是意外造成的;共同海损是为避免或解除船货共同危险,系人为意识造成的。

2. 损失承担的方式不同

单独海损由受损方自行承担,如果损失是因为第三者责任所致,可向责任方进行追偿;如果已投保海洋运输保险,保险人应按保险合同的规定承担赔偿责任。共同海损应当由全体受益方按照各自的获救价值的比例进行分摊,如果已经投保海洋运输保险,保险人应按合同规定承担对被保险人分摊金额的赔偿责任。

案例 10 - 1

单独海损和共同海损的判定

案情介绍

“昌隆”号货轮满载货物驶离上海港。开航后不久,由于空气温度过高,导致老化的电线短路引发大火,将装在第一货舱的 1 000 条出口毛毯完全烧毁。船到新加坡港卸货时发现,

装在同一货舱中的烟草和茶叶由于羊毛燃烧散发出的焦煳味而不同程度受到串味损失。其中由于烟草包装较好,串味不是非常严重,经过特殊加工处理,仍保持了烟草的特性,但是已大打折扣,售价下跌三成。而茶叶则完全失去了其特有的芳香,不能当作茶叶出售了,只能按廉价的填充物处理。

船经印度洋时,不幸与另一艘货船相撞,船舶严重受损,第二货舱破裂,仓内进入大量海水,剧烈的震荡和海水浸泡导致仓内装载的精密仪器严重受损。为了救险,船长命令动用亚麻临时堵住漏洞,造成大量亚麻损失。在船舶停靠泰国港避难进行大修时,船方联系了岸上有关专家就精密仪器的抢修事宜进行了咨询,发现整理恢复十分庞大,已经超过了货物的保险价值。为了方便修理船舶,不得不将第三舱和第四舱部分纺织品货物卸下,在卸货时有一部分货物有钩损,试分析上述货物损失属于什么损失。

分析

(1) 第一货舱的货物。1 000 条毛毯的损失是意外事故火灾引起的实际全损,属于实际全损第一种情况——保险标的实体完全灭失。而烟草的串味损失属于火灾引起部分的损失,因为在经过特殊加工处理后,烟草仍然能保持其属性,可以按"烟草"出售,贬值的烟草是部分损失。至于茶叶的损失则属于实际全损,因为火灾造成了"保险标的丧失属性",虽然实体还在,但是已经完全不是投保时所描述的标的内容了。

(2) 第二货舱的货物。精密仪器的损失属于意外事故碰撞造成的推定全损。根据推定全损的定义,当保险标的的实际全损不可避免,或为避免发生实际全损花费的整理拯救费用超过保险标的本身的价值或是其保险价值,就会得不偿失,从而构成推定全损。精密仪器恢复的费用异常昂贵,大大超过了其保险价值,已经构成推定全损。亚麻的损失是在危机时刻为了避免更多的海水涌入货舱威胁到船货的共同安全而被用来堵塞漏洞造成的,这种损失属于共同海损,由受益各方共同分摊。

(3) 第三货舱的货物。纺织品所遭遇的损失,是为了方便共同海损修理而被迫卸下时所造成的,也属于共同海损。

第三节　海洋运输货物保险保障的费用

在海洋货物运输中,遭遇海上危险事故后,为了避免或减轻损失的程度,往往还会有其他的费用和支出,主要有施救费用、救助费用、续运费用和额外费用。

一、施救费用

施救费用(Sue and Labor Expenses)是指当保险标的遭遇保险责任范围内的灾害事故时,被保险人或其代理人、雇佣人员和受理人等采取措施抢救保险标的,以避免或减少损失而支出的合理费用。

目前,我国和世界各国的保险法规或保险条款一般都规定:保险人对被保险人所支付的施救费用应承担赔偿责任,赔偿金额以不超过该批货物的保险金额为限。保险金额低于保险价值的,除保险合同另有约定外,保险人应当按照保险金额与保险价值的比例,支付该条款规定的费用。我国《海商法》第 240 条规定,被保险人为防止或者减少根据保险合同可

以得到赔偿的损失而支出的必要的合理费用，为确定保险事故的性质、程度而支出的检验、估价的合理费用，以及为执行保险人的特别通知而支出的费用，应当由保险人在保险标的损失赔偿之外另行支付。

鉴于施救费用的特殊性，保险人在对施救费用进行赔偿时，对一项费用是否为施救费用具有严格规定。一般而言，保险赔偿的施救费用必须符合下列条件：

(1) 对保险标的进行施救必须是被保险人或其代理人或受让人，其目的是为了减少标的物遭受的损失。其他人采取此项措施必须是受被保险人的委托，否则不视为施救费用。

(2) 保险标的遭受的损失必须是保单承保风险造成的。否则，被保险人对其进行抢救所支出的费用，保险人不予承担责任。

(3) 施救费用的支出必须是合理的。一般认为施救费用的支出不应超过保险金额，超过的部分视为不合理。

货物发生保险事故时，被保险人应及时采取合理的措施避免和减少损失的发生，这是被保险人根据保险合同应尽的义务，保险人对这种行为是予以鼓励和支持的。但如果被保险人所采取的措施或支付的费用是为了本身的方便或本身的利益，则不得视为施救费用。

在这里需要注意的是，当保险标的发生灭失或灾难时，被保险人及其雇佣人或代理人按照保险人的指令，采取抢救措施而支出的费用，无论抢救措施是否成功，保险人都要承担该项费用损失。

二、救助费用

(一) 救助费用概述

救助费用(Salvage Charge)是指被保险货物遭受承保范围内的灾害事故时，由保险人和被保险人以外的第三者采取救助措施并获成功，由被救方付给救助方的一种报酬。救助费用一般都可列为共同海损的费用项目，因为通常它是在船、货各方遭遇共同危难的情况下，为了共同安全由其他船舶前来救助而支出的费用。

在海上救助中，救助人与被救助人之间为明确双方的权利和义务，一般都在救助开始之前或在救助过程中订立救助合同，主要有以下两种。

1. 雇佣性救助合同

雇佣性救助合同的特点是，不论救助是否有效，均按约定的费率(固定金额、工作时间)付给救助费用；同时，救助工作在遇难船指挥之下进行。

2. “无效果，无报酬”救助合同

“无效果，无报酬”(No cure，No pay)救助合同的特点是，救助费用是在救助完成之后，根据救助效果、获救财产价值、救助工作危险程度和技术水平，以及救助工作时间和耗费的费用等，通过协商或仲裁来确定，如果救助没有效果，便不付给报酬。救助人为了保证其在救助之后获得报酬，一般都要求被救方提供担保，对未提供担保的被救财产，救助人享有留置权。

知识拓展

长期以来，在国际海上救助中普遍采用的救助合同格式是英国的以"无效果、无报酬"为原则的"劳合社救助合同标准格式"。不过由于海上石油运输量不断增加，海上污染严重，为保护海洋环境，防止或减轻油污损失，根据有关方面要求，劳合社已在其1980年的救助合同格式中，对"无效果、无报酬"的原则作了一些例外的规定，如对于遇难油轮，救助人只要没有过失，即使救助无效，也可获得合理报酬。在我国，中国国际贸易促进委员会海事仲裁委员会也制定有"海上救助契约格式"，这个格式所采用的也是"无效果、无报酬"原则。

（二）救助费用与施救费用的区别

救助费用与施救费用在本质上都是为了抢救、保护保险财产，使之脱离危险，以减少损失。但两者之间仍存在着一定的区别。

1. 采取行为的主体不同

施救是由被保险人及其代理人等采取的行为；而救助是保险人和被保险人以外的第三者。

2. 给付报酬的原则不同

施救费用是施救不论有无效果，都予赔偿；而救助费用一般是"无效果，无报酬"。

3. 保险人的赔偿责任不同

施救费用是在保险标的本身的保额以外，单独在一个保额内得到赔偿；而保险人对救助费用的赔偿责任以不超过获救财产的价值为限，即救助费用与保险标的的本身损失金额两者相加，不得超过保险标的的保额。

4. 构成条件不同

救助行为一般总是与共同海损联系在一起，而施救行为则并非如此。

三、续运费用

续运费用(Forwarding Charges)是指因保险单承保风险引起的被保险货物的运输，在非保险单载明的目的地港口或地方终止时，保险人对被保险货物的卸货费用、仓储费用，以及继续运往保险单载明的目的地港口的费用等额外费用。其目的是为防止或减轻货物的损害。如果货物遭受的风险属于保险责任，因此而支付的费用保险人也予以负责。保险人对续运费用的赔偿和对货物单独海损的赔偿总和以保险金额为限。

四、额外费用

额外费用(Extra Charge)是指为了证明损失索赔的成立而支付的费用，包括保险标的受损后，对其进行检验、查勘、公证、理算或拍卖受损货物等支付的费用。一般只有在索赔成立

时，保险人才对额外费用负赔偿责任，但如果公证、查勘等是由保险人授权进行的，不论索赔是否成立，保险人仍需承担该项额外费用。

本章小结

1. 海洋运输货物保险保障的风险可分为狭义的海上风险和外来风险。狭义的海上风险又可分为自然灾害和意外事故两种。自然灾害是指不以人的意志为转移的自然界的力量所引起的灾害，如恶劣气候、雷电、海啸、地震、洪水及其他人力不可抗拒的灾害等。意外事故是指人或物体遭受外来的、突然的、非意料之中的事故，如船舶触礁、碰撞、沉没、飞机坠落、货物起火爆炸等。外来风险是指海上风险以外的其他外来原因造成的风险。外来风险责任一般可分为一般外来风险和特殊外来风险。一般外来风险包括偷窃、提货不着、渗漏、短量等。特殊外来风险主要有战争、罢工、拒收等。

2. 海洋运输货物保险保障的损失按照损失程度的大小划分，可分为全部损失和部分损失。全部损失又可分为实际全损和推定全损。部分损失又可分为单独海损和共同海损。共同海损包括共同海损牺牲和共同海损费用。共同海损分摊是共同海损形成的基础，也是处理共同海损由来已久的原则。共同海损一旦成立，各受益方要按照获救价值进行共同海损分摊。

3. 委付是指保险标的发生推定全损后，被保险人向保险人表示愿将其对保险标的的所有权利和义务转让给保险人以获得保险人全损赔偿的一种行为。保险人接受委付意味着享受被保险人对保险标的全部保险权益的同时，必须承担由此引起的责任。保险人可以拒绝接受委付，但仍需按全损金额赔偿。

4. 海运货物保险保障的费用包括施救费用、救助费用、续运费用和额外费用。施救费用是由被保险人及其代理人采取行动支出的费用，其赔偿金额是在对保险标的的损失赔偿之外另行支付的。救助费用是被保险人支付给救助人的报酬，一般采取“无效果，无报酬”原则。

思考与练习

一、简答题

1. 构成推定全损的基本条件是什么？

2. 何谓委付？保险人接受委付意味着什么？

3. 什么是共同海损？构成共同海损的基本条件是什么？

4. 共同海损和单独海损的区别是什么？

5. 比较救助费用与施救费用的区别。

二、案例分析题

损失性质的判定

1. 有一批已投买保险的货物，受载该批货物的海轮，在航行中发生火灾。经船长下令施救后，大火被扑灭。经事后检查，该批货物损失情况如下：第一，500 箱货物受严重水渍损失，无其他受损迹象；第二，另有500箱既受热熏损失，又受水渍损失，但未发现任何火烧的痕迹；第三，200箱着火但已被扑灭，有严重水渍损失；第四，300箱已被烧毁。试问上述四种情况，各属什么性质的损失？为什么？

化肥的损失由谁承担

2. 我国A公司与某国B公司于2009年8月20日签订进口52 500吨化肥的CFR合同，B公司租的"顺风号"轮于10月21日驶离装运港。A公司为这批货物投保了水渍险。2009年10月30日"顺风号"轮途经巴拿马运河时起火，造成部分化肥烧毁。船长在命令救火过程中又造成部分化肥湿毁。请根据上述事例，回答以下问题：

(1) 途中烧毁的化肥损失属什么损失？应由谁承担？为什么？

(2) 途中湿毁的化肥损失属什么损失？应由谁承担？为什么？

第十一章　海洋运输货物保险条款

学习目标

本章主要讲授海上保险的起源与发展，英国伦敦保险协会的货物保险条款，并且就责任起讫、索赔期限等进行阐述和分析。通过学习，要求学生了解海上运输货物保险的有关知识和习惯做法，掌握《协会货物条款》中主要条款责任范围、除外责任及它们之间的区别和联系，为实际操作打下良好基础。

第一节　海上保险的起源与发展

意大利是海上保险的发源地。早在 11 世纪末叶，十字军东征以后，意大利商人就控制了东方和西欧的中介贸易。在经济繁荣的意大利北部城市，特别是热那亚、佛罗伦萨、比萨和威尼斯等地，由于其地理位置是海上交通的要冲，这些地方已经出现类似现代形式的海上保险。那里的商人和高利贷者将他们的贸易、汇兑票据与保险的习惯做法带到他们所到之处，足迹遍及欧洲。许多意大利伦巴第商人在英国伦敦同犹太人一样从事海上贸易、金融和保险业务，并且按照商业惯例仲裁保险纠纷，逐渐形成了公平合理的海商法条文，后来成为西方商法的基础。

自从 1290 年犹太人被驱赶出英国后，伦敦的金融保险事业就操纵在伦巴第人手中。在伦敦，至今仍是英国保险中心的伦巴街由此得名。英文中的"保险单"(Policy)一词也源于意大利语"Polizza"。大约在 14 世纪，海上保险开始在西欧各地的商人中间流行，逐渐形成了保险的商业化和专业化。1310 年，在荷兰的布鲁日成立了保险商会，协调海上保险的承保条件和费率。1347 年 10 月 23 日，热那亚商人乔治·勒克维伦开出了迄今为止世界上发现最早的保险单，它承保"圣·克勒拉"号船舶从热那亚至马乔卡的航程保险。1397 年，在佛罗伦萨出现了具有现代特征的保险单形式。

15、16 世纪，西欧各国不断在海上探寻和开辟新的航线，欧洲商人的贸易范围空间扩大，海上保险得到迅速发展，随之而来保险纠纷也相应增多，于是出现了国家或地方保险法规。1435 年，西班牙的巴塞罗那颁布了世界上最早的海上保险法典。1468 年，在威尼斯订立了关于法院如何保证保单实施及防止欺诈的法令。1532 年，在佛罗伦萨总结了以往海上保险的做法，制定了一部比较完整的条例并规定了标准保单格式。在美洲新大陆发现后，贸易中心逐渐地从地中海区域移至大西洋彼岸。1556 年，西班牙国王腓力二世颁布法令对保险经纪人加以管理,确定了经纪人制度。1563 年,西班牙的《安特卫普法令》对航海以及海上保险办法和保单格式作了较明确的规定,这一法令以及安特卫普交易所的习惯后来为欧洲各国普遍采用,保险制度趋于成熟和完善。

17 世纪中叶,英国逐步发展成为垄断世界贸易和航运业的中心,这给英国商人开展世界上的海上保险业务提供了有利条件。1720 年,经英国国王特许,按照公司组织、创立了伦敦保险公司和英国皇家交易保险公司,专营海上保险,规定其他公司或合伙组织不得经营海上保险业务。18 世纪后期,英国成为世界海上保险的中心,占据了海上保险的统治地位。英国对海上保险的贡献主要有两方面:

(1) 制订海上通用保单,提供全球航运资料并成为世界保险中心。

(2) 在保险立法方面,编制海上保险法典,在此基础上,英国国会于 1906 年通过了《海上保险法》,这部法典将多年来所遵循的海上保险的做法、惯例、案例和解释等用成文法形式固定下来,这个法的原则至今仍为许多国家采纳或仿效,在世界保险立法方面有相当大的影响。

在英国以及世界海上保险史上,劳合社占有重要地位。17 世纪中后期,横跨泰晤士河的伦敦已成为一个规模很大的商埠。河畔开设有许多咖啡馆,1683 年,英国人爱德华·劳埃德开设的咖啡馆就是其中之一。在其附近有海关、海军部等与航海贸易有关的单位,这里成为商人、高利贷者、经纪人、船东和海员经常会晤的场所。他们经常对船舶出海的命运进行猜测、打赌,进而产生了对船只和货物的保险交易。当时的海上保险交易只是列明保险的船舶和货物以及保险金额,由咖啡馆里的承保人接受保险份额并署名。为了招揽顾客,1696 年,劳埃德把顾客感兴趣的船舶航行和海事消息编成一张小报——《劳埃德新闻》,定期发行,后来又改名为《劳合动态》发行,使劳埃德咖啡馆成为航运消息的传播中心。随着咖啡馆的不断发展,劳埃德后来成为海洋运输保险业中的名人。1769 年,劳埃德咖啡馆的顾客们组成了海上保险团体;1774 年,劳合社诞生,成为当时英国海上保险的中心;1871 年,劳合社向政府申请注册,正式成为一个具有法人资格的社团组织。1911 年的法令允许其成员经营一切保险业务。

历史上沿袭下来的劳合社是一个保险市场而并非是一个保险公司。现在,劳合社已拥有 3 万多成员,并组成 400 多个水险、非水险、航空险、汽车险和人身险组合,经营包括海上保险在内的各种保险业务,成为当今世界上最大的保险垄断组织之一,在国际保险市场上具有举足轻重的地位。

第二节　伦敦保险协会海洋运输货物保险条款

作为世界上第一个资本主义国家的英国,其海上保险是最早发展起来的。各国后来的海上保险条款都在一定程度上是借鉴或仿照英国的保险条款而制定的。英国早在 1912 年就出现了普遍使用的货运险条款,称为《协会货物条款》(Institute Cargo Clause,ICC)。当时设计的三套货运条款分别是平安险、水渍险和一切险。以后又经过修订,其中,1982 年 1 月 1 日正式使用的《协会货物条款》彻底取代了古老的 S.G. 保险单和 1963 年《协会货物条款》,现在市场上所用的 2009 年《协会货物条款》正是在 1982 年《协会货物条款》的基础上进行了

一些小的、合乎时宜的变动。以下主要介绍1982年《协会货物条款》的主要内容，以及2009年的一些小变动。

新的《协会货物条款》共有六种险别：

(1) 协会货物条款(A)[Institute Cargo Clauses A,ICC(A)]。

(2) 协会货物条款(B)[Institute Cargo Clauses B,ICC(B)]。

(3) 协会货物条款(C)[Institute Cargo Clauses C,ICC(C)]。

(4) 协会货物战争条款(货物)[Institute War Clauses-Cargo]。

(5) 协会罢工险条款(货物)[Institute Strike Clauses-Cargo]。

(6) 恶意损害险[Malicious Damage Clauses]。

上述六种险别中，(A)险、(B)险、(C)险属于基本险，其他属于附加险。除恶意损害险外，前五种险别均可单独投保。在《协会货物条款》中，上述前五种险别均按条款的性质统一划分为八项主要内容，即承保范围、除外责任、保险期限、索赔、保险利益、减少损失、防止延迟和法律与惯例。

一、1982年《协会货物保险条款》的特点

伦敦保险协会1982年《协会货物保险条款》，同1963年的旧条款相比，无论是在结构上还是在内容上，都有新的变化。

1. 新条款的结构统一，体系完整，语言简练

新条款各种险别条款的条文，均按问题的性质作了统一的分类排列，体系完整，语言简练。1982年《协会货物保险条款》的各种险别条款，除了作为附加险的“恶意损害险条款”之外，均包括八项内容，即承保范围(Risks Covered)、除外责任(Exclusions)、保险期间(Duration)、索赔(Claims)、保险利益(Benefit of Insurance)、减少损失(Minimizing Losses)、防止迟延(Avoidance Delay)及法律惯例(Law and Practice)。在上述八项内容中，除了前三项之外，其他五项在新条款的“协会货物保险条款A”[ICC(A)]、“协会货物保险条款B”[ICC(B)]、“协会货物保险条款C”[ICC(C)]以及战争险和罢工险中都是完全相同的。由于战争险和罢工险也完整地包括了上述八项内容，因而也可以独立投保，无须作为特殊附加险加保于基本险中。

1963年的旧条款有14条，新条款有19条，增加了保险利益条款、续运费用条款、增值条款、放弃条款和英国法律与惯例条款，内容更加全面，体系更加完整。

2. 新条款的主要险别采用英文字母A、B、C命名

新条款取消了旧条款“单独海损不赔”、“负责单独海损”及“一切险”的名称，而代之ICC(A)、ICC(B)及ICC(C)。这一改变克服了旧条款的名称与内容不一致、易使人们产生误解的弊端。另外，新条款ICC(A)、ICC(B)和ICC(C)都取消了免赔额(率)的规定。

尽管新条款中的ICC(A)、ICC(B)和ICC(C)与旧条款的险别有相似之处，但不能将新条款视为旧条款的翻版，它们之间在许多方面都有所不同。例如，“单独海损不赔”与ICC(C)比较，ICC(C)的责任范围更加确切明了，但责任范围小于前者；“负责单独海损”与ICC(B)比较，ICC(B)不受S.G.保险单附注条款的限制，而且允许被保险人根据具体情况与

保险人洽谈保险条件；一切险与ICC(A)比较，虽然在实际保障方面没有实质区别，但是新条款把海盗行为从战争风险中剔除出来，这样，ICC(A)对海盗行为所导致的损失，应负赔偿责任。

3. 新条款的承保责任采用"列明风险"和"一切风险减除外责任"两种方式

除了个别险以外，新条款均采用"列明风险"和"一切风险减除外责任"的方式表示保险人的承保责任。例如，ICC(A)就是采用"一切风险减除外责任"的方式，即除了"除外责任"项下所列风险保险人不予负责外，其他风险均予负责。ICC(B)、ICC(C)以及战争险与罢工险则采用"列明风险"的方式，即在条款的开头就把保险人所承保的风险一一列出。

4. 新条款取消了"全部损失"与"部分损失"的划分

新条款对保险人承保的风险损失，不再作全部损失与部分损失的划分。按照新条款，凡属承保责任范围内的损失，不论是全部损失还是部分损失，保险人均负赔偿责任；反之，凡不属承保责任范围内的损失，保险人不予负责。这一改变简化了对保险人承保责任的规定，使各种险别的承保责任范围比较明确，减少了不同险别的承保责任范围相互交叉重复的现象。

5. 新条款中险别的差距扩大，险别的划分容易

旧条款中"单独海损不赔"与"负责单独海损"的差距较小，极易混淆；而新条款中的ICC(A)、ICC(B)及ICC(C)险别的差距较大，且容易划分。

二、1982年《协会货物保险条款》的主要内容

(一) ICC(A)的主要内容

1. 承保风险

该部分的内容包括三个条款，即风险条款、共同海损条款和双方有责碰撞条款。

(1) 在风险条款中，ICC(A)改变了以往"列明风险"的方式，采用"一切险减除外责任"的方式，声明承保一切风险造成的损失，对约定和法定的除外事项，在"除外责任"部分全部予以列明；对于未列入除外责任项下的损失，保险人均予负责。此处风险造成的损失，是指保险标的的实际损失或损害，而不包括保险标的的纯经济损失，即使引起经济损失的原因属于承保风险。如因运输延迟所造成的市价跌落而导致的损失，保险人就不予负责。

(2) 共同海损条款是对英国1906年《海上保险法》有关共同海损和救助费用规定的补充，明确了共同海损理算或救助费用确定应该适用的法律。根据该条款，保险人不仅赔偿保险货物本身遭受的共同海损牺牲，还包括保险货物应承担的共同海损分摊或救助费用分摊。

(3) 对根据运输合同中船舶互撞责任条款规定的由被保险人承担比例责任的部分，保险人也予以负责。

从承保范围来看，ICC(A)主要承保海上风险和一般外来风险，责任范围广泛。

2. 除外责任

ICC(A)的除外责任包括法定除外责任和约定除外责任两大类，内容全面详尽，条理清晰，分为一般除外责任，不适航、不适货除外责任，战争除外责任和罢工除外责任四个条款。所有的除外责任不仅适用于保险标的的损失和损害，而且还适用于有关费用。

(1) 一般除外责任。ICC(A)对以下各项不予承保：

第一,可归因于被保险人故意不法行为所造成的损失、损害或费用。

第二,保险标的的自然渗漏、重量或容量的自然损耗或自然磨损造成的损失。

第三,保险标的包装或准备不足或不当造成的损失、损害或费用。

第四,保险标的的固有缺陷及特性所引起的损失、损害或费用。

第五,直接由于延迟包括承保风险引起的延迟所造成的损失、损害或费用。

第六,由于船舶所有人、经理人、承租人或经营人破产或经济困境产生的损失或费用。

第七,由于使用任何原子或核裂变和(或)聚变或其他类似反应或放射性作用或放射性物质的战争武器产生的损失、损害或费用。

值得注意的是,在第一款中,"被保险人"是指对保险标的具有利益的人,或者为其利益而办理保险的人。这里只规定了归因于被保险人故意的不法行为造成的损失或费用是保险人的除外责任,而没有规定归因于其他人的故意不法行为所致损失保险人不负赔偿责任。这就意味着在ICC(A)中,除被保险人之处,船长船员的恶意行为、沉船、纵火或任何形式的破坏所致损失,保险人均须负责。在第七款中,使用任何原子或核裂变和(或)聚变或其他类似反应或放射性作用或放射性物质的战争武器产生的损失、损害或费用是保险人除外不保的,但是对于民用核电站意外泄漏造成的货物辐射损失,保险人应予赔偿。

(2) 不适航、不适货除外责任(Unseaworthiness and Unfitness Exclusion Clause)。现分述如下：

第一,若起因于船舶或驳船不适航,船舶、驳船、运输工具、集装箱或大型海洋运输箱对保险标的的安全运输不适合,而且保险标的装于其上时,被保险人或其雇员对此种不适航或不适货有私谋所造成的损失、损害或费用,保险人不予负责。

第二,保险人放弃载运保险标的到目的港的船舶不得违反默示适航或适货保证;除非被保险人或其雇员对此种不适航或不适货有私谋。

船舶的适航是远洋运输合同中的一项重要的默示保证。在海上保险中,保险人可以船舶不适航,以及船舶、装运工具、集装箱等不适货为理由注销保险单。但由于船舶适航是船东的义务,被保险人无法获知、更无法控制承运船的情况,因此,在被保险人或其雇员不知情的情况下,保险人放弃船舶适航、适运的保证,使被保险人的索赔权不受影响。

(3) 战争除外责任(War Exclusion Clause)。对下列原因造成的损失、损害或费用,保险人不予负责：

第一,战争、内战、革命、造反、叛乱或由此引起的内乱或交战方之间的任何敌对行为。

第二,捕获、拘留、扣留、禁止、扣押(海盗除外)以及上述原因所导致的结果或任何企图、威胁。

第三,被遗弃的水雷、鱼雷、炸弹或其他被废弃的战争武器。

根据本条款,海盗风险在战争除外责任中被明确剔除,这说明在新条款中,海盗风险属于一般的外来风险而非战争风险,故应该是ICC(A)的承保风险,由此引起的损失,保险人负责赔偿。而我国保险条款仍然将海盗风险放在海洋运输货物战争险中予以承保。

(4) 罢工除外责任(Strikes Exclusion Clause)。对下列原因造成的损失、损害和费用,ICC(A)不予负责：

第一，罢工者、被迫停工工人或参加工潮、暴动或民变人员造成的。

第二，罢工、被迫停工、工潮、暴动或民变引起的。

第三，任何恐怖分子或任何由于政治动机采取行为的人员造成的。

3. 保险期限

在ICC(A)中，对保险期限的规定包括三个条款，分别是运输条款、运输合同终止条款和航程变更条款。

(1) 运输条款(Transit Clause)。运输条款规定了保险责任的开始、持续和终止的条件。和我国的《海洋运输货物保险条款》基本一致，均以"仓至仓"为限。但在ICC(A)中，如果发生被保险人无法控制的延误、绕航、被迫卸载、重装或转运及船东或租船人因行使运输合同所赋予的自由权而变更航程时，保险合同仍继续有效，并且不受被保险人及时通知这一条件的限制。这一点与我国《海洋运输货物保险条款》不同，我国的条款规定，如果出现上述情况，被保险人应该立即通知保险人，并在必要时加缴保险费。

(2) 运输合同终止条款(Termination of Carriage Clause)。运输合同终止条款规定，在被保险人无法控制的情况下，运输合同在其载明的目的地以外的港口或地点终止，或在上述运输条款项下规定交货前运输即已终止，保险合同也同时终止，除非被保险人迅速通知保险人并要求继续承保，同时加缴保费，则保险合同可继续有效。该条款的规定与我国《海洋运输货物保险条款》的规定是一致的。

(3) 航程变更条款(Change of Voyage Clause)。航程变更条款规定，保险合同开始生效后，如被保险人事后变更其目的地，在被保险人及时通知保险人并另行缴费的条件下保险合同继续有效。该条款允许被保险人在及时通知保险人并另行缴费的前提下变更目的地。而我国《海洋运输货物保险条款》规定，若航程有所变更，被保险人应在获悉后立即通知保险人，并在必要时加缴保险费，保险合同继续有效。显然，这一规定与ICC(A)是有区别的。

4. 索赔

保险既然是一种损害补偿制度，那么，被保险货物如果发生了承保责任范围内的损失，就会涉及索赔和损害赔偿的问题。被保险人在保险标的发生事故而向保险人索赔时，适用以下四个条款：

(1) 可保利益条款(Insurable Interest Clause)。可保利益条款规定，被保险人在订立保险合同时对保险标的可以没有可保利益，但在发生损失时则必须具有可保利益，才能获得损害赔偿。同时，还规定在保险合同订立之前，如保险标的已经发生保险责任范围内的损失，但被保险人在订立保险合同时对此并不知情者，仍可获得损害赔偿。

(2) 续运费用条款(Forwarding Charges Clause)。续运费用条款规定，由于承保责任范围内的风险导致运输在非保险单载明的港口或处所终止时，保险人应赔偿由此产生的卸货、存仓以及续运保险标的至保险单载明目的地而产生的合理的额外费用，但不包括由被保险人或其雇佣人员的错误、疏忽、破产或经济困境而引起的费用。该条款的规定也不适用于共同海损或救助费用，并应受前述除外责任的限制。

(3) 推定全损条款(Constructive Total Loss Clause)。推定全损条款规定，如果保险标的的实际全损已经不可避免，或者恢复、整理以及运送保险标的到保险目的地的费用超过其到

达目的地的价值，在已将保险标的合理委付的情况下，得按照推定全损获得补偿。

(4) 增值条款(Increased Value Clause)。增值条款规定，如果被保险人估计到所买进的货物在到达目的地时的完好价值将比卖方在投保时同保险人议定的保险金额高，因而将两者之间的估计差额向原保险人增保(一般是在原保险单的基础上按原来的保险条件增保)。增值条款就是规定在增值保险的情况下，如果货物发生损失，保险人将按两笔保险金额的总和计算赔偿金额，而本保险项下的责任将按其保险金额占全部保险金额的比例而定。索赔时，被保险人必须提供所有其他保险的保险金额的证明给保险人。

5. 不得受益条款

不得受益条款规定，本保险的利益，承运人或其他受托人不得享受。

不得受益条款在英国协会旧条款中也有，是一个使用了很多年的标准保险条款。新条款原封不动地予以保留。之所以这样规定，是为了避免承运人或其他受托人因有保险存在而享有保险利益，并以此摆脱对货损、货差或迟延交货的责任，从而使保险人丧失代位追偿权。

6. 减少损失条款

减少损失条款明确了被保险人应履行的义务。根据本条款的规定，被保险人及其雇员和代理人对于保险项下的索赔，应履行以下义务：为避免或减轻损失而采取合理措施；保证保留及行使对承运人、受托人或其他第三者的权利，即保护保险人的代位追偿权。保险人除赔偿保险项下的各项损失外，还补偿为履行这些义务而支付的适当及合理的开支，并且，保险人对施救费用的赔偿独立于对保险标的的赔偿。

此外，还有一条弃权条款。根据该条款的规定，被保险人或保险人对保险标的采取的施救、保护或恢复的各项措施，不得视为放弃或接受委付或者影响双方权益。本条款的含义十分清楚，主要是与不得受益条款相对应，一方面鼓励施救；另一方面不得将施救措施视作放弃或接受委付。

7. 避免迟延

根据合理、迅速处置条款的规定，被保险人在其所能控制的一切情况下，应合理、迅速处置，这是保险的必要条件。

8. 法律与惯例

本条款规定，保险适用英国法律和惯例，明确《协会货物保险条款》受英国法律和惯例管辖。在所有与新的海上保险单格式配套使用的《协会货物保险条款》中，都有这样一个“英国法律和惯例条款”。

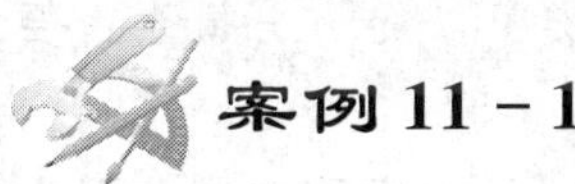

案例 11-1

海盗赎金是否属于共同海损分摊项目

案情介绍

2009 年 3 月底，一艘满载 3 万多吨热压铁块的货船 M 轮从俄罗斯黑海港口启航，驶往中国南方某港口。4 月 6 日，该轮在亚丁湾海域被索马里海盗武装劫持，海盗要求支付 300

万美元赎金才释放船舶及船员。

经查,M轮为一艘悬挂巴拿马旗的散货船,船东为英国A公司,船舶管理人是意大利B公司。本航次所载货物的发货人是韩国C公司,收货人是中国D公司,FOB价格。中国D公司在货物启运前向国内某保险公司购买了远洋货物运输保险,投保险种为伦敦保险人协会运输货物保险A条款[ICC(A)]。

经过A公司、海盗及中间人的多轮协商,2009年5月9日,A公司向海盗支付了180万美元的赎金,M轮被释放并继续驶往中国。5月16日,M轮中途停靠科伦坡港检修和船员休整,船长宣布了共同海损。A公司聘请了共同海损理算师,要求收货人D公司对赎金及相关费用进行分摊。5月29日,A公司向D公司发出理算报告,要求D公司分摊总损失金额316万美元中的201万美元,现金支付或出具担保函。但D公司及保险公司表示只愿承担60万美元,双方无法协商一致。7月15日,A公司在伦敦提交商事仲裁。

处理结果:

此案后经D公司、保险公司与A公司多次协商,最终达成和解协议,由保险公司承担赔偿责任,向A公司支付赎金及相关费用分摊款共115万美元,A公司撤回仲裁申请。

分析

尽管本案最终和解结案,未经仲裁裁决,但本案仍具有研究价值。

(一)海盗赎金是否属于共同海损分摊项目

在英国,论述共同海损的权威书籍是《Lowndes和Rudolp论共同海损》(第13版)和《约克·安特卫普规则》。该书附录中附有罗马《Digest of the Roman Emperor Justinian》,这本罗马古籍收集了二三百年前著名罗马大法官作出的法律判决,其中有一个判决中写道:"如果有一艘船被海盗索要赎金,Servius、Ofilius、Labeo三名罗马大法官都同意进行分摊"。在《Lowndes和Rudolp论共同海损》中,作者专门对海盗问题进行论述,并提到了一个案例——Hicks v. Palington 1590。这个案例中,货物作为赎金给了海盗,货物损失是作为共同海损牺牲进行分摊的。而英国法是以罗马法为基础的,因此,根据英国法,船东支付给海盗的赎金是可以作为共同海损进行分摊的。

同时,1994年《约克·安特卫普规则》A条款对此也是容许的,A款这样规定:"仅在同一海上航程中,船舶、货物和其他财产遭遇共同危险,为了共同安全,有意地、合理地产生特殊牺牲、支付特殊费用时,才发生共同海损"。

但是,现代英国法中并无海盗赎金归入共同海损的先例,也没有将赎金作为共同海损分摊的判例。2010年2月,英国高等法院裁决,向海盗支付赎金不属于违法行为,也不违反公共秩序,并特别指出支付赎金可作为施救费用得到赔偿。该案的案情是:Bunga Melati Dua轮于2008年8月被索马里海盗劫持(后交纳赎金获释,船货无损),货主以货物全损为由要求保险公司全赔遭拒,起诉到英国法院。

在本案的协商中,D公司、保险公司依据现行英国法及判例坚持认为本案不构成共同海损,理由如下:

(1)在英国,无海盗赎金作为共同海损分摊的判例。

(2)海盗赎金是船东与海盗谈判的结果,没有统一的标准,难以满足"共同海损"构成要件中"费用是合理的"条件。

(3) 海盗武装劫持商船的行为是犯罪行为，向海盗支付赎金有纵容犯罪之嫌，违背了我国的社会公共利益和公序良俗原则。

同时，保险公司考虑到向海盗支付赎金是释放船货及船员常见的、主要的和有效的方法，提前释放船舶有利于各方减少损失，有利于防止货物因自然灾害或遭海盗破坏发生属于保险责任范围内的损失。因此，同意赎金及相关合理费用作为施救费用，参照共同海损由船东（船员）、船东（船舶）、收货人（货物）和承租人（燃油）等四方平均分摊。

（二）保险公司在ICC(A)条款下是否对海盗赎金分摊承担赔偿责任

ICC(A)是一切险条款，即除责任免除之外的所有风险均在保险责任范围内。条款同时明确规定，共同海损和海盗行为属于保险责任范围。判断本案是否属于保险责任范围，可从三个方面进行考虑：① 如本案构成共同海损，则属于保险责任；② 如本案构成条款中的海盗行为，也属于保险责任范围；③ 即使不属于共同海损和海盗行为，只要不构成责任免除事项、不违反英国和中国的法律强制性规定、不违背中国的社会公共利益，也应属于保险责任范围。

本案中，海盗为索要赎金劫持船舶的行为是否是保险合同中的“海盗行为”？

ICC(A)条款本身并未给出“海盗行为”的定义，国际保险界也没有给出过定义。但海盗行为是海上船舶和货物遭遇的普遍风险，海盗也是海上保险中最早承保的风险之一，在船舶和货物保险条款中都有承保海盗风险的条款。根据1982年《联合国海洋法公约》第101条规定，海盗行为须满足以下条件：① 有武力行为；② 由他船的船员或者乘客实施行为；③ 行为不合法，且出于私利；④ 行为发生在公海上，或者不在某一国的主权管辖范围内。

目前，国际社会除把索马里海盗行为界定为犯罪行为外，尚无证据显示该行为具有恐怖活动、战争行为等其他性质。因此，索马里海盗从广义上讲仍属于海盗行为，但区别于传统的海盗行为。传统的海盗行为主要表现为海盗登上船舶，对船上财产进行掠夺以及损坏船舶或者货物，类似抢劫性质。而索马里海盗使用的武器和装备更加先进，并以劫持船舶和船员为手段，以索要高额赎金为最终目的，类似绑架性质。

海盗赎金是否属责任免除范围或违反英国和我国法律？

从1782年《赎金法》废除后，在英国法中支付赎金本身就不再是非法的。但是，支付赎金是否合法，还要受英国的反恐法规和犯罪所得法的限制。根据英国的反恐立法，如果供款人知道或者有合理的理由怀疑所提供的款项被用于恐怖主义活动，那么，该供款行为就被视为违法。而关于恐怖主义的定义，则已经延伸到了英国领土之外的活动，包括那些本身可能并不暴力，但是在现代社会可能造成毁灭性后果的活动，国际社会没有将索马里海盗行为界定为恐怖活动。因此，向索马里海盗支付赎金的行为在英国不违法。

2009—2010年陆续发生索马里海盗劫持中国船只和中国船员的事件，如2009年10月19日，青岛远洋运输公司所属“德新海”轮及船上25名中国船员被劫持；2010年6月28日，由上海鼎衡船务公司租用的新加坡籍货轮“金色祝福”轮及船上19名中国船员在亚丁湾被海盗劫持。尽管中国政府对索马里海盗持反对态度，且派出多批军舰在亚丁湾海域开展护航行动，但在中国法律中尚没有关于海盗或赎金的明确规定。向海盗支付赎金或将海盗赎金分摊作为赔款是否违反我国法律或公共利益，也无明确的判断标准。

综上所述，尽管海盗为索要赎金劫持船舶的行为（索马里海盗行为）与传统海盗行为有

显著区别,但目前国际社会和保险界、法律界尚未把索马里海盗行为作出属于保险责任免除事项的认定,仍将其归结为犯罪行为,属广义的海盗行为。向海盗支付赎金或将海盗赎金分摊作为赔款,也不违反英国或中国的法律和公共利益。从保险合同来看,本案中索马里海盗为索要赎金劫持船舶的行为属于保险责任范围,海盗赎金及相关费用分摊可以作为施救费用或按共同海损进行赔偿。

资料来源:

http://www.vobao.com/insureInfo/insureInfoContent.asp?id=682184661777

(二) ICC(B)的主要内容

ICC(B)在内容上,除了承保风险和除外责任与ICC(A)不同外,其余各条均与其一致。此外,新条款自该险别起的各险别均采用列明风险的形式,凡属列出的就是承保的,没有列出的,不论何种情况均不负责,这种方法明确、肯定,便于选择投保和处理索赔。

1. 承保风险

ICC(B)承保的责任范围比ICC(A)条款小,采用列明风险的方式,将所保的风险逐一罗列。对因下述原因所致的保险标的的损失和损害负责赔偿:

(1) 火灾或爆炸。

(2) 船舶或驳船搁浅、擦浅、沉没或倾覆。

(3) 陆上运输工具倾覆或出轨。

(4) 船舶、驳船或运输工具与水以外的任何外界物体碰撞或接触。

(5) 在避难港卸货。

(6) 地震、火山爆发或闪电。

(7) 共同海损牺牲。

(8) 抛弃和浪击落海。

(9) 海水、湖水或河水进入船舶、驳船、运输工具、集装箱、吊装车厢或储存处所。

(10) 装上或卸离船舶或驳船过程中掉落或从船上落入水中或坠落而造成的整件货物的全部损失。

此外,保险人还承保共同海损分摊和救助费用,但导致共同海损的原因必须不是ICC(B)所除外的风险。

由此可见,ICC(B)主要承保自然灾害和意外事故所致的损失,同时还承保共同海损的牺牲、分摊和救助费用。与我国《海洋运输货物保险条款》中的水渍险相比,首先,ICC(B)明确将承保范围扩大到陆上,对发生在保险期内的陆上运输工具的意外倾覆、出轨予以负责;其次,货物在运输途中或陆上储存期间若被海水、湖水或河水浸湿,只要发生在保险期内,均可获赔,而不必具体确定由于何种风险所致。最后,ICC(B)仅承保货物在装卸过程中,由于跌落造成的整件货物的全部损失。这与水渍险的规定有所区别。

2. 除外责任

ICC(B)的除外责任和ICC(A)大致相同,但有以下两点区别:

(1) 在"一般除外责任"条款中,增加了"由于任何个人或数个人的错误行为,对保险标的或其组成部分故意损坏或破坏,保险人不负责任"的规定。这意味着在ICC(B)中,保险人

不但对被保险人的蓄意不法行为所致的损失不负责任，对任何其他人的故意非法行为所致损失也不负责任。为了满足投保人需要，新条款订立了恶意损害条款作为ICC(B)、ICC(C)项下的附加险，在投保人加缴保费的条件下，通过处理批单加保。

(2) 在"战争险除外责任"条款中，ICC(B)规定，"捕获、拘押、扣留、禁止以及此种行为的后果或这方面的企图"造成的损失、损害或费用不予承保。在ICC(A)中，加上了"海盗行为除外"字样，明确将海盗风险从除外责任中剔除，即将海盗风险作为承保风险，而ICC(B)并未将海盗风险作为除外风险，但也没有列入承保风险。由于ICC(B)采取列明风险的方法确定承保风险，所以按照ICC(B)的规定，保险人对海盗风险不予负责。

(三) ICC(C)的主要内容

ICC(C)是三种条款中保险人责任范围最小的条款。ICC(C)只承保重大意外事故，而不承保自然灾害及非重大意外事故。

1. 承保风险

保险人对下列原因造成的保险标的的损失负责：

(1) 火灾或爆炸。

(2) 船舶或驳船遭受搁浅、擦浅、沉没或倾覆。

(3) 陆上运输工具倾覆或出轨。

(4) 船舶、驳船或其他运输工具与水以外的任何外界物体碰撞或接触。

(5) 在避难港卸货。

(6) 共同海损牺牲。

(7) 抛弃。

此外，保险人对非除外风险所致的共同海损的分摊和救助费用负责赔偿。

由此可见，ICC(C)的承保范围比ICC(B)更小，主要承保由于上述七项列明的重大意外事故的发生而造成的保险货物损失。与我国《海洋运输货物保险条款》中的平安险相比，ICC(C)的承保风险显然较小。

2. 其他内容

ICC(C)关于除外责任、保险期限、索赔、被保险人义务的规定和其他内容在字面上与ICC(B)完全一致。

综上所述，A险条款的承保风险类似于我国的一切险，B险条款类似于水渍险，C险条款类似于平安险，但比平安险的责任范围要小一些。为了便于比较和查阅，ICC(A)、ICC(B)、ICC(C)的承保风险对照表，如表11-1所示。

表11-1　ICC(A)、ICC(B)、ICC(C)的承保风险对照表

承　保　风　险	ICC(A)	ICC(B)	ICC(C)
火灾、爆炸	√	√	√
船舶、驳船的搁浅、触礁、沉没、倾覆	√	√	√
陆上运输工具的倾覆或出轨	√	√	√

（续表）

承　保　风　险	ICC(A)	ICC(B)	ICC(C)
船舶、驳船或运输工具同除水以外的任何外界物体碰撞或接触	√	√	√
在避难港卸货	√	√	√
地震、火山爆发或雷电	√	√	×
共同海损牺牲	√	√	√
共同海损分摊和救助费用	√	√	√
运输合同订有“船舶互撞责任”条款，根据该条款的规定应由货方偿还船方的损失	√	√	√
抛弃	√	√	√
浪击落海	√	√	×
海水、湖水或河水进入船舶、驳船、运输工具、集装箱、大型海洋运输箱或储存处所	√	√	×
货物在船舶或驳船装卸时落海或跌落，造成任何整件的损失	√	√	×
由于被保险人以外的其他人(如船长、船员等)的故意违法行为所造成的损失或费用	√	×	×
海盗行为	√	×	×
由于一般外来原因所造成的损失	√	×	×

注：√表示承保，×表示不承保。

知识拓展

英国海上保险中的“一切险”

“一切险”在英国海上保险实践中也并不是从来就有的。实际上，一直到20世纪早期，英国水险市场上的实践仍然主要是在传统的S. G.保险单(ship & goods的缩写)的基础之上，仅承保保险单上列明的风险及有关类似风险。协会货物保险条款最初也只有“平安险”和“水渍险”。在借鉴欧洲大陆保险市场的做法，经历了将承保风险扩展到承保一两种非主要风险，后又扩展到一套附加风险的历程后，1951年，协会货物一切险条款首次出台。在联合国贸发会于1978年11月形成的报告，促使英国对其海上保险单格式和保险条款进行全面修订。1982年1月1日问世的新的协会货物保险条款为避免对被保险人产生误导，摈弃了“平安险”、“水渍险”、“一切险”的提法，而代之以英文字母A、B、C

命名，但其中的A条款与旧的“一切险”条款相似，其承保风险采用“一切险减去除外责任”(all Risks Minus Exceptions)方式，承保列明除外责任以外的一切“意外的损失”(Fortuitous Loss)。

三、协会货物其他保险条款

(一)《协会货物战争险条款》

1982年1月1日开始使用的《协会货物战争险条款》(Institute War Clause〈Cargo〉)由8个部分组成，共14个条款，结构完整，可以单独投保。下面主要介绍承保风险、除外责任和责任起讫三部分内容。

1. 承保风险

协会海洋运输货物战争险的风险条款具体承保下列各项风险：

(1) 战争、内战、革命、叛乱、造反或由此引起的内乱，或交战国或针对交战国的任何敌对行为。

(2) 由于上述承保风险引起的捕获、拘留、扣留、禁止或扣押及其后果，或任何进行这种行为的有关企图。

(3) 遗弃的水雷、鱼雷、炸弹或其他遗弃的战争武器。

(4) 为了避免或与避免上述承保风险有关的行动所引起的共同海损和救助费用。

2. 除外责任

协会货物战争险关于除外责任的规定只有以下两条与ICC(A)的除外责任是不完全相同的：

(1) 在“一般除外责任”中增加了“航程挫折条款”，规定由于战争原因造成航程终止，货物未能运达保险单所规定的目的地，而引起的间接损失，保险人不负赔偿责任。也就是说，保险人对货物本身没有受损，但由于航程受阻或海上的损失，而引起的货物的索赔不予负责。正是由于有了这个条款，保险人对于所有因战争原因导致航程挫折而引起的保险标的的间接损失都不赔偿，因而《协会货物战争险条款》中也就没有续运费用条款。

(2) 对于由于敌对行为使用原子武器等所致的灭失或损害，不负赔偿责任。但此处将核战争武器使用的除外责任限于“敌对性”使用。换言之，《协会货物战争险条款》承保核战争武器的非敌对性使用(如地震造成的核泄露)而造成的保险标的的损失。

3. 责任起讫

协会货物战争险的责任起讫涉及“运输条款”和“航程变更条款”。其中，航程变更条款的内容与ICC(A)、ICC(B)、ICC(C)保险条款是一致的，而运输条款的内容变化较大。综合起来，协会货物战争险关于责任起讫的规定主要包括以下几个方面：

(1) 责任起讫以“水上危险”为限，即保险责任自货物装上海轮时开始，直到卸离海轮时终止，若货物未及时卸离海轮，以海轮到达最后港口或卸货港当日午夜起满15天为限，保险责任终止；如果在中途港转运，也以到港15天为限。

(2) 当保险责任中途终止时,如果货物继续运往保险单载明的目的地,通过支付保险人所要求的额外保险费,自续运开始后,保险单可以重新恢复效力。

(3) 对于在装货港码头与海轮之间,以及在海轮与卸货港码头之间需经驳船转运的货物,保险人仅对已装在驳船上的、由于驳船触及水雷或遗弃鱼雷而致损失的货物负赔偿责任。同时,除非另有协议,保险人对从海轮上卸入驳船的货物的承保期限为60天。

协会货物战争险的该条规定与我国海洋运输货物战争险的规定有很大的不同。按照我国《海洋运输货物保险条款》的规定,保险人在海洋运输货物战争险中对装在驳船上的驳运货物所承担的保险责任及保险期限,与装在海轮上的货物所承担的保险责任及保险期限是相同的。

知识拓展

战争险的发展历史

在早期的海上保险业务中,保险人承保的货运保险中的战争风险和海上风险是一起承保的,战争风险是海上保险中的重要风险。在1779年的劳合社S.G.保单的风险条款中,可以看到海上风险和战争风险是合一的。后来在拿破仑战争中,由于战争造成的货物损失激增,部分海上保险人开始在保单中加入战争险不保的条款,使得保险人对在海上保险中承保战争风险的做法发生了改变。美国内战爆发后,水险承保人普遍在保单中列入战争险不保条款。于是,海上保险的承保人被划分为水险承保人和战争险承保人两种。近代史上各国之间爆发的各种战争,以及海上保险判例中法官的判决对有关战争险的解释使得战争险的承保范围不断扩大。随着海上保险业务的发展,战争险无论是在承保责任,还是在除外责任上都有了进一步的发展,现在它已发展成为独立的战争险条款。

(二)《协会货物罢工险条款》

自1982年1月1日开始使用的《协会货物罢工险条款》(Institute Strike Clause〈Cargo〉)也是由8个部分组成的,共14个条款,结构完整,可以单独投保。在实践中,通常将战争险和罢工险一起承保,收取一笔额外的保险费。

1. 承保风险

协会货物罢工险的承保风险与我国海洋运输货物罢工险一样,也仅负责由于罢工等风险所直接造成的保险标的的物质损失,而不负责由于罢工等风险所产生的费用或间接损失。协会货物罢工险对承保风险的规定如下:

(1) 罢工者、被迫停工工人或参与工潮、暴动或民变人员所造成的损失。

(2) 任何恐怖分子或任何出于政治目的采取行为的人引起的灭失或损害。

(3) 为了避免以上承保风险所造成的共同海损和救助费用。

2. 除外责任

协会货物罢工险的除外责任包括"一般除外责任"及"不适航、不适货除外责任",与ICC(A)规定的除外责任及协会货物战争险条款的除外责任基本相同,但由于协会货物罢工险只负责由于承保风险直接造成的损失,对于下列损失与费用,保险人不负赔偿责任:

(1) 由于罢工、停工、工潮、暴动和民变等造成劳动力缺乏、缺少或扣押引起的损失或费用。

(2) 由于航程挫折而引起的损失。

(3) 由于战争、内战、革命、叛乱或由此引起的内乱,或交战国或针对交战国的任何敌对行为所造成的损失或费用。

案例 11－2

保险公司对因罢工造成的间接损失不负赔偿责任

案情介绍

我方按 CIF 出口冷冻食品一批,合同规定投保平安险加战争险、罢工险。货到目的港后适逢码头工人罢工,港口无人作业,货物无法卸载。不久货轮因无法补充燃料以致冷冻设备停机。等到罢工结束,该批冷冻食品已变质。请问这种由于罢工而引起的损失,保险公司是否负责赔偿?

分析

保险公司只对因罢工造成的直接损失负责赔偿,对于间接损失则不负赔偿责任。例如,由于罢工引起劳动力不足或不能运用,致使堆放码头的货物遭雨淋日晒而受损、冷冻机因无燃料而停机致使货物变质等均属间接损失,保险公司对于这类损失均不予赔偿。

(三)《协会货物附加险条款》

1.《协会货物恶意损害险条款》

《协会货物恶意损害险条款》(Institute Malicious Damage Clause)于 1983 年 8 月 1 日开始使用。它是新的《协会货物保险条款》的附加险条款。作为补充性的协会条款,它没有完整的结构,不能单独投保,而是供双方当事人在基本条款的基础上加保使用。

协会货物恶意损害险承保的是被保险人以外的其他人(如船长、船员等)的故意破坏行动所致被保险货物的灭失或损害。但是,恶意损害如果出于有某种政治动机的人的行动,便不属本险别的承保风险,但可以在《协会货物罢工险条款》中得到保障。

恶意损害的风险除了在 ICC(A)中被列为承保风险外,在 ICC(B)及 ICC(C)中,被保险人以外的任何其他人的恶意行为所致的损失,均属于除外责任。因此,在投保 ICC(B)及ICC(C)时,如果被保险人需要对这种风险得到保险保障,就须另行加保协会货物恶意损害险。

2.《协会偷窃与提货不着保险条款》

《协会偷窃与提货不着险条款》(Institute Theft, Pilferage and Non-delivery Clause)以被保险人支付附加保险费为前提,保险人同意承保由偷窃或整件货物提货不着所造成的保

险标的的损失或损害。该条款同《协会货物恶意损害险条款》一样，在投保一切险条件下无须投保。

(四)《协会特种货物保险条款》

冷冻食品、煤炭、散装油类和橡胶等商品，由于性质特殊或运送方式不同于一般货物，若采用普通的货物运输保险条款，往往无法全面保障货物在运输途中遭遇的风险，或是由于责任不明确引起保险合同双方的争议。因此，伦敦保险协会在ICC(A)、ICC(B)和ICC(C)的基础上，对特种货物的海洋运输保险，制定了适应该种货物特别需要的保险条款。

下面主要介绍三种协会特种货物保险条款。

1.《协会冷冻食品保险条款》

冷冻食品有严格的冷藏温度要求，在运输途中，除可能因遭遇一般的海上风险而致损失外，温度的变化也是影响冷冻食品品质的主要原因。由于与其他冷冻食品相比，冷冻畜肉要求更低的冷藏温度，需另设专门的冻肉保险条款，因而《协会冷冻食品保险条款》不适用于冻肉的保险。《协会冷冻食品保险条款》包括19条，其结构与ICC(A)、ICC(B)和ICC(C)完全一致，在内容上主要表现为承保风险、除外责任和保险期限有所区别。

冷冻食品(冻肉除外)保险包括A条款和C条款两套条款，这两套条款于1982年1月1日开始使用，并且均于1986年1月1日重新修订。

下面主要介绍冷冻食品A条款不同于ICC(A)的部分。

(1) 风险条款。和ICC(A)相比，除包括一般风险导致的非温度变化引起的保险标的的损失外，协会冷冻食品保险A条款中增加了由于制冷机器故障造成停止运行不少于连续24小时而使温度变化引起的保险标的的损失。此外，对于因发生火灾、爆炸以及船舶搁浅、沉没、碰撞等意外事故，导致温度变化引起的保险标的的损失，保险人也予以负责。

(2) 除外责任条款。和ICC(A)相比，新增了"由于被保险人或其雇员没有采取合理的预防措施保证保险标的保存在冷库，或在合适时，适当隔离和冷藏的处所所引起的损失、损害和费用"。强调被保险人在其可以控制的范围内，对照料货物不能有过失。另外还规定，任何索赔如果未在保险责任终止后30天内通知保险人，保险人有权拒赔。这主要是为了防止损失的扩大。因此，被保险人应在收货后尽快确定货物品质是否良好。

(3) 责任起讫。和ICC(A)相比，主要区别在于，保险责任自货物从保险单载明的冷库装上运输工具开始运送即为开始，而不是在远离仓库起责任才开始。保险责任终止的时间约束为保险标的在最后卸离港全部卸离海轮后的5天，而非ICC(A)中规定的60天。

(4) 特别注意事项。特别注意事项是在1986年1月1日伦敦保险协会修订《协会冷冻食品保险条款》时增加的，明确规定"本保险不承保禁运或进口国政府或其职权部门所造成的损失、损害和费用，但并不排除本保险承保的风险引起的、发生在此种禁运、拒收、禁止或滞留之前的保险标的的损失或损害"。这意味着本险别不包括拒收险，对由于保险货物属于禁运品或不符合卫生检疫标准等原因，被进口地当局拒收、禁止或滞留的损失，保险人不负责任。

协会冷冻食品C条款的内容和ICC(C)相似。

2.《协会散装油类保险条款》

《协会散装油类保险条款》(Institute Bulk Oil Clause)是1983年2月1日伦敦保险协会新增订的针对油类货物的特种货物运输保险条款，和ICC(B)相比，增加了"理算条款"，使总条款增加到20条。下面介绍其与ICC(B)不同的内容：

(1) 风险条款。和ICC(B)相比，从字面上看，用"保险标的的损失或玷污"代替了"保险标的的损失或损害"；从内容上看，增加承保了三种与油类运输密切相关的风险：①"在装货、转运或卸货时连接管道的渗漏"。连接管道是指装卸时连接岸上油罐和船舱的管道。仅承保在装卸或转运过程中，发生的连接管道渗漏造成的货物损失。②"船长、高级船员或普通船员在抽吸货物、压载水或燃料方面的疏忽"。③"恶劣气候影响造成的保险标的的玷污"。

(2) 除外责任条款。和ICC(B)相比，本险别没有将"包装不足"和"除被保险人以外的其他人的故意损害或损坏"造成的保险标的的损失列入除外事项。

(3) 责任起讫。《协会散装油类保险条款》规定，保险人的责任起讫从货物已装船而离开保险单载明的起运地岸上油罐开始，至卸入保险单载明的目的地岸上油罐或油驳时终止。该保险不承保由陆上运输工具运送的风险，岸上油罐必须全部由管道直接与船舱相连。此外，责任起讫终止的最长时间为船舶抵达目的港时起满30天。如果在中途发生运输终止的情况，本保险续保的最长期限也是30天。

(4) 理算条款。《协会散装油类保险条款》规定了保险货物的渗漏或短卸索赔的理算原则，是专为液体散装油类货物设立的，其目的是尽可能减少由于记录装船数量和卸船数量的文件缺乏直接的可比性和测量液态货物数量的困难所引起的"纸面损失"(Paper Loss)。

3.《协会木材贸易联合会条款》

《协会木材贸易联合会条款》(Institute Timber Trade Federation Clause)是在ICC(A)和ICC(C)的基础上修订的，同样包括29条，主要区别在于承保风险条款和运送条款的规定有所不同：

(1) 风险条款。由于木材很可能放在甲板上运输，因此《协会木材》包括两种情况下的承保风险：① 当货物装载于甲板上时，承保风险以ICC(C)为基础，另外还承保浪击落水、偷窃或提货不着以及恶意行为风险。但是，不承保ICC(C)所承保的陆上运输工具倾覆或出轨的风险以及驳船搁浅、擦浅、沉没、倾覆或碰撞、碰损风险。② 当货物未装于甲板时，承保风险以ICC(A)为准，即承保除外风险以外的一切风险。由于装在甲板上的木材被海浪打入水中是经常发生的损失，木材还可能不明原因的丢失，这些损失均可以通过本险别予以承保。

(2) 责任起讫。本保险的责任自保险货物在林场、仓库工厂、堆场或库房等任何地点装上陆上或水上运输工具或起漂，向海轮发送时开始。这条规定充分考虑了木材贸易运输的实际情况，不管木材以何种方式运输，也不管木材从什么地方发运，只要木材为装上海轮而发运，保险责任就开始。

保险责任的终止有三种情况：① 在最后目的地交付给收货人或被保险人。② 交付到被保险人用作非正常储存的仓库或储存处所。③ 在最后卸货港卸离海轮时起满60天。

以三者中先发生者为准。

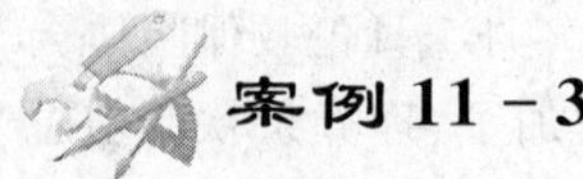

案例 11－3

海洋货物运输战争险以“水上危险”为限

案情介绍

某进出口公司以 CIF 术语向非洲某国出口小麦一批。由于当地存在部族冲突等不安定因素，所以买方要求卖方投保一切险，加保战争险。该批货物顺利运抵对方港口后，卸船暂储码头上，拟于第二天转运至买方仓库。卸货当晚，当地两部族之间发生武装冲突，致使该批货物部分被毁。买方向保险公司提出赔偿要求，保险公司拒绝赔偿。

问题：保险公司的做法有无道理？为什么？

分析

保险公司有权拒绝赔偿。因为，海洋货物运输战争险属特殊附加险，其责任范围包括直接由于战争、类似战争行为和敌对行为、武装冲突或海盗劫掠等所造成运输货物的各项损失。但其保险责任起讫与海洋运输货物保险的责任起讫不同，它承保的责任起讫不是“仓至仓”，而是以“水上危险”为限，即以保险货物装上保险单所载明的起运港的海轮或驳船开始，到卸离保险单所载明的目的港的海轮或驳船为止。在本案例中，保险货物已由海轮卸至码头，海洋运输货物战争险的保险责任已经终止，在此之后发生的由于敌对行为而造成的货物损失，保险公司不承担赔偿责任。

本章小结

1.《协会货物保险条款》主要包括 ICC(A)、ICC(B)和 ICC(C)三个条款。从承保范围看，ICC(A)主要承保海上风险和一般外来风险，责任范围最大，其承保风险采用“一切险减除外责任”的方式。ICC(B)和 ICC(C)的承保风险都采取“列明风险”的方式，ICC(C)的承保范围最小。上述三个条款的除外责任、保险期限、索赔、被保险人义务的规定和其他内容基本一致。

2.《协会货物保险条款》关于索赔的规定包括保险利益条款、续运费用条款、推定全损条款和增值条款，详细地规定了被保险人索赔的原则和保险人理赔的依据。

3. 伦敦保险协会货物运输的其他保险条款有《协会货物战争险条款》、《协会货物罢工险条款》、《协会货物附加险条款》、《协会特种货物保险条款》等。

思考与练习

一、简答题

1. 如何理解 ICC(A)的承保责任范围及除外责任？

2. ICC(A)、ICC(B)、ICC(C)承保责任范围的区别有哪些？

3. 如何正确理解“仓至仓”原则？

4.《协会货物保险条款》中关于责任起讫的条款有哪些?

5. 协会货物其他保险条款主要有哪些?

二、案例分析题

保险责任期间

1. 2008年11月2日,厦门某贸易公司作为被保险人向某保险公司投保了海洋运输货物保险。保险单载明,保险期间自中国香港至泉州,承保条件一切险,采用中国人民保险公司于1981年1月1日修订的《海洋运输货物保险条款》。11月14日,保险货物运抵泉州后渚港,装有保险货物的集装箱卸船后堆放于港口的仓库堆场(该堆场既可以用于海关验货,同时也是港口作业场所,收货人在报关、海关查验后,货主可在此堆场提货、转运、储货等)。11月15日,该贸易公司持海运提单向海关报关并履行完所有海关手续。次日上午,贸易公司来港口提货并打算将货物运至福州,集装箱拆箱后,第一件货物由叉车安全叉离集装箱,但第二件货物在叉离集装箱过程中,因叉车司机操作不当,致使货物在叉出过程中倾倒并严重损坏,损失118 000美元。被保险人向保险公司索赔,保险公司拒赔,认为货损发生时,保险责任已终止,双方因此引起纠纷。

问题:货物在泉州后渚港港口堆场拆箱后,叉离集装箱过程中发生的货物损失是否还在保险责任期间?

“仓至仓”的责任承担

2. 2009年9月27日,上海某服装公司与加拿大某贸易公司签订了一份服装出口合同,CIF加拿大温哥华,装运时间为当年11月上旬。同年10月25日,该服装公司向中国某保险公司为该批服装办理国际货运保险,被保险人为服装公司,承保险别为一切险,运输方式为海洋运输,保险期限为仓至仓,起运地为中国上海,目的地为加拿大温哥华,保险金额为378 660美元,采用中国人民保险公司于1981年1月1日修订的《海洋运输货物保险条款》。同年11月6日,该服装公司向保险公司索赔,称其投保的货物在从位于上海宝山的仓库装上卡车后,运往码头途中因卡车翻车而掉落河中,损失5 360美元。保险公司以货物损失不属于保险责任为由拒赔,双方因此产生纠纷。

问题:保险公司是否应对此批货物承担赔偿责任?

第十二章　中国海洋运输货物保险

学习目标

本章主要讲述我国海洋运输货物的保险险别及其条款的基本内容，其中包括基本险、附加险、专门险三种。掌握我国海运货物保险基本险的基本内容，明确其承保责任范围、除外责任、责任起讫及其相关内容，了解附加险和专门险的基本知识。

国际贸易中，由于海洋运输运量大，货物适应性强，而且运费低廉，因此，大宗货物的运输都是依靠海上运输完成的。海上运输中的贸易货物由于距离远，运输途中的时间较长，在运输途中可能会遇到各种危险和事故，为了增强抵抗风险的能力，货方就必须通过投保一定的海洋运输货物保险把风险控制在一定的范围内。自1956年起，中国人民保险公司根据我国保险工作的实际情况陆续制定了各种涉外保险业务条款，总称为《中国保险条款》(China Insurance Clause，CIC)。当时，主要是参照国际保险市场的习惯做法，文字结构也保留了国外保险条款的形式。1972年，中国人民保险公司对《中国保险条款》作了彻底的修订，无论是结构组织还是文字，都开始结合我国实际考虑。此后，在1976年、1981年又分别进行了两次修订。我国现行的《海洋运输货物保险条款》是中国人民保险公司于1981年1月1日修订实施的《中国保险条款》的重要组成部分，包括海洋、陆上、航空及邮包四种运输方式的货物保险条款，以及可以适用以上各种运输方式货物保险的附加险条款。海上运输货物保险的险种最多，习惯上分为基本险、附加险和专门险三大类。每一大类险别又包括责任范围、除外责任、责任起讫、被保人义务和索赔期限等内容。

第一节　海洋运输货物保险基本险

基本险又称主险，是可以单独投保的险别，不必依附于其他险别项下。基本险承保的主要是自然灾害和意外事故所造成的货物损失或费用。与国际保险市场的习惯做法一样，我国海洋运输货物保险的基本险分为平安险、水渍险和一切险三种；附加险是对基本险的补充和发展，它不能单独投保，只能在投保了基本险的基础上加保，包括一般附加险和特殊附加险。

一、基本险的责任范围

(一) 平安险的责任范围

平安险(Free from Particular Average，FPA)是我国保险业的习惯叫法，其英文原文的

含义是"单独海损不赔",即保险人只负责赔偿保险标的发生的全损。其在三个基本险种中承保的责任范围最小。根据我国《海洋运输货物保险条款》,平安险的承保责任范围包括以下八个方面:

(1) 被保险货物在运输途中由于恶劣气候、雷电、海啸、地震、洪水等自然灾害造成整批货物的全部损失或推定全损。被保险货物用驳船运往或远离海轮的,每一驳船所装的货物可视为一个整批。

(2) 由于运输工具遭受搁浅、触礁、沉没、互撞、与流冰或其他物体碰撞,以及失火、爆炸等意外事故造成货物的全部或部分损失。

(3) 在运输工具已经发生搁浅、触礁、沉没、焚毁等意外事故的情况下,货物在此前后又遭受恶劣气候、雷电、海啸等自然灾害所造成的部分损失。

(4) 在装卸或转运时,由于一件或数件整件货物落海造成的全部或部分损失。

(5) 被保险人对遭受承保责任内危险的货物采取抢救、防止或减少货损的措施而支付的合理费用,但以该批被救货物的保险金额为限。

(6) 运输工具遭遇海难后,在避难港由于卸货所引起的损失,以及在中途港、避难港由于卸货、存仓和运送货物所产生的特别费用。

(7) 共同海损的牺牲、分摊和救助费用。

(8) 运输契约订有"船舶互撞责任"条款(Both-to-blame Collision Clause)时,根据该条款规定,应由货方偿还船方的损失。船舶互撞责任条款是货主与承运人签订的租船合同或承运人签发的海洋运输提单中的条款,它规定货主必须补偿本船承运人原来可以免责却又被迫承担的他船应对该船货物损失所负赔偿责任中的那部分赔款。

从平安险的责任范围可知,平安险主要是对自然灾害造成的全部损失和对意外事故造成全部及部分损失予以赔偿。因此,在保险实务中,平安险一般适用于低值的大宗货物,如铁丝、钢板、建筑用的板材、沙石等。

(二) 水渍险的责任范围

水渍险(With Particular Average,WA/WPA)也是我国保险业沿用已久的名称,其英文原文的含义是"负责单独海损"。它的责任范围比平安险广泛,包括以下两大部分:

(1) 平安险所承保的全部责任。

(2) 被保险货物在运输途中,由于恶劣气候、雷电、海啸、地震、洪水等自然灾害所造成的部分损失。

总之,水渍险对因自然灾害或意外事故造成的损失,不论是全部损失或部分损失,均负责赔偿。

水渍险与平安险的承保责任差异不大。被保险货物如果因承保风险造成全部损失,无论是水渍险还是平安险,保险人都是要负赔偿责任的,只有在发生部分损失的情况下,两者才有所不同:水渍险对不论是因自然灾害,还是因意外事故所造成的部分损失,均予负责;平安险对由于意外事故所造成的部分损失负责,对由于自然灾害所造成的部分损失一般不予负责;但在运输过程中,若运输工具曾经发生过搁浅、触礁、沉没、焚毁的情况,即使是自然灾害所造成的损失,平安险也予以负责。

实际上，水渍险这个险别的责任范围包括了由于海上风险（自然灾害或意外事故）所造成的全部损失和部分损失，并不是仅对货物遭受海水水渍的损失负责，也不是仅对单独海损负责，但是对外来原因造成的损失不予负责。因此，在保险实务中，水渍险一般适用于不大可能由于其本身特性或外部环境变化而造成品质变化损失的货物，如小五金工具、旧汽车或旧机械、化工原料等。

（三）一切险的责任范围

一切险（All Risk）是三个基本险中责任范围最广的险别，根据现行《海洋运输货物保险条款》的规定，一切险除包括平安险和水渍险的各项责任外，还包括被保险货物在运输途中，由于外来原因所造成的全部或部分损失。这里的“外来原因”并非运输途中的一切外来风险，而是指一般外来风险，并不负责由于特别外来风险造成的损失。对于一些不可避免的、必然发生的风险所造成的损失，如货物的内在缺陷和自然损耗所致损失，以及运输迟延、战争、罢工等所致损失，保险人均不负赔偿责任。总的来说，一切险是平安险、水渍险和一般附加险的总和。

由于一切险提供的保障范围较为全面，所以，在保险实务中，适用于各类货物，特别是价值较高、可能遭受损失因素较多的货物，如纺织品、工艺品、精密仪器等。

案例 12-1

海上货物运输保险合同纠纷案例

案情介绍

2007 年 3 月 6 日，恒兴集团购买 451.10 吨秘鲁鱼粉，由地中海航运公司“MSC 秘鲁”（MSC Peru）轮自秘鲁派塔（Paita）港运至上海港。恒兴集团为此向华泰保险购买了该批货物的海洋货运一切险，保险金额 4 359 099.41 元。

该货物于 4 月 21 日运抵上海。5 月 14 日，恒兴集团准备提货时发现货物颜色变红，有异味及焦灼味。经恒兴集团质检人员化验，货物发热、自燃现象严重，已失去了原来的使用价值。次日，恒兴集团向华泰保险提交了出险通知书及有关初步证据。经双方质检人员、双方委托的公估行和商检局检验，均证实该批货物严重受损。为防止损失扩大，双方协商一致对残损货进行变卖处理，收回残值 1 116 000 元。之后，华泰保险对损失 3 230 022.11 元拒不理赔，亦未支付残货清理、堆存、检验等费用 42 226 元。恒兴集团遂诉请法院，要求华泰保险赔付保险金 3 272 248.11 元。

华泰保险辩称：保险单约定的载货船舶为“MSC 秘鲁”轮，货物却是由另一艘船舶“MSC 诺亚”（MSC NOA）轮运抵上海，被保险人并未通知载货船舶发生变更，因而尚未起保或保险合同已自动失效。

若保险合同继续有效，保险人也只是承担“仓至仓”责任。涉案集装箱货物于 2007 年 4 月 21 日由“MSC 诺亚”轮运抵上海洋山港，嗣后由驳船转运抵上海龙吴港，5 月 2 日全部货物拆箱完毕。龙吴港码头堆场是被保险人用作分配、分派或非正常运输的储存处所，货物在龙吴港码头从集装箱中卸出，拆箱卸货的行为意味着与进口贸易有关的正常运输环节终结，

在这种情况下，有关货物运输保险责任在货物卸离驳船存入龙吴码头堆场时终止。

根据外轮理货公司的拆箱理货记录，货物拆箱交付时外观完好，即证明在保险责任期间货物并未发生损坏。鱼粉颜色的改变并不属于承保的风险，且货物颜色改变的根本原因，是收货人没有及时将堆放在露天的货物提走或没有安排适当的仓库存放货物所致。因此，请求法院依法驳回恒兴集团全部诉讼请求。

分析

法院认为，根据"自被保险货物运离保险单所载明的起运地仓库或储存处所开始运输时生效"的约定，保险合同自2007年3月13日在派塔港开始运输时生效。根据"该项货物到达保险单所载明目的地收货人的最后仓库或储存处所或被保险人用作分配、分派或非正常运输的其他储存处所为止"的约定，华泰保险对鱼粉的保险责任终止于2007年5月14日原告在上海龙吴港码头分配或分派鱼粉之时，而非终止于5月2日货物从集装箱内拆出完毕之时。

根据庭审查明的事实，涉案鱼粉在恒兴集团于2007年5月14日龙吴港码头分配或分派之时发现货损，次日即书面报告了华泰保险。该货损有吴淞检疫局、上海东方公估行、中国检验认证集团上海有限公司、仁祥保险公估（北京）有限公司的鉴定报告、检验报告证实，即鱼粉存在异味、臭味、焦灼味，颜色暗红或黄棕色，已经影响了鱼粉的正常使用。涉案鱼粉在起运港装运时质量符合要求，货损不可能在原告分配或分派货物的一瞬间发生，而显然是一个由量变到质变的渐变的损坏过程，即货损是在华泰保险的保险责任期间发生，目前没有证据证实货损是由于保险人的除外责任引起，因而华泰保险理应承担相应的赔付责任。

保险单约定的保险金额为4 359 099.41元，扣除0.3%的绝对免赔额，减去经处理收回的鱼粉残值1 123 395元，华泰保险应向恒兴集团赔付的保险金额为3 222 627.11元。

资料来源：罗子文律师工作室，海上货物运输保险合同纠纷案例。

http://www.luoziwen.cn/article.asp?id=513

二、基本险的除外责任

除外责任(Exclusion)是指保险人不予赔偿的损失和费用。除外责任中列示的各项致损原因，一般都是非意外和不具有偶然性的，或是比较特殊的。保险条款中对除外责任作出规定，主要是为了分清保险人、被保险人、发货人和承运人等有关方面对损失或费用应负的责任，进一步明确了保险人的责任范围。我国《海洋运输货物保险条款》中的除外责任，主要包括以下五项。

1. 被保险人的故意行为或过失造成的损失

如被保险人故意制造货物的损失向保险人索赔进而获利，就违背了保险原则，因此，保单中把由于被保险人的故意行为或过失造成的损失列入除外责任。

2. 属于发货人责任引起的损失

货物品质不良、货物包装不善、原装短少或货物的原装短量等都属于发货人的责任，由于这些原因造成的损失保险人不负责赔付。

3. 保险责任开始前，被保险货物已经存在的品质不良或数量短差所造成的损失

对保险责任开始前便存在的货物损失，即货物的原残，保险人将不负责。例如，铁丝在

装运前就存在严重的锈损现象，货主如果提出索赔，保险人有权拒赔。为避免对损失时间的确定引起争议，保险人往往规定装船前必须对保险货物进行检验。另外，提单上有关货物状况、数量的记载也是保险人据以判断货物损失时间的证明。

4. 保险货物的自然损耗、本质缺陷或特性以及市价跌落、运输延迟所引起的损失或费用

由于被保险货物的自然损耗及本质缺陷而造成的损失，保险人不予以赔偿。在实践中，保险人通常会规定一定的免赔率，只要被保险货物在这个限度之内，保险人就不予负责；此外，被保险货物的市价跌落使货主蒙受损失属于商业风险，保险人也不予赔付；由于运输延迟引起的损失和费用，不论什么原因造成运输延迟，都作为间接损失，保险人不予负责。

5. 海洋运输货物战争险条款和罢工险条款规定的责任范围和除外责任

战争风险和罢工风险属于特殊风险，凡与此有关的原因造成保险标的的损失，如果仅投保基本险，保险人均不负责赔偿。《海洋运输货物保险条款》还明确将战争险和罢工险条款的除外责任也作为海洋运输货物保险主险的除外责任。

三、基本险的责任起讫

保险的责任起讫又称保险期间或保险期限(Duration of Insurance)，是指保险人承担责任的起讫时限。在海洋运输货物保险中，由于是对特定航程中货物的保险，因而，保险责任起讫除了指具体的开始与终止日期外，还指保险责任在什么情况下可称为开始或终止。与国际保险市场的习惯做法一样，我国海洋运输货物保险基本险的责任起讫以运输过程为限，在保险实务中通常被称为“仓至仓”原则。

“仓至仓”(Warehouse to Warehouse, W/W)原则，是海洋运输货物保险责任起讫的基本原则，它规定了保险人承担责任的起讫地点，即保险人对保险货物的责任自被保险货物运离保险单载明的起运地发货人仓库或储存处所开始运输时生效，包括正常运输过程中的海上、陆上、内河和驳船运输在内，直到该项货物运抵保险单载明的目的地收货人的最后仓库或储存处所或被保险人用作分配、分派或非正常运输的其他储存处所为止。

根据我国《海洋运输货物保险条款》“责任起讫”的规定，保险责任的起讫时限可分为正常运输和非正常运输两种情况。

(一) 正常运输情况下保险责任的起讫时限

正常运输是指将货物从保险单载明的起运地发货人仓库或其储存处所至目的地收货人的最后仓库或储存处所或被保险人用作分配、分派或非正常运输的其他储存处所，整个航程所需要的正常运输，包括正常的运输工具(汽车、火车、内河船舶、海轮等)、按正常的航线行驶并停靠港口以及途中正常的延迟和转船。例如，一批保险货物从发货人仓库起运，先装卡车后装火车，最后在起运港装海轮，当货物在卡车卸货于铁路仓库等待装火车时，铁路仓库失火，货物被毁，保险人对此损失将负赔偿责任，因为货物损失发生在正常运输过程中。但如果货物从发货人仓库起运，先装卡车运往打包厂加工整理打包，若打包厂失火，货物被毁，保险人将不负任何赔偿责任，因为货物在加工厂储存加工期间，不属正常运输范围。

在正常运输情况下，保险责任的起讫是按"仓至仓"原则办理的，但在实际业务中，经常发生保险货物卸离海轮后，在运至保险单所载明的收货人仓库之前，需要在卸货港存放一段时间。为满足被保险人的需要，保险人对这段时间仍提供保险保障，但最长时间不能超过60天。若届满60天货物仍未进入收货人仓库，保险责任也将终止；若在60天内货物进入收货人仓库，保险责任在进入仓库时终止。其责任终止具体有以下几种情况：

(1) 以卸货港为目的地，被保险人提货后，运到自己的仓库时，保险责任即行终止。

(2) 以卸货港为目的地，被保险人提货后并不将货物运往自己的仓库，而是将货物进行分配、分派或分散转运，保险责任从开始分配、分派或转运时终止。

(3) 以内陆为目的地，从向船方提货后运到内陆目的地的被保险人仓库时，保险责任即行终止，此后如果被保险人将货物出售或分配，保险人不再承担责任。

(4) 以内陆为目的地，如果保险货物在运抵内陆目的地时，先行存入某一仓库，然后又将该批货物分成几批再继续运往内陆目的地另外几个仓库，包括保险单所载目的地，在这种情况下，则以先行存入的某一仓库作为被保险人的最后仓库，保险责任在进入该仓库时即终止，而不管其中是否有部分货物最终运到了保险单所载明的内陆目的地仓库。

上述几种情况，均以保险货物卸离海轮后60天为限，并以先发生者为准。

(二) 非正常运输情况下保险责任的起讫时限

非正常运输是指被保险货物在运输中，由于被保险人无法控制的运输迟延、船舶绕道、被迫卸货、重新装载、转载或承运人行使运输合同赋予的权限所作的任何航海上的变更或终止运输合同，致使保险货物运抵非保险单所载明的目的地等非正常情况。

根据我国《海洋运输货物保险条款》的规定，在海洋运输过程中，如果出现被保险人所不能控制的非正常运输情形，保险责任将按下列规定办理：

(1) 当出现由于被保险人无法控制的运输迟延、绕道、被迫卸货、重新装载、转载或承运人运用运输合同赋予的权限作任何航海上的变更时，在被保险人及时将获知的情况通知保险人并在必要时加缴一定保险费的情况下，保险人可继续承担责任。在此期间，保险合同继续有效。

(2) 在被保险人无法控制的情况下，保险货物如在运抵保险单载明的目的地之前，运输合同在其他港口或地方终止时，在被保险人立即通知保险人并在必要时加缴一定保险费的条件下，保险合同继续有效，直至货物在这个卸载港口或地方卖出去以及送交之时为止。但是，最长时间不能超过货物在卸载港全部卸离海轮后满60天。

这两种情况保险期限的终止，应以先发生者为准。

四、基本险中被保险人的义务

保险人与被保险人签订保险合同后，双方在享有权利的同时，均需按合同规定履行各自的义务。保险人在收取保费以后，应当承担保险货物因发生保险事故而遭受的损失的赔偿责任。与此对应，被保险人为获得保险赔偿，必须履行保险合同中规定的有关义务并支付保险费，如被保险人未恪尽职守履行其义务，影响了保险人的利益，对保险货物的有关损失，保险人将有权拒绝赔偿。

按照我国《海洋运输货物保险条款》的规定，被保险人应承担的义务主要有以下几个方面。

1. 及时提货的义务

当被保险货物运抵目的地后，被保险人应及时提货。当发现被保险货物遭受任何损失，应立即向保险单上规定的检验、理赔代理人申请检验，并向有关当局（如海关、港务局）索取货损货差证明。如涉及第三者责任，必要时还须取得延长索赔时效的凭证。

2. 合理抢救义务

对遭受损失的货物，被保险人应采取合理抢救措施，以减少损失。

3. 对保险内容变化的通知义务和加缴保险费义务

即被保险人如果遇到承运船舶的航程变更或发现保险单所载明的货物、船名或航程有遗漏或错误时，被保险人应在获悉后立即通知保险人，并在必要时加缴保险费，则海上货物运输保险合同继续有效。

4. 索赔时提供单证的义务

在向保险人索赔时，应提供保险单正本、提单、发票、装箱单、磅码单、货损货差证明，检验报告及索赔清单等单证。如涉及第三者责任，还须提供向责任方追偿的有关函电及其他必要的单证或文件。

5. 对船舶互撞责任的通知义务

被保险人在获悉有关运输合同中"船舶互撞责任"条款的实际责任后，应及时通知保险人。如保险人未履行以上义务，保险人有权拒绝赔偿有关损失。

五、基本险的索赔期限

保险索赔期限(The Time of Validity of a Claim)又称保险索赔时效，是指保险货物发生保险责任范围的风险造成损失时，被保险人向保险人提出索赔的有效期限。

我国《海洋运输货物保险条款》规定，保险索赔时效从被保险货物在最后卸载港全部卸离海轮后起算，最多不超过 2 年。但按我国《海商法》的规定，根据海洋运输货物保险合同向保险人要求保险赔偿的请求权，时效期亦为 2 年，自保险事故发生之日起计算。中国人民财产保险公司在 1995 年送审的《海洋运输货物保险条款(修改稿)》中将 2 年的索赔期限的起算日改为保险事故发生之日，与我国《海商法》的规定保持一致。

值得注意的是，如果货物损失属于保险责任范围，又涉及船方或其他第三者责任方的索赔，被保险人必须在有关责任方规定的有效期限内办理索赔。否则，因被保险人疏忽或其他原因逾期而丧失向有关责任方索赔的权益时，应由被保险人自己承担责任，保险人不予赔偿。例如，按照《海牙规则》或我国《海商法》的规定，收货人向承运人索赔的期限规定为交货之日起 4 年内有效。被保险人必须在这个期限到达之前向保险人提出索赔，或者要求承运人延长索赔时效，以便保险人在支付赔款之后能向承运人行使代位追偿的权利。如果被保险人没有做到这一点，保险人便不负赔偿责任。货物损失的共同海损分摊责任，要等待共同海损理算完成后才能确定。被保险人向保险人索赔货物的共同海损分摊的诉讼时效，应适用于我国《海商法》关于共同海损分摊请求权的时效规定，即时效为 1 年，从共同海损理算结束之日起计算。

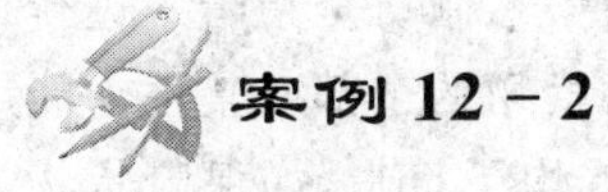

案例 12－2

保险人的责任范围

案情介绍

某进口公司向越南出口尿素 600 吨。2008 年 11 月 19 日，“长征 190”号船装载该批货物，从大连港至越南某港，途中触礁，船体受损进水，为保安全，抛弃尿素 387.5 吨，价值 165 850 元，船舶和其余货物获救。事故发生后，买方与某保险公司签订了协议书，确定了各方分摊的金额。其中对“长征 190”号船的价值认定为 600 000 元，要求“长征 190”号船分摊共同海损的部分货物损失 94 866.2 元。

“长征 190”号船船主认为，该船实际价值为 250 000 元，即使按 2000 年的船舶保险金额也只有 375 000 元，所以要求其分摊 94 866.2 元是没有道理的。况且己方经营状况不好，船舶开支大，也无能力承担这笔损失。

问题：“长征 190”号船船主的要求是否妥当？为什么？

分析

此案共同海损成立。根据共同海损分摊原则，买方货物损失 165 850 元应由船货的受益人按船货的受益价值比例合理分摊。但买方与保险人签订的共同海损分摊协议书因没有“长征 190”号船船主参加，所以对该船不具有约束力。该协议书对“长征 190”号船价值的认定系船舶的重置价值，非船舶海损后的受益价值，认定其价值 600 000 元显属太高，所以要求“长征 190”号船分摊货物损失 94 866.2 元是不恰当的。应重新认定“长征 190”号海损后的价值，核算其理应分摊的共同海损。

第二节　海洋运输货物保险附加险

随着国际贸易和世界海洋运输业的发展，海上货物运输可能遇到的风险日益增加，于是，被保险人为了谋求更大范围的保险保障，便要求保险除了按基本险别条款承保一般风险外，还要承保一些特殊风险，附加于基本险，构成附加险。可见，附加险是基本险责任的扩展，被保险人对其不能单独投保，而必须加保。所以，被保险人经与保险人特别约定，并交纳附加险保险费，即可成立。附加险表现为附属保险单，就是由保险人在保险单上加批注或另纸加贴附加险条款。

我国保险业习惯将附加险分为一般附加险、特别附加险和特殊附加险三类。

一、一般附加险

一般附加险(General Additional Risks)负责赔偿一般外来风险所致的损失。由于一般附加险已包括在一切险中，所以若已投保一切险，则无须加保此险别。我国《海洋运输货物保险条款》规定的一般附加险有以下 11 种。

(一) 偷窃、提货不着险

偷窃、提货不着险(Theft，Pilferage and Non-delivery Clause，TPND)主要承保在保险有

效期内保险货物被偷走或窃取以及货物抵达目的地后整件未交的损失。偷窃是指暗中进行的偷摸、窃取行为,不包括使用暴力手段的公开劫夺。提货不着是指货物的全部或整件未能在目的地交付给收货人。但本险别并非对任何原因所致的提货不着均予负责,如保险货物在中途被当作危险品扣押,被保险人并不能据此险别获得赔偿。在这一险别下,为了便于确定责任,对于偷窃的损失,被保险人必须在及时提货后10天之内申请检验;对于整件提货不着,被保险人必须向责任方、海关或有关当局取得证明。保险人为限制其承保的责任,有时还在本条款上附贴"海关检验条款"或"码头检验条款",将保险责任期限提前到目的地海关或最后卸货码头时终止。

(二) 淡水雨淋险

淡水雨淋险(Fresh Water and/or Rain Damage Clause,FWRD)承保保险货物直接由于淡水、雨淋、冰雪融化所造成的损失。淡水包括船上淡水舱、水管漏水和舱汗等。淡水是与海水相对而言的,由于海水所致的损失一般都包括在平安险或水渍险的承保范围内,不需要另保附加险。被保险人发现保险货物遭受淡水雨淋的损失时,必须在提货后10天内申请检验,否则保险公司不负赔偿责任。申请赔偿保险货物的淡水雨淋险时,货物的包装外部应有雨水或淡水痕迹,或有其他适当证明。

(三) 短量险

短量险(Shortage Clause)承保保险货物在运输过程中因数量短少和重量短缺的损失。如果是包装货物,必须以包装是否破裂、裂口、脱线等异常现象为依据,判断是否由于外来原因造成短量;如果是散装货物,则往往以装船重量和卸船重量的差额作为短量的依据。至于运输途中的正常损耗,并不属于短量险的责任范围,必须事先扣除,因此双方往往在保险单中约定一个免赔额,保险人仅赔付超过免赔额部分的损失。例如,保险合同规定,散装大米的免赔率为2%,则保险人只对超过总重量2%以上的短量予以赔偿。对某些大量的不合理的短少现象,被保险人必须提供被保险货物装船前的重量证明。

(四) 混杂、玷污险

混杂、玷污险(Intermixture and Contamination Clause)承保两类损失:一是保险货物在运输过程中,因混进杂质而致的损失。例如,矿砂、矿石等因混进了泥土、草屑等使其质量受到影响;加装过矿砂的干货舱没有清扫干净,以致另一航程运送黄豆时导致沙石混入豆中,造成黄豆杂质过多而只能降价出售,或为清除杂质必须支付一笔费用,保险人对此贬值损失或清理费用予以负责。二是承保保险货物在运输途中受其他货物玷污所致的损失。例如,布匹、纸张、食物、服装等被油类或带色的物质污染而造成的经济损失等。在实际业务中,干货舱不清洁以及油舱的附着物是造成大宗散货混杂或玷污的主要原因。

(五) 渗漏险

渗漏险(Leakage Clause)承保两类损失:一是承保流质、半流质及油类货物在运输过程中,因容器损坏而引起的渗漏损失。例如,装在铁桶中的汽油由于铁桶破裂而漏出桶外造成的损失。二是承保用液体储藏的货物因液体的渗漏而引起的货物腐烂、变质等损失。例如,装在坛中的酱菜由于坛子破裂,酱菜汁渗漏而变质导致的损失。

（六）碰损、破碎险

碰损、破碎险(Clash and Breakage Clause)承保货物在运输过程中，因震动、碰撞、受压造成的碰损和破碎损失。碰损主要是针对金属和木制货物，如机器、搪瓷或木家具等，在运输过程中因震动、受压、碰击等原因造成货物本身凹瘪、脱瓷、脱漆、划痕、破裂和断裂等。破碎主要是指易碎货物，如玻璃、玻璃制品、陶瓷制品、大理石、玉制工艺品等，在运输过程中因震动、挤压、撞击、颠簸等外来原因造成货物的破碎。

（七）串味险

串味险(Taint of Odor Clause)承保货物在运输过程中，因受其他带异味货物的影响造成串味的损失。例如，食品、饮料、香料、中药材、化妆品原料等在运输过程中与樟脑堆放在一起，樟脑味串及上述货物造成损失。但是，这种串味损失如果与配载不当直接有关，则船方负有责任，应向其追偿。

（八）受潮受热险

受潮受热险(Sweat and Heating Clause)承保货物在运输过程中，由于气温突然变化或船上通风设备失灵，使船舱内的水汽凝结而引起货物发潮或发热所造成的霉烂、变质等损失。例如，船舶经过炎热潮湿的赤道地带，船舱内的谷物霉烂导致的损失，被保险人可向保险人索赔。但是，被保险人必须负举证之责，证明货物是由于外界原因而非本身缺陷致损的。

（九）钩损险

钩损险(Hook Damage Clause)承保袋装、捆装货物在装卸或搬运过程中，由于装卸或搬运人员操作不当，使用钩子将包装钩坏或直接钩及货物而造成的损失。在实际业务中，袋装水泥、粮食及捆装货物、纸张等货物均可能遭受此类损失，一般应加保钩损险。

（十）包装破裂险

包装破裂险(Breakage of Packing Clause)承保货物在运输过程中，因装卸或搬运不慎，使外包装破裂造成短少、玷污等导致的损失。对于在运输过程中，为了续运安全需要而产生的修补包装、掉换包装所支付的费用，保险人也予以负责。

（十一）锈损险

锈损险(Rust Clause)承保金属或金属制品在运输过程中因生锈造成的损失。由于有些裸装的金属板、块、条、管等货物以及习惯装在舱面的体积庞大的钢铁制品等在运输过程中难免发生锈损，而且与装运前的锈损难以分开，因而保险人对此类货物一般不愿接受锈损险的投保。

二、特别附加险

特别附加险(Special Additional Risks)与一般附加险一样，不能独立投保，必须附加于基本险项上，但是特别附加险不包括在一切险的责任范围内，不属于一切险的责任范畴。特别附加险所承保的风险，往往与政治、国家行政措施、政策法令、航运贸易习惯等因素相关。我国海洋运输货物保险中承保的特别附加险主要有以下六种。

(一) 交货不到险

交货不到险(Failure to Deliver Clause)承保责任是：被保险货物从装上船时开始，如果在预定抵达日期起满6个月仍不能运到原定的目的地交货，则不论何种原因，保险公司均按全部损失赔付。“交货不到”同一般附加险中的“提货不着”不同，它往往不是承运人运输上的原因，而是某些政治因素引起的。例如，由于禁运，被保险货物被迫在中途卸货造成损失。

(二) 进口关税险

进口关税险(Import Duty Clause)承保的是被保险货物受损后，仍需在目的港按完好货物交纳进口关税而造成相应货损部分的关税损失。但是，保险人对此承担赔偿责任的条件，是货物遭受的损失必须是保险单承保责任范围内的原因造成的。进口关税险的保险金额应根据本国进口税率确定，并与货物的保险金额分开，在保险单上另行列出。而保险人在损失发生后，对关税损失部分的赔付以保险金额为限。投保进口关税险，往往是针对某些国家规定，进口货物不论是否短少、残损，均须按完好价值纳税而适用。

(三) 舱面险

舱面险(On Deck Clause)承保装载于舱面的货物被抛弃或风浪冲击落水所致的损失。有些货物由于体积大，有毒性，有污染性或者易燃、易爆等，根据航运习惯必须装舱面上，舱面险就是为了对这类货物的损失进行经济补偿而设立的附加险别。

加保该附加险后，保险人除了按原保险单承保的责任范围承担保险责任外，还要依舱面货物险对舱面货物被抛弃或风浪冲击落水的损失予以赔偿。不过，由于舱面货物处于暴露状态，易受损害，所以，保险人通常只是在“平安险”的基础上加保舱面货物险，以免责任过大。

随着现代航运技术的发展，海洋运输货物越来越多地使用集装箱和集装箱船装运。由于专用集装箱船舶一般都设备优良，抗击海浪袭击的能力强，集装箱货物装于舱面与舱内的区别不大，因而订有“货物可能装于舱面”的集装箱货物提单已在目前国际贸易中被普遍接受。银行在办理结汇时，已把这种提单视同清洁提单予以接受。在目前保险业务中，保险人也已把集装箱舱面货物视同舱内货物承保。

(四) 拒收险

拒收险(Rejection Clause)的保险责任是：货物在进口时，由于各种原因，被进口国的有关当局拒绝进口或没收所造成的损失，保险人负赔偿责任。但是，投保拒收险的条件是被保险人在投保时必须持有进口所需的一切手续(特许证或许可证或进口限额)。如果被保险货物在起运后至抵达进口港之前的期间内，进口国宣布禁运或禁止进口的，保险人只负责赔偿将该货物运回出口国或转口到其他目的地所增加的运费，而且，以该货物的保险价值为限。

同时,拒收险条款还规定,被保险人所投保的货物在生产、质量、包装、商品检验等方面,必须符合产地国和进口国的有关规定。如果因被保险货物的记载错误、商标或生产标志错误、贸易合同或其他文件存在错误或遗漏、违反产地国政府或有关当局关于出口货物规定而引起的损失,保险人概不承担保险责任。

投保拒收险的货物主要是食品、饮料、药品等与人体健康有关的货物。

(五) 黄曲霉素险

黄曲霉素险(Aflatoxin Clause)实质上是一种特定原因的拒收险,即承保被保险货物(主要是花生)在进口港或进口地经卫生当局检验证明,其所含黄曲霉毒素超过进口国限制标准,而被拒绝进口、没收或强制改变用途所造成的损失。按该险条款规定,经保险人要求,被保险人有责任处理被拒绝进口或强制改变用途的货物或者申请仲裁。

(六) 出口货物到中国香港(包括九龙)或澳门存仓火险责任扩展条款

出口货物到中国香港(包括九龙)或澳门存仓火险责任扩展条款(Fire Risks Extension Clause〈for storage of cargo at destination Hongkong, including Kowloon, or Macao〉, FREC),专门适用于出口到港澳地区且在该地银行办理押汇的出口运输货物。它承保货物抵达中国香港或澳门卸离运输工具后,直接存放于保险单载明的过户银行指定的仓库时发生火险造成的损失。

中国内地出口到港澳地区的货物,有些是向中国内地在港澳地区的银行办理押汇的。在货主向银行还清贷款之前,货物的权益属于银行,因此,在这些货物的保险单上注明过户给放款银行。如保险货物抵达目的地后,货主尚未还款,往往就将其存放在过户银行指定的仓库中。为了使保险货物在存仓期间如果发生火灾能得到赔偿,就特别附加这一险别。这一险别的保险期限是从保险货物运入过户银行指定的仓库时开始,直到过户银行解除货物权益或运输责任终止时计算满30天为止。

三、特殊附加险

特殊附加险(Specific Additional Risks)与特别附加险一样,不能独立投保,只有在投保海洋运输货物保险基本险的基础上,才能加保特殊附加险。特殊附加险主要承保海洋运输货物战争险、海洋运输货物战争险的附加费用险和货物运输罢工险。

(一) 海洋运输货物战争险

海洋运输货物战争险(Ocean Marine Cargo War Risks Clause)承保保险货物由于战争、类似战争行为、武装冲突或海盗行为造成的直接损失。对于承保风险所引起的保险货物的间接损失,保险人概不赔偿。

1. 海洋运输货物战争险的责任范围

(1) 直接由于战争、类似战争行为和敌对行为、武装冲突或海盗劫掠等所造成的运输货物的损失。

(2) 由于上述原因所引起的捕获、拘留、扣留、禁止、扣押所造成的运输货物的损失。

(3) 各种常规武器,包括水雷、鱼雷、炸弹等所造成的运输货物的损失。

(4) 由本险责任范围所引起的共同海损牺牲、分摊和救助费用。

2. 海洋运输货物战争险的除外责任

海洋运输货物战争险对下列原因造成的损失不负赔偿责任:

(1) 由于敌对行为使用原子或热核制造的武器导致被保险货物的损失和费用。

(2) 由于执政者、当权者或其他武装集团的扣押、拘留引起的承保航程的丧失和损失。

3. 海洋运输货物战争险的保险期间

海洋运输货物战争的保险期间同海洋运输货物的保险期间不同,它承保责任的起讫不是"仓至仓",而是以"水上危险"为限,即以货物装上保险单所载明的起运港的海轮或驳船开始,到卸离保险单所载明的目的港的海轮或驳船之时为止。如果被保险货物不卸离海轮或驳船,保险责任期限以海轮到达目的港的当日午夜起算 15 天为止。

如果货物需在中途港转船,也不得超过 15 天。只有在此期限内装上续运海轮,保险责任才继续有效。保险人对海洋运输货物战争险责任起讫的规定之所以不采取承保"仓至仓"的原则,而只负责"水上危险",原因在于战争时期存放港口码头上的货物往往不易疏散,容易造成大量积压、风险过于集中。

在国际保险市场上,战争险条款中一般都有一个"注销条款"。我国海洋运输货物战争险条款也规定,保险人和被保险人均有权在本保险生效前向对方发出注销本保险的通知,在通知发出后 7 天期满时,该通知生效。

(二) 海洋运输货物战争险的附加费用险

海洋运输货物战争险的附加费用险(Additional Expense Ocean Marine Cargo War Risk),主要承保由于战争险后果所引起的附加费用。例如,因战争而导致航程中断,引起卸货、存仓或转运等额外支出的费用,并不属于战争险的承保范围。如果被保险人希望保险人对这些附加费用也予以负责,可再加保战争险的附加费用险,它实际上是对战争险责任范围的扩展。

本险别的具体责任范围包括发生战争险责任范围内的风险引起的航程中断或挫折,以及由于承运人行使运输合同中有关战争险条款规定所赋予的权利,把货物卸在保险单规定以外的港口和地方,因而产生的应由被保险人负责的那部分附加的合理费用。这些费用包括卸货、上岸、存仓、转运、关税以及保险费等。

(三) 货物运输罢工险

货物运输罢工险(Cargo Strike Clause)是保险人承保被保险货物因罢工等人为活动造成损失的附加险。我国适用的海洋运输货物罢工险的保险责任范围包括:由于罢工者、被迫停工工人或参加工潮暴动、民众斗争的人员的行动,或任何人的恶意行为所造成的直接损失以及因上述行动或行为所引起的共同海损的牺牲、分摊和救助费用。

罢工险负责的损失必须是直接损失,对于间接的损失不予负责。因此,凡在罢工期间由于劳动力短缺,或无法使用劳动力所造成的被保险货物的损失,或由此所造成的费用损失,保险人均不予负责。例如,由于罢工缺少劳动力搬运货物,致使货物堆积在码头,遭受雨水淋湿的损失,保险人不负赔偿责任。

罢工险的保险责任起讫采取“仓至仓”的原则，即保险人对货物从卖方仓库到买方仓库的整个运输期间负责。按照国际保险市场的习惯做法，被保险货物如已投保战争险，在加保罢工险时，一般不再加收保险费。中国人民保险公司也照此办理。

以上各种特别附加险和特殊附加险，可供投保人在投保了三种基本险（平安险、水渍险和一切险）中的任一种的基础上选择加保。

第三节　海洋运输货物保险专门险

海洋运输货物保险专门险是根据海洋运输货物的特性而承保的专门险别，可以单独投保，如海上运输冷藏货物保险、海洋运输散装桐油保险等。

一、海洋运输冷藏货物保险条款

海洋运输冷藏货物保险条款（Ocean Marine Insurance Clause〈Frozen Products〉）是根据冷藏货物的特性专门设立的。海洋运输中，经常有新鲜的水果、蔬菜和鱼、虾、肉等需要运输，为了保证这些货物在运输途中不会腐烂，并且保持新鲜，就必须处理后放入冷藏舱内保管。这些货物除了可能遭受和其他货物一样的风险外，还有可能会因为冷藏失灵而导致货物腐烂损失，这样就出现了海洋运输冷藏货物险，专门应用于冷藏货物。海洋运输冷藏货物保险分为冷藏险和冷藏一切险两种。这两种险别均可单独投保。

（一）海洋运输冷藏货物保险的险别及范围

1. 冷藏险

冷藏险（Risks for Frozen Products）类似于基本险中的水渍险，对被保险的冷藏货物在运输过程中由于自然灾害或意外事故造成的货物腐烂和货物损失承担损失赔偿责任，但和水渍险不同的是，还包括由于冷藏机器停止工作连续达到 24 小时以上所致的货物腐烂或损失。

2. 冷藏一切险

冷藏一切险（All Risks for Frozen Products）相当于基本险中的一切险，除了冷藏险的责任范围之外，还包括被保险的冷藏货物在运输途中由于外来原因而导致的货物的腐烂和损失。

（二）海洋运输冷藏货物保险的除外责任

海洋运输冷藏险的除外责任和海洋运输货物保险条款的除外责任基本相同，只是根据冷藏货物的特性稍有改动。海洋运输冷藏险对于“被保险的鲜货在运输途中的任何阶段，因未存放在有冷藏设备的仓库或运输工具中，或辅助运输工具没有隔温设备所造成的鲜货腐烂的损失”不承担赔偿责任；此外，被保险鲜货在保险责任开始时，因未保持良好状态，包括整理加工和包扎不妥、冷冻上的不合规定及骨头变硬所引起的鲜货腐烂的损失，保险人也不予以赔付。

（三）海洋运输冷藏货物保险的责任起讫

海洋运输冷藏货物保险的责任起讫与海洋运输货物保险的责任起讫基本相同，但稍有

改动。海洋运输冷藏险规定，货物到达保险单所载明的最后目的港后，必须在30天内卸离海轮，如在30天内未卸离海轮，保险责任即告终止；货物在30天内卸离海轮并存入冷藏仓库，保险人负责货物卸离海轮后10天内的风险，不过，如在上述期限内，货物移出冷藏仓库，保险责任即告终止；如果货物卸离海轮后不存入冷藏仓库，保险责任在货物卸离海轮时即终止。

关于被保险人的义务和索赔时效，海洋运输冷藏货物保险与海洋运输货物保险条款的规定相同。

二、海洋运输散装桐油保险条款

海洋运输散装桐油保险条款(Marine Insurance Clause〈Wood oil Bulk〉)，这一险别可以单独投保，是根据散装桐油的特性制定的。桐油是我国大宗出口商品之一，但由于其自身的特性，容易受到污染而变质遭受损失，因此制定了专门的条款对其进行保障。海运散装桐油险负责不论何种原因而造成的桐油数量短少、渗漏超过免赔率的损失和不论何种原因造成的被保险桐油玷污或变质的损失。

(一) 海洋运输散装桐油保险的责任范围

海洋运输散装桐油保险的责任范围主要包括以下五个方面：

(1) 不论任何原因所致被保险桐油的短少、渗漏超过保险单规定的免赔率时的损失(以每个油舱作为计算单位)。

(2) 不论任何原因所致被保险桐油的玷污或变质损失。

(3) 被保险人对遭受承保责任危险的被保险桐油采取抢救、防止或减少货物损失的措施而支付的合理费用，但以该批被救桐油的保险金额为限。

(4) 共同海损的牺牲、分摊和救助费用。

(5) 运输契约订有“船舶互撞责任”条款，根据该条款规定应由货方偿还船方的损失。

(二) 海洋运输散装桐油保险的责任起讫

海洋运输散装桐油保险的责任起讫，与海洋运输货物保险基本险的保险期限基本一致，也是按“仓至仓”原则负责的。其具体内容如下：

(1) 自被保险桐油运离保险单所载明的起运港的岸上油库或盛装容器开始运输时生效，在整个运输过程中继续有效，直至安全交至保险单所载明目的地的岸上油库时为止。但若桐油不及时卸离海轮或未交至岸上油库，则最长保险期限以海轮到达目的港后15天为限。

(2) 在非正常运输情况下，被保险桐油运到非保险单所载明目的港时，应在到达该港口15天内卸离海轮，在卸离海轮后满15天责任终止。如在15天内货物在该地出售，则保险责任以交货时为止。

(3) 被保险桐油在上述非正常运输情况下，如在15天内继续运往保险单所载原目的地或其他目的地时，保险责任则按上述条款的规定终止。

(三) 特别约定

由于桐油是易受污染和变质的货物，因此，保险人针对保险标的的特性，在接受承保时

向被保险人提出了一些特别约定。

(1) 散装桐油在装运港装船前须经过抽样化验，被保险人必须取得下列检验证书：检验人出具的表明油舱清洁的合格证书；检验人对桐油装船后的容量或重量以及温度进行详细检验并出具的证书；检验人对装船桐油的品质进行抽样化验，证明在装运时确无玷污、变质等现象后出具的合格证书。

(2) 被保险人的桐油如因非正常运输情况必须在非目的地港卸船，在卸船前必须对其品质进行鉴定，并取得证书；对接受所卸桐油的油驳、岸上油库或其他盛装容器，以及重新装载桐油的船舶油舱，也都须由当地合格检验人进行检验并取得相应的证书。

(3) 被保险桐油运抵保险单所载明的目的港后，被保险人必须在卸船前通知保险单所指定的检验、理赔代理人，由该代理人指定的检验人进行检验，以确定卸船时油舱中的温度、容量、重量等，并由该代理人指定的合格化验师一次或数次抽样化验，出具确定当时品质状况的证书。若抵达港口后由油驳驳运，那么油驳在装油前也必须经检验人检验出证。

除上述规定外，海洋运输散装桐油保险条款中所规定的除外责任、被保险人义务与索赔期限等，与《海洋运输货物保险条款》的规定相同。

三、卖方利益险

卖方利益险(Contingency Insurance Clause〈Cover Seller's Interest Only〉)不同于一般的海洋货物运输保险。在国际贸易中，如果我国出口方采用托收方式或按 FOB、CFR 等术语进行出口贸易时，是由买方负责办理保险，此时假若货物遭受损失，而买方又拒绝付款赎单，卖方就会面临既收不回货款，又无法向保险人索赔的境地。卖方利益险就是为了保障卖方的利益，避免这种情形的出现而设立的。根据我国保险条款的规定，卖方利益险负责赔偿货物在遭受保险单载明承保险别的条款责任范围内的卖方损失，但仅在买方不支付该项受损货物部分的损失时才予以赔偿。而且，在卖方利益险项下，被保险人应将其向第三方或买方追偿的权利转让给保险人。

本章小结

1. 我国现行的《海洋运输货物保险条款》是中国人民保险公司于 1981 年 1 月 1 日修订实施的《中国保险条款》的重要组成部分，包括海洋、陆上、航空及邮包四种运输方式的货物保险条款，以及可以适用于以上各种运输方式货物保险的附加险条款。海运货物保险的险种最多，习惯上分为基本险、附加险和专门险三大类。

2. 我国海洋运输货物保险包括平安险、水渍险和一切险三个险别。其中，平安险责任范围最小，主要对自然灾害导致的保险货物的全部损失和意外事故所致的部分损失和全部损失负责；水渍险在承保平安险的全部责任外，还承保自然灾害所致的保险货物的部分损失；一切险责任范围最大，在承保水渍险的各项责任外，还承保货物由于外来原因所致的全部和部分损失。

3. 我国海洋运输货物保险承保"仓至仓"期间的运输风险，保险责任自保险货物运离起运地发货人仓库开始运输时生效，包括正常的运输过程，直至货物运抵目的地收货人仓库为

止。如果出现非正常运输，则视具体情况而定，或由被保险人另行加付保险费以维持保险合同的效力，或保险责任提前终止。

4. 我国海洋运输货物保险的附加险是基本险的扩大和补充，不能单独投保。附加险按照承保的风险不同，分为一般附加险、特别附加险和特殊附加险三类。一般附加险负责赔偿一般外来风险所致的损失，包括偷窃、提货不着险，淡水雨淋险，短量险等 11 种险别。特别附加险所承保的风险，往往同政治、国家行政措施、政策法令、航运贸易习惯等因素相关，包括交货不到险、进口关税险等 6 种险别。特殊附加险主要承保海洋运输货物战争险、战争附加费用险和货物运输罢工险。在我国海洋运输货物保险中，一般附加险已包含在一切险中，但未包含于平安险和水渍险中。特别附加险和特殊附加险未包含在任何基本险之中。

5. 我国海洋运输货物保险的专门险，是根据海洋运输货物的特性而承保的专门险别，可以单独投保。目前经常采用的有海洋运输冷藏货物保险条款和海洋运输散装桐油保险条款。

思考与练习

一、简答题

1. 中国人民保险公司海运货物保险的险别有哪些？

2. 平安险的责任范围有哪些？对于由于自然灾害造成的损失，平安险是否都予以赔偿？应注意哪些问题？

3. 试比较平安险、水渍险、一切险的承保责任范围。

4. 我国海运货物保险条款中基本险的除外责任包括哪些内容？

5. 简述我国海运货物保险条款中一般附加险的内容。

二、案例分析题

CIF 的风险界点问题

1. 我国某公司以 CIF 术语出口一批化肥，装运前按合同规定已向保险公司投保水渍险，货物装妥后顺利开航。载货船舶起航后不久在海上遭遇暴风雨，海水涌入舱内，致使部分化肥遭到水渍，损失价值达 1 000 美元，数日后，又发现部分化肥袋包装破裂，估计损失达 1 500 美元。问题：该损失应由谁承担？

单独海损和共同海损

2. 某货轮从天津新港驶往新加坡，在航行途中船舶货舱起火，大火蔓延至机舱，船长为了船货的共同安全决定采取紧急措施，往舱中灌水灭火。火虽被扑灭，但由于主机受损，无法继续航行，于是船长决定雇用拖轮将货船拖回新港修理，检修后重新驶往新加坡。其中的损失与费用有：1 000 箱货被火烧毁，600 箱货由于灌水受到损失，主机和部分甲板被烧坏，拖轮费用，额外增加的燃料、船长及船员工资。问题：请指出这些损失中哪些属于单独海损，哪些属于共同海损，并说明理由。

第十三章 其他运输方式货物保险

学习目标

本章主要讲述陆上、航空、邮包运输货物保险的相关知识，要求读者掌握陆运险、陆运一切险、航空运输险、航空运输一切险、邮包险的基本内容，了解陆运冷藏货物险、陆运货物战争险、航空运输货物战争险及我国邮政包裹运输货物保险条款的主要内容。

国际贸易中的货物除了可以采用海洋运输方式外，随着科学技术的日益进步，运输工具和运输设施也日益多样化，通过陆上运输、航空运输及邮包运输的货物也逐渐增多，因此，从事国际贸易的人员有必要对陆上、航空和邮包运输货物保险有一定的了解。我国陆上、航空、邮包运输货物保险是在海运货物保险的基础上发展起来的，但与海运货物保险的险别又有所不同。

第一节 陆上运输货物保险

对于陆上运输的货物，主要采用火车、汽车等陆上运输工具进行货物的运输。我国现行的《陆上运输货物保险条款》也明确规定以火车、汽车为限。由于我国对独联体各国、朝鲜、蒙古、罗马尼亚、波兰、捷克、保加利亚和匈牙利等国的国际贸易货物，大都采用铁路运输。因此，陆上运输方式在我国的对外贸易中占有重要的地位。

在运输过程中，货物有可能会遭遇到各种风险，有些与海上货物运输的风险不同，如铁路坍塌、道路损坏、桥梁折断、山体滑坡和泥石流等；有些与海上运输中的风险相同，如雷电、洪水、暴风雨、地震、火山爆发、霜雪冰雹等自然灾害，还有可能存在的偷窃、短量、破损、渗漏、战争、罢工等外来原因所造成的风险。但是，陆上运输一般不涉及海上运输时可能产生的共同海损问题，而且，按照保险业的习惯，陆上运输货物保险业务只要因发生承保责任内风险所致的损失，一般都予赔偿，不再区分全部损失和部分损失。这就决定了陆上运输货物保险的基本险别与海洋运输货物保险的险别是不同的。

根据1981年1月1日中国人民保险公司的《陆上运输货物保险条款》，陆上运输货物保险的基本险别分为陆运险（Overland Transportation Risks）和陆运一切险（Overland Transportation All Risks）两种。此外，还有适用于陆运冷藏货物的陆上运输冷藏货物保险（Overland Transportation Insurance〈Frozen Products〉），其性质也属于基本险。在附加险中，除仅适用于火车运输的陆上运输货物战争险（火车）条款外，海洋运输货物保险中的附加

险在陆上运输货物保险中也均适用。

一、陆运险与陆运一切险

(一) 承保责任范围

1. 陆运险的承保责任范围

陆运险的承保责任范围与《海洋运输货物保险条款》中的水渍险相似。其责任范围主要有以下两点:

(1) 因保险货物在运输途中遭受暴风、雷电、洪水、地震等自然灾害,或由于运输工具遭受碰撞、倾覆、出轨,或在驳运过程中因驳运工具遭受搁浅、触礁、沉没、碰撞,或由于遭受隧道坍塌、崖崩或失火、爆炸等意外事故,所造成的全部或部分损失。

(2) 被保险人对遭受承保责任内危险的货物采取抢救、防止或减少货物损失的措施而支付的合理费用,保险人也负责赔偿,但以不超过该批被救货物的保险金额为限。

2. 陆运一切险的承保责任范围

与《海洋运输货物保险条款》中的一切险相似。保险人除承担上述陆运险的赔偿责任外,还负责赔偿保险货物在运输途中由于外来风险(如偷窃、短量、渗漏、碰损等)所造成的全部或部分损失。

以上责任范围均适用于火车和汽车运输,并以此为限。

陆运险与陆运一切险的除外责任与海洋运输货物保险的除外责任基本相同。

(二) 责任起讫

陆上运输货物保险的责任起讫也采用"仓至仓"责任条款。保险人负责自保险货物运离保险单所载明的起运地仓库或储存处所开始运输时生效,包括正常运输过程中的陆上以及与其有关的水上驳运在内,直至该项货物运达保险单所载目的地收货人的最后仓库或储存处所或被保险人用作分配、分派的其他储存处所为止。如未运抵上述仓库或储存处所,则以被保险货物运抵最后卸载的车站满 60 天为止。

(三) 索赔时效

陆上运输货物保险的索赔时效为,从保险货物在最后目的地车站全部卸离车辆后起计算,最多不超过 2 年。

(四) 除外责任

陆运险和陆运一切险的除外责任包括以下五项。

(1) 被保险人的故意行为或过失所造成的损失。

(2) 属于发货人责任所引起的损失。

(3) 在保险责任开始前,保险货物已存在的品质不良或数量短差所造成的损失。

(4) 保险货物的自然损耗、本质缺陷、特性,以及市价跌落、运输延迟所引起的损失或费用。

(5) 陆上运输货物战争险条款和货物运输罢工险条款规定的责任范围和除外责任。

从上述规定可知,陆上运输货物保险基本险的除外责任与海洋运输货物保险基本险的

除外责任基本相同。

（五）陆运货物基本险与海运货物基本险的区别

(1) 陆运货物基本险中，不包括流冰、海啸等海上运输中的自然灾害，而增加了倾覆、出轨、隧道坍塌、崖崩等陆上运输中所特有的意外事故。

(2) 在陆运货物基本险中，没有共同海损牺牲、分摊以及救助费用等海上损失和费用。

(3) 在陆运货物基本险中，凡属承保范围内的损失，不论起因于自然灾害或意外事故，也不论损失的程度是全部还是部分，保险人一般都予赔偿，因此，在陆运货物保险中不存在海运货物保险中的“单独海损不赔”的问题。也正是这个原因，陆运货物的基本险只有陆运险和陆运一切险，前者相当于海运货物保险中的水渍险，后者相当于海运货物保险中的一切险，而没有与海运货物保险中的平安险相当的险别。

(4) 陆运货物基本险中责任起讫期间虽然也采用仓至仓的原则，但对货物在运达目的地后如不卸离运输工具或不及时运往收货人仓库或储存处所，保险期限规定为到达卸载站后满 60 天终止。

二、陆上运输冷藏货物险

陆上运输冷藏货物险(Overland Transportation Cargo Insurance-Frozen Products)是陆上运输货物险中的一种专门保险。

（一）责任范围

陆上运输冷藏货物险承保的主要责任范围有以下两点：

(1) 负责陆运险所列举的自然灾害和意外事故造成的全部或部分损失。

(2) 负责赔偿由于冷藏机器或隔温设备在运输途中损坏所造成的被保险货物解冻溶化而腐败的损失。

但对于因战争、工人罢工或运输延迟而造成的被保险货物的腐败或损失以及被保险冷藏货物在保险责任开始时未能保持良好状况，整理、包扎不妥或冷冻不合规格所造成的损失不负赔偿责任。

（二）保险期限

陆上运输冷藏货物险的责任自保险货物运离保险单所载起运地点的冷藏仓库装入运送工具开始运输时生效，包括正常陆运以及与其有关的水上驳运在内，直至货物到达目的地收货人仓库为止。但是保险责任的最长有效期限，以被保险货物到达目的地车站后 10 天为限。

中国人民财产保险公司的保险条款还规定，装货的任何运输工具，必须有相应的冷藏设备或隔温设备；或供应和储存足够的冰块使车厢内始终保持适当的温度，保证被保险冷藏货物不致因冰块融化而腐烂，直至目的地收货人仓库为止。

（三）索赔时效

陆上运输冷藏货物险的索赔时效为，从保险货物在最后目的地全部卸离车辆后起计算，最多不超过 2 年。

(四) 除外责任

陆上运输冷藏货物险的除外责任除包括陆上运输货物保险基本险的除外责任外，对保险货物在运输过程中因未存放在有冷藏设备的仓库或运输工具中，或辅助运输工具没有隔温设备或没有在车厢内储存足够的冰块所致的货物腐败，以及保险货物在保险责任开始时因未保持良好的状态所引起的腐败和损失也不负赔偿责任。

三、陆上运输货物战争险

陆上运输货物战争险(Overland Transportation Cargo War Risks)是陆上运输货物保险的一种附加险，只有在投保了陆运险或陆运一切险的基础上，经过投保人与保险人协商方可加保。对于陆上运输货物战争险，国外私营保险公司大都是不保的。我国为适应国际贸易业务需要，保险公司接受加保，但目前仅限于火车运输，若使用汽车运输则不能加保。加保陆上运输货物战争险须另缴付一定的保险费。

(一) 责任范围

陆上运输货物战争险承保的主要责任范围有以下两点：

(1) 保险公司负责赔偿在火车运输途中由于战争、类似战争行为和敌对行为、武装冲突所致的损失。

(2) 各种常规武器包括地雷、炸弹所致的损失。

但是，由于敌对行为使用原子或热核武器所致的损失和费用，以及因执政者、当权者或其他武装集团的扣押、拘留引起的承保运程的丧失和挫折而造成的损失，保险公司不负赔偿责任。

(二) 责任起讫

陆上运输货物战争险的责任起讫与海洋运输货物战争险相似，以保险货物置于运输工具时为限，即自保险货物装上保险单所载起运地的火车时开始，到卸离保险单所载目的地火车时为止。如果保险货物不卸离火车，则以火车到达目的地的当日午夜起计算满 48 小时为止；如在运输中途转车，则不论货物在当地卸载与否，保险责任均以火车到达该中途站的当日午夜起计算满 10 天为止。如货物在此期限内重新装车续运，保险合同仍恢复有效。但需指出，如运输合同在保险单所载目的地以外的地点终止时，该地即视作保险单所载目的地，在货物卸离该地火车时为止；如不卸离火车，则保险责任以火车到达该地当日午夜起计算满 48 小时为止。

同海洋运输货物保险一样，陆上运输货物可以在投保战争险的基础上加保罢工险。加保罢工险不另收费。但如单独要求加保罢工险，则按战争险费率收费。陆上运输罢工险的承保责任范围与海洋运输货物罢工险的责任范围相同。

第二节　航空运输货物保险

航空货物运输是 20 世纪才出现的运输方式，随着国际贸易的迅猛发展，通过航空进行

运输的货物也在逐渐增多，出现了对航空运输货物进行保险的需要。伦敦保险协会在 1965 年制定了用于航空运输的保险条款，经过 1982 年的修订，现为《协会货物险条款(航空)(邮包除外)》，此外，还有《协会战争险条款(航空货物)(邮包除外)》和《协会罢工险条款(航空货物)》。我国为适应航空运输的需要，保险公司也制定了航空运输险(Air Transportation Risks)和航空运输一切险(Air Transportation All Risks)两种基本险条款及"航空运输货物战争险"的附加险条款。此外，海洋运输货物保险中的附加险也可在航空运输货物保险中有选择地使用。

一、航空运输险与航空运输一切险

(一) 责任范围

1. 航空运输险责任范围

(1) 被保险货物在运输途中遭受雷电、火灾、爆炸或由于飞机遭受恶劣气候或其他危难事故而被抛弃，或由于飞机遭受碰撞、倾覆、坠落或失踪等自然灾害和意外事故所造成的全部或部分损失。

(2) 被保险人对遭受承保责任内危险的被保险货物采取抢救、防止或减少货损的措施而支付的合理费用，但以不超过该批被救货物的保险金额为限。

2. 航空运输一切险的承保责任范围

航空运输一切险的承保责任范围除包括航空运输险的全部责任外，保险公司还负责赔偿保险货物由于被偷窃、短少等外来原因所造成的全部或部分损失。

3. 航空运输险和航空运输一切险的除外责任与海洋运输货物保险的除外责任基本相同

(二) 责任起讫

航空运输货物险两种基本险的保险责任，采用"仓至仓"条款确定起讫期限，即自被保险货物运离保险单所载明的起运地仓库或储存处所开始运输时生效，包括正常运输过程中的运输工具在内，直至该项货物运达保险单所载明目的地收货人的最后仓库或储存处所或被保险人用作分配、分派或非正常运输的其他储存处所为止。如未运抵上述仓库或储存处所的，则以被保险货物在最后卸载地卸离飞机后满 30 天为止。如在上述 30 天内被保险货物需转送到非保险单所载明目的地时，则以该项货物开始转运时终止保险责任。

如果由于被保险人无法控制的运输延迟、绕道、被迫卸货、重新装载、转载或承运人运用运输契约赋予的权限所作的任何航行上的变更或终止运输契约，致使被保险货物运到非保险单所载目的地时，在被保险人及时将获知的情况通知保险人，并在必要时加缴保险费的情况下，航空运输货物保险合同继续有效，则保险责任按下述标准终止：

(1) 被保险货物在非保险单所载目的地出售的，保险责任至交货时终止。但不论任何情况，均以被保险货物在卸载地卸离飞机后满 30 天为止。

(2) 被保险货物在上述 30 天期限内继续运往保险单所载原目的地或其他目的地时，保险责任仍按前述"仓至仓"条款的规定终止。

二、航空运输货物战争险

(一) 责任范围

航空运输货物战争险(Air Transportation Cargo War Risks)是航空运输险的一种附加险。投保人只有投保了航空运输险或航空运输一切险后,才能够加保航空运输货物战争险。在航空运输货物险项下,保险人负责承担在航空运输途中由于战争、类似战争的行为、敌对行为和武装冲突,以及各种常规武器和炸弹所造成的货物损失。与其他方式下的战争险一样,也把使用原子或热核武器所造成的损失作为除外责任。

(二) 责任起讫

航空运输货物战争险的保险责任期限自保险货物装上保险单所载明的起运地的飞机时开始,直到卸离保险单所载的目的地飞机时为止。如果被保险货物不卸离飞机,则以飞机到达目的地当日午夜起计算满15天为止;如果被保险货物需在中途转运,则保险责任以飞机到达转运地的当日午夜起计算满15天为止;一旦装上续运的飞机,保险责任恢复有效。

三、罢工险

与海运、陆运险一样,航空运输货物在投保战争险的基础上,可加保罢工险,加保罢工险不另收费。如仅要求加保罢工险,则按战争险费率收费。航空运输罢工险的责任范围与海洋运输罢工险的责任范围相同。

第三节　邮包运输货物保险

在国际贸易中,小件货品的运输或买卖双方寄送样品经常会采用邮政包裹的形式,而邮包运送可能同时涉及海、陆、空三种运输方式,因此,根据具体需要,也就出现了邮包运输货物保险。英国伦敦保险协会迄今为止仅对邮包运输制定了《协会战争险条款(邮包)》(Institute War Clauses〈Sending by Post〉),而未制定邮包运输的基本险别条款。在我国,中国人民保险公司于1981年1月1日修订并公布了一套比较完备的邮包运输保险条款,包括邮包险(Parcel Post Risks)、邮包一切险(Parcel Post All Risks)和邮包战争险(Parcel Post War Risks)。

一、邮包险和邮包一切险

(一) 邮包险和邮包一切险的责任范围

1. 邮包险的承保责任范围

(1) 负责赔偿被保险邮包在运输途中由于恶劣气候、雷电、海啸、地震、洪水、自然灾害或由于运输工具搁浅、触礁、沉没、碰撞、出轨、倾覆、坠落、失踪,或由于失火和爆炸意外事故所造成的全部或部分损失。

(2) 负责被保险人对遭受承保责任内风险的货物采取抢救、防止或减少货损的措施而

支付的合理费用,但以不超过该批被救货物的保险金额为限。

2. 邮包一切险的承保责任范围

除包括上述邮包险的全部责任外,还负责被保险邮包在运输途中由于外来原因所造成的全部或部分损失。

(二) 邮包险和邮包一切险的除外责任

保险公司对因战争、敌对行为、类似战争行为、武装冲突、海盗行为、工人罢工所造成的损失,直接由于运输延迟或被保险物品本质上的缺点或自然损耗所造成的损失,以及属于寄件人责任和被保险邮包在保险责任开始前已存在的品质不良或数量短差所造成的损失,被保险人的故意行为或过失所造成的损失,不负赔偿责任。

(三) 邮包险和邮包一切险的责任起讫

邮包险和邮包一切险的保险责任是自被保险邮包离开保险单所载起运地点寄件人的处所运往邮局时开始生效,直至被保险邮包运达保险单所载明的目的地邮局发出通知书给收件人当日午夜起计算满 15 天为止,但在此期限内邮包一经递交至收件人的处所时,保险责任即行终止。

从以上内容中可以看出,邮递货物保险的两种基本险(邮包险和邮包一切险)同海运货物保险的基本险有以下不同:

(1) 由于邮包递送涉及海运、陆运及空运三种运输方式,所以邮包运输保险基本险的承保责任范围兼顾了海、陆、空三种运输工具。它除负责海运货物保险所承保的自然灾害和意外事故外,还负责陆、空运输中的自然灾害和意外事故;被保险人在投保时,无须申明使用何种运输工具运送,保险人对海运、陆运及空运的邮包均予负责,即使邮包使用海、陆、空三种运输工具联运,也予负责。

(2) 邮包运输保险的责任终止期限是在货物运抵保险单所载明的目的地邮局,由邮局签发到货通知书当日午夜起计算满 15 天终止。这一期限与海运货物保险规定为在卸离海轮后满 60 天不同。

二、邮包战争险

邮包战争险是邮包险或邮包一切险的一种附加险,只有在投保了邮包险或邮包一切险的基础上,经过投保人与保险公司协商方可加保。加保邮包战争险须另增加支付保险费。

(一) 责任范围

(1) 保险公司负责赔偿在邮包运输过程中由于战争、类似战争行为、敌对行为、武装冲突、海盗行为以及各种常规武器,包括水雷、鱼雷、炸弹所造成的损失。

(2) 保险公司负责被保险人对遭受以上承保责任内危险的物品采取抢救,防止或减少损失的措施而支付的合理费用。但保险公司不承担因使用原子弹或热核制造的武器所造成的损失的赔偿。

(二) 责任起讫

邮包战争险的保险责任是自被保险邮包经邮政机构收讫后自储存处所开始运送时生

效，直至该项邮包运达保险单所载明的目的地邮政机构送交收件人为止。

除战争险外，邮政包裹附加险还包括罢工险。在投保战争险的前提下，加保罢工险不另收费。如仅要求加保罢工险，按战争险费率收费。邮政包裹罢工险的责任范围与海洋运输罢工险的责任范围相同。

本章小结

1. 根据货物运输采用的方式，货物运输保险分为海洋货物运输保险、陆上货物运输保险、航空货物运输保险和邮包运输货物保险。其他运输方式的保险均是以海洋货物运输保险为基础而制定的。

2. 陆上运输货物保险保障货物在陆上运输过程中的风险，其基本险别包括陆运险和陆运一切险，另有专门的附加险——陆上运输货物战争险和针对冷藏货物的陆上运输冷藏货物险。陆运险主要承保自然灾害和意外事故所致的被保险货物的全部损失和部分损失；陆运一切险除承保陆运险的全部责任外，还对保险货物在运输途中由于外来原因所造成的损失予以负责。陆上运输货物保险的责任起讫采用“仓至仓”条款。

3. 航空运输具有快速、准确的优点，航空运输货物保险承保的是货物在空运过程中的风险，其基本险别包括航空险和航空一切险，附加险设有专门的航空运输货物战争险。航空运输险承保自然灾害和意外事故所致的保险货物的全部或部分损失；航空运输一切险除承保航空运输险的全部责任外，还承保被保险货物在运输途中由于外来原因所致的损失。航空运输货物保险的保险期限采用的也是“仓至仓”条款。

4. 邮包在运输过程中要经过海、陆、空运等一种或多种运输方式，邮包运输货物保险承保邮包在整个运输过程中的风险，其基本险包括邮包险和邮包一切险，附加险设有专门的邮包战争险。邮包险承保被保险邮包在运输途中由于自然灾害或意外事故所致的损失。邮包险的保险责任自邮包从起运地寄件人处所运往邮政机构时生效，自邮包递交收件人处所时终止。

思考与练习

一、思考题

1. 我国陆运货物保险有哪些基本险别？这些险别的保险责任范围有什么不同？
2. 我国现行航空运输货物保险的基本险别有哪些？
3. 简述我国邮包险和邮包一切险的责任范围和责任起讫。

第十四章　国际货物运输保险实务

学习目标

本章主要讲述在实践中办理国际货物运输保险的具体操作，以及发生损失时如何办理索赔手续。要求读者掌握货物的投保技术，熟悉保险单的制作及分类，保险单的修改和转让手续，以及在被保险货物发生损失时如何计算赔偿金额、办理索赔手续。

国际贸易运输中的货物由于运输路途遥远，在运输途中可能会遭遇各种危险，为了减少货物运输中的损失给进出口双方带来的不利影响，通常有关贸易方都会办理货物运输保险进行投保，如在运输途中发生了承保范围内的损失，就可向保险人索赔。国际货物运输保险实务中包括投保、承保、索赔和理赔几个重要的环节。

第一节　国际货物运输保险投保实务

国际货物运输保险的投保是指投保人向保险人提出申请，表达订立保险合同的意愿，并将自己所面临的风险和投保要求告知保险人。投保是拟订保险合同的开始，是整个承保工作的基础。一般来说，投保工作分两个方面：一是投保人的要约或询价；二是保险人的承诺或对此询价提出包括保险条件和费率的要约，也就是申请投保和接受投保。因此，需要保险人与被保险人双方共同做好工作。

每笔交易的货物运输保险由谁办理，取决于双方约定的交货条件和贸易术语。《2010年通则》中规定的13种贸易术语中，使用最多的是装运港交货的三种术语，即FOB、CFR和CIF，这也是国际上较有代表性的常用术语。若按FOB条件和CFR条件成交，保险应由买方办理，如按CIF条件成交，保险就应由卖方办理。这三种贸易术语都只适用于海运和内河运输，买卖双方在货物交接方式和责任、费用、风险划分中所承担的义务基本一致，只是在运输和保险的责任上有所区别。

我国出口货物一般采取逐笔投保的办法，进口货物大多采用预约保险的办法，专业进出口公司或其收货代理人同保险公司事先签有预约保险合同(Open Cover)。签订合同后，保险公司负有自动承保的责任。在国际货物买卖合同中，保险条款主要包括保险投保人、保险公司、保险险别、保险费率和保险金额的约定等事项。

一、贸易术语中关于投保责任的规定

在国际贸易中，货价由货物本身的成本、运费和保险费三个部分组成。运输和保险是由

买方还是由卖方办理,由不同的贸易术语决定。

（一）FOB价格术语及投保责任

FOB(Free on Board)即装运港船上交货。在我国,习惯把FOB称作离岸价,但因其不准确而渐遭淘汰。采用这一价格术语,是指卖方在合同规定的装运港把货物装到买方指派的船上,并负责承担在装运港越过船舷之前的一切费用和风险。按FOB价格术语签订贸易合同,卖方应按照合同规定的货物品质、数量、包装备妥货物,在规定的时间内,将货物装上买方指派的海轮。货物一经装上海轮,卖方就履行了合同,此后有关货物的一切责任、费用和风险一概由买方承担。因此,货物的海洋运输保险应由买方办理。该术语仅适用于海洋运输和内河运输。

（二）CFR价格术语及投保责任

CFR(Cost and Freight)即成本加运费价。CFR与FOB的不同之处在于,由卖方负责租船订舱并支付运费,但不包括保险费。按《2010年通则》的解释,卖方只需按通常条件租船订舱,经习惯航线运送货物。CFR在货物装船、风险转移、办理进出口手续和交单、接单付款方面,买卖双方的义务和FOB是相同的。采用CFR价格术语,货物的海洋运输保险应由买方办理,卖方必须注意及时发出装运通知,以避免不必要的损失。该术语仅适用于海洋运输和内河运输。

（三）CIF价格术语及投保责任

CIF(Cost Insurance Freight)即成本加保险费加运费。在我国,习惯称作到岸价。采用CIF这种术语,在其后面应注明目的港,如CIF青岛。买卖双方以CIF价格术语签订国际贸易合同,则卖方应按照合同规定的货物品质、数量、包装备妥货物,并负责租船、订舱,在规定的时间内,将货物装上船舶,并由卖方负责在装运港越过船舷以前货物损坏或灭失的一切风险,货物越过船舷后损坏或灭失的风险及由于各种事件造成的任何额外费用即由卖方转移到买方。可见,这种价格对货物风险的转移,与前面的FOB和CFR都是一样的,但保险由卖方办理并由其承担保险费用。在合同无明示时,卖方可按保险条款中最低责任的险别投保,投保金额最低为CIF价格的110%。如买方需要更高的保险险别,则需要与卖方明确地达成协议,或者自行作出额外的保险安排。因此,到岸价格中的保险不能包括一切要求,只能提供基本的保险保障,否则会大大提高货物的单价,或者大大降低卖方的利润,甚至可能会造成卖方无利可图。

如合同中另有规定其他投保险别,卖方应按照合同中规定的投保。该术语仅适用于海洋运输和内河运输。

（四）FCA价格术语及投保责任

FCA(Free Carrier)即货交承运人,是指卖方只要将货物在指定的地点,交给由买方指定的承运人,并办理了出口清关手续,即完成交货。在交货以前,卖方承担货物灭失或损坏的一切风险,交货后风险由买方承担。该术语可用于各种运输方式,包括国际多式联运。

（五）CPT价格术语及投保责任

CPT(Carriage Paid To)即运费付至,是指卖方向指定的承运人发货,但卖方还必须支付

将货物运至目的地的运费。其风险转移与 FCA 不同，即在 FCA 项下，由买方承担交货之后的一切风险和其他费用。该术语可适用于各种运输方式，包括国际多式联运。

(六) CIP 价格术语及投保责任

CIP(Carriage and Insurance Paid To)即运费和保险费付至，是指卖方向指定的承运人交货，但卖方还必须支付将货物运至目的地的运费，即买方承担卖方交货后的一切风险和额外费用。但是按照 CIP 价格术语，卖方还必须办理买方货物在运输途中灭失或损坏风险的保险。因此，在 CIP 项下，由卖方订立保险合同并支付保险费。该术语可适用于各种运输方式，包括国际多式联运。

二、选择适当的保险险别

国际货物运输保险业务内容较复杂，有主险和若干附加险，主险的选择、主险和附加险的搭配运用都需要专业知识。保险人承担的保险责任是以险别为依据的，不同的险别所承保的范围不同，其保险费率也不相同。在中国海运货物保险条款三种基本险中，平安险的责任范围最小，水渍险次之，一切险最大。与此相对应，平安险的费率最低，一切险的费率最高，两者之间的费率有时相差几十倍。贸易合同中通常会约定主险险别，如按 CIF 或 CIP 条件成交时，买卖双方约定的险别通常为平安险、水渍险、一切险三种基本险中的一种，但有时也可根据货物情况加保一种或若干种附加险。在双方未约定险别的情况下，按惯例，卖方可按最低的险别投保。在 CIF 或 CIP 货价中，一般不包括加保战争险等特殊附加险的费用，因此，如买方要求加保时，费用由买方负担。如双方约定，由卖方投保战争险并由其负担保险费时，卖方为了避免承担战争险费率上涨的风险，可规定货物出运时，如保险公司增加战争险费率，则其增加的部分保险费，应由买方负担。

(一) 主险的选择

一切险是最常用的一个险种，买家开立的信用证也多是要求出口方投保一切险。它的责任范围包括了平安险、水渍险和 11 种一般附加险，但价格较高，就保险费率而言，水渍险的费率约相当于一切险的 1/2，平安险的费率约相当于一切险的 1/3。如货物遭受外来原因风险的范围较广，遭受损失的可能性较大，则可选择一切险，而不需加保附加险。例如，毛、棉、麻、丝、绸、服装类和化学纤维类商品，遭受损失的可能性较大，如玷污、钩损、偷窃、短少、雨淋等，有必要投保一切险。而低值、裸装的大宗货物，如矿砂、钢材、铸铁制品，主险投保平安险就可以，没有必要投保一切险，也可根据投保舱面险作为附加险。对于不大可能发生碰损、破碎或容易生锈但不影响使用的货物，如铁钉、铁丝、螺丝等小五金类商品，以及旧汽车、旧机床等二手货，可以投保水渍险作为主险。有的货物投保了一切险作为主险可能还不够，还需投保特别附加险。某些含有黄曲霉素的农产品，如花生、油菜子、大米等，往往会因超过进口国对该毒素的限制标准而被拒绝进口、没收或强制改变用途，从而造成损失，那么在出口这类货物的时候，就应将黄曲霉素险作为特别附加险予以承保。

(二) 附加险的选择

附加险的选择要针对易出险因素来加以考虑。例如，玻璃制品、陶瓷类的日用品或工艺品等产品，还有石棉瓦、水泥板、大理石等建筑材料类商品，会因破碎造成损失，投保时可在

平安险或水渍险的基础上加保破碎险；麻类商品，受潮后会发热、引起霉变、自燃等带来损失，应在平安险或水渍险的基础上加保受热受潮险。还要根据市场情况选择附加险，如到菲律宾、印度尼西亚、印度的货物，因为当地码头情况混乱，风险比较大，应该选择偷窃提货不着险和短量险作为附加险。

（三）影响选择保险险别的因素

选择险别时要综合考虑：货物的性质和特点，货物的包装，货物的运输情况（包括运输方式、运输工具、运输路线），发生在港口和装卸过程中的损耗情况；目的地的政治局势等因素。

1. 货物的性质和特点

不同性质和特点的货物，在运输途中可能遭受的风险和发生的损失往往有很大的差别。因此，投保人在投保时应充分考虑货物的性质和特点，选择适当的险别。以下对一些主要商品的保险险别作简要的介绍。

(1) 粮谷类货物（粮食、花生、豆类、饲料等）的特点是含有水分，经过长途运输，可能会因水分蒸发造成短量；在运输途中如果通风设备不良，船舱中湿气过大，可能导致发霉。对于此类货物，一般可以在投保水渍险的基础上加保短量险和受潮受热险，或者投保一切险。

(2) 油脂类商品（食用动植物油等）在运输途中常因容器破裂而致渗漏或玷污杂质而致玷污损失；如果是散装，会因油脂本身沾在舱壁或在装卸过程中消耗而致短量。因此，对此类商品，可以在水渍险的基础上加保短量险和玷污险。

(3) 家用电器等货物在运输途中易受碰损和被盗，一般应在水渍险或平安险的基础上加保碰损险和偷窃、提货不着险或者投保一切险。

(4) 某些大宗货物（如原煤、天然橡胶）以及某些特殊货物（如冷藏货物），需要按不同货物的特点选择保险人提供的特定的或专门的保险条款进行投保，以求能够获得充分保障。但是，在投保一般海洋运输货物保险的条件下，除非另有特别约定，对于货物内在的缺陷所致的损失或费用以及运输途中的自然损耗，保险人不予负责。

2. 货物的包装

货物的包装方式会直接影响货物的完好情况。散装货物，如大宗的矿物、矿砂，在装卸转运过程中容易发生短量损失，散装的豆类还可能因混入杂质而受损；包装货物会因包装材料的不同而可能产生不同的损失，如袋装大米可能因在装卸时使用吊钩而使外包装破裂，大米漏出而致损；裸装货物，如小轿车等，一般停放于甲板上并采取固定、防滑措施后进行运输，容易因碰撞或挤擦而出现表面凹瘪、油漆掉落等损失。因此，投保人应根据不同包装方式的特点选择适当的险别。

如果采用集装箱运输，货物在运输途中遭遇各类风险而致损失的可能性相对较小，但也可能因集装箱本身未清理干净而使货物玷污受损，或是箱内货物堆放不妥而致运输途中出现碰损、混杂等损失，往往需要在平安险或水渍险的基础上加保碰损、破碎险或混杂、玷污险。

但应注意，若因货物包装不当或由于包装不适应国际贸易运输的一般要求而使货物遭受损失，属于发货人的责任，保险人一般不予负责。

3. 货物的用途与价值

货物的用途与货物投保的险别也有关系。一般而言，食品、化妆品及药品等与人的身体、生命息息相关的货物，由于其用途的特殊性，一旦发生污染或变质损失，就会丧失全部使用价值。因此，在投保时应尽量考虑货物能得到充分、全面的保障的险别。例如，茶叶在运输途中一旦被海水浸湿或吸收异味即无法饮用，失去使用价值，所以应当投保一切险。

价值的高低对投保险别也有影响。对于古玩、古画、金银、珠宝及贵重工艺品之类的货物，由于其价值昂贵，而且一旦损坏对其价值影响很大，所以应投保一切险，以获得全面的保障。而对于矿石、矿砂等大宗货物，因其价值低廉，也不易受损，所以一般仅需在平安险的基础上加保短量险即可，陆上运输则可投保陆运险并加保短量险。

4. 运输方式和运输工具

货物采用不同的运输方式和运输工具进行运输，途中可能遭遇的风险并不相同，可供选择的险别因此也各不相同。根据我国货物运输保险条款，货物采用的运输方式不同，其适用的保险险别也不同。例如，海洋运输货物保险的主险包括一切险、水渍险和平安险，陆上运输货物保险的主险则包括陆运险和陆运一切险。所以，投保人或被保险人应根据不同的运输方式和运输工具选择适当的保险险别。

货物在运输途中，面临的风险与运输工具本身的性能也有密切的关系。例如，在海洋运输货物保险中，载货船舶的建造年份、吨位、船上设备等对其适航性有重要影响，因此，载货船舶的情况是保险人考虑的一项重要的风险因素。保险业的惯例是，船龄在15年以上的为老船，用这样的船运输货物，保险人要适当加收费用；对于船舶的载重吨在1 000吨以下的小型船运输货物，保险人也要适当加收费用。

随着运输技术的发展，国际多式联运作为新的运输方式越来越多地被采用，但国际上并无专门承保国际多式联运的保险条款，因而需要根据国际多式联运过程具体采用的运输方式，分段选择相应的保险险别。

5. 运输路线及船舶停靠港口(车站)

就运输路线而言，一般来说，运输路线越长，所需的运输时间越长，货物在运输途中可能遭遇的风险就越多。某些航线途经气候炎热的地区，如果载货船舶通风不良，就会增大货损；有些航线上经过的地区经常下雨，货物遭受淡水雨淋的风险可能增大；而在政局动荡不定，或在已经发生战争的海域内航行，货物遭受损失的可能性自然增大。

同时，货物在运输途中停靠的港口(车站)不同，所带来的货物的风险也不同。由于不同停靠港口(车站)在设备、装卸能力以及安全设施、管理水平、治安状况等方面有很大差异，进出口货物在港口装卸时发生货损货差的情况也就不同。所以，投保前要进行适当的调查，考虑到可能发生什么样的损失，以便选择适当的险别予以保障。例如，货物出口到经常下雨的地区，就应加保淡水雨淋险。

6. 运输季节

运输季节不同，也会对货物带来不同的风险和损失。例如，载货船舶冬季在北纬60度以北航行，极易发生与流动冰山碰撞的风险；夏季装运粮食、果品，极易出现发霉腐烂或生虫

的现象；而冬季运送橡胶制品，货物可能出现冻裂损坏等。因此，投保人应根据不同季节的气候特点选择适当的附加险。

7. 各国贸易习惯

如果货物按 CIF 条件出口，卖主应负责投保何种险别，须在贸易合同中加以明确规定。如果贸易合同对此没有规定，则须按国际贸易惯例及有关国家的法律规定办理。《2010 年通则》中规定，CIF 下的卖方应负责投保 ICC 保险条款或任何类似条款中的最低限度的保险险别；按美国《对外贸易定义》和美国《统一商法典》的规定，CIF 下卖方有义务代买方投保战争险，费用由买方负担；在比利时，CIF 下卖方常负责投保水渍险；在澳大利亚，按许多行业习惯，CIF 下卖方须负责投保水渍险和战争险；在德国，CIF 下卖方应根据货物的种类、贸易习惯和买方的愿望确定投保的险别，仅投保平安险是不够的。

三、保险金额的确定和保险费的计算

投保金额既是计算保险费的依据，又是货物发生损失后计算赔偿的依据。在保险货物发生保险责任范围内的损失时，保险金额就是保险人赔偿的最高限额。按照国际惯例，投保金额应按发票上的 CIF 价另加 10%的预期利润计算。向中国人民保险公司办理进出口货物运输保险，可按两种办法进行：一种是逐笔投保，另一种是按签订预约保险总合同办理。

（一）保险金额

1. 出口货物的保险金额

按照国际保险市场的习惯做法，出口货物的保险金额(Insured Amount)一般按 CIF 货价另加 10%计算，增加的 10%称为保险加成，也就是买方进行这笔交易所付的费用和预期利润。如买方要求保险加成率超过 10%，卖方也可酌情接受。如买方要求保险加成率过高，则卖方应与保险公司商妥后方可接受，其计算公式如下：

$$\text{保险金额} = \text{CIF 价} \times (1 + \text{加成率})$$

例如，CIF 货价为 1 000 美元，加成率 10%

则

$$\text{保险金额} = 1\,000 \times (1 + 10\%) = 1\,100(\text{美元})$$

2. 进口货物的保险金额

按双方签订的预约保险合同承担，保险金额按进口货物的 CIF 货值计算，不另加减，保费率按“特约费率表”规定的平均费率计算；如果 FOB 进口货物，则按平均运费率换算为 CFR 货值后再计算保险金额，其计算公式如下：

$$\text{FOB 进口货物 CIF 价} = \text{FOB 价} \times \frac{1 + \text{平均运费率}}{1 - \text{平均保险费率}}$$

$$\text{CFR 进口货物 CIF 价} = \frac{\text{CFR 价}}{1 - \text{平均保险费率}}$$

$$保险金额 = CIF价 \times (1 + 加成率)$$

（二）保险费

1. 保险费的计算

投保人按约定方式缴纳保险费(Premium)是保险合同生效的条件。保险费率(Premium Rate)是由保险公司根据一定时期、不同种类的货物的赔付率，按不同险别和目的地而确定的。保险费根据保险费率表按保险金计算，其计算公式如下：

$$保险费 = 保险金额 \times 保险费率$$

在我国出口业务中，CFR和CIF是两种常用的术语。鉴于保险费是按CIF货值为基础的保险额计算的，两种术语价格应按下述方式换算：

$$CIF价 = \frac{CFR价}{1-(1+加成率)\times 保险费率}$$

$$CFR价 = CIF \times [1-(1+加成率)\times 保险费率]$$

例如，某公司出口一批商品到美国某港口，CFR价总金额为1 000美元。现买方要求改报CIF价格，投保一切险，加保战争险，保险加成率为10%，已知该货物一切险保险费率为0.6%，战争险保险费率为0.06%。

则：

$$CIF价 = \frac{1\,000美元}{1-(1+10\%)\times(0.6\%+0.06\%)} = 1\,007.31(美元)$$

2. 保险费率

保险费率是保险人以保险标的的危险性大小、损失率高低、经营费用多少等因素为依据，按不同商品、不同目的地以及不同的投保险别加以规定的。目前，中国人民保险公司出口货物保险费率包括以下几项，此外还有货物运输战争险、罢工险费率及“其他规定”。

(1) 一般货物费率。一般货物费率适用于所有海运出口的货物，凡投保基本险别(平安险、水渍险及一切险)的所有海运出口货物，均须依照“一般货物费率表”所列标准核收保险费。

(2) 指明货物费率。指明货物费率是针对某些易损货物加收的一种附加费率。由于这些货物在运输途中极易因为外来风险引起短少、破碎和腐烂等损失，损失率较高，所以将它们单独列出，并称之为指明货物。凡属指明货物费率表中所列的货物，如投保一切险，则在计算费率时，应先查出一般货物费率，然后再加上指明货物附加费率。

例如，从上海运往新加坡的坛装榨菜投保一切险，一般货物费率规定到新马的费率为1%，指明货物加费土畜类坛装食品为2%，则收费率为3%(1% + 2%)。

(3) 货物运输战争险、罢工险费率。货物运输战争险或罢工险的费率与基本险费率相比是很特殊的，它实际上仅规定了战争险费率，而且不管货物采用何种运输方式，如何分类，费率均相等。战争险和罢工险一起投保时，只按战争险费率计收，罢工险不另加费。如只投保罢工险，则按战争险费率计收。在没有战争爆发的情况下，战争险费率较低，但保险人对

其承保的战争风险，可以根据不同时间、不同地区的战争风险和罢工风险的实际情况，以及国际形势的变化随时调整战争险的费率。

(4) 其他规定。这一部分内容主要是对上述三项没有包括的某些特殊情况的规定，如投保一般附加险、特别附加险、内陆运输扩展责任保险等规定的收费标准，以及某些情况下减费的规定等。具体有以下几项：

第一，一般附加险费率。如果加保的附加险是该货物在运输过程中可能遭受的最主要的外来风险，则加保的一般附加险按指明货物加费费率计收。

第二，特别附加险费率。这是指对除一切险之外的附加特殊险别的加费规定。特别附加险费率根据加保的附加险的险别而定。

第三，舱面险加费。舱面货一般在平安险或水渍险的基础上加保舱面险，费率按主险的50%计收。如果在一切险的基础上加保舱面险，按一切险费率100%加收舱面险费率。

第四，内陆运输加费。当保险起运地或目的地在海运港口以外的内地时，投保一切险视具体情况加收一定的费率。如果投保平安险或水渍险，并不加费。

第五，延长保险期限加费。当国际货运保险期限终止后还要求延长保险期限的，根据延长的时间加收一定的费率。

第六，转运加费。运输途中发生转船、转车或转机时，按具体风险损失情况决定是否加费。

第七，免赔率增减计算。凡指明出口货物费率表内规定有免赔率的，如果投保人要求降低或提高免赔率，应按一定的标准加收或减收保险费。

第八，贵重物品保险计算。保险货物已向承运人声明价值并支付从价运费的，视为贵重物品，按费率表的规定给予折扣优待。但战争、罢工险不享受这种优待。

四、投保手续

投保人向保险人投保，是一种签订契约的法律行为。在我国，无论是在进口业务还是在出口业务中，投保货物运输保险时，投保人通常以书面方式作出投保要约，即填写货物运输保险投保单，经保险人在投保单上签章承诺，或出立保险单，保险双方即确立了合同关系。

(一) 投保单的填写

从保险合同的成立来看，投保人填写的投保单是保险合同成立的要约。投保单是投保人对保险标的有关事实的告知和陈述，保险公司的承保人员在对投保人填写的投保单上的内容进行详细的审核后，据以签发正式的保险单，并确定保险费。投保单的法律效力表现在保险合同生效后，投保单将作为保险合同不可分割的组成部分。因此，投保单的填写必须准确、真实。中国人民财产保险公司的进出口货物运输保险投保单的具体填写内容主要有以下几项。

1. 被保险人名称

被保险人名称应按照可保利益的实际有关人填写，如是买方或卖方投保的，则分别写上其名称。当以 CIF 或 CIP 术语出口时，应由出口方以投保人的身份办理保险，出口方应以本人作为被保险人，当货物在起运港越过船舷或交付承运人接管之前发生损失时，风险由出口

方承担，出口方可以向保险人索赔。一旦货物越过船舷或交承运人接收后，出口方只需根据信用证或其他文件的要求在保险单上签字背书，即可将保险单转让给进口方或指定的第三方（如银行）。如果以 FOB、FCA、FCR 和 CPT 术语成交，则由进口方自行办理国际货运保险，投保人与被保险人一般均为进口方。保险责任从货物越过船舷，或从卖方交付给买方，买方对货物享有可保利益之时开始，出口方承担的货物在起运港越过船舷或货交承运人接收之前的风险，可通过投保国内短途货运险予以保障。

2. 标记

投保单上的标记，应与提单上所载的标记符号一致，特别是要与刷在货物外包装上的实际标记符号相同，以免在发生理赔案件时，引起检验、核赔、确定责任上的混乱。

3. 包装数量

对货物的包装方式，如箱（Cases）、袋（Bags）、桶（Drums）、捆（Bundles）等，以及数量均需书写清楚。如果一次投保有数种不同的包装时，可以“件”（Packages）为单位。散装货物应填写散装重量（... M/T in Bulk）。如果采用集装箱，应予以注明（In Container）。

4. 货物名称

货物名称应填写保险货物的具体类别、名称。例如，玉米、茶叶、棉布、袜子、玻璃器皿等，一般不要笼统地写农产品、农副产品、纺织品、百货或杂货等大类，以便保险人确定适用的保险费率。

5. 保险价值

保险价值只有在定值保险单下才填写。保险价值的多少，由保险人与投保人共同商定。

6. 保险金额

保险金额一般是按照发票的 CIF 价格加上一定的成数计算的，加成率一般为 10%，也可以根据实际情况加二成（20%）或三成（30%）不等。如果发票价格为 FOB、FCA 或 CFR、CPT，应将运费、保险费加上以后，再加成计算保险金额。保险金额的货币名称要与发票一致。

7. 船名或装运工具

如果采用船舶运输，应写明具体的船名。中途需要转船的，如果已知第二程船时，应打上船名；如果第二程船名未知，则只需打上“转船”字样（With Trans—shipment）。装箱运输应打明（Container Shipment），如果采用火车或航空运输，最好注明火车班次和班机航次。如果采用国际多式联运，应写明联运方式，如空陆联运或海空联运等。如果是大宗货物，发货人租船时为减少运输费用，可能租用老龄船。由于保险公司对船龄超过 15 年的船舶所载货物的运输保险要加收保险费，所以投保人应在投保时予以说明。

8. 开航日期

有确切开航日期的，填写×月×日或注明“按所附提单”（As Per B/L）；无确切开航日期的，可填写“约于×月×日”。

9. 提单或运单号码

提单或运单的号码要填写清楚，以备保险公司核对。

10. 航程或路程

航程或路程应写明“自×港(地)到×港(地)”。如果到达目的地的路线有两条以上时，应写明“自×港(地)经×港(地)到×港(地)”。

11. 航次、航班

航次、航班应写明船舶航行的航次、航班。

12. 发票号码和合同号码

这一项确定了保险保障的国际贸易货物的具体批号，主要是为了便于发生索赔时进行核对。按照我国目前的贸易实践，出口货物一般只需填写该批货物的发票号码，进口货物则填写国际贸易合同号码。

13. 承保险别

此项写明投保人需要投保的险别名称，还应注明采用何种保险条款。如果对保险条款有特殊要求的，也要在这一栏内注明，以便保险人考虑接受与否。

14. 赔款地点

被保险人通常在保险单注明的目的地支付赔款。如果被保险人要求在目的地以外的地方赔款，应在此栏注明。

15. 投保日期

投保日期应该是船舶开航或运输工具开行之前的日期。

16. 投保人签章及企业名称、电话、地址

这一项填写投保人的名称、地址等具体信息。

对于与保险公司订有长期有效的国际运输预约保险合同的被保险人，只需在货物起运后或接到装船通知后填写国际运输预约保险起运通知书或保险凭证，即完成了投保手续。

(二) 填写投保单的注意事项

1. 投保时所申报的情况必须真实

保险是建立在最大诚信原则基础之上的合同关系，保险人对投保人的投保是否接受或按什么费率承保，主要是以投保人所申报的情况为依据来确定的。因此，投保人在办理投保时，应当将有关保险货物的重要事项(包括货物的名称、装载的工具以及包装的性质等)向保险人作真实的申报和正确的陈述。如所报事项不真实或隐瞒真实事项，保险人有权解除合同或不负赔偿责任，且不必退还保险费。如果投保人因过失而未如实申报重要事实，保险人也可以酌情作出解除保险合同或加收保费的决定。

2. 尽可能投保到内陆目的地

国际贸易中买方的收货地点往往是在内陆，而海洋运输中常用的贸易术语规定，只将货物运送到目的港。在实际业务中，货物的损失往往在货物运抵目的地仓库经检验后才能发现，若只投保到目的港，则从港口到内陆段所发生的损失得不到保险赔偿。尤其是投保一切险，有很多损失在港口是无法发现的，只有在货物运达内陆目的地经检验后才能确定，如只

保到港口就会对责任的确定造成困难。因此，为解决收货人的实际需要并避免纠纷，以投保到内陆目的地为宜。

3. 投保单的内容必须与国际贸易合同及信用证上的有关规定一致

由于保险单是以投保单为依据签发的，如果投保人不按国际贸易合同的规定填写投保单，保险人据此出具的保险单就会与国际贸易合同的规定不符，收货人可以拒绝接受这种保险单。在信用证支付方式下，投保单的内容还应符合信用证的有关规定，否则保险人所签发的保险单也会因"单证不符"而遭到银行的拒收。

在实际业务中，如果出现买方开来的信用证中有关保险的规定与国际贸易合同中的保险条款不一致时，卖方应根据实际情况妥善处理，以保证国际贸易合同的正常履行和及时收汇。下面是几种常见的信用证和国际贸易合同的保险条款不一致的情形和投保时处理的方法。

(1) 来证投保险别不明确的，应酌情或要求修改信用证，或按以往惯例办理保险。例如，信用证要求承保不论任何原因的损失(Loss Whatsoever Cause)，这显然超越了保险所能保障的范围，因为保险只对意外的、外来原因所致的货物损失负责。此时，卖方应该及时通知买方按照国际贸易合同的规定修改信用证。又如，来证要求承保市价跌落的损失，由于市价跌落属于商业风险，保险人一般不能接受，因此，卖方应通知对方修改信用证，剔除此项规定。

(2) 来证投保险别明确，但保险责任小于国际贸易合同的规定的，可以先按信用证所列的险别出单议付，另外再出批单补保贸易合同所规定的保险责任，将批单寄给客户。例如，国际贸易合同规定投保 ICC(A)和战争险，信用证却只要求投保 ICC(A)。此时，卖方应先按信用证所列险别投保 ICC(A)出单议付，另外再补保战争险，将战争险保单另行寄给客户。

(3) 来证投保险别明确，但在保险责任大于贸易合同规定的，应酌情处理或要求国外修改信用证，或要客户承担保费差额后同意承保，以保险公司接受承保的险别为限。例如，国际贸易合同中订明险别为一切险，而来证却要求投保一切险加保战争险。出现这种情况，卖方可以通过与买方协商，按一切险加战争险投保，两者之间的保费差额可由卖方另行向买方收取。又如，国际贸易合同规定货物运达目的地仓库保险责任即终止，而来证要求货物到目的地仓库后再负责 30 天。出现这种情况，通过与买方协商，在买方支付额外保险费的前提下卖方可按照来证要求投保。

(4) 信用证要求采用国外条款，此时卖方原则上可予接受。例如，国际贸易合同规定按我国海运货物保险条款投保，而信用证却要求按伦敦保险协会条款投保。此时，卖方原则上可接受。如果合同规定投保一切险的，相应改为 ICC(A)；合同规定投保水渍险的，可改为 ICC(B)；合同规定投保平安险的，可改为 ICC(C)。但是，卖方应注意提交的保险单所载险别名称必须与信用证的规定一致。

(5) 来证所列保险条款与贸易合同中的保险条款虽然保险责任相同，但在用词、编排上却有所不同，或来证对保险责任作了进一步解释。例如，国际贸易合同中规定投保一切险，来证却在写明一切险的基础上专门列出要保"TPND，BREAKAGE"(偷窃、提货不着险，包

装破裂险)等,由于这些一般附加险已经包括在一切险责任范围内,故可按照信用证的文字在投保单及保险单上加列,已达到符合"单证一致"的要求。

(三)保险单的缮制、批改、转让

保险公司在接受投保人的投保申请后,应及时出立投保单,并确定投保人应缴纳的保险费。一般来讲,保险公司需要对投保对象和保险标的进行风险分析和评估,在综合考虑被保险人的资信情况、以往的赔付记录以及保险标的的性质、运输工具、运输路线、投保险别等与国际货物运输有关的风险后,决定是否承保,并提出相应的保险条件,确定保险费率。

保险公司承保工作质量的好坏,关系到保险合同能否顺利履行。承保工作包括保险公司将一笔业务承揽下来要做的全部工作,如风险因素的评估、保险单的缮制、费率的确定、危险的控制与分散等。如果保险双方对保险合同的条款取得一致意见,保险合同成立,保险公司应及时签发保险单。

下面主要介绍一下保险单的缮制、批改和转让。

1. 保险单的缮制

保险单是保险公司根据投保人提供的投保单的内容而制作的。因此,保险人在接受投保后,所缮制的保险单内容应与投保单一致,以满足投保人对保险的要求。

2. 保险单的批改

保险单在签发后,在保险单有效期内,其内容一般不宜更改。但在实际业务中,由于种种原因,投保人在向保险公司申报时陈述错误或遗漏是难以完全避免的。在此情况下,如不及时变更或修改,被保险人的利益就可能受到影响,甚至导致保险合同失效。此外,保险货物在运输途中,也可能遇到某些意外情况,如承运人根据运输合同所赋予的权利改变航行路线、变更目的地、临时挂靠非预定港口或转船等。这些新变化也要求对原保险单内容及时进行变更或修改,以便保险标的获得与新的情况相适合的保险保障。

保险单内容的变更或修改,往往会影响保险人的承保责任范围及其承担的风险。投保人或被保险人如果需要对保险单内容进行变更和修改,应以书面形式向保险人申请批改。通常只要不超过保险条款规定允许的内容,保险人都会接受。如果涉及扩大承保责任或增加保险金额,一般也是可以的,但必须在被保险人不知有损失事故发生的情况下,在抵达目的地之前申请办理,并需加缴一定的保险费。

保险人批改保险单一般采用签发批单(Endorsement)的方式进行。此项工作可以由保险人自己办理,也可以由保险人授权设在国外港口的代理人办理。保险人或其代理人所签发的批单,一般应贴在原保险单上,构成原保险单的一个组成部分,对双方当事人均有约束力。如批改的内容与保险合同有抵触,应以批单为准。

3. 保险单的转让

保险单的转让是指保险单持有人将保险单所赋予的要求损失赔偿的权利以及相应的诉讼权转让给受让人。因此,保险单的转让即保险单权利的转让。这种权利的转让与保险货物本身所有权的转让是两种不同的法律行为。买卖双方交接货物,转移货物所有权,并不能自动转移保险单的权利。

根据各国海上保险法律，关于保险单的转让一般有以下规定：

(1) 海洋运输货物保险单可以不经保险人的同意而自由转让；船舶保险单则必须征得保险人的同意才能转让。

(2) 海上保险单的转让，必须在保险标的所有权转移之前或转移的同时进行，如果所有权已经转移，事后再办理保险单的转让，则转让是无效的。

(3) 在海上保险单办理转让时，无论损失是否发生，只要被保险人对保险标的仍然具有可保利益，保险单均可有效转让。

(4) 保险单的受让人只能享有与原被保险人在保险单下享有的相同权利和义务。

(5) 保险单转让后，受让人有权以自己的名义向保险人进行诉讼，保险人也有权如同对待原被保险人一样，对保险合同项下引起的责任进行辩护。

(6) 保险单的转让可以采取由被保险人在保险单上背书或其他习惯方式进行。按照习惯做法，采用空白背书方式转让的保险单可以自由转让；采用记名背书方式转让的保险单，则只有被背书人才能成为保险单权利的受让人。

五、投保方式

(一) 进口货物的投保方式

按 FOB、FCA、CFR 或 CPT 等合同项下的进口货物，均须由国内买方办理投保。投保的方式有以下两种。

1. 订立预约保险合同

在我国的保险实务中，为了简化保险手续，并防止进口货物在国外装运后因信息传送不及时而发生来不及办理投保等情况，规定各经营进口业务的公司与中国人民财产保险公司签订预约保险合同。《海洋运输进口货物运输预约保险合同》全文共 12 条，并有 2 个附件。其中规定，各进口公司成交的从国外海洋运输进口至国内的全部国际贸易货物，凡国际贸易合同规定是由我国进口公司办理保险的，都属于预约保险合同范围之内，保险公司对合同范围内的货物，负有自动承保的责任；在合同范围内进口货物如有需要在国外保险者，各有关公司应事先将国际贸易合同内容通知保险公司，以免重复保险。

按照《海洋运输进口货物运输预约保险合同》的规定，与保险公司签有预约保险协议的各进口公司，对每批进口货物无须逐笔办理投保，也无须填制投保单，而以国外卖方装船通知副本或进口货物结算凭单副本代替投保单，每 10 天向保险公司汇交一次办理投保。装船通知或结算凭单的内容包括船名、货物名称和数量、开航日期及航线、货价和价格条件、订货合同号等。每批货物的保险金额均以 CIF 进口价为准，不另加成。

《海洋运输进口货物运输预约保险合同》除了上述内容外，还对保险金额及保险费的计算、保险公司的保险责任、被保险人的索赔手续和期限以及保险公司的赔款支付等作了相应的规定。

2. 逐笔办理投保

逐笔办理投保适用于不经常有货物进口的单位。采用这种投保方式时，买方必须在接到国外卖方的发货通知后，立即向保险公司申请办理海洋运输货物保险的手续，即填写投保单，并立即缴纳保险费。保险人根据投保单签发保险单。根据我国《海商法》的规定，被保险人应当在合同订立之后立即支付保险费，在被保险人支付保险费之前，保险人可以拒绝签发保险单。

（二）出口货物投保的方式

按CIF、CIP价格成交的出口货物，货物运输保险由卖方办理投保。按我国保险公司的有关规定，出口货物的投保一般需逐笔填写投保单，向保险公司提出书面投保申请，投保单经保险公司接受后，由保险公司签发保险单。

理论上，出口货物也可采用订立长期性的预约保险合同的方式，但在实践中却很少采用。这是因为我国出口合同大部分以信用证为付款方式，向银行结汇时出口方需要向银行提供保险单，因而在实际业务中，出口货物的投保大多是逐笔出单。

如果时间紧迫，也可采用口头或电话向保险公司申请投保，如获允许，保险也可生效，但随后一定要补填投保单。为了简化单证，在实际业务中，对于长期的客户，保险公司还可以同意投保人不单独填写投保单，而利用出口公司现成的发票副本代替投保单，但发票副本上必须将投保单上所规定的内容补填齐全。

案例 14－1

属于发货人责任所引起的损失不属于保险人的责任

案情介绍

2002年1月31日，我国A公司与泰国B公司签订了一份化工原料进口合同，合同约定货物买卖数量为10 000吨，单价为CFR中国上海港200美元/吨，支付方式为100％不可撤销即期信用证。合同第11条“桶装要求”中约定，到达目的地的破桶率不得超过0.5％，桶壁厚度必须大于0.85毫米。

2002年8月7日，承运人在泰国曼谷签发清洁已装船不可转让的记名提单，提单上载明发货人为B公司，收货人为某银行，通知人为A公司，装货港为泰国曼谷港，卸货港为中国上海港。

2002年8月1日，A公司向某保险公司投保该批货物的货运险，保险公司出具保单，被保险人为A公司，承保条件为中国人民保险公司《海洋运输货物保险条款》的一切险，保险金额为220万美元。8月15日，货物抵达上海港，A公司发现货物受损严重，随后，A公司与保险人分别委托商检公司和检验检疫局进行残损检验。商检公司认为本案货损是由于包装桶不适合长途运输引起的；检验检疫局出具的检验报告也认定本案中灌装化工原料的桶身厚度只有0.60毫米，不符合国际贸易合同的要求。

2003年1月14日，被保险人A公司正式向保险人发出书面索赔函，认为货损属于保险责任，保险公司应向其赔付保险金。而保险公司则认为，本案中记名提单项下的收货人为某银行，且记名提单不可转让，而提单是物权凭证，因此该批货物属于某银行所有，A公司不具有保险利益，无索赔权；而且本案货损原因是属于保单除外责任，因此保险人不应承担保险责任。

问题：保险公司的抗辩理由是否成立？为什么？

分析

关于A公司是否具有保险利益的问题。根据保险利益的定义可知，判断被保险人是否具有保险利益的标准是其“是否会因为保险标的物的损毁而可能受到经济损失”。本案中，该批货物采取了CFR价格术语，根据《2010年通则》的规定，货物毁损灭失风险在装运港越过船舷时由卖方转移给了买方A公司，此后，A公司由于承担了货物毁损灭失的风险，有可能因该批货物的损毁而遭到经济损失。因此，作为风险承担者的A公司对该批货物具有保险利益，具有索赔权。而本案中的银行虽然是该批货物的所有权人，但根据信用证的业务特点，其并不需要承担货物毁损灭失的风险，因为一旦银行全额兑付了信用证，则无论货物是否毁损灭失，A公司都有义务向银行支付全额的货款，所以银行对此货物并无保险利益。

本案货损发生原因是否属于除外责任？根据中国人民保险公司《海洋运输货物保险条款》第三条“除外责任”的规定，属于发货人责任所引起的损失不属于保险人的责任。

本案中，在事故发生后，A公司与保险人分别委托商检公司和检验检疫局进行残损检验。商检公司的检验报告认为货损是由于包装桶不适合长途运输引起的；检验检疫局出具的检验报告认为灌装化工原料的桶身厚度只有0.60毫米不符合贸易合同的要求。上述两个报告均认定包装桶存在严重缺陷，此缺陷明显属于发货人的责任，根据保险条款的规定，属于发货人责任所引起的损失不属于保险人的责任，因此保险人对此损失无须赔偿。

第二节　货物运输保险的索赔

保险索赔是指当被保险人的货物遭受承保责任范围内的风险损失时，被保险人向保险人提出的损失补偿的要求；理赔是指负赔偿责任的一方，根据保险合同的规定向对方履行补偿的义务。在国际贸易中，卖方办理投保，卖方在交货后即将保险单背书转让给买方或其收货代理人，当货物抵达目的港(地)发现残损时，买方或其收货代理人作为保险单的合法受让人，应就地向保险人或其代理人要求赔偿。中国人民保险公司为便利我国出口货物运抵外目的地后及时检验损失，已在100多个国家设有委托国外检验代理人和理赔代理人两种机构。前者负责检验货物损失，收货人取得检验报告后，附同其他单证，自行向出单公司索赔；后者可在授权的一定金额内，直接处理赔案，就地给付赔款。

至于我国进口货物的检验索赔，则由有关的专业进口公司或其委托的收货代理人在港口或其他收货地点，向当地人民保险公司要求赔偿。

被保险人或其代理人向保险人索赔时，应做好下列几项工作。

一、索赔程序

被保险人索赔程序可以分为以下几步。

(一) 损失通知

当被保险人获悉或发现保险标的已经遭受损失，应立即通知保险公司。一经通知即表示索赔行为已经开始，不再受索赔时效的限制。保险人或其指定的代理人接到损失通知后，

一方面，对货物提出施救意见并及时对货物进行施救，避免损失扩大；另一方面，尽快对货物的损失进行检验，核定损失责任，查核发货人或承运人的责任等，以免因时间过长而导致货物损失原因难以查清，责任无法确定而使处理产生困难，甚至发生争议。因此，被保险人若没有及时进行损失通知，保险人有权拒绝理赔。

（二）申请检验

被保险人在向保险人或其代理人发出损失通知的同时，也应向其申请货物检验。各国的保险人对货物的损失通知和申请检验均有严格的时间限制，我国的保险公司一般要求申请检验的时间最迟不能超过保险责任终止后10天。当然，如果是因为被保险人无法控制的原因导致申请检验时间超过了规定的期限，保险人应根据实际情况予以受理。

被保险人在申请检验时，应注意以下几点。

1. 向谁申请检验

在出口运输货物保险单中，一般都指明了保险公司在目的港、目的地的检验代理人的名称和地址。发生货损后，被保险人应采取就近原则，向保险单指定的代理人申请检验。目前，中国人民财产保险公司在世界各地有400多家具有核赔权的代理人。对于进口运输货物保险，当货物在运抵目的地时发现有损失，一般由保险人或其代理人和被保险人进行联合检验，共同查明损失的原因，确定损失金额以及责任归属。如果货损情况非常复杂，则应申请由出入境检验检疫部门或保险公估人进行检验，出具联检报告。

2. 可以不申请检验的情况

对整件短少的货物，如果短少是在目的港将货物卸下海轮时发现的，被保险人应向承运人索取溢短证明；如果短少是货物在卸离海轮以后、提货以前发现的，被保险人应向有关港口当局或装卸公司索取溢短证明。在这种情况下，溢短证明即可作为损失的依据报告。此外，如果货损轻微、损失金额很小、检验费用可能超过保险货物损失的金额，从经济上考虑，保险人往往不要求被保险人申请检验。

3. 检验报告的性质和作用

检验报告是被保险人据以向保险人索赔的重要证据，但同时检验报告只是检验人对货损情况作出客观鉴定的证书，并不能最后决定货损是否属于保险责任，也不能决定保险人是否应对货损予以赔偿。因此，检验报告上一般注明“本检验报告不影响保险人的权利”字样。这意味着货物损失是否属于保险责任范围最终要由保险人根据保险合同条款决定。

（三）向有关责任方提出索赔

被保险人或其代理人在提货时，发现货物的包装有明显的受损痕迹，或者整件短少，或者散装货物已经残损，除向保险公司报损、申请检验外，还应该立即向承运人、受托人以及海关、港务当局索取货损货差证明，包括记录货物损失情况并由承运人签字的理货报告、由装卸部门签字的货运记录等。按照运输合同等有关规定，如果不在当时提出索赔，等于收货人承认提货时货物完好，可能会影响事后的索赔工作。保险公司对丧失追偿权利部分的损失，可以拒绝赔偿。

根据我国《海商法》第81条的规定，承运人向收货人交付货物时，收货人未将货物灭失

或损坏的情况书面通知承运人的，此项交付视为承运人已经按照运输单据的记载交付以及货物状况良好的初步证据。如果货物灭失或损坏的情况非显而易见的，在货物交付的次日起连续 7 日内，集装箱货物交货的次日起连续 15 日内，收货人未提交货物残损书面通知的，此项交付同样视为承运人已经按照运输单据的记载交付以及货物状况良好的初步证据。如果货物交付时，收货人已经会同承运人对货物进行了联合检验，则无须就查明的灭失或损坏情况提交书面通知。由此可见，如果收货人未能在上述条款规定的期限内及时向有关责任方索取损失证明或进行损失通知，可能会导致责任方推卸责任，最终亦会影响被保险人向保险人的索赔权。

根据我国《海洋运输货物保险条款》的规定，被保险人向保险人索赔的时效为货物卸离海轮之日起 2 年，而其向有关责任方索赔的时效往往少于 2 年，如我国《海商法》规定，向承运人索赔的时效为货物卸离海轮之日起 1 年；交通部规定，向港务部门索赔的时效为其编制货运记录次日起 180 天。因此，被保险人应在规定的索赔期限内向责任方提出索赔，以维护自己的索赔权，否则如果过了索赔时效未向责任方提出索赔而丧失了索赔权，进而损害保险人代位追偿的行使权，保险人会相应扣减赔偿额或是拒赔，使被保险人遭受损失。我国《海商法》和《保险法》均规定，被保险人未经保险人同意而放弃向第三方要求赔偿的权利，或者由于过失致使保险不能行使追偿权利的，保险人可以相应扣减保险赔款甚至拒赔。

因此，及时向责任方进行追偿，维护保险人代位追偿权的行使是被保险人应履行的一项重要义务。

(四) 采取合理的施救措施

保险货物受损后，作为货方的被保险人应该对受损货物采取必要的施救、整理措施，以防止损失的扩大，不能因为投了保险，就完全把责任转嫁给保险公司而任其损失扩大。特别是对受损货物，被保险人仍有处理的义务，如对受损货物进行转售、修理、改变用途等。这是因为被保险人对于货物的性能、用途比保险公司更为熟悉，能更好地利用物资。

在我国，无论是进口货物还是国内运输的货物受损后，原则上施救、整理都应由货方自行处理。我国《海商法》第 236 条规定，一旦保险事故发生，被保险人收到保险人发出的有关采取防止或减少损失的合理措施的特别通知的，应当按照保险人通知的要求处理，如果被保险人没有采取必要的措施防止损失扩大，则这部分继续扩大的损失，保险人不负赔偿责任。被保险人为此而支付的合理费用，可以从保险人的赔款中获得补偿。

(五) 提交索赔单证

被保险人在向保险公司或者其代理人提请赔偿时，应提交索赔必需的各种单证。按照我国《海洋运输货物保险条款》的规定，被保险人在索赔时，应提供保险单正本、提单、发票、装箱单、磅码单、货损货差证明、检验报告及索赔清单。如果涉及第三者责任，还须提供向责任方追偿的有关函电及其他必要的单证或文件。

1. 保险单或保险凭证正本

保险单或保险凭证正本(Original Pllicy)是向保险公司索赔的基本证件，是保险合同的书面证明。保险单中规定的保险人的责任范围及保险金额等内容是确定保险人赔偿与否及

赔偿金额的直接依据。

2. 运输凭证

运输凭证(Transportation Document)是承运人在接受货物后出立的,包括海洋运输提单、公路运单、铁路运单、航空运单和邮寄单等运输单证。运输凭证证明保险货物承运的状况,如承运的件数、运输的路线、交运时货物的状态等,以确定受损货物是否在保险期限,以及在保险责任开始前的货物情况。

3. 发票

发票(Invoice)是计算保险赔款时的数额依据。保险人还可以通过核对发票与保险单及提单的内容是否相符,来审核保险利益的限额。

4. 装箱单、磅码单

装箱单(Packing List)、磅码单(Weight Memo)用来证明被保险货物装运时的件数和重要的细节,是保险人据以核对损失数量的依据。

5. 向承运人等第三者责任方请求赔偿的函电或其他单证和文件

如果损失涉及承运人等第三者责任方,应提供向承运人等第三者责任方请求赔偿的函电或其他单证和文件。这些文件需包括第三者责任方的答复文件,因为它可表明被保险人确已履行其应该办理的追偿手续,即维护了保险公司的追偿权利。至于第三者是否承担责任则不是被保险人所能决定的。

6. 检验报告

检验报告(Survey Report)是检验机构出具的货物质量和数量的检验单据,是证明损失原因、损失程度、损失金额、残余物资的价值以及受损货物处理经过的证明,是保险人据以核定保险责任及确定赔偿金额的重要文件。检验报告可以由第三方公证、检验机关出具,也可以由保险公司及其代理人出具。一般来说,出口货物往往由保险代理人或检验人出具,进口货物由保险公司或其代理机构会同收货人联合出具。

7. 海事报告摘录或海事申明书

当船舶在航行途中遭遇海事时,船长必须在航行日志中进行记录,同时申明船方不承担因此而造成的损失。海事报告记录了船舶在遭遇海上风险时发生的各种损失及承运人采取的各种措施,对确定货物的损失原因和保险公司确定海事责任直接有关。对于一些与海难有关的损失较大的案件,保险公司会要求提供此种证件。

8. 货损货差证明

货损货差证明(Certificate of Loss or Damage)是在承运人所签发的提单是清洁的,而所交的货物有残损或短少的情况下,要求承运人签发的文件。它既是被保险人和保险人索赔的证明,又是日后向承运人追偿的根据。特别是整件短少的,更应要求承运人签具短缺证明。

9. 索赔清单

索赔清单(Statement of Claim)是被保险人提交的要求保险人赔偿的详细清单,主要列

明索赔的金额和计算依据，以及有关费用的项目和用途等。

此外，保险人还可以根据损失情况及理赔需要，要求被保险人提供与确认保险事故性质和损失程度有关的证明和资料。所有这些证明和资料是被保险人索赔的依据。保险人是否承担损失赔偿责任，除根据现场调查搜集的资料外，主要是依据这些证明和单据进行判断。

（六）等候结案

被保险人在有关索赔手续办妥后，即可等待保险公司最后审定责任，领取赔款。在等待过程中，有时保险公司发现情况不清需要被保险人补充提供的，应及时办理，以免延迟审理的时间。如果向保险公司提供的手续已经齐全，而未及时得到答复的，应该催赔。保险公司不能无故拖延赔案的处理。

二、索赔工作应注意的问题

被保险人向保险人提出索赔，应注意以下几个问题：

(1) 提出索赔的人必须是在保险标的发生损失时，对保险标的具有保险利益的人。根据保险利益原则，损失发生时，只有对保险标的具有保险利益的人，才能向保险公司提出索赔请求。因此，损失发生时对保险标的不具有保险利益的人提出的索赔无效。

(2) 保险标的的损失必须是保险单承保风险造成的保险责任范围内的损失，保险公司才履行损失赔偿责任。这一规定是根据近因原则确定的。因此，若保险标的的损失不是以保险承保风险为近因造成的，保险公司无须赔偿。

此外，在保险索赔中，被保险人还必须根据保险合同的规定履行应尽的义务后，才能获得保险赔偿。

三、索赔时效

被保险人向保险人就保险单项下的损失提出索赔时，必须在保险单规定的索赔时效内提出索赔要求。索赔时效，即索赔的有效期。它是保险法确认的索赔权利得以行使的时间限制，索赔权利超过法定期限不行使，即归于消灭。以海洋运输货物保险为例，我国《海商法》第 264 条规定，根据海上保险合同向保险人要求保险赔偿的请求权，时效期间为 2 年，自保险事故发生之日起计算。第 266 条规定，在时效期间的最后 6 个月内，因不可抗力或其他障碍不能行使请求权的，时效中止。自中止时效的原因消除之日起，时效期间继续计算。第 267 条规定，时效因请求人提起诉讼、提交仲裁或者被保险人同意履行义务而中断。但是，请求人撤回起诉、撤回仲裁或者起诉被裁定驳回的，时效不中断。

第三节　国际货物运输保险的理赔

保险理赔是指保险人在接到被保险人的损失通知后，通过对损失的检验和必要的调查研究，确定损失的原因、损失的程度，并对责任归属进行审定，最后计算保险赔款金额并给付赔款的一系列过程。

根据我国《保险法》规定，保险人在收到被保险人的赔偿请求后，应当及时作出赔偿与否的核定，对属于保险责任的，在与被保险人达成赔偿协议后10日内履行赔偿义务。如保险人在收到赔偿请求及有关资料60天内不能确定赔偿金额的，应当根据已有证明和资料可以确定的最低数额先予支付。最终确定赔款额后，应支付相关差额。

在保险理赔过程中，重点应包括以下几个环节。

一、确定损失原因

如上节所述，在对货物进行检验时，很重要的一项任务就是确定损失的原因。损失的原因对保险公司核定责任至关重要。损失发生后，只看损失现象，并不能确定责任的归属。根据近因原则，保险人只对近因属于承保风险而导致的损失负责。在实际事故中，货物损失的情况多种多样，造成损失的原因也十分复杂，因此，首先需要从若干致损原因中找出损失的近因，然后才能确定损失是否属于保险责任。如棉花遭受水污斑损，保了水渍险，但保险公司不一定就赔，必须进一步查明这个水污是海水引起的，还是淡水和舱汗引起的，是运输途中遭受的，还是装船以前就有的，进行综合分析，找出导致损失的主要原因，才能确定是否应由保险人赔付。

在实际业务中，有些损失原因比较常见，根据经验可以找到一些致损的规律。导致运输货物损失的常见原因有下列几种。

(一) 水渍损失

采用海洋运输方式时，货物经常会遇到水渍损失。造成水渍损失的原因有海水、淡水和舱汗三种。

1. 海水水渍损失

这种损失往往是由于船舶遭遇海事而引起的，如恶劣气候使海水灌入船舱导致货物受损。对于这种情况，船长在海事报告或航行日志中都要加以记录，必要时可向船方索取这方面资料作为证明。有时货物遭受水渍，并不都有海水入舱记录，而在检验时发现有盐分，往往是因为海洋运输货物受含有盐分空气的侵袭，这种损失往往没有明显的水迹，同遭受水渍有明显的区别，若保一切险，应予负责；或者是因为货物本身的反应，如有些含有钠离子或氯离子(含盐质)的货物(如皮革绒毛等)，则不属于保险责任。

2. 淡水水渍损失

在装卸驳运时碰到雨淋、河水溅激，或因为船上淡水管破裂，淡水外溢都会引起淡水水渍的损失。这种情况下，应按照承保险别确定责任。如果保了一切险，保险人都应负责。

3. 舱汗水渍损失

货物在海洋运输途中遭遇恶劣气候，如遭遇风浪、船舶关闭通风筒、舱内空气不流畅等，致使舱内水汽凝结成汗珠，影响货物。一般来说，受损货物的外包装表面有汗潮迹象。在这种情况下，如果投保了一切险，保险人就应负责。

(二) 偷窃及短少损失

包装货出现包装内数量短少，如果外包装有打开过的迹象，如包装被挖破、箱板经重钉，

一般是偷窃所致，还可能由于运输途中外包装自然破裂导致货物散失短缺。

造成短少、短量的原因很多，有自然损耗、有原装短少、有偷窃，或是由于装卸时洒落所致。保险人要根据案情判断并结合承保责任考虑是否负责。

（三）碰损及破碎损失

造成碰损及破碎损失的原因，主要有以下几种情况：

(1) 装卸不慎。由于装卸操作粗鲁或者未按操作规程作业。

(2) 包装不妥。包装的材料不符合要求，如箱板过薄、内垫衬托材料不当，以及包装技术欠佳等。船方在装货时若发现包装明显不好，都要在提单上批注"包装不妥"字样，以免除责任。对于因包装不妥造成的损失，保险公司是不负责的。

(3) 运输工具颠震，如轮船、火车、汽车剧烈震动、颠簸。

(4) 装载不妥。船方没有按习惯配载，如重货压在轻货上引起损失，对此船方是有责任的。

(5) 海事引起。海洋运输中船舶在途中遭遇风浪，船身发生剧烈颠簸引起舱内货物碰击，这是自然灾害引起的，如果保了水渍险，保险人就应负责。

（四）钩损及玷污损失

用布、麻、化学纤维袋盛装或以上述材料捆装的货物易发生钩损。货物污染有的是在码头、甲板装卸时碰沾泥水等脏物造成的，有的是堆存在仓库、船舱内与其他物资接触碰脏的，情况不一。如果在装载配舱时因违反习惯而污染货物，属于船方装载不妥，应向船方追偿。

此外，货物在运输途中还可能遭受火灾损失、串味损失等，均需要根据实际情况确定损失原因。

二、责任审定

货物受损经过检验，损失原因已经确定，此时理赔进入审定保险责任阶段。保险人应根据保险条款中的保险险别以及保险期限等规定，确定损失是否属于保险责任。

（一）险别责任的审定

每一份保险单都明确规定所承保的险别，包括基本险和附加险，以及适用的保险条款。保险人应以保险条款为依据，确定损失是否属于保险责任。例如，运输货物按照我国《海洋运输货物保险条款》投保平安险，如果根据检验结果及被保险人提交的海事声明书，可确定因船舶在运输途中遇台风导致货物部分被水浸湿，据保险条款规定，货物因恶劣气候而致的部分损失不属于平安险的承保责任，保险人会拒赔。在附加险的责任审定时，保险人也会根据保险条款的内容掌握责任的界定。

（二）保险期限的审定

保险期限的审定主要是审查损失是否发生在保险有效期限内，这是审核赔付的重要环节。保险人在审定保险期限时，一般要注意以下几点。

1. 保险有效期同保险利益的关系

保险的有效与否是受保险利益制约的。同一张保险单，起运地相同，但如果保险单上被

保险人的抬头不一样，保险有效期也会因之而异。例如，在海洋运输中，假如抬头为卖方，则保险责任从发货人仓库货物运离仓库时开始；如果抬头为买方，则保险责任要从货物越过船舷时开始。因为被保险人为卖方，货物在发货人仓库时，其即具有保险利益；反之，被保险人为买方，则其保险利益要从货物的风险归其承担时才能开始。

2. 货物的损失是否发生在正常运输过程中

按照正常的航程、航线行驶并停靠港口、车站的属于正常运输，这是货运保险期限原来应该负责的范围。在审核赔付时，保险人要按照“仓至仓”条款的范围来掌握。非正常运输是指在运输过程中遇到一些特殊情况，没有按照正常的航程、航线行驶或停靠港口、车站。如货物在原目的港以外的某个港口卸下，发生运输合同中止、绕道、被迫卸货、重新装载、转载等情况，一般会增加保险人承担的风险。但是这些情况的发生，往往不是被保险人所能控制的，所以保险人应予负责。一般在保险条款中规定，若发生非正常运输情况，被保险人应及时通知保险人，并在必要时加缴保费。

3. 保险单中的责任起讫地点

保险责任从货物运离保险单载明的起运地发货人仓库时开始生效。例如，货物搬离仓库放到停放在外面的卡车上，卡车失火，保险人应该负责。又如，在采用海洋运输时，有时货物在目的港卸下后，还需转运至内陆目的地，如果保险单中载明的目的地为港口所在地，则在内陆运输发生的损失不在保险期限内，保险人无须负责。

4. 具体的期限限制

保险单中如果没有特别载明，海洋运输时货物在目的港卸离海轮满 60 天，陆上运输时货物运抵最后卸载的车站满 60 天，航空运输时货物在最后卸离地卸离飞机满 30 天，保险责任即终止。但是，如果被保险人要求延长保险期限，保险人已在保险单中予以确认的，则应按保险单的规定办理。

案例 14 - 2

海上货物运输保险中保险利益的判定

案情介绍

原告：江苏某化工有限公司

被告：中国太平洋(601099,股吧)财产保险股份有限公司江苏分公司、中国太平洋财产保险股份有限公司

2008 年 1 月 28 日，原告与案外人美国 P 公司签订销售合同，约定由后者以 CIF 贸易术语向原告购买总价为 78 660 美元的橡胶粒状促进剂。

2 月 25 日，中国太平洋财产保险股份有限公司江苏分公司（以下简称江苏太保）就涉案货物向原告签发了货物运输保险单，载明中国太平洋财产保险股份有限公司（以下简称中国太保〈601601,股吧〉）为保险人，原告为被保险人，保险金额按货价的 110%计 86 526 美元。

2 月 28 日，元泰海空通运有限公司作为无船承运人签发了提单。

3月4日，装载货物的"OOCLCHINA"轮从洋山港起航驶往韩国釜山途中，与"DARYABHAKTI"轮发生了碰撞并造成损失。原告即向江苏太保报案。

8月12日，原告致函江苏太保称，经江苏省化工研究所检测，货物已失去使用价值，要求按照货物全损处理。

8月22日，原告与江苏太保签订协议书，约定采用"先追后赔"方式处理涉案货损纠纷，即由原告先行采取诉讼方式向承运人索赔，在索赔不成或获得赔偿不足情况下，由江苏太保根据保险合同约定对原告进行赔付。江苏太保以存在"先追后赔"协议为由拒绝向原告作出保险赔偿，并拒绝对诉讼主体予以调整。原告遂于2009年2月10日以起诉主体不当为由，申请撤回起诉，法院裁定准予撤诉。

原告诉称，原、被告之间海上货物运输保险合同成立，涉案货物经取样检验，被认定构成全损。原告持有涉案提单与保险单，为此请求判令两被告支付其货物全损保险赔款86 526美元及利息，以及为处理涉案索赔事宜所支出的差旅费用。

两被告辩称，原告在保险事故发生时对保险标的物不具有保险利益；原告未履行其与被告达成的"先追后赔"协议；原告未能配合对货物进行检验及按要求提供理赔材料。故两被告不应承担由此造成的后果。

裁判：

上海海事法院经审理认为：

(1) 两被告的法律地位。首先，根据涉案保单记载，中国太保为保险人，原告为被保险人。其次，两被告营业执照分别载明，中国太保的经营范围是"承保……保险业务"，列明公司注册资本金；而江苏太保的经营范围则是"许可经营保险"，无资本金记载，系非独立核算单位。由此，保险赔偿义务人应是中国太保而非江苏太保。

(2) 原告是否具有保险利益。法律上所承认的保险利益并不仅仅是风险，而是指被保险人对保险标的应当具有的法律上承认的利益。据此，原告仍拥有涉案货物的全部利益，应认定原告在本案中具有保险利益。

(3)"先追后赔"协议问题。原告与江苏太保签订协议后，双方配合以原告名义曾提起相关诉讼，原告已按约履行了追偿义务。该案审理期间，原告发觉前述诉讼因主体选择以及法律原因等没有任何实质意义，原告在函告江苏太保且协商无果的情况下撤回起诉，应属于协议中约定的"索赔不成"，江苏太保应根据协议约定对原告进行赔付。

据此，法院判决中国太保向原告按照货物价值支付保险赔偿款78 660美元，并赔偿相应的差旅费损失。

分析

本案是海上货物运输保险合同纠纷，案件涉及的保险利益判定问题是海上保险纠纷在司法实践中的常见难点。此外，本案中关于"先追后赔"协议的履行以及责任主体的认定等，都是影响最终判决结果的重要争点问题。

海上货物运输保险中保险利益的判定标准。

在事故发生当时，原告和国外买方均与涉案货物存在法律上或经济上的联系。原告是适格的涉案海上货物运输保险合同的被保险人；同时，原告还持有涉案货物的提单，货物的灭失与损坏直接关系到原告依据提单享有的对货物的权利，因此法院判定原告对保险标的具有保险利益。

需要补充说明的是,国外买方由于从未取得涉案货物的保险单,没有成为该货物运输保险合同的当事人,因此对其而言并无向保险人主张保险赔偿的依据。

(1)“先追后赔”协议的履行问题。本案中,原告与保险人还签订了所谓的“先追后赔”协议,类似做法在海上保险合同纠纷中时有出现。“先追后赔”协议实质上是被保险人主动对自己行使权利加以限制的表现,对自己权利的限制并不违反法律规定,因此该协议本身有效。

履约过程中,本案原告在同保险人协商不成、经判断无法获得赔偿的条件下向法院提出撤诉,是在确信追偿无望的前提下为减小损失而采取的合理行为,法院正是基于该行为的合理性而将其结果判定为“索赔不成”,认为原告已经履行了“先追后赔”的合同义务。而反观保险人,在原告提出应追加实际承运人为索赔对象时未予理睬,该行为已经违反了“先追后赔”协议下对原告追偿行为应尽力支持的义务,无权要求原告继续履行该协议,而应当及时对原告进行保险赔付。

(2)责任主体的认定问题。首先,根据合同相对性,责任主体应当是合同当事人,本案中,保险合同明确列明总公司才是合同保险人。其次,根据各自经营范围,责任主体应当是有能力承保的合法保险人,本案分公司仅是许可经营保险,这与承接保险业务具有本质区别。最后,根据注册财产情况,责任主体应当拥有独立财产可以承担民事责任,本案分公司并无注册资金,也不进行独立核算,没有承担民事责任的能力。

资料来源:国际商报 方懿 2011-03-28

http://www.iic.org.cn/D_infoZL/infoZL_read.php?id=20 542&pagex=1

(三)被保险人义务的审定

由于保险合同是最大诚信合同,所以,被保险人应履行合同中规定的告知、保证义务,否则保险人可以拒赔甚至解除保险合同。

(1)被保险人对保险标的及相关重要事实的告知必须是真实的,如果被保险人为了少付保险费或为了让保险人接受其投保申请等原因而故意隐瞒重要事实,保险人一旦获悉真情,即可解除保险合同,并且对发生的损失均不负责。

(2)被保险人如果作了保证,则应自始至终遵守其所作的承诺,一旦违反合同中的保证条款,保险人即有权解除保险合同,但对保险人在违反保证之前发生的保险事故损失,保险人应予以负责。

(3)如果在合同有效期间,保险货物的危险程度增加,被保险人应及时通知保险人。

(4)保险人还应审定被保险人在事故发生后是否尽力采取措施,防止损失扩大,否则,保险人对扩大的损失部分有权拒赔。

如果涉及第三者责任,保险人还要审定被保险人是否及时向第三者责任方进行追偿,获取有关证明,有效地维护保险人代位追偿权的行使。如果被保险人放弃向第三者责任方要求赔偿的权利,或因被保险人的过错而使保险人丧失代位追偿权,保险人可以扣减保险赔款甚至拒付赔款。

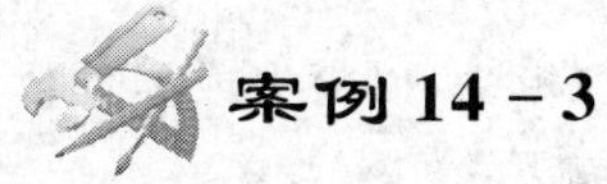

案例 14-3

平安险负责因自然灾害造成的全部损失

案情介绍

某年2月，中国某纺织进出口公司与大连某海运公司签订了运输1 000件丝绸衬衫到马赛的合同。合同签订后，该进出口公司又向保险公司就该批货物的运输投保了平安险。2月20日，该批货物装船完毕后起航。2月25日，装载该批货物的轮船在海上突遇罕见大风暴，船体严重受损，于2月26日沉没。3月20日，该进出口公司向保险公司就该批货物索赔，保险公司以该批货物由自然灾害造成损失为由拒绝赔偿。于是，该进出口公司向法院起诉，要求保险公司偿付保险金。

问题：本案中保险公司是否应负赔偿责任？

分析

保险公司应负赔偿责任。根据中国人民保险公司《海洋运输货物保险条款》的规定，海洋运输货物保险的险别分为基本险和附加险两大类，基本险是可以单独投保的险种，主要承保海上风险造成的货物损失，包括平安险、水渍险与一般险。平安险对由于自然灾害造成的部分损失一般不予负责，除非运输途中曾发生搁浅、触礁、沉没及焚毁等意外事故。平安险虽然对自然灾害造成的部分损失不负赔偿责任，但对自然灾害造成的全部损失应负赔偿责任。本案中，该进出口公司投保的是平安险，而所保的货物在轮船因风暴沉没时全部灭失，发生了实际全损，所以保险公司应负赔偿责任，其提出的理由是不能成立的。

三、赔偿金额的计算

保险货物发生事故后，如果确定损失属于保险责任，保险人应当及时向被保险人进行经济补偿。我国《保险法》第24条明确规定，保险人收到赔偿请求后，应当及时核定，如属保险责任，应在与被保险人达成保险赔偿协议后10日内，支付保险赔款，否则保险人应当赔偿被保险人因此受到的损失。如果案情较复杂，保险人自收到赔偿请求及有关资料60天内不能确定赔偿金额的，应当根据已有证明和资料可以确定的最低数额先予支付，等到最终确定赔款金额后，再支付相应的差额。

(一) 货物损失的赔付

国际货运保险一般采用定值保险方式，一旦发生损失，保险人以保险金额为限，计算保险赔款。

1. 全部损失

如果货物发生实际全损或发生推定全损时，被保险人进行委付，保险人也接受委付，只要保险金额不超过约定的保险价值，保险人应按保险金额给予全额赔偿，而不管损失当时货物的完好市价是多少。如果货物尚有残值，则归保险人所有。

2. 部分损失

如果货物因保险事故遭受部分损失，则必须按损失的程度或数量确定损失比例，然后计算保险赔款。

(1) 数量(重量)短少。保险货物中部分货物灭失或数量(重量)短少,以灭失或损失数量(重量)占保险货物总量之比,按保险金额计算赔款。其计算公式如下:

$$\text{保险赔款} = \text{保险金额} \times \frac{\text{损失数量(重量)}}{\text{保险货物总数量(重量)}}$$

例如,出口大米共 1 000 袋,每袋重 50 千克,已按我国《海洋运输货物保险条款》投保海洋运输一切险,保险金额 2.5 万美元,运至目的地卸货时发现部分外包装破裂,还有数袋短少,共计短缺 1 000 千克,则:

$$\text{赔款额} = 25\,000 \times \frac{1\,000}{1\,000 \times 50} = 500(\text{美元})$$

(2) 质量损失。保险货物遭受质量损失时,应先确定货物完好的价值和受损的价值,计算出贬值率,以此乘以保险金额,即可计算出赔款金额。

货物完好价值和货物受损后价值,一般以货物运抵目的地检验时的市场价格为准。如受损货物在中途处理不再运往目的地,则可按处理地的市场价格为准。处理地或目的地的市场价格一般是指当地的批发价格。其计算公式如下:

$$\text{赔款额} = \text{保险金额} \times \frac{\text{货物完好价值} - \text{货物受损后价值}}{\text{货物完好价值}}$$

例如,出口服装一批,按我国《海洋运输货物保险条款》投保海洋运输一切险,保险金额为人民币 20 万美元,途中遇暴风雨,服装被水浸湿,在中途降价出售,得货款 12 万美元,该批服装在当地的完好价为 24 万美元,赔款额计算如下:

$$\text{赔款额} = 20 \times \frac{24 - 12}{24} = 10(\text{万美元})$$

需要注意的是,货物完好价值和货物受损后价值必须是同一地点的市场价格,否则,由于货物在世界各地的市场价格并不一定相同,会导致两者之间缺乏可比性。在实际业务中,如果难以确定当地市场价格,经协议也可按发票价值计算,计算公式如下:

$$\text{赔款额} = \text{保险金额} \times \frac{\text{按发票价值计算的损失额}}{\text{发票金额}}$$

例如,某公司出口的确良 100 匹,发票金额人民币 100 000 元,保险金额人民币 120 000 元,损失 10 匹,按发票计算损失金额为人民币 10 000 元。保险赔款计算如下:

$$\text{赔款额} = 120\,000 \times \frac{10\,000}{100\,000} = 12\,000(\text{元})$$

(3) 规定有免赔率的货物损失。对易损、易耗货物的保险,保险公司往往规定有免赔率。免赔率是指保险人对某项保险标的规定一定限度内的损失免除赔偿责任的比率。免赔率的高低由各保险公司根据商品种类的不同而定,我国保险公司采用的是绝对免赔率,即无论货物损失程度如何,对于免赔额度内的损失,保险公司均不予负责。

例如，某公司出口散装花生仁一批，共500公吨，从上海运往西雅图，按我国《海洋运输货物保险条款》投保海洋运输一切险，保险金额为50万美元，保险合同规定扣短量免赔率2%。到目的地经检验，发现花生仁短卸10公吨。保险公司应如何赔付？其计算如下：

$$受损率 = \frac{12}{500} \times 100\% = 2.4\%$$

$$赔款额 = 500\,000 \times (2.4\% - 2\%) = 200(美元)$$

(4) 修复时的赔偿。如果保险货物遭遇损失后，需要进行修复以维持原状，此时对合理的修理恢复费用，保险人一般在保险金额内予以赔偿。鉴于国外市价高于出口货价，而人工劳务费也比较昂贵，因此修理费用比较高。对此，一般不能按国内情况衡量。

例如，出口芬兰钢琴1架，按我国《海洋运输货物保险条款》投保海洋运输一切险，保险金额为2 000芬兰马克，运至目的地时发现钢琴琴键、琴盖破损，在当地修理费支出达1 200芬兰马克。保险人经审查，认为这一修理费合理，即应赔付1 200芬兰马克。

3. 共同海损

如果发生共同海损，无论投保何种险别，保险人对共同海损的牺牲和费用都负责赔偿。

对保险货物的共同海损的牺牲，由保险人先按实际损失予以赔付，然后参与共同海损的分摊，摊回部分归保险人所有。被保险人可以提前得到保险赔偿，而且不受共同海损分摊价值的影响。

如果保险货物本身没有发生共同海损牺牲，但需要承担共同海损费用或其他地方的共同海损牺牲的分摊，一般先由保险人出具共同海损担保函，待分摊完毕后，保险人对分摊金额予以赔付。由于共同海损分摊价值和保险金额不一定相等，所以保险人的赔偿金额有所调整。我国《海商法》第241条规定，保险金额低于共同海损分摊价值的，保险人按照保险金额和共同海损分摊价值的比例赔偿共同海损分摊。

4. 连续损失

连续损失是指保险货物在保险期内发生几次保险事故造成的损失。我国《海商法》第239条规定，保险标的在保险期内发生几次保险事故所造成的损失，即使损失金额的总和超过保险金额，保险人也应当赔偿。但是，对发生部分损失后未经修复又发生全部损失的，保险人按照全部损失赔偿。

(二) 费用的赔付

一旦发生保险事故，除了货物的损失，往往还需支付各项费用，以避免损失扩大，或用来处理损余物，或继续完成航程，或用来对货物进行检验。这些费用包括施救费用、救助费用、续运费用、检验费用、出售费用以及理算费用等。

对于上述费用的支出，保险人赔付的原则是，如果货物损失属于保险责任，则对费用的支出予以赔付，否则保险人可以拒赔。

我国《海商法》第240条规定，被保险人为防止或减少根据保险合同可以得到赔偿的损失而支出的必要的合理费用，为确定保险事故的性质、程度而支出的检验、估计的合理费用，

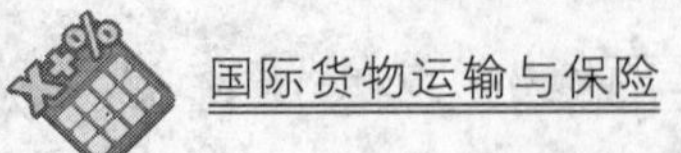

以及为执行保险人的特别通知而支出的费用，应当由保险人在保险标的损失赔偿之外另行支付。保险人对于上述费用的支付，以相当于保险金额的数额为限。

对救助费用的赔偿，当救助费用可作为共同海损费用向保险人索赔时，如前所述，适用于我国《海商法》第241条的规定，由保险人赔偿其分摊额，保险金额低于共同海损分摊价值的，保险人按照保险金额和共同海损分摊价值的比例赔偿共同海损分摊。在其他情况下，根据《海洋货物运输保险条款》的规定，保险人应对救助费用予以赔偿，但救助费用的赔偿和保险货物本身的损失赔偿之和不能超过保险金额。

续运费用是指船舶遭遇海难后，在中途港、避难港由于卸货、存仓以及运送货物产生的费用。各国保险条款均将这部分费用列入承保责任，由保险人负责赔偿。

出售费用则应作为货物损失的一部分，如果被保险人在对受损货物进行处理时支付了出售费用，一般只要在保险金额限度内，均可加入损失之内，由保险人补偿。出售费用和保险货物本身的损失赔偿之和不能超过保险金额。其计算公式如下：

$$\text{赔款金额} = \text{保险金额} \times \frac{\text{货物损失的价值} + \text{出售费用}}{\text{货物完好价值}}$$

四、处理损余，行使代位追偿权

根据我国《保险法》第44条规定，保险事故发生后，保险人已支付了全部保险金额，并且保险金额等于保险价值的，受损标的的全部权利归于保险人；保险金额低于保险价值的，保险人按照保险金额与保险价值的比例取得受损标的的部分权利。除了保险标的物质形态完全灭失外，若受损标的仍有残值，则在实际处理赔案中，通常将残余物资估价，冲减赔款数额，然后将损余物的所有权交给被保险人，必要时损余物资也可归保险公司处理。保险人处理损余物资一般坚持物尽其用的原则。

此外，根据保险的补偿原则，我国《保险法》第45条对代位追偿也作了规定，因第三者对保险标的的损害而造成保险事故的，保险人自向被保险人赔偿保险金之日起，在赔偿金额范围内，代位行使被保险人对第三者请求赔偿的权利。在国际货运保险中，通常表现为保险人代被保险人向承运人、船东、港务局和车站等第三者请求赔偿。

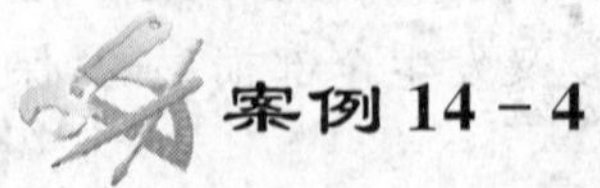

案例14-4

船舶碰撞导致货物损失的处理

案情介绍

2004年5月31日，我国某保险公司承保了一批自韩国进口的钢带，共计238卷，自韩国仁川运往中国上海，险别为我国海洋运输一切险，保险金额771 479.17美元，被保险人为上海某进出口公司，由天津某航运公司的J轮承运。

2004年6月4日，在航行途中，J轮与韩国U轮在韩国水域发生碰撞，造成J轮2号舱二层柜中部破口，大量海水涌入，致使堆放于该舱底部的227件钢带被淹受损。

2004年6月10日，被保险人向保险公司提出索赔。6月18日，J轮经临时修理后抵达

上海军工港码头卸货，保险公司根据我国《海洋运输货物保险条款》的规定，认为此次货损属于保险事故责任，而且存在追偿的可能性，于是聘请律师提前介入案件的处理工作。

2004年6月9日，在J轮修复离港前，根据保险公司的请求，上海海事法院对J轮实施了证据保全。经调查，初步认定本次事故的主要原因是J轮与韩国U轮在驾驶船舶过程中均存在过失。

2004年8月28日，保险公司与货主达成协议，赔付人民币3 246 281.4元，同时取得权益转让书。

2004年11月4日，保险公司获知与J轮碰撞的韩国U轮正在辽宁某码头装货，即申请对其扣船，从而获得了中国再保险公司代替U轮所在保险公司出具的总额为40万美元的担保函，在担保函中明确约定由大连海事法院对本案实施管辖权。保险公司还通过证据保全措施获得了航海日志等多项文件资料，为最终认定U轮在碰撞事故中的责任提供了证据支持。2004年11月30日，保险公司正式向大连海事法院提出追偿诉讼，要求U轮船东根据其在碰撞事故中的责任，赔偿保险公司损失。2006年6月3日，双方达成民事调解，U轮向保险公司赔偿损失218 625.78美元，约合人民币175万元，本案追偿获得成功。

问题：根据本章所学知识，对案例进行分析。

分析

本案是一起典型的因为船舶碰撞导致的货物运输险保险人赔偿货损并向责任方追偿的案件。

首先，由于本案事实明确，责任清楚，保险人在合理时间内作出货损赔偿，履行了货运保险合同的义务，同时取得了代位追偿的权利。

其次，在碰撞事故中的本船船东因为享有承运人船舶驾驶过失的免责权利，因此对该货损事故无须赔偿，而对方船东则不能享有承运人免责的权利，货方保险人应以侵权为由向对方船东追偿。

最后，保险人在追偿过程中，通过采用在我国港口扣船的方式建立了管辖权，同时取得了担保函，为成功追偿打下了重要的基础。

五、争议解决

在国际货物运输保险实务中，保险人和被保险人在履行保险合同的过程中，有时难免会就承保风险、除外责任、保险合同条款的解释、保险人的赔偿责任、保险费的缴纳等问题发生争议。海上保险争议的处理方式一般有以下四种方式。

（一）协商解决

协商解决（Reconciliation）又称自行和解，是指当事人之间的纠纷由争议双方本着友好合作、互谅互让的精神，通过协商达成和解的一种方式。其特点是没有第三方的介入。这种解决方式省时省力，是所有保险赔偿纠纷的解决方式中最佳的一种。

（二）调解

调解（Mediation）是指由保险人和被保险人自愿地把有争议的问题交给赔偿双方都同意的第三者进行公平判断的一种方式。但是国际货运保险是一种特殊的民事纠纷，涉及的

民事法律关系较为复杂，通常具有涉外性质，所以一般的民事调解机构很难对这种纠纷进行调解和处理。

（三）仲裁

仲裁(Arbitration)作为解决民事和海事纠纷的途径，如今已为国内外广泛采用。仲裁是指争议当事人自愿达成协议将争端交由仲裁机构解决，当事人各方对该仲裁机构按照规定所作出的裁决有义务执行的一种处理争议的方式。仲裁是解决海上保险纠纷的一种比较适用的方式，它的主要特征是以争议当事人之间存在仲裁协议为前提；仲裁制度同诉讼相比，其程序比较简便，费用比较低廉，审理和裁决的速度比较快；仲裁一般是终局的。

（四）诉讼

解决保险争议的另一个重要途径就是诉讼(Litigation)。诉讼是指双方当事人将争议提交给有管辖权的法院审理以解决纠纷的一种方式。

我国宪法和近年来颁布的许多法律，都为解决保险纠纷提供了法律保障。近年来，随着我国对外经济开放政策的深入贯彻执行，涉外民事、经济和海事纠纷逐年增多，为此，我国《民事诉讼法》特意作了涉外民事诉讼程序的特别规定。以海运货物保险为例，全国人大于1984年决定在我国沿海城市设立海事法院，从此，海事纠纷的诉讼案件正式由海事法院管辖和受理。二十几年来，我国10个海事法院审理了大量的海事纠纷案件，其中包括相当数量的保险合同案件。

本章小结

1. 投保国际货运保险，投保人在选择投保险别时，一般应根据货物的性质和特点、包装、用途和价值、运输方式、运输工具、运输路线、运输季节和船舶停靠港口等因素进行全面衡量，确保既能使货物得到充分保障，又能尽量节约保险费的支出。

2. 在国际贸易中，货价由货物本身的成本、运费和保险费三个部分组成。运输和保险是由买方还是由卖方办理，由不同的贸易术语决定。价格不同，投保的方面也不一样，与保险的关系也有差别。常用的价格术语有FOB、FCA、CFR、CPT、CIF和CIP等。

3. 保险金额是保险合同不可缺少的项目，国际货运保险的保险金额应包括货物的价值、运费、保险费和被保险人所支付的经营费用及预期利润。其计算公式为：保险金额＝CIF(CIP)×(1＋保险加成率)。

4. 投保人应逐项如实填写投保单，履行如实告知义务，在出口投保时，应注意投保单的内容必须与国际贸易合同及信用证的有关规定相一致，如果出现买方开来的信用证中有关保险的规定与国际贸易合同中的保险条款不一致时，卖方应根据实际情况妥善处理，保证国际贸易合同的正常履行和及时收汇。

5. 保险费的金额取决于保险金额和保险费率的高低。保险费率是保险人根据损失赔付概率，考虑运输方式、货物特性、包装、保险险别、航程远近、航行路线等因素，综合营运成本而制定的。

6. 保险货物遭受损失后，被保险人应按规定办理索赔手续。一旦获悉货物受损，应立

即向保险人或其指定代理人发出损失通知并申请检验，提交索赔所需的各种单证和文件，并及时对受损货物采取施救措施，防止损失扩大。如果涉及第三者责任，应及时向责任方索赔，在获得保险赔款后将向责任方追偿的权利转让给保险人。

7. 在实践中，国际货运保险的投保包括选择投保险别、选择合适的保险人、确定保险金额和正确填写投保单等环节。

8. 收到被保险人的赔偿请求后，保险人即展开保险理赔工作，核定责任，确定是否属于保险责任，对属于保险责任的，保险人在确定保险赔款金额后，应及时支付赔款。

9. 国际货运保险的承保是保险人与被保险人签订保险合同的过程。保险人在接受投保人的投保申请后，应及时出立投保单，并确定投保人应缴纳的保险费，承保工作质量的好坏，直接关系到保险合同能否顺利履行。一般来讲，承保工作包括风险因素的评估、保险单的缮制、费率的确定、危险的控制与分散等。

10. 国际货运保险的基本职能是对保险货物遭受的承保范围内的损失进行赔偿。赔偿作为一种法律关系，其内容包括索赔和理赔，两者可以说是一个问题的两个方面。

11. 保险索赔是指具有索赔请求权的人(一般是被保险人)，根据保险合同的有关规定，向保险公司正式提出要求赔偿损失的申请。索赔时，被保险人对保险标的必须具有保险利益。

12. 国际货运保险中索赔的主要内容包括：被保险人获悉或发现保险标的遭受损失后，立即通知保险公司，并及时申请检验；被保险人或其代理人及时向承运人等有关责任方进行追偿，维护保险人代位追偿权的行使；货物受损后，被保险人要对货物采取必要的施救、整理措施，防止损失扩大；被保险人索赔时，要向保险人提交保险单、货损货差证明、检验报告等必要的索赔单证等。

13. 保险理赔是指保险人在接到被保险人的损失通知后，通过对损失的检验和必要的调查研究，确定损失的原因、损失的程度，并对责任归属进行审定，最后计算保险赔款金额并给付赔款的一系列过程。

14. 国际货运保险中理赔的主要内容包括：确定损失的原因；根据保险条款中的保险险别以及保险期限等规定，确定损失是否属于保险责任；根据货物的损失及支出的费用计算赔偿金额并及时赔付；处理损余，行使代位追偿权等。

思考与练习

一、思考题

1. 货物发生损失后，被保险人如何进行索赔？索赔时应注意哪些事项？

2. 国际货运保险中，损失检验有什么作用？

3. 什么是保险理赔？保险理赔有哪些重要环节？

4. 发生保险纠纷及争议时，一般有哪些处理方式？

二、案例分析题

水渍险只对海水浸渍负责

1. 我方向澳大利亚出口坯布100包，我方按合同规定加一成投保水渍险。货在海运途

中因舱内食用水水管漏水，致使该批坯布中的30包浸有水渍。请问对此损失应向保险公司索赔还是向船运公司索赔？

一切险的除外责任

2. 我方向海湾某国出口花生糖一批，投保一切险，由于货轮速度慢，加上该轮沿途到处揽载，结果航行3个月才到达目的港。卸货后，花生糖因受热时间过长已全部潮解软化，无法销售。请问这种情况下保险公司是否拒赔？

货币贬值属交易中的正常风险

3. 我方与某外商签订了一笔按FOB价的进口合同。后因战争封锁航道，我方船只只好绕道好望角，以致未能如期到达目的港接货。这时英镑贬值，于是卖方以我方未按期接货为由，除要求涨价(或少交货)外，还要我方赔偿其仓储费。请问我方应如何处理？

三、计算题

1. 深圳某公司对某外商出口茶叶200箱(每箱净重30千克)，价格条款CIF伦敦每箱50英镑，向中国人民保险公司投保FPA平安险，以CIF价格加成10%作为投保金额，保险费率为0.6%。问题：保险金额及保险费各为多少？

2. 某货主在货物装船前，按发票金额的110%办理了货物投保手续，投保一切险加保战争险。该批货物以CIF成交的总价值为20.75万美元，一切险和战争险的保险费率合计为0.6%。问题：(1) 该货主应交的保险费是多少？(2) 若发生了保险公司承保范围内的风险，导致该批货物全部损失，保险公司的最高赔偿金额是多少？

专业词汇索引

参 考 文 献

[1] 任英.国际货物运输与保险实务[M].北京：清华大学出版社，北京交通大学出版社，2010.

[2] 杨海芳，李哲.国际货物运输与保险[M].北京：清华大学出版社，北京交通大学出版社，2009.

[3] 孙瑛，韩杨.国际货物运输实务与案例[M].北京：清华大学出版社，2009.

[4] 顾寒梅，江静.外贸运输与保险[M].上海：上海财经大学出版社，2008.

[5] 霍红，刘莉.国际运输实务[M].北京：中国物资出版社，2007.

[6] 苏波辉.国际货物运输[M].大连：东北财经大学出版社，2007.

[7] 栗丽.国际货物运输与保险[M].北京：中国人民大学出版社，2007.

[8] 谢春讯.航空货运管理概论[M].南京：东南大学出版社，2006.

[9] 江静.国际集装箱运输与多式联运[M].北京：中国商务出版社，2006.

[10] 王智强.新编国际代理实务[M].北京：对外经济贸易大学出版社，2005.

[11] 许明月.国际陆空货物运输[M].北京：对外经济贸易大学出版社，2003.

[12] 顾寒梅，张华.国际货物运输与保险[M].北京：中国物资出版社，2005.

[13] 周江雄，庞燕.国际货物运输与保险[M].长沙：国防科技大学出版社，2006.

[14] 姚新超.国际贸易运输与保险[M].北京：对外经济贸易大学出版社，2006.

[15] 李育良，池娟.国际货物运输与保险[M].北京：清华大学出版社，2005.

[16] 黄敬阳.国际货物运输与保险[M].北京：对外经济贸易大学出版社，2005.

[17] 任英，王渭.发挥保价运输提升运输服务质量的作用[J].综合运输，2008(4).

[18] 国家海洋局.海洋要闻[Z]，2011-04-21.

[19] 沃保网.保险资讯.进口货运险海盗赎金是否属于共同海损分摊项[EB/OL].http://www.vobao.com/insureInfo/insureInfoContent.asp?id=682184661777，2011-02-21.

[20] 罗子文.罗子文律师工作室，海上货物运输保险合同纠纷案例[EB/OL].http://www.luoziwen.cn/article.asp?id=513，2010-07-21.

[21] 方懿.国际商报.海上货物运输中保险利益如何判定[EB/OL].http://www.iic.org.cn/D_infoZL/infoZL_read.php?id=20542&pagex=1，2011-03-28.

教学课件索取单

敬爱的老师：

感谢您使用我们出版社的教材。为了方便教学，教材配有相关教学课件。如果您需要，请您填写下面表格中的相关信息，并以电子邮件的形式发到我社，我们在核对您的信息后，即免费向您提供教学课件。

我们的联系方式：
地址：上海市中山西路 2230 号 1 号楼 1305 室　　邮编：200235
立信会计出版社　　电话：(021) 64270171
电子邮件：gogo2006gogo@126.com

教材名称				作者姓名	
教师姓名		性别		身份证号	
学　校		院系		教研室	
学校地址				邮　编	
职　务		职称		办公电话	
E-mail		手机		宅　电	
通信地址				邮　编	
教材用量	册	委托订购单位			

您对本教材的意见和建议是：